南京大学中华民国史研究中心
宋美龄与近代中国研究系列
主编 张宪文等

历史关口

宋美龄与西安事变

杨菁 著

人民东方出版传媒
東方出版社

图书在版编目（CIP）数据

宋美龄与西安事变 / 杨菁著；张宪文主编 . — 北京：东方出版社，2018.10
（“宋美龄与近代中国”研究系列丛书）
ISBN 978-7-5060-9501-3

Ⅰ . ①宋…　Ⅱ . ①杨…　②张…　Ⅲ . ①宋美龄（1899-2003）—人物研究
②西安事变—研究　Ⅳ . ① K827=7 ② K264.807

中国版本图书馆 CIP 数据核字（2017）第 031416 号

宋美龄与西安事变
（SONGMEILING YU XI'AN SHIBIAN）

作　　者：杨　菁
主　　编：张宪文
责任编辑：辛岐波
出　　版：东方出版社
发　　行：人民东方出版传媒有限公司
地　　址：北京市东城区东四十条 113 号
邮　　编：100007
印　　刷：北京汇林印务有限公司
版　　次：2018 年 10 月第 1 版
印　　次：2018 年 10 月北京第 1 次印刷
开　　本：640 毫米 ×950 毫米　1/16
印　　张：24
字　　数：400 千字
书　　号：ISBN 978-7-5060-9501-3
定　　价：59.80 元
发行电话：（010）85924663　85924644　85924641

总　序

20世纪末至21世纪初，随着历史档案的不断开放，史学界对民国历史人物的研究，开始较多地关注蒋介石与宋耀如家族，对宋子文、宋庆龄发表和出版了较为丰富的研究成果。然而，学界对另一位宋氏家族的重要成员宋美龄却问津甚少。坊间虽然出版了关于她的一些著作、画册等，但是如何审视过去对她的一些误判并给予恰当的历史定位，无疑是历史学界应尽的责任。

2009年1月，我与南京大学三位教授飞赴台北，在邱进益博士的引荐下，与“妇联会”辜严倬云女士相会，商讨合作研究宋美龄事宜。双方相谈甚为融洽，确认了积极开展宋美龄研究的学术计划。时间已经过去多年，《宋美龄与近代中国》研究丛书九卷、《宋美龄文集》五卷，均已顺利完成撰著和编纂工作。其中《宋美龄、严倬云与中华妇女》于2012年由台北黎明文化事业股份有限公司出版，《宋美龄文集》（五卷、繁体版）于2015年由台北苍璧出版有限公司出版。这是海峡两岸学术合作和宋美龄学术研究的大事，值得祝贺。

宋美龄是近现代中国历史上杰出的女性、著名的女政治家、中国妇女运动的推动者和指导者。2003年10月24日（北京时间）逝世于美国纽约。时任全国政协主席的贾庆林于当日发去唁电，表示哀悼，并对这位成功跨越三个世纪的政治家给予了高度评价。

宋美龄祖籍海南文昌，出生于上海。幼时跟随家人赴美国读书，后转入韦斯理学院深造。受家族影响，笃信基督教，是一位虔诚的基督教信徒。

1917 年，宋美龄学成归国。作为一名深受西方文化熏陶的中国女青年，她进一步融合了中国的传统观念和伦理道德，成为中西文化交融的典范，彰显了中国现代女性的特质和风度。

1927 年，宋美龄与蒋介石成婚。之后走上政治舞台，与蒋介石东奔西走，逐步展现其政治才华。作为一名重要的民国政治人物，凭借第一夫人的特殊身份，宋美龄亲历了中国近现代各个时期的重大历史事件，并作出了她的历史贡献。

宋美龄较早地献身于中国的妇女运动，领导创办国民革命军遗族学校，安抚遗孤，培养教育为国捐躯壮士的后代。即使蒋介石在解放战争中兵败退台后，宋美龄仍对引导妇女服务军界、筹建军眷住宅、推动社会福利事业、扶助难童和残障人士等事业表现了特别的关切。

早在 19 世纪后期，中国开始了现代化的历程。辛亥革命的成功，标志着中国由传统社会走向现代国家的道路。然而革命后的社会改造却是更为复杂和长期的过程。20 世纪 30 年代，蒋介石掀起了新生活运动，尝试改良社会风气、移风易俗、改变不良习惯、规范国民生活，虽然这一运动并未取得明显效果，但宋美龄奔走呼号，成为此项运动的重要推动者。

1936 年发生的西安事变，是中国国共两党走上团结抗日的重要转折点。宋美龄亲赴西安，力劝蒋介石转变态度，为事变的和平解决发挥了特殊的作用。

宋美龄一生最光辉的政治亮点是在抗日战争时期。她不仅亲赴前线、引导妇女投入战地救护工作、着力建设中国空军、陪同蒋介石出访印度、拓展中国在南亚的影响，而且还远赴美国，争取美援。其在美国国会的演说，震动了美国政坛，展现了她的外交风范和智慧。抗日战争后期陪同蒋介石出席具有重要历史意义的开罗会议，更加显示了中国女政治家的才能。

晚年，宋美龄逐步脱离台湾政坛，赴美久居，放手让蒋经国治理台湾。终宋美龄一生，其政治生涯既辉煌，又曲折。她为推动中华民族的复兴事业，奉献了智慧和力量，是一位值得浓笔重写的杰出女性。

南京大学中华民国史研究中心组织多位历史学教授，依据大量原始史料，撰著的这套宋美龄研究丛书，有《我将再起：宋美龄的后半生》《家国春秋：宋美龄与宋孔家族》《历史关口：宋美龄与西安事变》《东方魅力：宋美龄与战时中国外交》《新民新风：宋美龄与近代中国社会改造》《陪都岁月：重庆时期的宋美龄研究》《美丽哀愁：宋美龄年谱》《吾心吾力：政治视阈中宋美龄的思想历程》。这些著作的撰写，作者虽然努力做到尊重历史事实，给宋美龄以客观的、实事求是的评述，但毕竟受学术水平和掌握史料所限，因此，著作中疏漏及不当之处，尚请各方人士给予指正。

南京大学荣誉资深教授　张宪文

目　录

导　言

西安事变是中国近代史上发生的一件惊天动地的大事，在中国近现代历史上有着特殊的地位与作用。对它的研究，可谓汗牛充栋。由于立场不同、利害各异，国共双方对西安事变的发生及其和平解决有着不同的评价和解说。随着权威或非权威的档案，当事或非当事人的日记、回忆录的问世，事变期间有关电报的公开，对于事变和平解决的说法虽仍莫衷一是，但宋美龄的身影却是越来越清晰、突出。研究宋美龄与西安事变，不仅直接关系到对宋美龄的评价，也关系到对蒋介石及南京政府的评价。透过宋美龄，她的出场与活动，还可反观西安事变的发生及解决在当时国内、国际引起的巨大震荡，丰富西安事变的研究。

西安事变的和平解决乃合力之作用，此话不偏不倚，颇能为各方接受，然合力中包括哪些因素，谁主谁次，则说法不一。如何看待宋美龄在其中的角色和作用，既关乎个人的立场（国共两党的不同立场、国民党内不同派系的立场）、主观识见与好恶，也与对事件的了解程度（包括对事件的不同面向、事件中各方当事人的了解）有关。欲合理定位宋美龄在和平解决西安事变中的角色与作用，首先且必须对两个事实有清楚、客观的认识：一是国共两党对西安事变的不同态度及由此采取的措施；二是蒋介石安全回到南京的意义。

一

西安事变发生后，对抗已达十年之久的国共两党在第一时间作出了截然不同的反应。国共两党在西安事变发生后的不同反应，及应对方略的确定与调整，是宋美龄出场并逐渐成为事件又一主角的前提。

1936 年 12 月 13 日，延安的《红色中华》[①] 在第二版以《西安抗日起义，蒋介石被扣留——张学良杨虎城坚决的革命行动》为标题，报道了这一事件。12 月 16 日，在第一版发表社评《西安抗日起义的原因》，文中对这一事件定性为："西安于十二月发动抗日起义，张学良杨虎城将军以果敢的手段，拘留汉奸蒋介石及其他重要人物，这一事件是抗日的起义。""西安的抗日起义，拘留蒋介石及其亲信，这是抗日的起义，这是蒋介石自己出卖中国，镇压全国抗日运动的必然结果，这一行动正是除去抗日援绥道路上的障碍，是进一步发动大规模抗日民族革命战争的有利条件。"[②] 之后，根据西安事变后的各方反响及国内国际形势之变化，中共中央对西安事变的意义作出两点总结：（一）"这一发动是中国一部分民族资产阶级的代表，也是国民党中的实力派之一部，不满意南京政府的对日政策，要求立即停止'剿共'，停止一切内战，一致抗日，并接受了共产党抗日主张的结果，因此，这次发动是为了要抗日救国而产生的，是要以西北的抗日统一战线去推进全国抗日统一战线的开始。"（二）"但是因为这一发动采取了多少军事阴谋的方式，扣留了南京最高负责人蒋介石及其主要将领，以致把南京置于西安的敌对地位，而造成了对于中国民族极端威胁的新的大规模内战的可能。因此，这一发动又妨害了全国反日力量的团结。"并提出了西安事变发展的两个前途："（一）或者由于这一发动使内战爆发，使南京中派（民族改良派）一部或大部主观上与客观上走向亲日，削弱全国抗日力量，推迟全国抗战的发动，以致造成了日寇侵略的顺利条件。这一前途是日德意国际侵

---

① 《红色中华》是中华苏维埃共和国临时中央政府机关报。1931 年 12 月 11 日创刊。1934 年 10 月，红军长征后，曾一度停刊，当红军到达陕北后，又继续出版。1937 年 1 月 29 日，《红色中华》改为《新中华报》。

② 《红色中华》，1936 年 12 月 16 日，第 1 版。

掠阵线，特别是日本，及中国亲日派所造成的。（二）或者由于这一发动结束了‘剿共’的内战，使停止内战一致抗日，反而得到早日的实现，使全国的抗日救亡的统一战线反而更加迅速地实际建立起来，这一前途，是国际和平阵线，全国人民，全国一切愿意抗日救国的各党各派各界各军所竭诚拥护并要使之实现的。”为实现第二个前途，中共主张“南京与西安间在团结抗日的基础上，和平解决”。①

12 月 19 日，中华苏维埃中央政府及中共中央对西安事变发表通电，向国共双方提出如下建议：“（一）双方军队暂以潼关为界，南京军队勿向潼关进攻，西安抗日军亦暂止陕甘境内，听候和平会议解决。（二）由南京立即召集和平会议，除南京西安各派代表外，并通知全国各党各派各界各军选派代表参加。本党本政府亦派代表参加。（三）在和平会议前，由各党各派各界各军先提抗日救亡草案，并讨论蒋介石先生处置问题，但基本纲领，应是团结抗日，反对一切内战，一致抗日。”② 中共认为，“上述建议，实为解决目前紧急关头之合理有效办法”。

延安方面由起初称赞这是一次“革命行动”，指称蒋介石为“汉奸”，到承认“因为这一发动采取了多少军事阴谋的方式，扣留了南京最高负责人蒋介石及其主要将领，以致把南京置于西安的敌对地位，而造成了对于中国民族极端威胁的新的大规模内战的可能”。不能否认，中国共产党已有了超出党派意识而从民族的高度来认识这一事件的转变。

再看南京方面，西安事变发生后的第三天，国民党党报《中央日报》发表社评《时局的定力》，指出：“自古乱臣贼子，当其包藏祸心，图谋不轨之先，必有佯作谨愿或故布稚骏，以蔽其奸，及其称兵谋逆，犯上作乱之日，又必假借名号，劫持君亲，以肆

---

① 《中央关于西安事变及我们的任务的指示》（1936 年 12 月 19 日），见中央档案馆编：《中国共产党关于西安事变档案史料选编》，中国档案出版社 1997 年版，第 222—223 页。

② 中央档案馆编：《中共中央文件选集》第 11 册，中共中央党校出版社 1991 年版，第 130—131 页。

其毒。”“今日窃据西安之叛卒，其行动等于匪盗，其意志只图扰乱，匪盗之集团，不足以语政治主张，更无可言政治目的，全国人民与世界友邦，必须彻底了解此一意义，然后可信国民政府今后之方针，当仍本中国国民党之主义与政纲，积极推行。对内对外，一贯努力。”① 并在前一天以《张学良率部叛变！国府下令褫职严办》为大字标题，报道了国民政府对西安事变的处置办法：“国民政府十二日令，据报张学良于十二日通电叛国，殊堪痛恨。查该员奉职无状，原在中央曲予矜全，冀图后效之中，当此外侮紧急、剿匪将竣之际，竟劫持统帅，妄作主张，该员以身负剿匪重责之人，行同匪寇，以身为军人，竟冒犯长官，实属违法荡纪。张学良应先褫夺本兼各职交军事委员会严办，所部军队归军事委员会直接指挥。凛遵无违，切切此令。”②

12 月 16 日，国民党中央作出了讨伐决定：“（一）推何委员应钦为讨逆总司令，迅速指挥国军，扫荡叛逆。（二）由国民政府即下讨伐令。”③ 路透社对此评价说：“今日中政会决定下讨伐令，任何应钦为讨逆总司令，由此可见中央已放弃用谈判方法解决此次事变之概念，而决心不问代价如何，诉诸武力，俾可在最短时期内剿灭叛逆。”④

何应钦

众所周知，西安事变发生后，南京出现了“主战”与“主和”两派。宋美龄认为：“唯目前处置西安叛变，若遽张挞伐之师，迳施轰炸，不独使举国所拥戴领袖之生命，陷于危殆，即陕西数千万无辜良民，亦重罹兵燹之灾，且将使为国防而建设之国力，浪

① 《中央日报》，1936 年 12 月 14 日，第 3 版。

② 《中央日报》，1936 年 12 月 13 日，第 3 版。

③ 秦孝仪主编：《革命文献》第 94 辑，中国国民党中央委员会党史委员会1983年版，第 313 页。

④ 《申报》，1936 年 12 月 17 日，第 3 版。

作牺牲。故为国家计，不得不吁请诸公妥觅和平解决之途径。”① 周恩来在12月18日致毛泽东的电文中，曾就国民党党内的分歧做了说明：“南京亲日派目的在造成内战，不在救蒋。宋美龄函蒋‘宁抗日勿死敌手’（指何、汪）。孔祥熙企图调和，宋子文以停战为条件来西安。”②

12月18日，当蒋鼎文携蒋介石亲笔函抵达南京，嘱何应钦暂停轰炸三日后，何应钦于19日在孔祥熙寓所召集居正、孙科两院长，及叶楚伧、宋子文、王宠惠、宋美龄诸人进行会商，决定两项事宜：“一、准宋委员子文以私人资格即日飞赴西安营救蒋公；二、准许至十二月二十二日暂行停止轰炸。”至此，孔祥熙认为“军事压力已足使张杨丧胆，而委曲求全之政策仍在努力”③。然而，立法院院长孙科于20日在上海接见新闻记者发表谈话时仍称：解决西安事变甚易，如以军事力量不出二三星期，绝对不谈政治问题。④

显然，不诉诸武力、安全救蒋出险是南京主和派的目标，这就要涉及孙科所说的政治问题，在南京方面看来此乃“委曲求全之政策”。

由国共双方制定的政策可见，双方对于和平解决西安事变有不同的理解和设想。共产党的目标是通过和平谈判，达成停止内战、一致抗日的局面，为此确定了有条件释蒋的方针。当“没有待到履行停战撤兵之先决条件即于二十五日下午释放蒋介石”⑤后，共产党认为“放蒋是有利的，是否达成有利，当待证实”，

---

① 蒋宋美龄：《西安事变回忆录》，见蒋中正、蒋宋美龄合著：《西安半月记·西安事变回忆录》，正中书局1937年版，第11页。

② 《周恩来关于国民党各派人物的表现及蒋介石态度给毛泽东并中央电》（1936年12月18日），见中央档案馆编：《中国共产党关于西安事变档案史料选编》，第220页。

③ 《宋子文委员赴西安之决议》（1936年12月19日），见秦孝仪主编：《革命文献》第94辑，第134页。

④ 《申报》，1936年12月21日，第9版。

⑤ 《中央书记处、军委主席团关于西安事变解决之经过给刘少奇电》（1936年12月27日），见中央档案馆编：《中国共产党关于西安事变档案史料选编》，第280页。

“蒋介石宋子文的接受抗日主张与蒋介石的释放，是全国结束内战一致抗日之新阶段的开始”[①]。1937年3月1日，毛泽东与史沫特莱谈话时详细解答了“共产党为什么主张西安事变的和平解决”这一问题，毛泽东说：

> 自从日本侵略开始，我们就是愿意停止内战的，因为只有国内和平，才能对日抗战。四年前三个条件下与国民党军队订立抗日协定的宣言，前年的八一宣言，去年的致国民党书等等，无不是表示我们诚恳的愿意同国民党建立新的联合战线。西安事变中，国内一部分人极力挑拨内战，内战危险是很严重的，如果没有十二月二十五日张汉卿送蒋介石先生回京一举，如果不依照蒋介石先生处置西安事变的善后办法，则和平解决就不可能。兵连祸结，不知要弄到何种地步。必然给日本一个最好的侵略机会，中国也许因此亡国，至少也要受到极大损害。[②]

在共产党看来，蒋介石的安全回到南京尚不是最后结局。中共中央在《关于蒋介石释放后的指示》中说：“要彻底地实现抗日任务，还需要一个克服许多困难的斗争过程。这个过程的实质，即是中国抗日派与中国亲日派的剧烈斗争，也即是世界和平阵线与世界侵略阵线的斗争之一部分，并在斗争中推动以蒋介石为首的国民党中间派最后结束他们的动摇地位，而坚决走上改革内政对外抗战的道路，这个过程的快慢，首先决定于抗日派力量的壮大。”[③]

国民党的主和派反对南京对西安的武力讨伐，希望用和平方法救蒋介石出险，保证蒋介石的安全、维护蒋介石的声誉，谈判

---

① 中央档案馆编：《中国共产党关于西安事变档案史料选编》，第275、277页。

② 《毛泽东与史沫特莱的谈话（节选）——关于西安事变问题》（1937年3月1日），见中央档案馆编：《中国共产党关于西安事变档案史料选编》，第385页。

③ 《中央关于蒋介石释放后的指示》（1936年12月27日），见中央档案馆编：《中国共产党关于西安事变档案史料选编》，第277页。

是营救之手段。对于国民党来说，蒋介石的安全回京即宣告事变已和平解决，余下的是如何处置张、杨，以及西北的善后问题。

总之，在南京方面确定西安事变的解决方针及执行政策的过程中，宋美龄的活动和影响不容小觑。在共产党秉承“有条件释蒋”方针而从事的活动中，以及释蒋后为达成停止内战、一致抗日局面而展开的活动中，宋美龄的身影同样清晰可见。

二

蒋介石安全回到南京，是西安事变和平解决的重要而关键的一环，亦是合理定位宋美龄在西安事变中的角色与作用的关键。南京方面，无论主和还是主战（即便主战被直斥为有险恶用心），都声称以营救蒋介石为目标。12 月 24 日，在蒋介石临离开西安的前一日，国民政府还下达了《讨逆总司令部组织大纲》，规定“国民政府为讨伐西安叛乱，特任讨逆总司令，指挥国军统辖讨逆军事”，“讨逆总司令直隶于国民政府，其关于军务政务党务等连（联）系事项，由各主管机关协助办理”。何应钦制订的《讨逆军作战计划》的方针是：“讨逆军为迅速击灭叛军，营救蒋委员长出险，应乘共军部队，尚未与张、杨会合之前，由东西两路，向西安夹击，一举捕捉张、杨叛军主力而歼灭之；同时以有力一部，在潼关、华阴间，渡过渭河，向三原、耀县地区挺进，迂回至西安侧背，以遮断叛军向陕北逃窜之路，并相机阻击南下之共军。”①无疑，南京方面若不能救蒋出险，对西安必有一战，共产党指出的西安事变发展的第一种前途即内战的爆发就有可能发生。

共产党方面，虽然西安方面未“待先决条件履行及局势发展到蒋出后不再动摇”即释放了蒋介石，但有一细节还是值得重视的，即“蒋抵洛后当夜已下令撤兵”②。1937 年 2 月 11 日，毛泽东在中央政治局会议上发言说：“关于和平是否确实的问题，我们应

---

① 何应钦：《讨逆军作战计划》，见朱文原编：《西安事变史料》第一册，台北“国史馆”1993 年版，第 161 页。

② 《中央书记处、军委主席团关于西安事变解决之经过给刘少奇电》（1936 年 12 月 27 日），见中央档案馆编：《中国共产党关于西安事变档案史料选编》，第 280 页。

当认识，和平的可能性大，但也有打起来的可能，我们要准备自卫战。不过主要应采取巩固和平的政策，应向着联合全国抗日的方向努力。”[①] 2 月 13 日，中央军委主席团致各兵团首长电：“西安事变后有两种前途：（一）是大规模内战。（二）是和平解决并停止‘剿共’。党中央一贯采取和平（方针）应力争第二种前途。”“两月以来克服种种困难，经过许多波折，终于达到和平解决的目的。”“国民党三中全会将于十五号举行，党中央有致三中全会电。党将依照这电来进一步地巩固和平，推动全国的抗日运动。”[②]

蒋介石返回南京后，国民党中央于 12 月 29 日举行第 31 次常务委员会，决定于 1937 年 2 月 15—22 日在南京召开五届三中全会，讨论和决定对内对外政策。国民党三中全会结束后，周恩来致电中央书记处，谈了他对西安事变和平解决的认识。周恩来认为，蒋介石、宋子文接受抗日主张与释放蒋介石，促使国民党三中全会改变了对内、对外政策，而国民党内外政策的改变标志着“对内和平，对抗战主张的胜利”。他说：“西安事变之发生完全和平解决，使国民（党）三中全会公布了张、杨八项主张，通过了《根绝赤祸》的决议案，这是应□□划时代的改变。我们应该估计，他（它）是和平统一团结御侮的初步成功，不应该估计他（它）是失败，但这一成功仅在开始，发展过程中的困难障碍和变化正多，胜利的保障只有从斗争和力量对比中以决定。”对于蒋介石及国民政府的立场，周恩来亦做了一分为二的评价：“蒋及国民政府利用统一和胜利（继）续发展其中间道路立场，他一方面接受了全国对内和平，对外抗战的希望，停止着‘剿共’的内战，通过了容许共党红军讲和及修改国民大会组织法选举法的决议案，容许了西安事变及其以后的真相和共产党的主张渐渐抬头，进行着与共党红军进一步的谈判；但另一方面却在利用日本的缓和与

① 中央档案馆编：《中国共产党关于西安事变档案史料选编》，第 378 页。

② 《中央军委主席团关于西安事变和平解决后的情况和党的方针给各兵团首长电》，见中央档案馆编：《中国共产党关于西安事变档案史料选编》，第 379 页。

统一的强调，树起了根绝‘赤祸’的旗帜，苛刻□□共党讲和的条件，控制和限制着、削弱和分散着西北的抗日力量，威胁和克服着国内反蒋的活动，并且还统治着和相当压迫着全国的救亡运动。这一立场必定得着英美的支持，但无论如何，这一中间道路是已经向着世界和平阵线和国内抗日统一战线接近了一步。”① 据此，周恩来提出了进一步推动和平，以实现抗日统一战线的计划。

无疑，蒋介石的返回南京，不仅避免了内战的爆发，且开启了停止“剿共”，一致抗日的新阶段。共产党对张、杨二位将军予以“千古功臣”的高度评价。既认识到蒋介石安全回到南京的意义，又充分考虑和评估宋美龄在其中扮演的角色及作用，此为题中之义。就国共两党的命运看，西安事变可谓国民党和共产党势力消长的分水岭。因此，国共两党对于事件的历史评价南辕北辙，对于宋美龄促成西安事变和平解决的关键角色地位，则是一致认同。然对其如何担当关键角色，却各说各话。

三

由于国共两党所处地位和立场不同，双方对于蒋介石能够安然离开西安返回南京的原因分析截然不同。

国民党方面，1936 年 12 月 26 日发表的蒋介石离开西安前对张、杨的训词已奠定了评价的基调，即张学良感于领袖的德威与感召。蒋介石说：“此次西安事变，实为中国五千年历史绝续之所关，亦为中华民族人格高下之分野，不仅有关中国之存亡而已。今日尔等既以国家大局为重，决心送余回京，亦不再勉强我有任何签字与下令之非分举动，且并无任何特殊之要求，此不仅我中华民国转危为安之良机，实为中华民族人格与文化高尚之表现。中国自来以知过必改为君子。此次事变，得此结果，实由于尔等勇于改过，足为我中华民族前途增进无限之光明。”在该文的最后，蒋介石强调说：“此次尔等悔悟之速，足见尚知以国家为重。

---

① 《周恩来关于西安事变和国民党五届三中全会提纲给中央书记处电》（1937 年 2 月 22 日），见中央档案馆编：《中国共产党关于西安事变档案史料选编》，第 383—384 页。

如此，即应绝对服从中央命令，一切唯中央之决定是从，而共同挽救我垂危之国运，此即所谓转祸为福之道也。”① 不管蒋介石在西安承诺过什么。在公开场合，他明确宣布西安事变的解决是张、杨勇于改过之结果，并要求他们此后应绝对服从中央命令。

12 月 26 日，军政部长何应钦发表告同志同胞短言，全文如下：

> 同志同胞们：我们唯一的最高领袖蒋委员长，蒙难西安，今天在我们全党同志、全国同胞一致的盼望中，安全归来了。我们应该如何的庆祝，如何的快慰！同时我们要知道，领袖这次的安然归来，一定是张汉卿个人在领袖面前有了真诚的忏悔，一定是领袖对张汉卿这次的行为，有绝大的宽容。我们欢迎领袖的安全归来，我们服从领袖的命令指示。我们对于这次西安的事件，要一切遵照领袖的意旨，听凭领袖的处置，不可以我们个人的闻听所及，随便批评，随便指摘。尤其要遵守欢迎时的秩序，肃静整饬，来向领袖表示最大的敬意。同志们，同胞们，我们欢迎领袖的安全归来，我们绝对服从领袖的命令。最后我们高呼蒋委员长万岁！中华民国万岁！中国国民党万岁！②

何应钦的这篇短言与蒋介石对张、杨之训话相呼应，并特别突出了蒋介石的绝对领导地位，强调了西安事变的善后由蒋介石全权处理，甚至禁止有不同声音来议论这次事件。

12 月 27 日，南京各界举行庆祝蒋介石回京大会，与会人数达 20 万人，由市长马超俊主持。致辞中，马超俊不仅颂扬了蒋介石之人格，而且指出西安事变和平解决的原因：“我在前面说过，蒋

---

① 《蒋委员长离陕前对张杨之训话》，见蒋中正、蒋宋美龄合著：《西安半月记·西安事变回忆录》，第 1、7—8 页。

② 《何应钦部长告同志同胞短言》（1936 年 12 月 26 日），见朱文原编：《西安事变史料》第一册，第 453 页。

委员长之脱险，由于他的不可动摇的伟大人格所感召，但是我们全国人民齐一的力量，中央断然处置的迅赴事机，与武装同志赤诚忠勇的坚决表示，也是促成迅速脱险的最大原因。这些原因之构成，实在就是我们领袖领导敦化之功。”①

12月27日，《中央日报》发表社评《欢迎声中几点认识》，大肆吹捧蒋介石人格之伟大：“领袖归京后对外公开的文件，最重要的便是‘离西安前向张杨训话原词’。在这个文件里面，处处是伟大人格的表现，字字珠玉，句句真理。全国人民，听到领袖归来大家欢跃，读过领袖的训话原词，尤能安慰自己，安慰众人。领袖所讲的话，都是人民所希望于领袖的，领袖所表示的态度，也是人民所仰望于领袖的，领袖的人格，在这一次尤其充分表现于人民之前。”“‘国家的生存，高于一切，国家必须生存，个人不必计较’，‘人格必须保证，民族乃有基础’，‘生命可以牺牲，国家之法律纲纪不能迁就，身体可以受束缚，精神之自由绝不能受束缚’。这几句话，凡是三民主义的信徒，爱国的人民，应当刻刻记着。这就是领袖立己立人之道，成己成物之诀……十几天来，领袖的临难不屈，正气慑服一切，全党同志所凭藉以决策定计，支持当局，就是这种精神，这种精神的培养，固由（有）党义的化育，也由（有）领袖平素言行的感召，今天可以得到坚强的证明，凡是革命党人，对公对私，所见所信，无问远近，无问生死，必是人同此心，心同此理。”②

不久，陈布雷根据蒋介石日记编辑出版了《蒋委员长西安半月记》。1937年2月19日，国民党五届三中全会通过《对于蒋委员中正报告西安事变经过之决议》，文中说：“大会接受蒋同志中正关于西安事变之报告，及所辑《西安半月记》小册后，深以当时变起仓猝，幸蒋同志于至险至恶之危难中，独能持不可犯之正气，秉大无畏之精神，使倡乱者衷心慑服，感动悔悟，故卒能扶

---

① 《中央日报》，1936年12月28日，第3版。

② 《中央日报》，1936年12月27日，第3版。

危定倾，弭止大乱。大会于其为党为国夷险不渝之风格，深致佩慰。”① 从此，国民党方面对西安事变的研究多以《蒋委员长对张杨训词》和《西安半月记》为据。即便认识到中共在其间的作用，也是持批判态度。如有评论说：“分析西安事变的终于化险为夷，不外几种因素：第一，由于俄共与中共的导演，而又加以对自己做有用的运用。第二，委员长的精神感召。当张学良搜查委员长的日记和文件，发现委员长对他的爱护和培植，并对国事忧深虑远，一秉大公，才知道他自己错了，所以赶快忏悔补过。第三，全国人心及地方实力派对张杨的压力。”②

共产党方面，毛泽东于 1936 年 12 月 28 日发表《关于蒋介石声明的声明》，驳斥了蒋介石所谓《蒋委员长对张杨的训词》，道明了蒋介石所以能够安然离开西安的原因：“除西安事变的领导者张杨二将军之外，共产党的调停，实与有力。共产党在西安事变中主张和平解决，并为此而做了种种努力，全系由民族生存的观点出发。设使内战扩大，张杨长期禁锢蒋氏，则事变的进展徒然有利于日本帝国主义和中国讨伐派。在这种情形下，共产党坚决揭破日本帝国主义和中国讨伐派汪精卫、何应钦等的阴谋，坚决主张和平解决这次事变，这和张杨二将军及宋子文氏等国民党人的主张可谓不谋而合。这就是全国人民的主张，因为现在的内战是人民所痛恶的。”③ 文中在强调共产党作用的同时，也充分肯定了张、杨二将军及宋子文等国民党人的作用。

国共双方在当时公开的声明或决议中均未提到宋美龄在其间的活动和作用。在西安事变的解决过程中，共产党在党内的电报往来中有提及宋美龄的活动，周恩来提及了宋美龄那句“宁抗日勿死敌手”之语，对宋美龄之作用则未做评论。国民党方面，参

---

① 荣孟源主编：《中国国民党历次代表大会及中央全会资料》下册，光明日报出版社 1985 年版，第 439 页。

② 邓启：《阎伯川与西安事变》，见秦孝仪主编：《革命文献》第 95 辑，第 340—341 页。

③ 中央档案馆编：《中国共产党关于西安事变档案史料选编》，第 284 页。

与解决西安事变的一些军政人士在日后的回忆中对宋美龄当时的表现有较高评价。如顾祝同说："我个人对于蒋夫人在此次营救蒋公过程中，所表现镇静、坚毅、勇敢的精神，深感敬佩无已！"① 黄仁霖说："蒋夫人冒着生命的危险，勇敢地前往西安。这是她的人格和毅力，才能解开这个死结。"② 邓文仪说："蒋夫人赴西安对救援领袖有最大的决定性效力。"③

对于宋美龄在化解西安事变危机中的活动和作用，以往学者已有专文讨论，在研究西安事变之相关著作或《宋美龄传》中，亦有相当篇幅。先看大陆方面，1986 年，为纪念西安事变 50 周年，成立于 1961 年的西安事变史领导小组编写了大陆第一本西安事变史——《西安事变简史》，由中国文史出版社出版。该书共分六章，在第四章第四节"国民党内主和派反对讨伐及其营救活动"，以及第五章第二、第三节"西安方面与宋氏兄妹谈判""张学良陪同蒋介石回南京"中，根据宋美龄的《西安事变回忆录》及一些当事人的回忆，较为详细地叙述了宋美龄的活动。至 20 世纪 90 年代，大陆学者对宋美龄在和平解决西安事变中的作用进行了专题研究，将宋美龄在和平解决西安事变中的作用归纳为三个方面：阻止讨伐的作用；沟通宁陕的作用；疏通整合的作用。④ 这是一种归纳。另一种归纳是：稳住南京政局；沟通宁陕对话；亲赴西安救蒋。⑤ 进入 21 世纪，尤其是宋美龄去世后，蒋宋孔三大家族中唯一横跨三个世纪的宋美龄引起了人们的关注，亦推动了大陆学者对宋美龄的研究。然对宋美龄在和平解决西安事变中的作用的讨论，不外乎上述归纳。

---

① 顾祝同：《西安事变忆往》，见秦孝仪主编：《革命文献》第 94 辑，第 192—193 页。

② 黄仁霖：《西安事变及其余波》，见秦孝仪主编：《革命文献》第 95 辑，第 296 页。

③ 邓文仪：《西安事变与中国命运》，见秦孝仪主编：《革命文献》第 95 辑，第 381 页。

④ 王文鸾：《宋美龄在和平解决西安事变中的地位和作用》，载《史学月刊》1996 年第 6 期，第 104—105 页。

⑤ 杨树标：《宋美龄传》，江西人民出版社 1997 年版，第 75 页。

再看台湾地区方面，1982年出版的李云汉著《西安事变始末之研究》被认为“应该是第一部应用档案文件和当事人直接陈述写成的中文学术性专著”[①]。该书共分“事变前因”“事变经过”“各方反应与国际舆论”“余波与善后”及“附录”五个部分。在第二部分“事变经过”的三个小节，即“端纳两度赴陕”“蒋夫人入陕”“蒋公脱险举国欢腾”中，详细叙述了宋美龄在其间的活动，认为宋美龄入陕，“实为西安事变急转直下，终得和平解决之主要关键”。这“主要关键”体现在两个方面：“盖蒋夫人不独可为蒋公暨中枢之代表，具全权负责之身份与能力，且更可以影响张学良思想的转变与决定，以张氏素对夫人诚信敬仰，而其部属于夫人亦颇具信心也。”[②] 着重突出了宋美龄对张学良的影响，“与蒋公相见之后，蒋夫人当晚即再与张学良做恳切之长谈——这是一次私人间的谈话，双方坦诚而又严正，于整个问题之解决，实具有重要而有利之影响。论者每谓此次谈话，张学良实被蒋夫人感化说服，乃蒋夫人的一大成就，张学良亦感叹蒋夫人如早在西安，当不致发生此一不幸之事件。”[③] 未论及宋美龄阻止南京对西安动武，亦未论及宋美龄参与谈判。其后的研究对宋美龄的活动有所展开，但未做具体分析。对宋美龄作用之评价，笔者以为李国祁的观点颇具代表性，他评价说：“西安事变的和平解决，今日史家根据各种史料虽有多种解释，但不可否认的，当时的情况是极其险恶掀动，任何一项不当的举动，均可造成张、杨的情绪冲动，而使大局不堪收拾。蒋夫人的坚持南京方面不可动武，以及亲身赴陕，使蒋公及张学良之情绪均趋平缓，整个事件得有极大转圜。蒋夫人的此一大智大勇精神的表现，确是对国家民族的安危，产生巨大影响。故论及蒋夫人对民族复兴的贡献，自以此事最为重要，亦最能反映出伊之睿智与处理之得当。”[④] 未论及宋美

① 李云汉：《西安事变始末之研究》，台北：近代中国出版社1985年再版，第2页。
② 李云汉：《西安事变始末之研究》，第121页。
③ 李云汉：《西安事变始末之研究》，第122页。
④ 李国祁：《蒋夫人与民族复兴》，载《近代中国》第130期，1999年4月，第51页。

龄参与谈判一节。2008 年在香港召开的“宋美龄及其时代”国际学术研讨会上，有学者撰文指出，宋美龄秉持“和平与抗日”的原则，从以下几个方面为调解西安事变作出了贡献：劝阻国民党主战派武力“讨逆”，改变蒋介石“听天由命之态度”，代表蒋介石与周恩来谈判，促使张学良释放蒋介石。[①]

无疑，以往的研究已取得相当大的成就。国共两党，大陆和台湾、香港地区的学者一致肯定宋美龄促成事变和平解决的角色，对她的活动和作用做了各有侧重的描述和总结，唯对现象背后之原因缺乏考察。有学者从宋美龄个人的角度对其之所以能发挥重要甚至关键作用的原因做过探讨，然在一个以男权为中心的社会，宋美龄以一个女性即便是“第一夫人”的身份，其所能涉足的领域是有限的，由此而施展的影响力亦是有限的。宋美龄非政府决策中人，她是如何阻止主战派的武力“讨逆”的？在一片反对声中，宋美龄为什么能毅然亲身前往西安，除了对张学良的了解、信任外，是为救夫而不顾一切，还是体现了她的大智大勇？海外研究宋美龄的最新版本《宋美龄新传》中说：“一九三六年十二月这两个半星期发生的故事，中国现代史上称之为西安事变。它震动了全中国，也影响到全世界。它使蒋介石一跃成为全国偶像英雄，美龄成为无畏无惧、专情救夫的象征。”[②] 若说是宋美龄的大智大勇，她的“大智”体现在哪里？不全面、深入考察当时中国的国内外形势，不了解国民党的权力运作机制，是无法对宋美龄的活动和作用作出合理的、令人信服的解释与定位的。此外，宋美龄对蒋介石、张学良二人的影响，亦评说不一。要了解宋美龄究竟对蒋介石、张学良发挥了怎样的影响，不仅要考察宋美龄是如何去影响他们的，更要对蒋、张二人的思想、性格、言行等做深入的研究与剖析。蒋介石在西安是否见过中共代表，宋氏兄妹

---

① 莫世祥：《“上梁盖顶”——宋美龄调解西安事变评析》，载胡春惠、陈红民主编：《宋美龄及其时代国际学术研讨会论文集》，香港珠海书院亚洲研究中心 2009 年版，第 329—340 页。

② ［美］汉娜·帕库拉：《宋美龄新传——风华绝代一夫人》，林添贵译，台北：远流出版事业股份有限公司 2011 年版，第 252 页。

是否与中共进行过谈判，这是国共双方对西安事变的和平解决作出不同解释的症结所在。蒋介石回到南京后对此始终讳莫如深，宋美龄在《西安事变回忆录》中曾不点名地提到周恩来，然“根据宋美龄的侄子宋钟虎所言，宋美龄生前从不承认曾在西安和中共方面有任何接触”①。近年来，随着《蒋介石西安事变日记》《宋子文西安事变日记》的公开，蒋介石、宋美龄与中共代表周恩来的见面与谈话，宋氏兄妹代表蒋介石与张、杨及周恩来的会谈，已是不容置疑之事实。在此基础上，探讨蒋介石在心态上对于事件的处理如何转变，乃十分必要。宋美龄对蒋介石心态的改变有何影响？她代表蒋介石与周恩来谈判有何重要意义？这都是需要展开分析的。再有，蒋介石返回南京后，在国民政府处理西安事变之善后时，宋美龄有怎样的行动？为何有那样的行动？同样值得研究。

四

据汉语字典解释，所谓“枢”，一指“门上的转轴”，二指“重要的或中心的部分”；所谓“纽”，是指“器物上可供抓住而提起来的部分”。以“枢纽”论，西安事变不仅是事件的本身，也是本身的事件，在当时的中国具有牵一发而动全身之效。宋美龄是这一事件中的一个关键性人物，已是世所公认。她的作用和影响力是她的多重文化背景、社会地位，及其女性角色共同烘托而成的。

具体说，大致有以下几点：1. 社会给她，她给社会。有人评论说：“经由她，蒋、宋、孔三大家族笼罩了中华民国的政治舞台，其他人物充其量不过是配角而已。”② 宋美龄借由这一平台参与政治，由充当蒋的贤内助，逐步过渡到政治人。通过政治参与，奠定了自身的政治地位，影响着中国政治发展的进程。2. 家族给

① 郭岱君、林孝庭：《从宋子文档案看西安事变》，载《民国档案》2006年第2期，第101页。

② 李恒编译：《宋美龄传》，香港：海峡文化出版社1985年版，封底文字。

她，她给家族。“她是宋家手中的王牌，孔家智囊最大的筹码。”① 反之，宋子文、孔祥熙在国民党和国民政府中的地位和影响，也成为了宋美龄有力的后盾。在西安事变的解决过程中，她与家族间的这种互动效果最为明显。西安事变发生后，国民党高层中首先明确而坚定地反对“讨伐”西安，愿与西安方面进行沟通者即宋美龄及其兄宋子文，凭借孔祥熙代行政院长之职位，宋美龄得以在党政要人会议上申诉自己的主张，推动西安事变的和平解决。3. 近代中国对女性角色的新认识。传统中国对女子教育以“夫为妻纲”为出发点，清末民初女子教育观出现扭转传统“贤妻良母”的主张，希望妇女兼顾家庭与社会的双重责任，这是以政治救国为主轴所建构出来的妇女新形象，也是宋美龄理想中的妇女形象。有学者提出：“这种在国家领域里的付出，会不会与妇女的家庭责任有所冲突呢？在观念上，为了做一个国家公民，所要求的正是先放弃自己的妇女气质。”② 宋美龄在回忆西安事变时，就透露出这种心情。当听说蒋介石在西安被劫持的消息时，她说，“第一念袭我心头，余为妇人，世人必以为妇人当此境遇，必不能再做理智的探讨，故余必力抑个人感情，就全局加以考虑”③。与国民党党政要人争论时，她即强调她不是从妻子的角度而是以公民的资格提出主张，“愿诸公深信我决非朝夕萦怀丁丈夫安全之妇人。今日此举，实抑制情绪，抓紧现实，乃以公民之资格，要求以最少之牺牲，为国家与民族解决此严重问题之症结。倘余夫或余个人之牺牲可以为国家造丝毫福利者，余必不假思索，力主牺牲。”④ 追溯历史，“中国妇女运动的起因，并不是争女权，而是争取国家、民族自由独立的革命运动，然后才从事女权运动，每当国家

---

① 李恒编译：《宋美龄传》，封底文字。

② 石之瑜：《宋美龄与中国》，台北：商智文化事业股份有限公司 1998 年版，第 95 页。

③ 蒋宋美龄：《西安事变回忆录》，见王亚权主编：《蒋夫人言论集》上集，台北“中华妇女反共联合会”1977 年版，第 55 页。

④ 蒋宋美龄：《西安事变回忆录》，见王亚权主编：《蒋夫人言论集》上集，第 59 页。

的统一和生存发生问题时，妇女们立刻放弃了本身的权利，来争取国家民族的利益”[①]。宋美龄的政治参与是在伸张女权、倡导男女平等新风尚下的政治行为。兼顾家庭与社会双重责任的新女性，以宋美龄的公众形象最具代表性。“1934 年 12 月，上海的《良友》画报举办了一次关于标准女性的评选。” “宋美龄以相夫贤德入选”，“蒋介石知道他的妻子对他有多重要”，“她常常与蒋介石共同出没于军旅之中”[②]。宋美龄成为“标准女性”，反映了当时人对于女性地位与作用的认识，也是宋美龄融合了传统文化与现代文明的结果。她的家庭出身、教育背景及宗教信仰使她形成了自己的妇女观，恰恰是在男女平等新风尚的刺激下，以男权为中心的中国社会对女子的期望。4. 她本人的性格、魅力和能力。“她天真、率性，而不失雄才大略”[③]。据其母校威斯里安女子学院（Wesleyan College）的校友回忆，宋美龄从小就伶牙俐齿，好强又任性。在随后就读的威尔斯利学院（Wellesley College），校友评价她不只漂亮，也有股热情真诚，焕发出一股内在的能量。一位曾与宋美龄住在同一栋宿舍的教授撰文回忆：“她具有独立思考的能力，对任何事情都不停地苦苦思索。她总是在发问，询问一些概念是怎么回事，前一天她跑来问文学的定义是什么，第二天又来问宗教的定义是什么……她执着地追求真理，只要发现自己过去曾受到传统的错误灌输，她就懊恼不已。”[④] 她的这些品性在其处理西安事变中得到了充分展现。重要的是，西安事变发生后，她的政治主张顺应了历史潮流。在当时那样一种紧张的氛围下，国民党中枢坚持讨伐，各省党部、军队高级将领纷纷致电中央支持讨伐，报纸上也是一片责骂张杨之声，宋美龄能保持冷静、力争和平解决，实非一般女子所能为，她的意志、她的坚强，此时此

---

① 张岫岚：《泛论当前妇女运动》，载《中华妇女》第一卷第 6 期，1950 年 10 月，第 2 页。

② 李继锋：《三十年代的标准女性》，载《湖南文史》，2004 年第 3 期。

③ 李恒编译：《宋美龄传》，封底文字。

④ 林荫庭：《寻找世纪宋美龄——一个纪录片工作者的旅程》，台北：天下远见出版股份有限公司 2004 年版，第 49、48 页。

刻体现得淋漓尽致，宋美龄也正是以自己的行动阐释她对新女性的认识。蒋介石、张学良是贯穿事件始终的主角，宋美龄以其身份和情感，成为唯一能够深刻影响两位主角的人，在把握政治全局的前提下，宋美龄以其特有的女性魅力缓解了冲突，最终推动事变朝和平解决的方向发展。5. 她是“第一夫人”。宋美龄同蒋介石结婚后，她就成了“在朝党”。“蒋介石的权有多大，她的权也有多大。她说的话，不只是说说而已。宋美龄说的话，宋美龄的行动，从蒋介石本人以至党、政、军、特各方面的人不能不听，不能不照着去办。”[①] 宋美龄对蒋介石有多大的影响力，言人人殊，具体问题具体分析或许会更真切一些。然“第一夫人”在国民党的“威权”是存在的，这应是民国时期制度权威缺失而个人权威治理模式盛行的表现。

---

① 杨树标：《宋美龄传》，江西人民出版社 1997 年版，第 277 页。

第一章 “夫唱妇随”的宋美龄

第一节 跟随蒋介石“南征北战”

1928年2月，蒋介石重新上台后，宋美龄跟随蒋介石到了南京，充任了蒋介石的秘书与翻译。从此，她的人生开启了一段新的旅程，民国政坛出现了“蒋夫人”的身影。

这时蒋介石正忙于策划并推行“第二次北伐”，随行的宋美龄参与了“第二次北伐”的筹划与善后活动。一方面，她做了许多应酬的事。“那时的南京，生活条件既然如此差，自然没什么社交娱乐可言，不过总司令的生活毕竟例外。蒋与他的同僚间倒是经常有饭局举行，每一次，这位蒋总司令都坚持他那新娘子与他一起出席，如果遇到司令自己做东时，宋美龄更是非扮演女主人的角色不可。”尤其是宴会中，宋美龄往往是宴会中的唯一女性。她说：“我想这些官员起先颇为意识到我是个女性，但是后来我全身心地投入帮夫的事业，他们也就不再视我为一个女性，而是他们之中的一员。”① 宋美龄在家中要帮助蒋介石接待许多客人，这种接待不单纯是妻子接待到家里来的客人，乃是政治活动的家庭化，这是旧中国官场活动的一个延伸，也是宋美龄初入官僚行列的一个起步营生。另一方面，宋美龄有意在南京办一所在北伐战争中（包括两次东征陈炯明的战争）阵亡的烈士遗族学校，照顾那些

① 李恒编译：《宋美龄传》，第91页。

“已经为国捐躯或准备为国捐躯的烈士的子女”。1928 年 10 月 6 日，宋美龄在致冯玉祥夫人函中即表达了此意：“郑州总司令部冯夫人大鉴。此次北伐功成实为武装同志牺牲之代价。诸志士杀身成仁，夫复何憾，惜所遗孤苦无人教养。若我辈不为之设法抚育，何以对死者之忠魂。妹等有鉴于此，拟设立革命军人后裔学校，施以相当教育。惟事关重大，极愿大姐共同负责。请即命驾来京指导进行为祷。何日起程，请先电示，以便欢迎。”①

10 月 14 日，蒋介石向国民党中央执行委员会提案设立“筹办遗族学校委员会”：

> 本届五中全会何香凝同志提议设校教养先烈及革命军人后裔，以追念功勋，而慰遗族，由大会议交中正与中央执行委员、常务委员核办。窃查此项遗孤军人后裔为多，调查甄别须由熟悉之军人办理；设校教养，俾先烈遗孤得受良好之教育，养成社会健全之人才，则有赖于教育专家之规划，拟请孙宋庆龄、廖何香凝、李德全、王文湘、蔡元培、何应钦、叶楚伧、蒋宋美龄、江恒源、刘纪文、傅焕光为筹备遗族学校委员会委员，会同中正从建筹办，以慰忠魂。所推诸委或为革命先进，或为军事当局，或为专门人才，集思协商，当有成效。是否有当，祈请公决此上。②

该提案经中国国民党中央执行委员会第 176 次常委会磋商后，推定委员 11 人，即谭延闿、蒋介石、蔡元培、胡汉民、戴季陶、何香凝、何应钦、叶楚伧、王文湘、宋庆龄、宋美龄等，命名该校为“国民革命军遗族学校”。③

---

① 台北“国史馆”藏：《蒋中正“总统”文物：革命文献——军事善后》，卷宗号：002000000315A。。

② 《蒋总司令向中央提筹办遗族学校案》，台北：中国国民党党史馆档案：一般档案，140/2。

③ 《中国国民党中央执行委员会第 176 次常会记录》，台北：中国国民党党史馆档案：会议记录，2. 3/92。

遗族学校初创时期，系由筹备委员会负责筹划创校，并任命宋庆龄担任该校校长。但宋庆龄自 1927 年蒋介石实施“四 · 二”清党后，即与蒋介石南京政府分道扬镳，“极少来校或过问，实际由校董宋美龄全面管理，学生们亲切称她为‘蒋妈妈’”[①]。时任国民政府主席的谭延闿也曾对宋美龄说：“完全请你负责，来筹备本校。”[②] 至 1931 年男女分校后，遂改筹备委员会制为校董会制，国民革命军遗族学校筹备委员会改组为“该校及国民革命军遗族女子学校校董会”，国民革命军遗族学校校长由蒋介石担任，女校仍由宋庆龄任校长，而两校校董会的会议主席则由宋美龄担任，负责实际校务管理工作。[③]

宋美龄为遗族学校的创办、管理及教育，可谓劳心费神、竭尽全力，正如她自己所说：“个人的安全，我是从不放在心上的。但我时时关怀着我所手创的国民革命军遗族学校，如何把学生们训练成良好的公民，使他们将来对社会对国家都有宝贵的贡献。”[④] 宋美龄认为，“这些儿童如果接受适当的教育的话，将是最有价值的财产，因为他们的血液中天生就含有革命的因子。”[⑤]

上述两项活动，一是融合了蒋介石与同僚的关系，二是给蒋介石军队的将士以安抚。宋美龄正一步一步成为蒋介石集团的要员。

在北伐行进的过程中，宋美龄跟随蒋介石转战各地。“车站、农宅、临时屋都曾是他们的落脚处，不过有件特别的事，那就是不论到了多么恶劣、简陋的地方，委员长夫人对她所持的干净标

---

① 俞允尧：《蒋妈妈一生中最满意的事》，《遗校校友通讯》第 59 期，1996 年 1 月，第 6 页。转引自阎沁恒：《蒋夫人与国军遗族教育》，见秦孝仪主编：《蒋夫人宋美龄女士与近代中国学术讨论集》，台北：财团法人中正文教基金会 2003 年版，第 456 页。

② 宋美龄：《国民革命军遗族学校和女校建校的经过》（1931 年 10 月 10 日），见《蒋夫人言论汇编》编辑委员会编：《蒋夫人言论汇编 · 函电、谈话》卷四，台北：正中书局 1956 年版，第 197 页。

③ 《请聘孙宋庆龄等为革命军遗族学校校董案》，台北中国国民党党史馆档案：会议记录，4. 3/21. 11。

④ 宋美龄：《我的宗教观》，见王亚权主编：《蒋夫人言论集》上集，第 1 页。

⑤ 李恒编译：《宋美龄传》，第 91—92 页。

准丝毫不肯打一点折扣。每到一个地方，她的第一件事一定是抹地擦窗，务必直到看起来纤尘不染后才肯罢手。当然，漂亮的窗帘与芬芳的鲜花是绝对不可免的。”①

夫唱妇随

“第二次北伐”完成后，蒋介石同冯玉祥、阎锡山、李宗仁之间的矛盾产生，从编遣军队开始，接着爆发了一系列新的军阀混战。先是蒋桂战争，继之是蒋冯战争，最后是1930年4月发生的蒋、冯、阎“中原大战”，蒋介石取得胜利。宋美龄在写给一位美国朋友的信中说：“你无疑已从报上得知，中国军阀尚未被打倒。他们为了保持各自利益范围满足私欲，公然反抗中央政府，而置唯有统一才能救国于不顾。我丈夫身为国民政府主席和国民革命军总司令，已尽最大努力阻止反叛将军阎锡山和冯玉祥作乱。可是这些将军封建意识浓厚，只顾私利而不知其他，因而中央政府只得颁布戡平叛乱的命令，我丈夫作为总司令统辖全军……一想到我国面临的种种灾难我就感到痛心疾首。……而现在，为了满足无聊军阀的贪婪欲望，又要进行一场血腥战争。”② 此时的宋美龄已深感蒋介石的不易。为帮助蒋介石，她会尽力去做一些力所能及的事，比如在后方协助购买药品，由1930年6月3日蒋介石致宋美龄电可见一斑：“蒋夫人亲鉴：避疫及消毒药水请仍派员带来前方，并须加买能备五万人之用者。昨日以来逆军气馁力竭，不敢来犯，我正面亦甚为稳固，勿念。母病如何？念念。”③ 电文还表达了他们彼此的挂念。为解蒋介石军费之急，宋美龄甚至以死“要挟”其兄、

① 李恒编译：《宋美龄传》，第92页。

② ［美］斯特林·西格雷夫：《宋家王朝》，丁中清等译，中国文联出版社1986年版，第409—410页。

③ 台北“国史馆”藏：《蒋中正“总统”文物：一般数据——手稿录底》（十一），卷宗号：002000001795A。

时任国民政府财政部部长的宋子文。蒋介石在日记中详细记述了此事："七月十九日，战局稍定，病发热假寐，念夫人，记其近事，曰：'子文不肯筹发军费，内子苦求之，仍不允，乃指子文言曰：如尔果不肯发，则先将我房产积蓄，尽交尔变卖，以充军费；若军费无着，战事失败，吾深知介石，必殉难前方，决不肯愧立人世，负其素志，如此，则我如不尽节同死，有何气节！子文闻之心动，始允即日勉力发款。'"①

"中原大战"结束后，1930 年 10 月 23 日，宋美龄随蒋介石到上海。在上海，蒋介石在宋家接受了由江长川牧师主持的洗礼，正式成为一名基督教信徒。尽管蒋介石是在宋美龄的催促之下履行了结婚时的诺言，"动机不明"，但宋家对蒋介石的这一姿态是深为满意的。美国的《基督教世纪》杂志评论蒋介石接受洗礼这件事说："蒋是政府首脑，从其颁布的教育及其他法令来看，人们普遍认为这个政府对基督教会在中国的传教规划是持反对态度的……基督教领袖们……正在严肃辩论此种规划有无实行可能……人们对于蒋介石加入基督教社团将持有克制的热情态度。确切地说，中国以外的教会希望在作出这项洗礼是一个重大胜利的结论之前，应有一段相当长的时期，静观事态的发展……大多数有见识的基督徒认为，康斯坦丁改变宗教信仰曾使西方教会蒙受一次最大的不幸；同样弗拉基米尔宗教信仰的改变也未被看作一次胜利，而对东欧真正的基督教来说毋宁是一次失败……当前中国局势还有其他因素应予考虑。例如，它明显而且急迫地需要外援，特别是外国贷款……南京政府领导人明白如有一个受过洗礼的基督徒当该政府首脑，西方对他们是会兴趣倍增的……在鼓励主要采取这一步骤时，他们心目中肯定已在盘算有哪些直接和实际利益……奉劝各地的基督徒，不要把这件事看成是上帝的王国在中国取得巨大进展的具体标志。"②《基督教世纪》杂志的评论，

---

① 黄自进、潘光哲编：《蒋中正"总统"五记——爱记》，台北"国史馆"2011 年版，第 71 页。

② ［美］斯特林·西格雷夫：《宋家王朝》，第 408—409 页。

把蒋介石似乎是忙里偷闲，在新军阀混战与反共战争之间到上海“接受洗礼”一事的真正企图点破了。宋美龄对蒋介石信仰基督教有这样一段叙述：“委员长的太夫人是热心的佛教徒，他信仰基督教，完全由于我母亲的劝导。为了要使我们的婚约得她许可，委员长允许研究基督教义，并且诵习《圣经》。后来我发现他谨守前约，我母亲去世后，也丝毫不变初衷。”① 在这件事上，宋美龄的影响是毋庸置疑的。

蒋介石在上海结束基督教洗礼的当天（10 月 23 日），就赶往汉口召开湘、鄂、赣三省“会剿”会议，商定对中国共产党领导的农村革命根据地进行军事“围剿”。从 1930 年 12 月至 1933 年 3 月，蒋介石先后对中国共产党领导的江西中央革命根据地和湘鄂西革命根据地、鄂豫皖革命根据地发动了四次军事“围剿”。一次比一次加码，一次又一次被中国工农红军击破。1933 年 10 月，蒋介石对中央革命根据地发动第五次军事“围剿”。宋美龄紧跟着到了江西“围剿”前线，蒋介石非常感谢夫人的相依相随，他在一则日记中说：“今日为余四十七岁生日，幸贤妻同在前方，笃爱至臻，稍得自慰而已。”② 宋美龄则在致美国一位老师的信中谈了她是如何协助丈夫的事业，及与丈夫同甘共苦的愉快心情。信中说：

> 我担任士兵慰问团的领导，尽兴指导江西妇女慰问伤兵。我们要随军向腹地挺进，生活是艰苦的，但我很高兴，我的健康良好，能够坚持，这样我就能同他在一起，就能协助他。假如我静坐家中，等到中国真正实现和平，那么我们将长期无法团聚，所以我宁愿同他在一起，我军进展迅速，我们每到一处停留一般不超过两周。我们虽不得不放弃一些物质享受，但那不算什么，因为我俩互不分离，各有工作……
>
> 我想到上月“围剿”中发生在江西抚州的一件事，我们

---

① 宋美龄：《我的宗教观》（1934 年 3 月），见王亚权主编：《蒋夫人言论集》上集，第 5 页。

② 黄自进、潘光哲编：《蒋中正“总统”五记——爱记》，第 117 页。

> 的战地司令部就设在那儿。一天，夜半更深，忽然听到城墙那边噼噼啪啪传来一阵枪声，出什么事了？我丈夫叫我赶紧穿好衣服接着命令便衣队前去查看。这时枪声更急更猛了，寒气袭人，我直发抖。借着昏暗的灯光，我匆匆穿好衣服，挑出一些绝不可落入敌手的文件放在身边，准备万一我们不得不撤离时就扔到火炉里销毁。然后我拿出左轮枪，坐待将要发生的事，我听到我丈夫在命令所有在场卫兵组成警戒圈。这样，一旦我们真被共产党包围，也可以杀出一条路来。我们不知道此刻外面发生什么事……
>
> 一小时后卫兵送来报告，原来是城门哨兵在黑暗中把几辆载有我们自己人的卡车误认为是敌人的，在争吵中，车上一名士兵开了枪，这就激怒了守城哨兵，他们一起向假想敌人还击。挑起事端的人第二天一早就被军事法庭处决，我深为惋惜，但我想维持军纪还是必要的。[①]

其间，宋美龄还协助蒋介石处理“闽变”。“今日元旦，在浦城，督平闽变，得夫人内助，夫妻和爱之乐，诚可敌一切忧虑患难也。”[②]

1934年11月上旬，蒋介石接到南昌行营转来的情报，知道工农红军已经西移，便匆匆赶回南昌部署“追剿”。当时蒋介石十分得意地说：“不问红军是南下或是西行、北进，只要他们离开江西，就除去我心腹之患。”当知道工农红军要向西南转移时，蒋介石对幕僚陈布雷说：“川、黔、滇三省各自为政，共军入黔，我们就可以跟进去，比我们专为图黔而用兵还好，川、滇为自救，也不能不欢迎我们去，更无从借口阻止我们去。此乃政治上最好的机会。今后只要我们军事、政治、人事、经济调配适宜，必可造成统一局面。”[③] 1934年年底，宋美龄随蒋介石去福建，决策如何

---

① ［美］斯特林·西格雷夫：《宋家王朝》，第412—414页。

② 黄自进、潘光哲编：《蒋中正“总统”五记——爱记》，第118页。

③ 杨树标：《宋美龄传》，第58页。

追击红军以及对被占领的原中国共产党领导的革命根据地实行“绥靖”。1935 年 2 月，美国《论坛》杂志发表了宋美龄撰写的《闽边巡礼》。这篇文章是这样写的：

> 我陪同丈夫到福建去。圣诞节那天，我们走了一千多里路（约为三百三十三英里），一半乘飞机，一半沿着“闽变”发生以后临时兴筑的军用公路坐汽车而行。我们从杭州动身，坐了两小时的飞机与八小时的汽车，就到闽边的浦城。我们经过浙赣闽三省边境，那里是我们东部最崎岖的地区，路又粗劣不平，所以我给颠簸震荡得头都抬不起来，异常疲乏。虽则疲乏，一路的风景却使我赞叹惊奇，那里的山景的确雄浑奇伟，为我所从未见过。我见过贵国那峥嵘巍峨的落矶山，福建却是山复一山，接连不断的崇峰峻岭，上面都长着繁茂的树木，万万千千的杉树，在这圣诞时节青翠欲滴，并且在苍翠山色中，还偶尔衬着一两棵朱红的蜡树，鲜艳夺目。在这崎岖的地域，以一月的工夫筑成公路，不得不令人诧异，就地势之险，与完工之速而论，技师们谁都认为是一件惊人的建设。四面山坡都以人工开凿。不消说，筑路时有数千人参与工作，每天分成三班轮替。路虽高低不平，但到底完成一条路了。
>
> 有时公路穿山而过，既窄且陡，两旁高山崔巍欲堕，颇有直迫行人头上之势。我因而想到希腊东部的摩辟里的关隘，不知是否与此仿佛。有时我们沿高原边上的悬崖奔驰，开车一不小心，就会堕下深渊，有几段公路在筑造中，峭拔陡削(峭)，几如悬壁。一直到经过以后，我方才觉察那次旅行多么危险，多么费力。事后我丈夫深悔不该教我冒这许多危险。所幸人们在身处危境的时候，每每不如追想时那样觉得可怕的。
>
> 一月以后我们到了闽省边境的浦城。这是孤零零的一个小城市，我刚才所说的那条公路没有造成以前，那个小城和

外界绝少来往。在高峰峻岭间虽然有羊肠小径，行人都望之生畏。那边的人仿佛处在另一时代，女人的服装和我高祖母差不多，精巧的发髻，也依然百年前的式样。

除夕那天，我和丈夫在周围的山中散步，我们发现了一株花蕊怒放的白梅，那真是吉兆！

一星期后，丈夫动身向南边的建瓯去。他坐军用飞机，一小时便到了，可是此去的航空途中，寒冷而危险，所以打电报来，叫我乘船前去……我带着美籍看护妇、女秘书、女仆和男仆卫兵等，同行共有六七十人，分乘五个民船、五个竹筏……

我丈夫坐飞机一小时便可到达的那段路程，我们坐小船费了四天四夜的工夫。到最后一段，我们经过的地带，仍有土匪出没。所以委员长加派卫队来接我们。幸而路上没有遇到意外。可是夜里我怎样也睡不着，因为白天所看见的那些村庄，都是十室九空，疮痍遍地，太使我触目惊心了……

步行时我走过许多村庄，都是杳无人影，很难看得到一些有生命的东西，大半都像死寂了的世界，一眼望去，什么都看不见，沉默像一张厚幕似的罩在断井颓垣之上。整个村镇里只听见我手杖的嗒嗒声，和我们在街石上的一阵步履喙喙声……

在福建不上两月，我们就打胜了，一部分由于近代航空的力量。我草此文时，江西方面，胜利也就在目前了。但是……问题尚不能就算解决。①

文中，宋美龄淋漓尽致地表达了她作为蒋介石妻子的立场、观点与感情。出身富贵的宋美龄能抛开安逸舒适的生活，跟随蒋介石跋山涉水，行进在崎岖危险的山路中，没有抱怨，却还能有良好的心境欣赏沿途风景，实非一般女子所能为。作为蒋介石的

① 宋美龄：《闽边巡礼》，见王亚权主编：《蒋夫人言论集》上集，第10—18页。

妻子，她与蒋介石的立场是完全一致的，她盛赞这场“围剿”战争，而把被国民党军队洗劫后的迷漫着“毁灭和死亡”的存在，说成是共产党的罪过。

1935 年 3 月，宋美龄又随蒋介石赴西南部署追击工农红军。在西南的几个月里，宋美龄先后于 4 月、5 月、7 月分别由贵阳、成都、峨眉山致书“国民革命军遗族学校”，讲述了她的“西南漫游”。

在4 月发自贵阳的信中借介绍贵州、四川的概貌，阐述了诸多感想，信中写道：

> 我离开了你们虽然很久而且很远，但时时总是在想念着你们。当我深入内地目睹一般人民困苦状况的时候，就联想到现在的你们真幸运，能够很安乐的生活着而且受着良好的教育，能够寻得增进德业的门径，将来又能够有帮助同胞服务国家的机会，你们真是十分幸运！
>
> 现在我要将我们的中国堂堂大国——中华民国最近的时事告诉你们一点。你们知道：贵阳是贵州省的省城，贵州这个省几乎全是大山，向来是很穷苦不容易交通的地方，旧时是很难到达的，现在已经有一条汽车公路从广西到了这里，不久又有一条从长沙，另一条从四川重庆筑成的新公路均通到此处。航空邮政现在已可以寄信到此间了。不久之前，到这里来，是要在小石路上行走，登山越岭，甚为困难……
>
> 现在我想将我们的旅行经过对你们说一说：我们来到这里是要坐轮船、坐汽车、坐飞机的，从九江到四川的重庆要坐船……
>
> 我们到重庆的那一天，适值天雨，自离开南昌以后，这算是第一次……四川是我们中国最富省份之一，但被历来贪婪无厌的军阀剥削，自饱私囊，反把四川弄得民穷财尽……
>
> 四川、贵州及其余西区省份的民众，都被鸦片烟弄穷了，不良的官吏使他们种烟吸烟以便大饱私囊。烟祸若不扫除，

> 中华民族就要灭亡！我同委员长无论到何处，都要大声疾呼扫除烟祸！设法训练民众，禁止吸烟，免得我们的民众沦为奴隶……在重庆的时候，我们劝告官吏将烟馆一律关闭，现在我又设法使妇女们也组织起来，共同来肃清烟祸，可惜他们毫无训练，对于组织开会等仪式，一点都不知道，做起来实在困难。这一点我要女学生们记得：你们一定立志预备长大的时候，有本领可以组织社会，训练女同胞们来做有益国家的事情。现在妇女们讲这样讲那样，但对于她们应该做的事，一点也不讲。这不是她们的错误，而是她们的不幸！因为她们没有得着像你们一样的机会享受良好的教育，所以我不怪她们，只是可怜她们罢了！但是你们从这件事情上能得到一个有价值的教训，那就是妇女们对于救国要想尽她们的本分，最要紧的是要明白一切事理，你们现在能努力求学明白了一切事理，将来得着机会的时候，才可以教导他人应该干甚么，与应该如何去干。①

在5月发自成都的信中分别介绍了成都、贵阳和昆明，并具体描述了在云南受到热烈欢迎的场景，信中写道：

> 我上次在贵阳写信给你们；后来，你们校长由贵阳“追剿”到云南，现在仍旧飞回四川来到成都了……
>
> 我们住贵阳约六星期，就与这座山城离别了。我们到清镇飞机场坐飞机，飞过许多高山，往云南的省城，即现在的昆明……到了昆明的上空，望见省公署在城内一座小山上，云南大学在近旁另一座小山上，这是一座淡红色的房子。我们在云南的时候，就住在这所大学里。最后我们降落在巫家坝飞机场，那里搭着一座彩棚，龙主席及龙夫人率领云南的男女学生和各界同胞来欢迎我们。我们坐汽车进城，街道两

① 宋美龄：《西南漫游》，见王亚权主编：《蒋夫人言论集》上集，第453—458页。

> 旁，排列着一群一群穿白制服的学生，其中也有穿蓝色的，进了城门，即见人山人海，塞满了街道，家家户户的门首飘扬着国旗，街坊上高悬着彩灯。这种热烈的表示，使我们异常感动……
>
> 5月22日那一天，委员长动身飞往贵阳，然后从贵阳到重庆。我是24日直接坐飞机到重庆的……我们在重庆住了一天，第二天下午就往成都……①

在7月发自峨眉山的信中对峨眉山的风光及寺院做了详细介绍，信中写道：

> 成都在历史上虽很出名，但比起我国其他的古城来，可供游览的地方并不多。它的城墙很高很广，周围约九英里。我时常上去散步，差不多把它走遍了。城墙是唯一可以供我们散步的地方……城的每面都有激流环绕……站在成都城墙上，可以望见处处有辛勤的人们在工作……
>
> 四川二十年来虽不断地遭到内战的惨祸，可是在成都仍到处可以看到富庶的景象，从前升平时候它的繁荣状况，当更盛于今……
>
> 后来天气太热，我们就到峨眉山来，峨眉山在成都西南，是著名的佛地……我们住的屋子都有林木遮掩，远远近近还有若干同样的房屋散布着。我们的下面，展开一片平原，加定城也远远在望……②

在这三封信中，宋美龄对沿途所经过地区的自然、人文及交通情况做了全面介绍，包括西南地区美丽的景色、丰富的物产、

① 宋美龄：《西南漫游》，见王亚权主编：《蒋夫人言论集》上集，第460—462、468页。

② 宋美龄：《西南漫游》，见王亚权主编：《蒋夫人言论集》上集，第473—475、479页。

破旧的城市、落后的风俗以及峨眉山的寺院等，充分展示了她的人文情怀、扎实的人文学识功底，还有其女性的细腻情感。此外，宋美龄还借人、事、物的描述，传递了这么几层意思：1. 说明了他们此行的目的，由此抨击了工农红军。“我们这里四周都是‘匪徒’……所以，委员长要到此地来把他们‘剿灭’。”2. 以四川富饶的自然资源与中国的贫弱为引子，宣传政府正努力倡导的“国民经济建设运动”，并说明他们此行不仅为“剿匪”，还为开发西部。四川有丰富的物产，“但是四川与别省犯着一样的毛病，就是无人担起这复兴的责任。这也就是整个中国贫弱的原因！”宋美龄告诉同学们：“委员长与我正努力提倡一种新运动，要来开发富源，倡办工厂，制造我们所需要的东西。改良农业增加生产，使我们的民食从此充裕。这个运动就叫作‘国民经济建设运动’。我要你们个个学生能明白这个运动对于中国的重要，那就是说：倘若中国能学外国科学的好榜样，将来中国一定能富强，而且无人再敢欺侮与侵占她的土地了。现在是我们要努力教导民众的时候，使他们知道这个新运动的目的和重要，然后个个人都努力新式的生产事业，这个就是达到富强唯一的办法。我们一定要这样做，否则的话，外国就要来掠夺我们所有的一切，使我们做他们的奴隶了！所以委员长在这里努力工作，指导一般军政长官和民众应该如何去干，这种指导，人人都应该帮助的，尤其是你们青年学生。”① 3. 以西南地区民众生活的艰苦，鼓励同学们要坚强、努力。“个旧锡矿是世界上居第三位的有名大锡矿，锡矿里的童工年纪都是十四岁以下，要到几千尺之下的地洞内工作，地洞是很狭窄的，只有他们的小身体才爬得进去。地下的温度是多么热，他们走出洞口的时候，遇着冷风，就要昏倒，有许多因此患肺炎，或他种病症，以致送命。”“当你们觉得很不遂意的时候，你们应当记得国内还有许多穷苦的孩子，没有机会进学校读书，没有好食用，要在恶劣甚至污浊的环境内做苦工。”② 4. 痛骂西南地方军

---

① 宋美龄：《西南漫游》，见王亚权主编：《蒋夫人言论集》上集，第459页。
② 宋美龄：《西南漫游》，见王亚权主编：《蒋夫人言论集》上集，第466页。

阀的“贪婪无厌”“自饱私囊”，借此阐发她的“爱国”理念。她认为西南地方军阀“所以敢如此猖狂，病根就是在他们不知‘爱国’为何事！‘爱国’是你们当学生的第一应该念念不忘的，否则中国就永远不能复兴了！你们一定要时常教导别人，国家是什么，国旗是代表什么，好国民应该如何做。个人皆要很忠实的工作，使国家日臻富强！”① 宋美龄的“强国梦”，在信中多处地方皆有体现。5. 借过去与现在交通情况的比较，说明近年来国家的进步。6. 借西南地区的烟祸问题，阐述了她对妇女救国的认识——“妇女对于救国要想尽她们的本分，最要紧的是要明白一切事理”，这一理念正是宋美龄能够在西安事变的和平解决中发挥重要作用的关键。

在繁忙的旅途中，宋美龄不忘致信“国民革命军遗族学校”的同学们，及时将自己的所见所闻告知他们、教导他们。她对遗族学校的重视可见一斑，由此也体现了她做事的认真、投入，体现了她注重实际的教育理念。宋美龄自认为“个性不喜欢玄虚，而爱好实际，很重视世间事务，有时或许重视得有些过度了”②。在教育遗族学校儿童的过程中，宋美龄比较强调“如何将书本所学的应用到实际生活中去”。她说：“在这些烈士遗族学校里，我要教他们如何用手和身体去思考、去推理为什么一件事必须那样子做。”③ 告知同学们她个人在旅途中的所思所想，正是以身示教的绝好例子。

跟随蒋介石“南征北战”的一路，既锻炼了宋美龄，也感动了蒋介石。具体说来，其一，提升了宋美龄对国家的感性认识，充实了她的政治思想，并锻炼了意志。第一次，宋美龄饱览了祖国的大好河山，了解了沿途的风土人情，也看到了西部地区的落后，更亲眼目睹了战争给国家、人民带来的灾难。途中的所见所

---

① 宋美龄：《西南漫游》，见王亚权主编：《蒋夫人言论集》上集，第 457—458 页。

② 宋美龄：《我的宗教观》，见王亚权主编：《蒋夫人言论集》上集，第 1 页。

③ 李恒编译：《宋美龄传》，第 92 页。

闻，扩大了宋美龄的视野，令她对国家的地理、人文、政治等有了直接的感受与了解；旅途的辛劳、飞机的快捷，使宋美龄对国家的统一与建设问题有了更加深刻的认识；其间遭遇的种种困难与危险，则使她变得更加坚强。其二，加强了对蒋介石“革命”事业的认识，亦增强了对蒋介石的“英雄崇拜”。其三，宋美龄不畏艰辛的随行，令蒋介石备感温馨。他在日记中记录了令其感动、感激的一幕幕，也真切地流露了对宋美龄的既爱又敬之情：1933年12月1日，“今日为余俩结婚六年纪念日，于此六年间，艰难辛苦，险阻困顿，得力于内助者，实非浅鲜”。1934年2月3日，“吾妻护我病，保我身，无刻不在心，无事不入微，诚贤良夫人也”。8月1日，蒋与宋自南昌飞到星子，“妻为我忍苦受热致病，可感也”。8月6日有感曰：“今日受暴日赤焰之烈，尚能担当，是先天之强，亦吾爱妻之功也。”1935年，宋美龄随行西南期间，频频生病，却仍坚持为蒋分忧，7月2日，蒋无限感慨地记曰：“吾妻谋国之忠，爱国之切，刺激之烈，几难名状！国有良妻，人心犹在，复兴必成也。”[①] 夫妻情深，跃然纸上。

第二节　第一次西安行

1934年10月至11月间，宋美龄随蒋介石视察了中国的大西北，第一次来到中华文明的发祥地、举世闻名的古都——西安。据蒋氏夫妇的顾问端纳的说法，此次西北之行是“偶然引起来的”。1934年10月11日，宋美龄随蒋介石结束了在洛阳的活动后，登上火车准备赴汉口。这时，端纳建议只要稍微改动一下日程，把车厢挂在列车的另一头，就可以到西安一游了。这一建议首先得到了宋美龄的热切回应，经宋美龄翻译后，蒋介石表示同

① 黄自进、潘光哲编：《蒋中正“总统”五记——爱记》，第117、118、122、131页。

意。[①] 无论是偶然起意还是计划中的行程，在江西“围剿”接近尾声之际，蒋介石突然远赴西北视察，自有他的用意。“一是蒋介石认定江西的‘围剿’业已完成，胜利在望，有些飘飘然，决定下庐山去华北、西北转一转，争取更多的人同情他发动反共战争，以缓和对他‘攘外必先安内’政策的不满；二是继续推行并扩大他的‘新生活运动’；三是他听取了私人顾问端纳的建议，‘尽可能到全国各地旅行，以便了解人们在想些什么’。”[②]

西北之行的第一站为西安，这亦是宋美龄的第一次西安之行，第二次即两年后的西安事变中为救蒋而来。两次西安之行，境遇、心情大不相同。这一次是带着轻松、愉快的心情而来，一路观赏祖国的大好河山，“十二日晨九时，公等到潼关。下车游览。先登东门，望第一关风陵渡北之中条山与南十二塞，黄雒渭水由西北会合于此，向东滚滚直流。公曰，如此形胜而不图保存固守，何以对先人耶。城壁坚强，城楼壮严，惜年久失修，应速整理也。阅毕，乘车向西安进行。华山映于眼帘，雄伟奇丽。公赞赏不置。北望沃野千里，土地膏腴，公称关中丰腴，大可经营也。下午三时到渭南，换汽车，经骊山华清池稍息，即向西行。经灞桥，不胜今昔之感。五时到西安。”[③] 抵达西安后，蒋介石一行受到了出乎意料的热烈欢迎。“他们从民众和兵士两方面受到一个巨大的欢迎……这个古老的都会以许多的旗帜装饰着，大群的人们聚集在每一个优越的地点，乐队奏着乐而大炮也鸣了二十一响的礼炮。对于蒋委员长，这种热忱是一个启示。他对于自己在西北的声望，从来没有多大的估价。”[④]

蒋介石一行一连在西安待了六天。其间，蒋介石检阅了部队，会见了地方长官，听取了有关行政与建设等情况的汇报，如公路

---

① ［美］泽勒：《神秘顾问——端纳在中国》，林本椿、陈普译，译林出版社 2001 年版，第 352 页。

② 杨树标：《宋美龄传》，第 71 页。

③ 周美华编：《事略稿本》（28），台北“国史馆”2007 年版，第 265—266 页。

④ 董显光：《中国最高领袖蒋介石》下卷，蒋鼎黼、姜君衡校译，香港：文史研究会 1939 年版，第 387 页。

建设、经济问题、教育问题、禁烟工作等，并“与西教士会晤”[①]。这是蒋介石第一次与传教士团体会见，由宋美龄召集。[②] 当时的《华北日报》对蒋介石夫妇在西安的活动有一个报道：“舆论认为蒋介石西安之行与共产党对四川的威胁不无关系，因为国共的任何行动都会变该省为一主要战线。但蒋委员长暨夫人却大肆鼓吹‘新生活运动’。今日于市区最大的明楼苑（音译）集会，以支持此业。昨日下午，该市所有外国传教士被邀参加茶话会，实为开明之举。蒋将军、蒋夫人先后做即席演说，前者用中文，后者用准确、美妙的英文，赞扬传教士对中国所作出的贡献，并呼吁他们对新生活运动应尽力协助之，如同在江西所取得的优异成效一样。诚然，在座的对历次倡导举止、洁净和提高群众风尚的运动都示以赞赏态度。茶话会期间，还推选出一个代表该市各传教机构的委员会来敦促这一运动。在座的无不赞叹蒋委员长暨夫人的尊严和风度，深为中国的首脑层中能有这般才智、活力和献身精神的人物而释慰不止。”[③] 这个报道将蒋介石夫妇西安之行的背景与企图点明了，一是“与共产党对四川的威胁不无关系”，当时工农红军已撤出江西，向西行进；二是为了推广“新生活运动”。同时大大吹捧了一下蒋介石夫妇。

在蒋介石观察南北各方形势的时候，宋美龄为推广“新生活运动”而忙碌着。宋美龄认为，推行“新生活运动”是为了社会和经济的复兴，而“把调和经济与精神价值的理想，变成事实，其间必须建立一种联络的媒介”[④]，这种媒介就是教会。宋美龄以为，当时的外国教会团体十分认可中国的“新生活运动”，他们认为“‘新生活运动’和耶稣基督的计划差不多，也是救援贫苦者、被压迫者、疾病者以及无享受生活机会的儿童而设施的。”[⑤] 为此，

---

① 周美华编：《事略稿本》（28），第 271 页。

② ［美］泽勒：《神秘顾问——端纳在中国》，第 353 页。

③ ［美］埃米莉·哈恩：《宋氏家族》，李豫生、靳建国、王秋海译，新华出版社 1985 年版，第 203 页。

④ 宋美龄：《中国的新生活》，见王亚权主编：《蒋夫人言论集》上集，第 25 页。

⑤ 宋美龄：《中国的新生活》，见王亚权主编：《蒋夫人言论集》上集，第 32 页。

宋美龄不仅自己与教会团体广为接触，还设法让蒋介石会见他们。美国女记者埃米莉·哈恩评论了蒋介石、宋美龄与传教士的会面：“传教士们远不只是赞叹，他们实在感到有些惊讶。他们最乐观时，也从未指望过中国的领导人会像蒋氏夫妇在茶话会上那样找他们来了解情况。蒋夫人用英文解释说，蒋委员长和她本人都渴望进行真正的改革。他们认识到，传教士是与中国人民生活在一起并了解他们疾苦的，因而他们能够说出怎样才能改造和提高社会风尚。传教士还有一种特殊的独立地位，他们可以讲实话，不必像官员那样由于害怕和野心而有所顾虑。蒋夫人央求他们诚恳坦言，并代表政府保证合作。”又说：“这类事从未发生过，无怪乎传教士们起初感到不相信，甚至怀疑。多少年来，他们当中较关注社会问题的曾以笔头、祈求和耍花样等方式，来寻找哪怕是最低级官员谈话的机会，但几乎无人成功。可现在委员长本人和夫人却主动让他们指出他们各自地区的弊端，以及纠正这些弊端的对策。”① 无疑，这个评论站在西方国家的立场上，竭力吹捧与美化了帝国主义侵华的工具之一——传教士。不过，这些传教士的确能比较无顾忌地指出蒋介石政权的弊端，能替蒋介石如何巩固其统治出谋划策。美国记者泽勒这样评价蒋夫人：“作为信教的宋家一员，蒋夫人在基督教徒聚会中就像在自己家里一样，不过这可是委员长第一次与传教士团体会见。”“会议结束时，传教士和‘新生活运动’的代表组成一个联合委员会，以消灭鸦片为他们的最高目标。”② 消灭鸦片，正是蒋介石当时着力实现的一项政策目标。几天前（10 月 9 日），他刚刚下达过禁令，“严令十省禁止种烟。并公布严禁腹地省份种烟，取缔采办边省产土章程”③。

宋美龄还召集西安高级官员的太太们开会，“敦促她们热衷于公共事业。这些太太们答允开设一个治疗鸦片瘾的诊所”。宋美龄

---

① ［美］埃米莉·哈恩：《宋氏家族》，第 203—204 页。

② ［美］泽勒：《神秘顾问——端纳在中国》，第 352 页。

③ 周美华编：《事略稿本》（28），第 238 页。

还与她们“一道参观了省立孤儿院，和为穷家少女开设的生意学校”①。

离开西安，宋美龄随蒋介石再西行到了甘肃的兰州、宁夏的银川。“在兰州，端纳、蒋介石夫妇、少帅这四个人每天都步行走过市区，和人民谈话，了解他们对政治和经济的看法，同他们拉家常。”②《宋氏家族》一书中对银川的欢迎场面有这样一段描述：“号角吹响了，民众开始欢呼，一、二个乐队开始奏乐欢迎蒋介石夫妇和张元帅。客人走下飞机时，马鸿逵将军和其曾任山东省主席的兄弟马洪宾将军走上前去与他们一一握手，表明宁夏仍在党国手中。检阅完仪仗队后，客人们驱车行驶了许久才来到市区。在机场旁，有很长的军人队伍和欢呼的人群夹道欢迎他们，及至市区附近，又遇到很长的欢迎队列。乐队猛烈地吹奏着《约翰回家乡》的曲调，令人想起在西安阅兵时，部队踏着《约翰·布朗的尸体》和《向左治亚进军》的节奏正步走的情景。”西北的民众对留洋的第一夫人尤有兴致，他们“把脖子伸得很长的，眼光集中在蒋夫人身上。显然想看一看这位星外来人”③。

离开银川，他们返回西安。由西安出发又先后巡视了洛阳、开封、济南。在开封，蒋介石再度与“各西教士谈话”，“蒋夫人邀请教会人士赴宴。在那一个宴会上，蒋委员长像上一次一样亲自到会，并且重述着他的诺言：‘政府欢迎他们为中国民众而做的工作’，而且对他们解释‘新生活运动’的宗旨。蒋夫人仍像上次似的用英语对这般（班）人说话，列举着这个运动在江西所获得的效果。随后教会人士组成了一个委员会，帮助河南省的‘新生活运动’做消灭砂眼的工作。在其他视察过的地方，又成立好多所戒烟局。”④

济南离北平比较近，宋美龄想到正好可以到北平协和医学院

---

① ［美］埃米莉·哈恩：《宋氏家族》，第 204 页。
② ［美］泽勒：《神秘顾问——端纳在中国》，第 353—354 页。
③ ［美］埃米莉·哈恩：《宋氏家族》，第 207—208 页。
④ 董显光：《中国最高领袖蒋介石》下卷，第 389—390 页。

附属医院休整一下。当时蒋介石患轻微消化不良，于是就同宋美龄一道在北平住了几天医院。之后由北平飞到察哈尔的张家口，又由张家口转而赴绥远的归化，再转到太原。顺道，蒋介石夫妇到太原附近孔祥熙的老家太谷县进行访问。这时，蒋介石接到南昌行营转来的情报，知道工农红军西移，亟须赴南昌部署“追剿”事宜。宋美龄与蒋介石遂在太原分手，宋美龄同孔祥熙、端纳取道北平、天津、青岛、上海返回南京。

埃米莉·哈恩对蒋介石夫妇的西北之行做了如下三点总结。“首先，蒋介石详细地观察了国情，接触到了边远地区的问题。据一些在他身边的人讲，西北之行在这点上是起到了一定的影响的。他对经济发展的兴趣也起于此行。作为一名笃职的军人，蒋介石还从未对和平时期的工业费过心思。”“第二点是，蒋夫人在旅途期间以自身的能力出现在公众眼中。每日的演讲克服了她的羞怯，竞选般的奔波劳顿使她增强了体魄。每到一个城市，她都把妇女们召集起来，敦促她们为全国的改革尽力。在演讲中，她大反中国之旧习，大反大家闺秀之深居简出，以及鸦片、肮脏和贫穷的威胁。她呼吁妇女们要有责任感。她任命各地高级官员的夫人为‘新生活运动’的领导，后来在中日战争爆发后，她也曾这样做过。所有这些紧张的活动对她都产生了影响，回到南京后，她认识到了自己在丈夫身边所能做到的事情。此外，长期的空中飞行也锻炼了她的胆魄。”“第三，中国边境的百姓得以瞥见到他们的领袖，其效果是任何业余心理学家也会知道的。过去对蒋介石以及他在南京的政治地位不感兴趣的人通过这次瞬间的直接接触，开始对蒋有所好感。许多看不惯南京繁文缛节的地方将领立刻站到了蒋介石一边，就是因为他们这次能有机会与委员长亲自畅谈。”①

无疑，蒋介石夫妇的西北之行，对于密切蒋介石与西北地区长官的关系，巩固蒋介石政权的统治，起到了一定的作用。犹如

① ［美］埃米莉·哈恩：《宋氏家族》，第210页。

外国人所评价的："这些旅行，在中央政府和地方当局之间，及蒋委员长和他的同胞之间的关系上，起了可以正确地称作一个新纪元的作用。不论他到哪里，他受到十分热烈的欢迎，以致这一次旅行变成从一个省份再到另一个省的胜利的巡游。"①

短短个把月的西北之行，不仅使宋美龄得到了进一步的锻炼，更提高了她的知名度，她不再是边陲百姓心中的"星外来人"。与此同时，宋美龄再度发挥了旁人无可替代的协调作用：在此，她协调了蒋介石与传教士的关系，"在蒋委员长与外人间的一向不甚密切的交谊上，展开了新的一页"②。此举或许有助于转变西方社会对蒋介石的看法。与高级官员夫人们的见面、交流，对融洽蒋介石与西北将领的关系也不无裨益。

第三节　出任航空委员会秘书长

中华民国成立后，孙中山曾提出航空建国的口号。1928 年 11 月北伐结束后，蒋介石改军事委员会航空处为航空署，隶属军政部。1934 年 5 月，将航空署改编为航空委员会，自兼航空委员会委员长。1936 年，宋美龄出任航空委员会秘书长，襄赞空军建设。为此，她投入了精力，也倾注了感情，空军的飞鹰胸章是宋美龄一生钟爱并常佩戴在身的装饰品。

蒋介石授命宋美龄负责空军建设的重大任务，系由多方面因素所致：一则，空军中存有派系之争，浙江派与广东派隔阂较深，以无军界背景的宋美龄负责空军似显超然。二则，空军事务与外国往来较多，宋美龄不仅英语语言能力优异，以其十年的留学背景及基督徒的身份，颇能赢得欧美人士的好感与信任。三则，空军建设耗资巨大，蒋介石不放心把这项营生交给他人来办理，在蒋心目中，宋美龄是最靠得住的，而且宋美龄可与负责财政事务的孔祥熙、宋子文配合良好。正如《宋氏三姐妹》中所分析的：

---

① 董显光：《中国最高领袖蒋介石》下卷，第 386 页。

② 董显光：《中国最高领袖蒋介石》下卷，第 387 页。

“购买飞机涉及大笔款项，蒋介石决定不了他那些易于贪污的幕僚中，究竟谁能负起这一重任。他知道自己的妻子可以信赖。”① 四则，宋美龄本人对于航空事业的重要性有深刻的认识。在跟随蒋介石“南征北战”的过程中，宋美龄已实实在在地体验到了飞机的快捷所带来的高效力。被蒋介石特许为其作传的董显光（Hollington K. Tong）认为：“在蒋委员长之后，蒋夫人所处的地位，是最适宜于估定航空旅行在国家的政治与社会的发展上的影响。”②

宋美龄对于航空事业重要性的认识，可以见诸她发表的若干文章。在1935年2月发表的《闽边巡礼》一文中，宋美龄谈到了航空对于中国的意义：“近代航空于中国有何意义，在从来没有旅行过中国内地的人，是怎样也想象不出的。有了飞机，从上海到九江，三小时便可到达，不必再要三天了。从上海寄信到长江上游三峡以西的重庆，以前要两星期的，现在只要两天了。新疆的西北边陲，从前非四月不能到达，现在也只需三天。在中国，现在有六千英里以上的航空线，可供邮件寄递和旅客往来。世界上再没有别的国家像中国这样，仿佛由中古的传奇里，一步就跨进了20世纪航空发达的现代。”1937年3月12日，宋美龄在上海英文《大美晚报》发表了《中国之航空》一文，视航空事业的发展为中国统一的最重要条件。文中，宋美龄将没有飞机以前边远各省官吏同中央的关系，与航空业之发展对蒋介石政治工作的帮助进行比较，以此说明航空对中国统一的重要性，并对中国航空业的发展做了展望。该文较为全面地表达了宋美龄对航空业于国家、于蒋介石所谓“统一”大业之重要性的见解，全文引录如下：

　　一切促进中国统一的新发明，或许要推飞机的功绩，最为伟大。飞机消除距离的能力，和促进边省与各省间，或边

---

① ［美］罗比·尤恩森：《宋氏三姐妹》，赵云侠译，世界知识出版社1984年版，第95页。

② 董显光：《中国最高领袖蒋介石》下卷，第400页。

省与中央间消除其误会猜疑，恰好成为正比例。

在没有飞机以前，尤其是边远各省的官吏，大都各自为政，和中央隔膜得很厉害。特别僻远各省的封疆大吏，绝少入京机会。就是交换代表，也因交通梗阻，往返需时，不能得到多少成效。而中央的高级人员，除了短距离间的旅行外，非万不得已，也很少长途跋涉，亲临内地。从前这种旅行，不仅要费许多时间，并且交通不便，须经种种的艰难与困苦，即如少数官吏因职责所在，巡历辖境以内，亦复如此。航空交通没有发展之前，官吏沿铁道线旅行，还勉强说得上迅速舒适；可是我国的面积太大，铁路所达到的地方，只是极小的若干部分而已。

我们不必说经济方面，只就我国政治社会的进展而论，航空交通究竟给了我们多少显著的影响，我们略略地估计一下蒋委员长飞巡各省的成果，就不难想象了。我国所有的省份，蒋委员长差不多完全到过的了——这种行程，决非寻常情形之下所能做到的。取道长江，往返于云南南京之间，利用普通的交通工具，最快也得两个月，如今坐飞机，一天就行了。自重庆到贵阳，坐轿子要十六天，而非常费力。坐轿从贵阳到云南，所费的时间相仿佛，而旅程则更加艰苦。但是，委员长坐了飞机，在这群山峻岭，辽阔如海洋的境土之上旅行，前者只要一小时，后者只要一点半钟就可以到达了。现在上述各处都有公路联络，不能坐飞机的人，也可乘汽车旅行，这就方便得多。从前坐几星期的轿子，弄得力倦神疲，筋酸骨痛，这种困苦，也可避免了。

委员长因职责的要求，常常做重要的飞行，我们不必逐一列举。他飞航的旅程，跨越了无数高山大川和广漠平原，几乎飞尽了四边的国境。时间既非常经济，来往也比较安适，凡是远省的僚吏，都能在他们自己的衙署里会晤他们，替他们解决各种问题，打消他们的疑虑，宣示中央关切的诚意。这种飞行巡视，所贡献于国家的功绩，实在不是随便可以衡量的。

同时，全国地理和特殊情况的实际知识，凡是从前最高当局所没法知道的，委员长因此也都能了然于胸中了。和地方官吏，各处民众有了这种直接接触的机会，当他推进改良中国的计划的时候，更多了实地参证的可贵资料。其他官吏，以委员长为表率，争相仿效，虽范围较小，而成效则有同等重要的。彼此都因而消除了地方成见，把谅解为基础，缔结起敦睦的情谊来。

我们看了航空给蒋委员长政治工作的帮助，那末，其他各方面官吏所受到的良好影响，也可以类推而知。利用飞机，在中国尤加需要。我们的国境很大，距离又远，而一般的交通工具，都迟滞艰阻，所以每逢有紧急需要的时候，递信载客，不论远近，都得借助飞机。中国内政日渐调整，航空设备和机场建设，也会突飞猛进；而统一及和平的福利，也更能做有力的实现了。

如今于航空总站以外，凡是全国各城市，虽短距离间，也都筑有临时机场，必要时可随时降落，以策飞行的安全，日后并将随时增开，原有的机场也将改良扩大。汽车行走必须有良好的公路，速率大，式样新的飞机，也同样需要精致的机场，上面有良好的跑道等等设备。中国不久以前，既没有飞机场，又没有飞机，但跟着时间的推移，航空建设已粗具规模了；而过去的成绩，我们希望它不过是继续进步的基础而已。

国人的航空意识，现在非常发达，实为将来推进航空事业的佳兆。中国排除了纷乱的荆棘，进步为有秩序的国家，那末繁荣也将接踵而来。航空交通的需要，同时势必激增，将来各大城市必定有精良的机场和航空交通的设备，到那时，中国在世界航空发达的诸国之间，也将获得相当的地位了。[①]

① 宋美龄：《航空与统一》，见王亚权主编：《蒋夫人言论集》上集，第90—93页。

基于对航空业重要性的认识，宋美龄在接掌空军事务后，即全心全力地投入。正如《宋氏三姐妹》中所说：“这位只受过音乐、文学和社会美德教育的宋美龄，便把许多时间花在有关航空理论、飞机设计和比较各种飞机部件优缺点的技术刊物上。她同外商洽谈，订购了价值两千万美元的产品。她从采购代理商进而成为中国空军司令，这在妇女中是没有先例的。”①

当时训练空军飞行员的机构，为隶属航空委员会的中央航空学校，校址设在浙江杭州笕桥。宋美龄既为航空委员会秘书长，了解航校事务亦属当然。以 1936 年 11 月 14 日何尔波绿向宋美龄报告中央航空学校近日各科训练及进步情形为例，由此报告可以了解当时中国空军建设的大致情况，亦可观测宋美龄对空军建设的了解程度。该报告对芮恩柏上校与军校的合作、学生训练、攻击训练、现在训练、检查、汽车运输、防守准备、防守程序等八项内容做了具体汇报：

一、芮上校所获合作甚好

芮恩柏上校曾将中央航空学校近日进步情形与职面谈一切。查芮上校系十月二十日始就航校职，美国教职员承航校当切实合作，尤以王蒋两将军之合作为最，该校教职员均向芮上校报告各部分之优良合作情形。

二、学生训练

各科新班学生训练，将于十二月一日开始。此种训练，将由芮上校直接监督。一切训练科目程序，曾由各科美籍顾问所手订，而经芮上校及王将军所批准者。

飞行训练，包括基本与高等两科，每科有四个月之训练期间。

基本科开始约有学生二百十人，因有广州学生增加，故

① ［美］罗比·尤恩森：《宋氏三姐妹》，第 95 页。

有此数。

高等科开始约有学生二百人，高等学生现已完成基本训练。

飞行训练，每日上午及下午举行。每星期训练五日。星期六、日为保养检查工作。每科分作两组，每组均有飞机轮流做上下午飞行训练。照此办法，拨归每组之飞机，只有上午飞行，或下午飞行，不是全日飞行。每组每架飞机，均有半日时间做保养及检查工作。地上训练，依照每组飞行程序，每日在上午或下午举行一次。每日上午半班学生做飞行训练，半班做地上训练；每日下午亦然。

三、攻击训练

攻击训练，不在航校高等班教授。据芮上校所知，将于航空队上训练。

如环境许可，攻击训练应在杭州举行。盖攻击训练，如追剿训练一样，系航空术之一科，与轰炸及侦察则不同，故学生应在高等班则授以攻击技术。

高等班所授科目：侦察、攻击、追逐、轰炸。

学生经过此各种专门技术训练毕业后，然后派往各队。故攻击训练，如不在杭州教授，而在队上教授，则已毕业于追逐侦察轰炸各科之学生，将调在攻击队，再多费时间学习攻击。其实攻击技术，应早在杭州训练也。

关于此点，特函询芮上校，攻击训练不能在航校教授之详细情形。

四、现在训练

在今日至十二月一日期间，美籍飞行师举办教练补充班，以预备下次开班之教官。教官补充班之毕业人员，将充新基本班及高等班之教官。

现在并无高等训练，俟现在基本班到十二月一日即升入高等班。

五、检查

每星期六上午，芮上校会同王蒋两将军，及每部分主管长官，检查各部。

检查分为下列各部举行。

上午检验：一、各飞机及设备品；二、机厂；三、器具部；四、军械部；五、给养部；六、汽车运输。

下午检验：一、学生宿舍；二、学生厨房；三、医院。

六、汽车运输

据芮上校称，杭州之汽车运输情形，殊为恶劣。汽车及运货车之保养维持，大感忽略。所有车辆，尤其是新车，略为修理，所省费用，则甚可观。芮上校将全部汽车运输课，加以改组。渠将另上报告，详述一切。

七、防守计划

芮上校曾订航校及杭州城防空计划。此项计划，已于十一月三日开始实行。

芮上校对于实行此防守计划，多蒙杭州市长极力合作，深愿奉告。

八、防守计划之程序

防守问题，每月举行一次，是为航校及杭城早晚被袭击之表演。

白日与夜袭击，同样举行。夜袭时，机场及杭城灯火均要关闭。

战斗机派升上空做侦察。于指定袭击时间二小时前，即派出侦察机，然后将侦得敌机之地位，报告地上侦察部。一切通信，皆赖无线电通报。敌人侦得后，即放警笛。追逐及轰炸机，即行派出袭击敌机，或敌人运送机。

一闻警笛，全校人员，即各守指定地位。防空队即刻到指定地点预备动作。

消防及救护队，即各司其职。医院亦预备应付事变。

如夜间发生防空问题，一切灯火即刻熄灭。在杭城，警察须报告各段。

无论日夜，掷下闪光弹，代表敌机所掷之炸弹及毒气弹。

全数训练机及汽车，均向机场左近移去。训练机则藏闭在副机场内。车辆则藏于树林之内。据芮上校称，洋灰路亦应掩闭。白洋灰飞机棚，无论日夜，均清白可见，故必须永远用漆掩藏。

此种防空训练，系最好之政策，非但可以训练航校人员，亦可保护杭州城市。①

中央航校内的美龄楼

宋美龄在《西安事变回忆录》中说：“年来委员长出行各省，余必相随，此次独因病未果，深觉怅然。”从事变前蒋介石之行止及其致夫人若干电文可知，协助蒋介石处理空军事务，亦为宋美龄留在上海的一大原因。10 月 10 日，蒋介石在双十节庆典完毕后即飞杭州，参加将于 12 日举行的中央航空学校第五、第六期毕业典礼，直至 19 日才回南京。在杭的 10 天，蒋介石几乎每日赴航校巡视、训话，并查看空军作战计划，手拟空军整理稿，宴请空军中外教官，对空军指示非常详细。蒋认为：“空军学校之整顿与空

① 台北“国史馆”藏：《蒋中正“总统”文物——空军编训》（二），卷宗号：002000001088A。

军作战计划之审定，此实于空军得一进步也，空军能进步，对于将来对外作战关系莫大焉。”[①] 蒋介石在检阅了航校学生，看了飞机实验轰炸后曾感言：“空军成绩渐著，以三年精神与夫妻合力而得有今日成绩，五年之内，期欲赶上倭国空军，则可以保我国之安全矣。”[②] 10 月 31 日，为蒋介石五十寿辰。宋美龄与孔祥熙、周至柔、何应钦、翁文灏等，发起国人献机祝寿活动。一时间各省纷纷响应，成立专门机构，募款购机祝寿。10 月 30 日，宋美龄专程赴洛为时在西北忙碌的蒋介石祝寿。11 月 2 日，宋美龄自洛阳返回上海后，蒋介石继续留在洛阳办公。在洛阳期间，蒋介石不时视察航校、飞机场，听取空军检阅报告，审阅空军作战计划，与航空委员会主任周至柔电函往来频繁。蒋介石亦曾致函宋美龄，讨论空军建设事宜。如 10 月 25 日自洛阳致电宋美龄，“告以飞行顾问麦唐纳现在何处，准即调回航校训练可也。报告均已批阅，交周主任照办矣”。[③]《事略稿本》中记录了蒋介石同日致周至柔电，对照致宋美龄电，可知蒋已照宋美龄请求吩咐周至柔去办了。11 月 5 日，自西安致电宋美龄，告以“对意顾问检阅报告，兄已详批，寄至柔兄，该报告实甚好”[④]。由蒋介石、宋美龄的行止及有关函电可知，此时的宋美龄一直忙于航空委员会事务，并及时向蒋报告或请示有关事项。蒋介石对宋美龄的工作是满意的，并及时给予了支持。这些电函进一步印证了蒋介石所说的“夫妻合力而得有今日成绩”。

凭借负责中国空军的扩建工作，宋美龄不仅有了掌管空军事务的权力，并对中国空军有了深厚的感情。在日后上海会战和南京保卫战期间，宋美龄的忙碌工作颇能证明这一点。蒋介石在日记中记录了宋美龄对空军的尽心尽责。1937 年 8 月 9 日记：“吾妻主持空军之劳，如将来胜利，其功实不能没也。”8 月 10 日记：

---

① 高素兰编：《事略稿本》(39)，台北“国史馆”2009 年版，第 91—92 页。

② 高素兰编：《事略稿本》(38)，台北“国史馆”2010 年版，第 602 页。

③ 高素兰编：《事略稿本》(39)，第 306 页。

④ 高素兰编：《事略稿本》(39)，第 380 页。

“妻于空军之准备，诚所谓竭其心力，深信上帝必不负吾夫妻之苦心也。”8月17日记：“吾妻冒险巡视句容等机场，代余慰劳空军将士，可感也。”① 据陈纳德回忆：“当十月间日本轰炸机又光临南京时，还有战斗机保护而来。这一次，起飞应战的中国飞机都像苍蝇一样地被击下了，有一些狼狈逃回。这种情形，并不能完全责难飞行员。日本飞机几乎每天出动一百架以上来轰炸南京，使这苦难的首都成为一片焦土。那时蒋夫人，冒着生命的危险，几次三番地来机场慰问这些舍身为国的空中战士。这对于他们，实在是一种很好的兴奋剂。这种工作，虽然是非常伤脑筋的，可是蒋夫人则始终如一。她每次来总是替战士们预备热茶，倾听战士们讲述着出征经过。”②

如上所述，宋美龄出任航空委员会秘书长，主要在于蒋介石的需要和信任。而宋美龄不辞辛苦地倾力投入，既令蒋介石感动，“吾妻对于空军之整理，不愿因病而稍缓，其爱国心切，实所罕见，惟愿上帝护佑，早庆痊愈也”③，也的确帮了蒋介石的大忙，这既是宋美龄身为“蒋夫人”的一种理念——“我只要就丈夫的需要，尽力帮助他，就是为国家尽了最大的责任”④，也体现了宋美龄个人的政治意识和能力。

不过，此时的宋美龄不会想到，西安事变发生后，航空委员会秘书长的身份和职权，竟给了她力阻“讨伐”西安的机会与可能。在《西安事变回忆录》中有这样一段话：“机抵洛阳上空，俯视机场，轰炸机罗列待发，心坎突增阴影。余下机与该地中央驻军及空军将领面谈后，即登机，坚嘱洛阳空军司令，未得委员长命令，切勿派飞机近西安。”⑤

---

① 黄自进、潘光哲编：《蒋中正“总统”五记——爱记》，第160页。

② ［美］陈纳德：《陈纳德将军与中国》，陈香梅译，台北：传记文学出版社1978年版，第60页。

③ 黄自进、潘光哲编：《蒋中正“总统”五记——爱记》，第145页。

④ 王亚权主编：《蒋夫人言论集》上集，第5页。

⑤ 蒋宋美龄：《西安事变回忆录》，见王亚权主编：《蒋夫人言论集》上集，第71页。

第二章　惊闻蒋介石被“劫持”

第一节　张、杨发动西安事变

一、张、杨从“剿共”走向“联共抗日”

九一八事变后，日本帝国主义的侵略魔爪由关外伸到关内。时至1935年年底，抗日救亡已成时代之主旋律。这一年11月12—23日，国民党在南京召开第五次全国代表大会。这次代表大会算是一次统一的大会。冯玉祥、阎锡山参加了大会，两广的陈济棠、李宗仁、白崇禧虽然没有亲自出席，但也派代表参加了。在大会上，蒋介石做了对外关系的报告，宣称：“和平未到完全绝望时期，决不放弃和平；牺牲未到最后关头，决不轻言牺牲。”同时也表示和平、牺牲到了最后关头，“即当听命党国，下最后之决心”。[①] 以这次大会为契机，国民党的对日政策有了某些改变。1936年7月，国民党召开五届二中全会，决定成立国防会议，蒋介石为议长。会上，蒋介石对国民党五全大会确定的外交方针做了进一步的解释：“中央对于外交所抱的最低限度，就是保持领土主权的完整，任何国家要来侵害我们的领土主权，我们绝不能容忍，我们绝不订立任何侵害我们领土主权的协定，并绝对不容忍任何侵害领土主权的事实。再明白些说，假如有人强迫我们签订

---

① 荣孟源主编：《中国国民党历次代表大会及中央全会资料》下册，第321页。

承认伪国等损害领土主权的时候，就是我们不能容忍的时候，就是我们最后牺牲的时候。”同时蒋亦指出：“但是这半年来，外交的形势，并未达到和平绝望的时期，与其说是绝望，反不如说是这半年来较之以前的形势，还有一线的希望。”① 于是，蒋介石的“攘外必先安内”政策依然如故。

当民族危机日趋严重，大江南北抗日救亡之呼声日渐高涨之际，中国共产党及时发出了建立抗日民族统一战线的号召。1935年8月，中国共产党驻共产国际代表团以中国共产党中央委员会、中华苏维埃中央政府的名义，发表了《为抗日救国告全体同胞书》（称为《八一宣言》），呼吁并号召全国各党派、各界同胞、各军队“停止内战以便集中一切国力（人力、物力、财力、武力等）去为抗日救国的神圣事业而奋斗”。10月，中共中央和红一方面军长征到达陕北。11月，中共中央发表《抗日救国宣言》。12月，中共中央在陕北瓦窑堡召开政治局会议，确定了建立抗日民族统一战线的策略。1936年6月，中共中央致书国民党五届二中全会，提议停止内战、一致抗日。8月，中国共产党致书国民党，一面义正词严地批评了国民党的“攘外必先安内”政策，一面肯定了蒋介石在国民党五届二中全会上的报告有若干进步，并表示我们“早已准备着在任何地方与任何时候派出自己的全权代表，同贵党的全权代表一道，开始具体实际的谈判，以期迅速订立抗日救国的具体协定，并愿坚决地遵守这个协定”②。9月，中国共产党向全党发出了《关于逼蒋抗日问题的指示》，将“抗日反蒋”的口号改为“逼蒋抗日”的总方针。

震惊中外的西安事变就是在这样的形势下发生的。事变的发动者张学良、杨虎城二位将军何以会不计“后果”地实施“兵谏”，还得从九一八以来他们思想的变化说起。

---

① 蒋介石：《救亡御侮之步骤与限度》（1936年7月10日），见秦孝仪主编：《先“总统”蒋公思想言论总集》卷十四，台北中国国民党中央委员会党史委员会1984年版，第381页。

② 中央档案馆编：《中共中央文件选集》第11册，第87页。

西安事变前的张学良（左）和杨虎城（右）

九一八事变以后，张学良曾组织过多次的局部抵抗，如锦州抗战、榆关抗战、热河抗战。在剿灭汉奸队的同时，他又积极支持东北军民的抗日斗争。“但他仍然没有也暂时无法改变依赖蒋介石来领导抗日的念头，这反映了张学良既迫切希望抗日，而又不敢也无法单独抗日的心态和处境。”① 热河抗战的失败即是张学良这种心态和处境的典型反映。正如东北军将领何柱国所说：“热河抗战之失败，不能完全归咎于张学良。张不战而退出东北，遭到全国舆论的强烈谴责，他为了一洗‘不抵抗将军’之恶名，想守住热河，保全河北，决心与日军在榆关热河一战。榆关失守后，他把长城以内的东北军开进热河布防，张当时的名义是军事委员会北平分会代理委员长，以蒋介石的名义，他不仅可以全权指挥东北军，还可以指挥华北所有的部队，包括阎锡山、冯玉祥的部队在内，但张学良和冯、阎都打过仗，现在冯、阎部队受他的指挥，事实上是有困难的。”“张学良知道要保住热河，没有其他部队支持，光靠东北军是阻挡不住精锐的关东军的。他也知道冯、阎的部属宋哲元、商震的队伍，是靠不住的，只有乞援于中央。这时蒋介石还在江西坐镇‘剿共’，在张之请求下，为了应付全国舆论，为了敷衍张学良，蒋答应调尚未参加江西‘剿共’的中央军刘戡的八十三师、黄杰的第二师、关麟征的第二十五师北上支援，但却迟迟其行。同时派军政部长何应钦、财政部长宋子文、外交部长罗文干、内政部长黄绍竑、参谋部次长杨杰等二十多名军政大员和军事专家于 1933 年 2 月初乘专车北上，前

① 王书君：《张学良世纪传奇》，香港：明镜出版社 2001 年版，第 464 页。

往北平，名义上是说帮助张学良襄赞谋划，保卫热河，实际上是探索形势，以战求和，逼张学良下野。”①

热河失陷以后，全国舆论哗然，一致谴责南京国民政府。张学良更被国人攻击得体无完肤。3 月 7 日，张学良致电南京，引咎辞职。晚年的张学良在向唐德刚教授追述这段历史时说：“热河一战，我是失败了。那时，蒋先生同我见过一次面。他对我说，现在船上有三个人，但这船不能载三个人，总得下去一个。蒋先生的意思是让我辞职，我立即说，那当然，我先跳，我先跳下去。回来后我就辞职了。”唐教授问道：“有人说你本来不愿意辞职，是吗？”张学良马上表示：“谁说我不愿意辞职？我这个人是拿得起放得下的，是一扔就扔掉了的。再说，不辞也没有别的法子。”②这段回忆说明了当时张学良对蒋介石的服从与无奈，也体现了张学良的性格。

1933 年 4 月 10 日，张学良偕同夫人于凤至及子女、赵四小姐、顾问端纳及朋友、翻译、随从一行，乘意大利邮船“康脱罗素伯爵”号，出游欧洲。1934 年 1 月，张学良一行从欧洲回国。途经香港时，张学良曾向新闻界发表游欧归来之感想：“此次出国，纯系游历性质，兼考察抗日救国之道。通过视察，我觉得中国人与外国人脑汁与体质相同，但爱国之心则远不如之。外国人都以国家为前提，中国人不肯牺牲，只自顾金钱地位。今后救国责任，固望民众一致，更望青年努力。”③ 如何救国呢？张学良在抵沪接见报界之谈话中明确提出：“本人对于救国之主张，一如昔日，即为‘和平统一’四个字。”④ 经过此番在欧洲诸国的游历，张学良对拥护“一个领袖”于国家之意义感受尤深，他说：“各国民众皆能热烈拥护其领袖，俾得放手做事。意、德于大战残破之后，皆能转否为泰。而为领袖者亦忠诚无私，努力奋斗。反顾国

① 王书君：《张学良世纪传奇》，第 484—485 页。
② 王书君：《张学良世纪传奇》，第 486—487 页。
③ 《大公报》，1934 年 1 月 7 日，第 3 版。
④ 《大公报》，1934 年 1 月 10 日，第 4 版。

内争做领袖者太多，猜忌争斗，阻人成功，而成既不能令、又不受命之亡国病症，宁受外侮，而不许自己兄弟来统治。全国人若不愿为亡国奴，必大彻大悟，容许一个领袖，有试验机会，发展效能。”[①] 他认为：“意、德二国所行之法西斯主义，略加修改，俾适合中国国情，然后以之行诸中国，实为中国达到统一之最良方法。”“今日之中国亦需要一领袖，以统一国家，复兴民族。余反对中国之自由主义，‘自由’非为中国人民而设。中国人素无民族自觉心，亦极淡漠于国事，吾人欲领导民众出于当前无希望之纷乱之境，非以充分之权力赋予一人而奉之为领袖不可。中国实行法西斯主义时，最适当之领袖，非蒋中正先生莫属。”[②] 可以说，“这是张学良游欧谋求救国之道的结论，也是他回国后拥蒋武力统一的思想基础”[③]。于是，回国后的张学良于 1934 年 2 月接受蒋介石的任命，担任鄂豫皖三省“剿匪”副总司令，蒋介石自兼总司令。

张学良领导下的东北军因此奉命移防豫鄂皖三省边区。当时，东北军中的许多将领认为东北军应该去抗日，不同意张学良充当蒋介石打内战的副司令，正如张学良在晚年回忆时所说：“但是，东北军却不愿意‘剿共’，东北军想回家乡是主题，怎么能回家乡？只能跟日本人打，不愿跟共产党打而失掉力量。部下对我心存积怨，很不满意，他们说：‘你服从蒋先生是为了你自己，我们怎么办？’”[④]为此，张学良曾向将士们发表多篇长篇训词，如 4 月 3 日、4 日视察鄂东对五十七军官兵的训词，5 月发表的《告将士书》等，历数所谓“赤匪”的“罪行”，以强调为什么要“剿匪”、如何“剿匪”等。不可思议的是，在 6 月 7 日于武汉总部对世界电讯社记者之谈话中，张学良公开提出了国共合作共同救国的主张。他说：

---

① 张学良：《游欧归来在沪发表之书面讲话》（1934 年 1 月 11 日），见毕万闻主编：《张学良文集》，新华出版社 1992 年版，第 670 页。

② 张学良：《对世界电讯社记者之谈话》，见毕万闻主编：《张学良文集》，第 742—743 页。

③ 王书君：《张学良世纪传奇》，第 512 页。

④ 王书君：《张学良世纪传奇》，第 521 页。

凡尚有些微血性，知爱国家，并能见及国难严重之中国人，均应各除私心，决心为国。凡属中国人，无论其为共产党、国民党、第三党（即农工民主党），或其他任何党派，果系自命为救国者，均应在拯救中国之唯一动机中摈除一切歧见，联合一致，共救危亡。此乃救国之唯一途径。若仍萎靡不振，由天听命，政争不息，则中国前途必无希望矣！①

毕万闻在整理该篇讲话并将其收录在《张学良文集》中时，特做了如下说明："九一八事变后，在国共两党掌握军政实权的高层人士中，如此公开而明确提出这一救国主张的，张学良实为第一人。此时，正值第五次‘围剿’和反‘围剿’的激战之日；而张氏竟将此主张公诸报端，非同寻常。"② 张学良内心的矛盾是否可见一斑？

1934 年 10 月，中央红军突破重重包围，开始长征。1935 年 1 月，遵义会议之后的红军改变军事路线，长征北上。有鉴于此，2 月 18 日，蒋介石撤销了“鄂豫皖剿共司令部”，于 3 月 1 日在武昌成立了“国民政府军事委员会委员长行营”，改任张学良为行营主任。9 月，随着红军向西北的转进，蒋介石呈准国民政府设立“西北剿匪总司令部”，统率指挥陕、甘、宁、青、新五省各军“围剿”红军。10 月 2 日，国民政府军事委员会发表张学良为“西北剿总”副总司令，晏道刚为参谋长，蒋介石自兼总司令，张代行总司令职务，总部设在西安。杨虎城的十七路军归“西北剿总”指挥。

当张学良率十几万的东北军进驻西安，奉命“围剿”陕甘地区的红军之际，日本正加紧侵占华北，而蒋介石对日仍一味屈辱退让。最初，张学良对“围剿”红军有些盲目乐观。不料，几次战役后的结果却是东北军损兵折将，仅 1935 年 10—11 月间的几次战役，东北军就损失了两个师，请求蒋介石补给又不得。何应钦

① 毕万闻主编：《张学良文集》，第 741—742 页。
② 毕万闻主编：《张学良文集》，第 741 页。

还下令吊销了两个师的番号，停发两师军费，张学良陷入了“既挨红军的打，又受中央的气”的处境。11 月去南京出席国民党第五次全国代表大会后，更使张对理应肩负抗日救国重任的国民党失去信心。张学良在《西安事变忏悔录》中将当年的感慨概括为六点：“(1) 友朋之讽劝，如沈钧儒、王造时等之鼓励。(2) 少壮同志则责良，不应同所谓亲日者辈同流合污。(3) 刺汪凶手孙凤鸣之行为和言词。(4) 党内之纷争，多为私，少为公。(5) 良认为中央负责之同志，不热衷抗日，而其反有内心为亲日者。而良个人之观念上认为贤哲者，或在外工作，或无权位。(6) 汪兆铭之一面抵抗，一面交涉，良认为非是对外，乃系对内。”① 与此同时，东北军广大官兵对反共内战的厌恶情绪与日俱增，他们愤怒疾呼：“与其与共产党打仗被打死，不如去与日寇拼命！”

中共在确定了建立抗日民族统一战线之政策后，首先加强了对与之正面交锋的整个东北军的争取工作。1936 年 1 月 25 日，毛泽东、周恩来、彭德怀等二十位红军将领发表《红军为愿意同东北军联合抗日致东北军全体将士书》，大声疾呼：“誓死不做亡国奴，是全中国人民对日本帝国主义强盗侵掠的响亮的回答，也是东北军抗日的鲜明的口号。”并表示：“中国苏维埃政府与红军是愿意与任何抗日的武装队伍联合起来，组织国防政府与抗日联军，去同日本帝国主义直接作战的。我们愿意首先同东北军来共同实现这一主张，为全中国人民抗日的先锋。”②

在这样的情势下，张学良开始回应中共积极呼吁的合作抗日之事，东北军也开始与红军进行联络与商谈。1 月 20 日，中共中央联络局局长李克农与张学良在洛川进行了会谈。李克农当晚在电报中具体说明了谈判的情况，称与张学良谈了三个小时。据张学良说，国民党内同情于国防政府者颇不乏人，如中共果能站在诚意方面，张愿为此奔走。他准备赴甘肃、南京为此进行斡旋，约期两周，如有成绩，则拟约彭德怀在延安或洛川见面，并可另

---

① 毕万闻主编：《张学良文集》，第 1193—1194 页。

② 中央档案馆编：《中共中央文件选集》第 11 册，第 7 页。

外再约几位中共领导人同来谈话。但目前为保守秘密及自身环境起见，他表面仍须采取消极态度。至于东北军和红军两部，目前应各就原防以做疆界，但同意在可能范围内恢复双方区域之经济通商。[①] 自李克农前往洛川与张学良、王以哲会谈之后，红军与东北军高层之间的电台联系就正式建立起来了。[②]

经过一段时间的联络、沟通，3 月下旬，张学良如前约邀请周恩来前往肤施（延安）会谈。此时，中共为推动全国一致抗日，发表了告全国民众书。3 月 29 日，毛泽东、彭德怀、周恩来签署的《中国人民抗日红军西北军事委员会为一致抗日告全国民众书》发表，文中要求停止一切内战，不分红军、白军，联合抗日；召开全国抗日救国代表会，组织国防政府、抗日联军；要求全国红军首先集中河北，阻止日军前进。4 月 1 日，毛泽东、周恩来、彭德怀联名签署发布命令：为迅速对日作战，将红一方面军改编为全国人民红军抗日先锋军，以华北五省为作战范围，第一阶段在山西创造对日作战的根据地。[③] 4 月上旬，周恩来到肤施与张学良举行了第一次秘密会谈，中共与东北军上层达成了“停止内战一致抗日”的共识，张学良表示“同意组织国防政府与抗日联军，愿参与酝酿此事”，“将派代表去苏联，中共方面的由他派人送至新疆，他可联络盛世才”，同时也表示“在公开抗日之前，不能不接受蒋介石的命令，进驻苏区”[④]。据时任张学良机要秘书的中共党员栗又文回忆：“1936 年 8 月末，我奉张学良之命去新疆联络盛世才，目的是通过盛打通国际路线，以便一旦抗日战争爆发好求得苏联的援助。”[⑤]

6 月 20 日，中共中央于瓦窑堡确定关于东北军工作的指导原

---

① 《彭致毛周转克农电》，1936 年 1 月 20 日。见杨奎松：《西安事变新探——张学良与中共关系之谜》，江苏人民出版社 2006 年版，第 49 页。

② 杨奎松：《西安事变新探——张学良与中共关系之谜》，第 53 页。

③ 中共中央文献研究室编：《周恩来年谱（1898—1949）》（修订本），中央文献出版社 1998 年版，第 310 页。

④ 中共中央文献研究室编：《周恩来年谱（1898—1949）》（修订本），第 311 页。

⑤ 栗又文：《西安事变与张学良将军》，见中国社会科学院近代史研究所编：《西安事变资料》第二辑，人民出版社 1981 年版，第 83 页。

则："争取东北军走上抗日是我们的基本方针；目标不是瓦解东北军，分化东北军，而是给东北军以彻底的抗日纲领，使东北军成为坚强的抗日武装力量；要使东北军变为红军的友军；争取东北军的方法，主要是依靠我们耐心说服与解释的政治工作。"① 据此原则，中共对东北军上层及其各部队分别做了细致的宣传和争取工作，取得了一定的成效，如 1936 年九一八纪念日，东北军骑兵第六师代表与红军代表举行商谈，为停止内战一致抗日达成若干协定。

中国共产党停止内战一致抗日的决心和举动，张学良看到了，他内心反对内战、主张抗日的想法受到了中共政策的鼓舞，在 9 月间得知中共中央准备实行联蒋抗日之消息后，张学良更积极为争取蒋介石共赴国难而采取行动。9 月 20 日，中共派驻张学良身边做联络代表的刘鼎发来"十万火急"的电报，转达张学良的话，称：对中共新方针极表赞成,并愿进京面蒋，力主和平统一，结力抗日，请为蒋使，冒险说和，不论成绩如何。② 此后，张学良多次函电或当面建言蒋介石：停止"剿共"、联合抗日。而蒋介石不仅无动于衷，反而对张严加申斥。张学良在晚年回忆道："我跟蒋先生两个冲突，没旁的冲突，就是两句话：他是要'安内攘外'，我是要'攘外安内'。"③

在日本帝国主义接连侵占了东北三省及热河、察哈尔大部分地区，又企图进一步染指华北乃至全中国之时，蒋介石对如何解决共产党，态度其实已有了一些变化。此时的蒋介石一面继续"围剿"红军，一面准备与共产党谈判，试图政治解决共产党问题。"国共两党之间的接触与谈判从 1936 年初开始，就在秘密进行当中。而且，这种谈判之得以发生，从一开始就是蒋介石主动的。"④ 蒋介石所希望的是共产党向国民党的"输诚"，说到底就

---

① 中央档案馆编：《中共中央文件选集》第 11 册，第 31 页。

② 杨奎松：《西安事变新探——张学良与中共关系之谜》，第 198 页。

③ 张学良口述，唐德刚撰写：《张学良口述历史》，中国档案出版社 2007 年版，第 122 页。

④ 杨奎松：《西安事变新探——张学良与中共关系之谜》，第 201 页。

是要共产党放弃对立的政权和军队，这当然不是共产党所能接受的，于是国共双方进行了艰难的谈判。其间，中国共产党加紧开展统战工作，并试图通过有力人士劝说南京政府和蒋介石。张学良无疑是非常合适之人选，张本人也表示愿意代为说和。10 月 5 日，毛泽东、周恩来致书张学良，明确表示了共产党停战抗日的态度，希望张学良转达蒋介石“迅即决策互派正式代表谈判停止抗日的具体条件”。函中说：

汉卿先生阁下：中国共产党建议全国各党各派各界各军的抗日民族统一战线已经一年多了，虽已得到全国人民的赞助，但中国国民党不但至今还采取游移不决态度，而且当日寇准备新的大进攻时，反令胡宗南军深入陕甘配合先生所指挥的部队扩大自相残杀的内战。

我们正式宣言：为了迅速执行停止内战一致抗日主张，只要国民党不向红军进攻，不阻拦红军抗日去路与侵犯红军的抗日后方，我们首先停止向国民党军队的攻击，以此作为我们停战抗日的坚决表示，静待国民党当局的觉悟，仅在国民党军队向我们攻击时，我们方在自卫的方式上予以必要的还击，这同样是为着促进国民党当局的觉悟。

先生是西北各军的领袖，且是内战与抗战歧途中的重要责任者，如能顾及中国民族历史关头的出路，即祈当机立断，立即停止西北各军向红军的进攻，并祈将敝方意见转达蒋介石先生速即决策，互派正式代表谈判停止抗日的具体条件。拟具国共两党抗日救国协定草案，送呈卓览。寇深祸急，愿先生速起图之。①

此时，张学良合作抗日之心已相当坚定。他在 9 月 22 日致陈诚的电文中曾明确表示：“欲救亡图存，必须抗日，欲谋抗日，必

① 中国社会科学院现代史研究室编：《西安事变资料》第一辑，人民出版社 1980 年版，第 73—74 页。

须统一。但统一力量，不应偏重军事，统一全民力量，乃是坚固之武力。"① 此前，蒋介石已先后解决了"闽变"和两广事变，基本上使各派武装臣服于南京国民政府，唯有中共和红军尚处对立位置，张学良此处所说的统一全民力量明显是暗指中国共产党。不过，诚如张学良之前所说"在公开抗日之前，不能不接受蒋介石的命令"，所以他在公开场合仍表示对蒋介石的服从。如10月3日接受海伦·斯诺采访时，当海伦问及"如何看待南京政府和红军之间的内战"，张学良回答说："我和我的东北军高级将领，绝对忠诚于政府。如果共产党能够在中央政府领导下，诚心诚意地同我们合作，抵抗共同的外敌，这个问题，也许会像最近的'西南事件'一样，得到和平解决。"张学良并对海伦说："统一是民意……中国在对外之立场上，一定能统一。"②

杨虎城，为西北地方实力派，时任陕西绥靖公署主任。青年时期参加过杨虎城的十七路军、西安事变前回到西安并担任西北民众运动指导委员会（主任为王炳南）科长的田益民认为，九一八事变以后杨虎城的基本态度是"反蒋抗日"，"一九三一年九一八事变后，他多次向蒋介石请缨杀敌，要求开到抗日前线去，均为蒋所拒，蒋且一再以'剿共'的任务相压。主观愿望与客观环境迫使杨提出自己的路线。一九三五年元旦他在西安阅兵时，在阅兵后台挂起一个白布横幅，上写'屏除内战，统一意志，以图救亡'。他邀请陕西省政府主席邵力子参加这次阅兵，显示他敢于对蒋介石的'攘外必先安内'政策提出公开的抵制或挑战"③。

当张学良和东北军初入陕西实行"剿共"时，与十七路军产生过一些摩擦，加以蒋介石利用特务散布谣言，谓张学良有取西北而代之的企图，更增加了杨虎城和十七路军对张学良和东北军的疑忌。后经东北和西北上层人士、社会名流的协调以及中共地下党的工作，双方经过沟通逐渐取得谅解，最后杨虎城、张学良

① 毕万闻主编：《张学良文集》，第1024—1025页。
② 毕万闻主编：《张学良文集》，第1030、1018页。
③ 田益民：《西安事变述评》，香港：文化教育出版社有限公司2000年版，第7页。

开诚相见，走上合作抗日的道路。

杨虎城与中国共产党的沟通，有一定的历史渊源。杨天石在《张学良说：杨虎城是西安事变主角》一文中，简明扼要地梳理了杨虎城与中国共产党的关系。“早在 1927 年冬，杨虎城就要求加入中共。他的部队政工人员中，即有中共党员 16 人。1928 年 10 月，杨虎城在日本东京期间，中共中央决定批准杨的入党要求，指示东京市委办理，但由于杨很快回国，未能办理相关手续。1934 年，杨部警卫团有共产党员二百余人。1935 年 11 月，中共北方局南汉宸委托杨的驻北平代表申伯纯向杨传达中共的《八一宣言》。1935 年 12 月，毛泽东、彭德怀派汪锋携亲笔函件会见杨虎城，商谈联合抗日事宜。同月，中共北方局也派王世英到西安和杨虎城会谈。1936 年，毛泽东再派张文彬携函见杨，达成互不侵犯、建立军事联络等三项口头协定。此后，张文彬即以十七路军政治处主任秘书名义长驻杨部。西安事变前，在杨虎城身边工作的共产党员，除王炳南、张文彬等外，还有米暂沉、宋绮云、王菊人、申伯纯等人。”

1936 年三四月间，《活路》小册子的发行推动了张、杨的合作抗日。据栗又文回忆，当时东北军的地下党员在刘澜波的领导下，为了统一宣传口径，由栗又文、高崇民、孙达生等写成三篇文章(都未署名)，提出“联共、抗日、拥张”的口号，在十七路军印刷厂印成小册子，封面上并画个东北地图，取名《活路》，意思是东北军只有联共抗日才有活路。文章中还特别提到张学良将军“国恨家仇集于一身”，他是最适合领导东北军抗日的。这个小册子在全军发行后影响很大，张本人对此也很重视，曾在发给他的小册子上对重点词句画上许多红蓝铅笔记号。后来这个小册子被国民党特务发现，奉蒋的命令进行追查。张学良将此事敷衍过去。事后他曾对栗又文说：“你们以后做这类事要事先告诉我，免得被动。”

1936 年 5 月，杨虎城前往洛川，同张学良举行秘密会谈。经过周密协商，张、杨双方达成停止内战、联共抗日的密约。东北军、十七路军先后与红军达成互不侵犯及其他合作的协议，两军三方的前线上，已经基本上没有对抗的战事。6 月 15 日，张、杨请准蒋介石成立王曲军官训练团，这是他们联合抗日的一个重要步骤。王曲是西安城南郊的一个村镇。张学良任训练团团长，杨虎城任副团长。该团分批调训两军中下级军官，以为抗日战争做准备。

11 月 28 日，张学良、杨虎城率领两军官兵共同参加纪念杨虎城坚守西安胜利十周年的庆祝活动，更彰显了两军团结合作、共同抗日的决心和斗志。十年前，杨虎城为了策应北伐军，断北洋军阀吴佩孚之后路，率部进入岌岌可危的西安城，坚守八个月而获得胜利。借此十周年纪念日，陕西各界筹备召开纪念大会，以此鼓励士气。张学良得知后通知筹委会，决定东北军派部队一同参加。“当日大会在西安革命公园举行。东北军部队和十七路军部队并肩列队，站在一起……当杨虎城陪同张学良登上主席台时，全场掌声雷鸣，情形热烈。张首先赞扬、嘉勉十七路军以更坚决的意志与牺牲精神，准备与东北军一起，对日寇作战，再次引起群众掌声雷鸣，经久不息。杨讲话，首先感谢张副司令的莅临和训示。他历数自九一八事变以来的国土沦丧，直斥《塘沽协定》为不平等条约。并说：‘只要我们不怕死，能团结，肯牺牲，守一城与守一国没有什么分别。’誓言：‘十七路军愿在张副司令领导下，共同抗战。’”①

二、临潼捉蒋

8 月 29 日，在西安事变前三个月，西安曾发生了一桩轰动一时的事件，因 29 日这一天的电报代码为艳，事件发生在这一天晚上，故称“艳晚事件”。那天晚上，西安的国民党特务，秉承蒋介石的指令，逮捕了在张学良身边工作的北平学联代表宋黎。张学良闻讯后，极为震怒，不仅抢回了宋黎，还派兵包围国民党陕西

① 田益民：《西安事变述评》，第 15 页。

省党部，查抄了特务档案。事件的当事人之一宋黎曾撰文回忆，详细谈了该事件的起因：“1936 年 8 月 29 日，我接到西安绥靖公署交际处长申伯纯的电话，暗示国民党特务可能对我们采取行动，要我们加倍小心谨慎。情况危急，我让马绍周速到‘总部’政训处找他的熟人弄清情况，以便决定对策。后来才知道，他出去后就被特务逮捕了，羁押在国民党陕西省党部。”“为了营救我，杨虎城将军迅速报告张副司令，由张下令提人，并研究了几条应付省党部的措施。”“张学良将军听到我被捕的消息，愤然说道：‘捉人居然捉到我头上来了！’他一面命令孙铭九去接我，一面由孙铭九派参秘室工作人员关时润去西北饭店我的住室取筹办学兵队的材料，以免落入特务手中。关去后被守候在那里的特务逮捕了，同马绍周一起押在省党部。张学良将军得知这些情况，既为国民党特务如此胆大妄为而震怒，又担心被捕人的安全，为此断然决定采取军事行动。”① 这是张学良对蒋介石的一次不宣而战，也是张、杨共同合作同蒋介石的第一次正面交锋，故有人称其为西安事变的前奏。

杨奎松在《西安事变新探——张学良与中共关系之谜》一书中，对事件的起因及结果还有一点补充。书中说：“1936 年 8 月 29 日，张学良意外得知中央军三师及一补充旅由郑州西开西安三原一线，作为西北‘剿总’代总司令，中央军突然大举开进其辖区而不打招呼，这使张深感不安。当夜，张学良忽又得知国民党陕西省党部便衣侦探密捕东北籍大学生宋黎、马绍周等，这更使他深受刺激，一怒之下，张当夜调集卫队及手枪营，一举抄了省党部，并把捕人的便衣侦探统统捉到‘剿总’审问，张同时打电话给邵力子及省党部负责人处，警告他们务必取消便衣侦探，今后不得擅捕东北军势力范围内的任何人，如确有证据，必须先经过他批准方可逮捕。次日，张又得知有关中央军秘密西进消息是误传，并且宪兵团将南京方面指令逮捕刘澜波、孙达文二人的正式

① 王书君：《张学良世纪传奇》，第 622—625 页。

公文交给张看，于是张又不得不一面致电蒋介石请求处分，一面下令逮捕刘、孙二人交军法处审问。不过，张私下叮嘱军法处不得用刑，并告刘澜波‘要理直气壮，慷慨陈词，说明自己是抗日分子，并无罪状’。”①

“艳晚事件”显示了张、蒋之间在抗日问题上的深刻矛盾，最后似乎由于蒋介石的暂忍不发而未掀起大浪。而张学良对国民党中央的不满及团结抗日的决心已显露无遗，此举大长了西北抗日人士的志气。不过在场面上，张学良仍小心应对。

9 月 20 日，陈诚电告蒋介石，说张学良曾向冯庸表示对中央的不满，并让冯庸代向陈转达其抗日决心：“东北军自南来豫皖西开陕甘‘剿匪’以来，损失甚重，迄未得到中央补充。余（汉卿）每次晋谒委座时则蒙概允接济补充，迨回防后除电令申斥外毫无补充之事实，故将校士兵均感苦战无功，将来势必由损失而渐消灭，不能不抱抗日求生之心。近曾亲赴前方视察，逼询官兵，深感不抗日无以维军心，且将酿成巨变，故余殊觉痛心，决意统率所部抗日图存。此种苦衷不求人谅，成败利钝所不计也。与其剿匪损失，不如抗日覆没。”②

电文中，陈诚并向蒋警示说：“汉卿现已将抗日有成绩及有血气一集来陕实行抗日，预定出绥远。查其此举，一因部下对于‘剿匪’苦而无功所激动，二因环境之责备而不能忍，三因中央除军座外，均不见谅，四尤其此次西安事件为激成此举之主因，并闻华北诸将领均有联络”，“职意汉卿此举，比两广之抗日，尤为严重。钧座如认为抗日时机已至，则明白领导之。如认为尚非其时，则须力阻之，决不可听之而处于被动，使整个国家陷于万劫不复也。”9 月 21 日，陈诚再电蒋介石，说：“冯庸之言深望其不可靠。惟以汉卿前在太原与阎副座及诸将领所谈及其行动情形，可以证明冯之所言决非虚。万一不幸所言非虚，则其此举名为抗

---

① 杨奎松：《西安事变新探——张学良与中共关系之谜》，第 172 页。

② 台北“国史馆”藏：《蒋中正“总统”文物：革命文献——煽动西安事变》（一），卷宗号：002000002258A。

日实则脱离中央而走入联共投俄之途径。前汤军长恩伯在陕北所获东北军与共匪联络文件亦不为无因。故职认为汉卿此举较之两广问题更为严重。”①

9月23日，张学良致电蒋介石申明：“良未曾托冯庸致辞修何语，自亦不知其所谈何事。”并借此再表抗日决心：

> 良不善词令，钧座所知，出言既以率直，而经冯转语他人又或不无轻重，失真之处愿再为钧座略陈之。居今日而欲救亡图存复兴民族，良以为除抗日外别无他途。比来寇入益深，华北半壁河山几全沦陷，而多数民众咸感觉忍无可忍，抗日声浪渐次弥漫于全国，中枢领导民众之责，似应利用时机，把握现实，坚民众之信仰，而谋抗敌之实现，否则民气不伸，骚动终恐难免，彼时中枢或反处于被动地位，其失策孰甚！良年来拥护统一，服从领袖，人纵有所不谅，我亦矢志不渝，固为分所当然，情不自已，亦以深仇未复，隐痛日甚，愧对逝者，愧对国人，所日夜隐忍希冀者，惟在举国一致之抗日耳。此间东北青年暨官佐，尤多处于抗日情绪。赤匪投机，更往往以抗日口号肆其谣惑。良为领导部下铲除共逆计，尤不能不以明示抗日为镇压纷（分）歧统一意志之策略，区区之苦衷，谅蒙格察。总之，就各方言，欲救亡必须抗日，欲抗日必须全国力量之集中。良此时在钧座指挥下尽剿匪之职责，尤愿早日在钧座领导下为抗日之牺牲。惟冀钧座于国防会议内确定整个计划，实行抗日，良决负弩前驱，惟命是从。②

在此，张学良一面表示“服从领袖”“尽‘剿匪’之职责”，

① 台北“国史馆”藏：《蒋中正“总统”文物：革命文献——煽动西安事变》（一），卷宗号：002000002258A。

② 台北“国史馆”藏：《蒋中正“总统”文物：革命文献——煽动西安事变》（一），卷宗号：002000002258A。

一面破天荒地向蒋介石直言“欲救亡必须抗日，欲抗日必须全国力量之集中”。显然，张学良希望蒋介石能响应共产党之号召，停止内战一致抗日。这一点，在几天后张学良给陈诚的电报中表述得更为明确。9月26日，陈诚致电蒋介石，转述张学良日前致其电文：“窃以暴日侵陵，有加无已，凡有血气，罔不悲愤填膺”，“惟抗日为中华民族之唯一出路，弟于抗日御侮早具决心”，“查近数月以来，日酿愈深，举国骚然。此间多数东北青年及各级官佐，激于爱国之诚，发为抗日之论，群情激昂，弗万抑止。而‘共匪’宣传，亦遂乘机以抗日口号动摇军心，因思领导部下，纳于正轨，亦唯有以表里如一之态度与理论，明白宣示抗日之主张，始足以镇压纷歧，统一意志，而收因势利导之效……至于抗日之实际行动，非有整个计划，齐一步骤不可。局部行动，失败之前车，则弟皆所深悉。在弟固当谓欲图救亡，必须抗日，欲谋抗日，必须统一。但统一力量，不应偏重军事，统一全民力量，乃是坚固之武力。”①

然而，蒋介石坚持“攘外必先安内”，在平息“两广事变”后，便急于完成西北的“剿共”战事。10月，红二、红四方面军抵达陕甘宁，红军三大主力胜利会师。10月22日，蒋介石率十余名军政大员，以避寿之名来到西安，住在临潼华清池，实为视察督战，研究“剿共”军事行动。其间，张学良、杨虎城多次向蒋面陈停止内战、合作抗日之主张，却被蒋训斥，蒋介石指责张学良和杨虎城“剿共”不力。据山西省政府主席徐永昌当时日记所载，张学良在蒋到西安后，确曾力劝蒋联共抗日，强调对共产党问题如不采取政治方法以谋共同抗日，专意进剿，不仅必为日、共所苦，社会人民更不相谅，并且前途殊为危险。而蒋断然对张说：即使“共党当面以手枪指之，亦不与之谈妥协也”。“共党能无条件地交枪受编乎？否则不论矣。”②

---

① 台北“国史馆”藏：《蒋中正“总统”文物：革命文献——煽动西安事变》(一)，卷宗号：002000002258A。

② 徐永昌：《徐永昌日记》第三册，台北“中央研究院”近代史研究所1991年版，第486页。

10月30日，蒋介石偕宋美龄飞到洛阳“避寿”。张学良以祝寿为名，邀请阎锡山，携王以哲、何柱国同赴洛阳，意图再次劝蒋放弃“攘外必先安内”政策。殊料，蒋介石在洛阳军官分校演讲时大骂主张联共抗日者。他说：“你们要知道，日本是皮肉之患，不足虑，共产党是心腹之患，非彻底消灭不可。‘剿共’是我们的既定国策，就是有人拿枪打死我，我也不能变更。”①

回到西安后的张学良很是沮丧，“满腔抗日热忱，无处说也”。② 毕万闻在《西安事变研究中的几个疑难问题》一文中，根据叶剑英晚年的回忆，指出张学良此时已有“扣蒋”之想法。文中说：“一天深夜，张学良突然召见叶剑英，对叶说：‘蒋介石要我执行他的命令，同你们打仗，形势很严重，你看怎么办？’叶反问：‘张将军的意见呢？’张说：‘我想了好久，许多天没有很好睡觉，内战我是绝对不打，只有一个办法，就是‘苦迭打’（法语Coup d’état，政变），抓他起来！’叶说：‘……事关重大，您仔细考虑，我也向中央报告。’中共中央在复电中要叶转告张，对此事要‘慎重’；并要叶返回保安详细报告。根据当时西安与保安双方往来密电，我们可以判定，叶离开西安的时间是在1936年11月上旬。”张学良后来奉蒋介石之命撰述西安事变经过时，对当年从洛阳返回西安后的情形做如下回忆：“迨至良从洛阳返来，心情十分懊丧，对杨谈及蒋公难以容纳余等之意见，该时良对蒋公发有怨言，并问计于杨，彼有何高策，可以停止内战，敦促蒋公领导实行抗日之目的。杨反问良，是否真有抗日之心？良誓志以对，杨遂言待蒋公来西安，余等可以行挟天子以令诸侯之故事。良闻之愕然，沉默未语，彼露有惧色，良即抚慰之曰：‘余非卖友求荣之辈，请勿担心！不过汝之策，在余有不能之者。’彼遂讥良‘乃感情作用，以私忘公’。良答以‘容余思考商讨’，请其安心，余绝

① 王书君：《张学良世纪传奇》，第637页。

② 陈力：《叶剑英同志在西安事变前后》，见中共中央党史资料征集委员会编：《中共党史资料》第9辑，中共党史资料出版社1984年版，第179页。

不向任何人道及彼之意见也。”①

11月24日前后，张学良接连致电蒋介石，称所部不稳，如继续“剿共”，东北军难以统率，请求赴洛面陈。27日，张上书蒋，恳请亲率东北军赴绥抗战。他在《请缨抗敌书》中写道：

> 半载以来，良屡以抗日救亡理论与策划，上渎钧听，荷蒙晓以钧旨，并加谕勉，感奋之念，与日俱深。今绥东事既起，正良执殳前驱，为国效死之时矣。日夕磨砺，唯望大命期临，三军即可夕发。盖深信军座对于抗日事件，必有整个计划与统一步骤，故唯有静以待命，无烦喋陈，乃彼大军调赴前方者，或已成行，或已达到；而宠命迄未下达逮于良；绕室彷徨，至深焦怵！每念家仇国难，丛集一身，已早拼此一腔热血，洒向疆场，为个人尽一份之前愆，为国家尽一份之天职。②

1936年12月2日，蒋介石、宋美龄在洛阳与西北军政首脑合影

张学良和东北军日益高涨的抗日呼声，蒋介石听到了，却置若罔闻。28日，蒋介石在日记中写道：“张学良要求带兵抗日，而

① 毕万闻：《张学良文集》，第1200—1201页。

② 西安《解放日报》，1936年12月15日。见毕万闻主编：《张学良文集》，第1049—1050页。

不愿‘剿共’，此其做事无最后五分钟之坚定也。”[①] 12月2日，张学良等到蒋介石对其请战书的批复：“时机尚未成熟。”当日，张学良飞赴洛阳谒蒋，蒋张二人对时局的争执达到了白热化。

12月4日，蒋介石偕张学良一同回到西安，驻节临潼华清池，部署“剿共”事宜。蒋介石召开西北“剿共”会议，把军政部次长陈诚、豫鄂皖边区主任卫立煌、福州绥靖公署主任蒋鼎文、豫皖边区绥靖公署主任陈继承、兰州绥靖公署主任朱绍良、军事参议院议长陈调元，及二十五军军长万耀煌等高级将领都召到西安。据蒋介石在《西安半月记》中说：“约集秦陇剿匪将领，按日接见，咨询情况，指授机宜，告以剿匪已达最后五分钟成功之阶段，勖以坚定勇往，迅赴事机之必要；又会集研究追剿方略，亲加阐示。”[②] 时蒋介石“料其（红军）在陕北窜蹙，决不能再踞一月”，故很快拟定好“进剿”步骤，且“自觉甚稳妥，不患‘残匪’之不灭”[③]。显然，蒋介石此次前来西安，是要彻底解决陕北的共产党。对于不愿“剿共”的东北军和十七路军，蒋介石已有调防之意，只是还没有下定决心。他在12月5日曾和朱绍良商量：“以蒋鼎文为西北前敌总指挥，卫立煌为东路总司令，何如？”[④] 对此，张学良已有所风闻，他在后来的回忆中忆及当时的情形说：“蒋公数次召集将领会议，皆无良同杨虎城列席，致使良同杨虎城发生疑惧，而良则有甚于疑惧者，是思蒋公对良不加信任，已不重视矣。”[⑤] 此时的张学良试图做最后努力，即常说的两次“诤谏”。据张学良回忆：“当蒋公在华清池同良两次谈话之后，良心情上十分冲动，尤以十二月九日夜为甚。”[⑥]

---

① 张秀章编著：《蒋介石日记解密》（下），团结出版社2007年版，第501页。

② 蒋介石、蒋宋美龄合著：《西安事变半月记·西安事变回忆录》，正中书局1937年版，第2页。

③ 蒋介石：《困勉记》，1936年12月4、6日条，台北“国史馆”藏：《蒋中正“总统”文物》，卷宗号：002000000744A。

④ 蒋介石：《困勉记》，1936年12月5、6日条，台北“国史馆”藏：《蒋中正“总统”文物》，卷宗号：002000000744A。

⑤ 张学良：《西安事变忏悔录》，见毕万闻主编：《张学良文集》，第1201页。

⑥ 毕万闻主编：《张学良文集》，第1201页。

12 月 9 日，是“一二·九”运动一周年纪念日，在共产党地下组织的发动下，东北与西北两个救亡总会组织了大规模的群众游行示威。当游行队伍遭到特务破坏后，愤怒的学生决心步行到五十里外的临潼去见蒋。蒋介石一面派侍从室组长乘汽车前来阻止，一面在十里铺布置了军队，架起了机关枪。张学良闻讯后立即驱车赶到游行队伍前面拦住学生，劝大家回城，由他代为陈述请愿，并向同学们保证：在一星期内，我准有满足你们心愿的事实答复你们。当晚，张学良赴华清池面见蒋介石，二人再度发生争吵。西安事变发生后，张学良曾先后在三个不同场合说及 12 月 9 日的情况和他当时的感受，分别是 12 月 13 日的《对总部全体职员的训词》、12 月 14 日的《在西安广播电台的广播词》和 12 月 16 日的《在西安市民大会上的讲演词》。他说：

> 学生走向临潼后，我不顾一切利害，挺身而出，幸而把学生劝回来，而蒋委员长却怪我没有武力弹压，而且竟公开明说是他叫警察开枪，假如学生再向前进，他便下令用机关枪打！我们的机关枪是打中国人的吗？蒋委员长有了以上两种表示，杨主任，其他西北将领和我本人，都断定了他的主张是绝不能轻易改变了。①

晚年的张学良谈到此事，仍非常激动，“我是真气呀，他说用机关枪打，我说机关枪不去打日本人，怎么能打学生？我火了，我真火了，这句话把我激怒了。”② 可见此事对张学良刺激至深。至此，张学良认为劝蒋改变政策已不可能，他和杨虎城及西北诸将领不再对蒋介石抱以幻想。蒋介石则认为张、杨已不可信任，必须撤换。事实上，蒋介石于 9 日给陕西省主席邵力子写过一封为撤换张、杨先造舆论的密信：

---

① 毕万闻主编：《张学良文集》，第 1066 页。
② 张学良口述，唐德刚撰写：《张学良口述历史》，第 123 页。

力子主席勋鉴：

可密嘱驻陕《大公报》记者发表以下消息：蒋鼎文、卫立煌先后皆到西安。闻蒋委员长已派蒋鼎文为西北“剿匪”军前敌总司令，卫立煌为晋、陕、绥、宁四省边区总指挥。陈诚亦来陕谒蒋，闻将以军政部次长名义指挥绥东中央军各部队云。

但此消息不必交中央社及其他记者，西安各报亦不必发表为要。

中正

十二月九日[①]

杨奎松在《西安事变新探——张学良与中共关系之谜》中对此信做了如下分析：“蒋介石刻意外泄而不发布这一西北人事变动的‘消息’，其目的无非有二：一是想非正式地给张、杨以警告，逼二者就范；二是在张、杨仍不能痛下决心全力‘剿共’的情况下，则不惜取消张‘剿共’的指挥权，并将东北军调开。其基本意图还是想尽可能迫使张学良和东北军服从命令。因为在东北军人心躁动不安的情况下，断然调其南下，不仅颇具危险性，而且势必造成相当混乱，使西北‘剿共’计划的完成受到严重影响。这也就是为什么蒋在信中明确要求此信只送非官方的《大公报》，不送中央社及《中央日报》。而且直到西安事变爆发，此一‘手谕’写好三天蒋仍犹豫未决，而未送出。不过，无论蒋介石如何处置，可以肯定蒋及南京方面已在考虑将东北军调离西北的消息早已不是什么秘密，张学良等对此或者早有风闻，或者还有更严重的估计。”[②] 在蒋介石看来，他与张、杨在“剿共”问题上的分歧已不可调和，事情已至最后关头。

在蒋介石一方，是准备撤换张、杨；在张、杨一方，经几次苦谏均被申斥、拒绝，望蒋介石“改弦易辙”已成绝望的情况下，

① 中国社会科学院现代史研究室编：《西安事变资料》第一辑，第11—12页。

② 杨奎松：《西安事变新探——张学良与中共关系之谜》，第300页。

决定对蒋实施“兵谏”。

11日，“兵谏”的部署紧锣密鼓地进行着。张、杨最后商定的分工是：东北军负责临潼“请”蒋，封锁西安至临潼的交通；驻兰州的东北军，须同时解除驻扎在那里的中央军武装，并控制停在兰州机场上的所有飞机；十七路军负责扣押在西安的所有南京军政要员，解除西安城内蒋介石嫡系部队、警察和宪兵的武装，并负责关闭西安机场，控制住所有飞机。当日下午，住在西安的陈诚觉察到西安情况有异，急忙赶到临潼，劝蒋暂避。但蒋认为中央军主力部队已在潼关外沿河南一线待命，近在咫尺，张在西安无重兵，断不敢有何异动。为探查虚实，蒋于当晚七时特请张、杨吃饭。而此时，张、杨已联名在西北绥靖公署新城大楼设宴，招待来西安的各军政大员，以稳住他们。接到蒋介石的电话后，张学良只身往临潼赴宴。当日，蒋介石在日记中写道：“是晚召集张、杨、于各将领来行辕会餐，商议进剿计划。杨、于均未到，询之张汉卿，则知彼亦于今晚宴来陕之中央军政长官，杨、于先在西安招待，俟此间餐毕，将邀诸人同往也。汉卿今日形色匆遽，精神恍惚，余甚以为异。”①

张学良从临潼返回西安后，在官邸召集了东北军将领会议，落实行动计划。临潼捉蒋，战场指挥官是一〇五师师长刘多荃，内线指挥官由一〇五师第二旅旅长唐君尧担任，骑六师师长白凤翔、团长刘桂五率孙铭九的卫队营直捣虎穴，执行捉蒋任务。凌晨五时许，从蒋介石下榻的临潼方向传来了隐隐约约的枪声。随即，西安城的上空升起了一串串红色的信号弹。据张学良的卫队营营长孙铭九的回忆，“当时派出的卫队营队伍有一百多人……蒋的侍卫住在院内的约有三十人，住院外的宪兵警卫不知有多少人了，估计有五十人（以后知道有七十人），住在禹王庙周围”②。行动并非预想中的顺利，蒋介石的卫队进行了激烈的抵抗。当孙

① 张秀章编著：《蒋介石日记揭秘》，团结出版社2007年版，第501页。

② 孙铭九：《西安事变的真相——张学良将军卫队营长孙铭九自述》，江苏文艺出版社1993年版，第108页。

铭九带人终于冲到蒋介石卧室五间厅时，蒋已不在屋里。蒋介石在《西安半月记》中对当时的情形做了如下描述：

凌晨五时半，床上运动毕，正在披衣，忽闻行辕大门前有枪声，立命侍卫往视，未归报，而第二枪又发；再遣第二人往探，此后枪声连续不止，乃知东北军叛变。盖余此来仅携便衣卫士及卫兵二十人，而行辕大门外之司警戒者，即张之卫队营也……竺施等报告方毕，毛区队长裕礼亦派传令来报曰：“叛军已冲入二门，但接后山哨兵所电话，称该处并无异状，亦未发现叛兵。”……此时余犹疑未一部之兵变，必系赤匪煽惑驻临潼部队暴动，而非汉卿有整个之计划。盖如东北军整个叛变，则必包围行辕外墙之四周；今前垣以外，尚无叛兵踪迹，可知为局部之变乱。如余能超越山巅，待之天明，当无事矣。乃携侍卫官竺培基、施文彪与随从蒋孝镇，出登后山。经飞虹桥至东侧后面，门扃，仓促不得钥，乃越墙而出。此墙离地仅丈许，不难跨越；但墙外下临深沟，昏暗中不觉失足，着地后疼痛不能行。约三分钟后，勉强起行，不数十步，至一小庙，有卫兵守候，扶掖以登。此山东隅并无山径，而西行恐遇叛兵，故仍向东行进。山岭陡绝，攀援摸索而上。约半小时，将达山巅，择稍平坦处席地小憩，命卫兵向前巅侦察。少顷，四周枪声大作，枪弹飞掠余身周围而过，卫兵皆中弹死。余乃知此身已在四周重围之中，此决非局部之兵变，而为东北军整个之叛乱；遂亦不再作避免之计，决计仍回行辕，再做计较。乃只身疾行下山。及至山腹，失足险入一岩穴中，荆棘丛生，才可容身。此时身体已觉疲乏不堪，起而复仆者再，只得就此暂息，以观其变。时天已渐明，由穴中向外瞭望，见骊山下已布满军队。旋闻山下行辕外机关枪与迫击炮声大作，约半小时许，知行辕卫兵尚在忠勇抵抗而不肯屈服，故叛变用炮进攻也。计此时当已九时许矣。自此即不闻枪声。叛部乃四处搜索，经过余所在之穴前后二次，均未为所发觉。忽闻距余两三外丈之地，有与叛兵厉声争执者；察其声，知为孝镇。时叛兵搜索益急。闻岩穴上叛兵相语曰："此间有一便衣者，或即为蒋委员长也。"另一叛兵曰："姑先击以一枪再说。"又一叛兵呵止之曰："不要胡闹！"余乃抗声答曰："余即蒋委员长，尔等不得无礼！如尔等以余为俘虏，则可将余立即枪杀，但不得稍加侮辱。"叛兵称不敢，向天空发枪者三，高呼："蒋委员长在此矣！"旋孙铭九营长来前，向余长跪而泣，连言："请委员长下山。"余乃知围攻行辕者，为张之卫队第二营也。

在东北军临潼捉蒋的同时，十七路军打响了西安城内的战斗。西安的战斗任务有三个方面：一是扣留在西京招待所的国民党中央军政要员十余人，连同他们的家属、随员、卫士共五六十人。二是解除驻扎在西安城内的中央军、宪、警、特的部队和机关的武装。当时分驻西安城内大街小巷的中央军系统的武装部队有："宪兵二团一千余人，省会公安局属下公安总队两千余人，省保安处辖保安团一千余人，交警总队一千余人，其他分散潜伏的特务机关及各军师留守处等，共七八千人。"三是扣留停在西郊飞机场上的五十架战斗机和空军人员。曾亲历"西安事变"全过程，时在十七路军任职的田益民回忆说，"上述西安战斗任务，从兵力上说，杨部驻在西安的兵力与中央军比较并不够多。但在夜间出击，出敌不意，攻敌不备……从凌晨四时开始到清晨七点半以前，西安的战斗任务，胜利完成，比预期上午八时结束还早了半小时。"①

兰州方面，张学良发密电给解方，通过五十一军参谋长刘忠干搞"兰州事变"，解除了朱绍良部队的武装，并控制了飞机场。②

至此，张、杨实施"兵谏"的第一步已经成功。大幕既已拉开，如何顺利收场？

---

① 田益民：《西安事变述评》，第 31—32 页。
② 王书君：《张学良世纪传奇》，第 663 页。

三、扣蒋后西北的军政部署

12日上午，在完成“扣蒋”任务，并控制了西安城后，张、杨宣布撤销“西北剿匪总司令部”，建立抗日联军临时西北军事委员会，张学良任主任委员，杨虎城任副主任委员。由参谋团和作战处拟订军事防御计划，调动部队在赤水、西安之间，构成七道防线，以防御中央军的进攻。

12日，张、杨领衔通电全国，陈述了“兵谏”的动因和目的，提出了八项救国主张：

> 南京。中央执行委员会、国民政府林主席钧鉴：暨各院、部、会勋鉴：各绥靖主任、各总司令、各省主席、各救国联合会、各机关、各法团、各报馆、各学校钧鉴：
>
> 东北沦亡，时逾五载。国权陵夷，疆土日蹙，淞沪协定屈辱于前，塘沽、何梅协定继之于后，凡属国人，无不痛心。近来国际形势豹变，相互勾结，以我国家民族为牺牲。绥东战起，群情鼎沸，士气激昂。于此时机，我中枢领袖应如何激励军民发动全国之整个抗战！乃前方之守土将士浴血杀敌，后方之外交当局仍力谋妥协。自上海爱国冤狱爆发，世界震惊，举国痛心，爱国获罪，令人发指。蒋委员长介公受群小包围，弃绝民众，误国咎深。学良等涕泣进谏，屡遭重斥。日昨西安学生举行救国运动，竟嗾使警察枪杀爱国幼童，稍具人心，殊忍出此！学良等多年袍泽，不忍坐视，因对介公为最后之诤谏，保其安全，促其反省。西北军民一致主张如下：
>
> 一、改组南京政府，容纳各党各派共同负责救国。二、停止一切内战。三、立即释放上海被捕之爱国领袖。四、释放全国一切政治犯。五、开放民众爱国运动。六、保障人民集会结社一切政治自由。七、确实遵行总理遗嘱。八、立即召开救国会议。以上八项为我等及西北军民一致之救国主张，望诸公俯顺舆情，开诚采纳，为国家开将来一线之生机，涤

以往误国之愆尤。大义当前，不容反顾，只求于救亡主张贯彻，有济于国家，为功为罪，一听国人之处置。临电不胜迫切待命之至！张学良、杨虎城、朱绍良、马占山、于学忠、陈诚、邵力子、蒋鼎文、陈调元、卫立煌、钱大钧、何柱国、冯钦哉、孙蔚如、陈继承、王以哲、万耀煌、董英斌、缪澄流[①]等叩。文。[②]

同日，张学良分别致电孔祥熙、宋美龄。又，张、杨联名分别致电军事委员会副委员长冯玉祥、参谋本部总长程潜、四川省政府主席刘湘等，批评蒋介石“违反众论，一意孤行，举整个国家之人力财力，消耗于内战”，“对于青年救国运动，则摧残备至”，指出“伏思中华民国，非一人之国家，万不忍因一人而断送整个国家于万劫不复之地”，故“为国家计，为民族计，不得不请介公暂留西安，以得觉悟”。[③]

西安《解放日报》于12月13日发表了上述通电全文。事件亲历者应德田在《张学良和西安事变》中详细说明了此宣言的起草过程：1936年12月11日夜，“张学良将军叫黎天才、卢广绩、高崇民、洪钫和我起草一篇八大主张的通电稿，准备把蒋介石抓到后向全国发出。经过研究，稿子最后由黎天才拟出，大家看过略作修改、确定。十二日，抓蒋后发出……原通电具名，只是东北军和十七路军的几位高级将领，发出这封电报时，不知怎么加上了蒋方大员朱绍良、陈诚、邵力子、蒋鼎文、陈调元、卫立煌、钱大钧、陈继承、万耀煌的名字。可能当时有人认为，这样可以增厚通电的力量，可以使南京和各省一时搞不清楚，觉得这些人

---

① 马占山，以军事委员会委员的空衔在天津闲居三年后，于1936年12月初由上海来到了西安；陈诚，时任军政部次长；蒋鼎文，原任福州绥靖公署主任，12月11日改任西北“剿匪”军前敌总司令；陈调元，时任军事参议院院长；卫立煌，时任豫鄂皖边区绥靖公署主任；钱大钧，时任蒋介石侍从室第一处主任兼侍卫长；陈继承，时任豫陕边区绥靖公署主任；万耀煌，时任第二十五军军长；缪澄流，时任东北军第五十七军军长。

② 毕万闻主编：《张学良文集》，第1055—1056页。

③ 毕万闻主编：《张学良文集》，第1056—1057、1059页。

也参加了西安事变。可是我想，这种做法……不仅不足以增厚通电的力量，反而表示自己有力量不足的惧心。”① 王书君在《张学良世纪传奇》一书中，对南京军政要员如何在通电后署名的情节做了如下描述：“在通电发出之前，张学良先到西京招待所，向被扣留的南京军政要员说明情况”，“他拿出拟就通电全国的文稿，当众宣布道：‘各位，这是我给全国的一个通电。我来向各位宣读，希望各位听完之后，如果同意，便在上面签一个名，我再拿着这个通电去找委员长。’张学良念完后，又说：‘这电文下面签名的已有兄弟和杨虎城先生二人，如各位同意，也在这上面签个名。’于是，马占山先签，接着陈诚、朱绍良、蒋百里、于学忠、邵力子、蒋鼎文、卫立煌、陈调元、陈继承、万耀煌、何柱国、孙蔚如、王以哲、董英斌、缪澄流、钱大钧等都在通电后面签了名。”

关于上述列名问题，国民党中央某要员在当时曾专门发表谈话予以分析批评：“张学良十二日通电不独内容悖谬，极颠倒污蔑之能事，即其通电所列名，尤显见胁迫悖逆之一斑。查其电末列名，除张学良外，共十八人，如杨虎城最近尚与中央要人时通消息，且据知冯钦哉、孙蔚如均在西安被监视，已可见其一斑。至于陈调元、陈诚、朱绍良、蒋鼎文、卫立煌、万耀煌、陈继承、马占山八人，均系军政重要长官，奉召赴陕者，乃亦被列在内，甚至钱大钧系委员长侍从室主任，邵力子为陕西省主席，亦被列入，此皆任何人所不能置信者，故就该电全体列名人加以研究，则其余之何柱国、王以哲、缪澄流、董英斌、于学忠五人，是否出诸本人意见，亦大有问题。总之，西安变局其性质之乖谬，于此可见。”② 且不评说此番谈话的对与错，至少可以了解一点，即南京方面认为张、杨不可能团结一致，甚至东北军内部也是有矛盾的。

事变发生后，西安与南京的联络一度中断，发自西安的一切

① 中国社会科学院现代史研究室编：《西安事变资料》第一辑，第114页。

② 《申报》，1936年12月14日，第3版。

消息均被封锁了，张、杨抗日民主的政治纲领在外界鲜为人知。12 月 13 日，《申报》发布消息称：“西安十二日上午起电报不通，嗣据报张学良率部叛变，在临潼附近施行胁迫，同时发出通电，主张推翻政府，电中并明言对蒋委员长做最后诤谏，暂留西安等语。”其后，报上对西安的报道基本被妖魔化了，如“西安城内情形异常混沌，且颇有巷战模样”等。宋美龄在回忆录中也谈到这一情况，说：“盖当时谣传，血与火充塞西安，该处已成赤色恐怖世界，而悲观者更以为委员长即未死，亦难幸免。”“谰语浮言，已传播于全球，骇人者有之，不经者有之，群众求知之心切，颇有信以为真者，世界报纸，竟根据之而做大字之标题也。”① 事实上，西安城内早已加强治安保卫工作，十七路军军长孙尉如为西安戒严司令，师长赵寿山为陕西省会公安局长。西安城内秩序井然。

西北文化日報
全國民衆迫切要求
爭取中華民族生存
張楊昨發動對蔣兵諫
通電全國發表救國主張八項
改組南京政府容納各黨各派
救亡領袖
救亡領袖
張楊等通電全國
發表救國主張

1936 年 12 月 13 日《西北文化报》刊载西安事变的报道

13 日，张学良对原西北“剿匪”总部全体职员训话，首先解释了过去一个多月没有到班的原因：“不到班，不同诸位讲话的原因，实在由于我内心不愿意做‘剿匪’工作，在外侮日迫的时候，我们不能用枪去打外国人，反来打自己人，我万分的难过！我不愿意同我的部下说假话，违心的话。可是，因为我限于命令和职务的关系，不说则已，要说就得说些违心的话，不得已，只好根本不说。”接着，他对“此次十二月十二日事件的原委”做了说明，并表示：“对蒋委员长绝没有私仇私怨，我们绝不是反对蒋委员长个人，是反对蒋委员长的主张和办法，反对他的主张和办法，

---

① 蒋宋美龄：《西安事变回忆录》，见王亚权主编：《蒋夫人言论集》上集，第 60、53—54 页。

使他反省，正是爱护他，我们这种举动对蒋委员长是绝对无损的——如蒋委员长能放弃过去主张，毅然主持抗日工作，我们马上绝对拥护他，服从他！那时甚至他对我们这次行动，认为是叛变而惩处我们，我们绝对坦然接受，因为我们所争的是主张，只要主张能行通，目的能达到，其他均非所计！”①

同日，张、杨再电冯玉祥，请其赴陕共决大计：“现八项主张正在规划进行。唯兹事体大，救亡固资群力，谋国尤仗老成。吾公党国耆望，众流所归，瞻切时艰，抒示卓规，想吾公所乐为，亦良等及民众所深盼，务期迅即命驾来陕，共决大计，力挽危舟。临电屏营，伫候明示。张学良、杨虎城。元戌印。”②

14、15 日，张学良、杨虎城分别在西安广播电台发表公开谈话，向民众阐明此次行动的意义，并表示为国家民族计，绝不屈服于暴力之下。他们说：“‘一二·一二’的举动在意义上，完全是为爱护蒋委员长而发动的，即是我们不忍坐视他的政策错误到底，做了我们中华民国罪人。”③“我们这次举动，完全是为民请命，决非造成内乱。一切办法，决诸公论，只要合乎抗日救亡的主张，个人生命，在所不计。若有不顾舆情，不纳忠言，一味肆行强力压迫者，即是全国之公敌。我们为保有国家民族一线生机打算，不能不誓死周旋，绝不屈服于暴力之下，即不幸而剩一兵一卒，亦必用在抗日疆场上。”④

16 日上午，西安革命公园举行了有两万人参加的民众大会，张、杨均在会上发表了讲演，受到热烈拥护。他们由阐明“一二·一二”举动之原委和意义，进而号召“要将这种使命更扩大起来”，要求“全国同胞，一致起来走向抗日战争，有力量出力量，有钱的出钱，尤其是武装同志，壮年同志，一定要把一腔热血，洒在抗日前线上”⑤。

---

① 毕万闻主编：《张学良文集》，第 1064、1067 页。
② 毕万闻主编：《张学良文集》，第 1063 页。
③ 中国社会科学院现代史研究室编：《西安事变资料》第一辑，第 123 页。
④ 中国社会科学院现代史研究室编：《西安事变资料》第一辑，第 120—121 页。
⑤ 中国社会科学院现代史研究室编：《西安事变资料》第一辑，第 125 页。

17 日，张、杨通电宣布组织抗日援绥军第一军团，委任孙蔚如为军团长，王以哲为副军团长，马占山为抗日援绥骑兵集团军总指挥，郭希鹏为第一军团骑兵指挥官，何宏远为第一军团炮兵指挥官，以备开赴绥远抗日前线。

20 日，张、杨联合发表告东北军、十七路军将士书，揭露蒋介石南京政府以抗日为名行欺骗之实，阐明发动事变的意义和今后任务。文中指出："我们的希望，只是集合全国的力量去抗日救国，是绝对纯洁的，是绝对发自内心的，无一毫私心，无一点背景。""我们的国家，已到了生死关头，真是抗日则生，不抗日则死。我们必须巩固我们抗日救国的战线，去与一切破坏我们的恶势力相拼，方能实现我们的主张，才能收复我们的失地，才能湔雪我们的一切国耻。"①

张、杨的行动得到了东北军、十七路军广大将士的支持，得到了西北民众的同情，也得到了红军的积极配合。在将行动及主张昭告于天下之前，张学良于发动事变的第一时间即将情况通告了中共中央。12 日晨，张学良致电毛泽东、周恩来："吾等为中华民族及抗日前途利益计，不顾一切，今已将蒋及中央将领陈诚、朱绍良、蒋鼎文、卫立煌等扣留，迫其释放爱国分子，改组联合政府。兄等有何高见？速复，并将红军全部集中环县，以便共同行动，以防胡敌南进。"② 此电之落款时间是"文寅"，文为 12 日的代字，寅为凌晨 3—5 时的代字。由前述事件亲历者的回忆可知，此时尚未捉到蒋介石，那电文中何以说已将蒋等扣留？据杨奎松分析，张学良于此时发电，只是因为凌晨 5 时是他与中共中央约定的守（收）听和发报时间。根据事变前的约定，双方这时的收守（收）听时间分别是凌晨 5 时、下午 1 时和晚上 9 时。③ 行动既已展开，张学良在约定发报时间紧急向中共中央通报了事变之计划与目的。下午 1 时，张学良令在西安的王以哲以他的电台按约定时

① 中国社会科学院现代史研究室编：《西安事变资料》第一辑，第 130 页。

② 毕万闻主编：《张学良文集》，第 1053—1054 页。

③ 杨奎松：《西安事变新探——张学良与中共关系之谜》，第 313、315 页。

间再度发报给中共中央：“蒋先生已扣留在西安，蒋鼎文、朱绍良等十余高级将领均扣留。”当中共于当晚 9 时再度电询事变详情时，张学良复电称：“十二日六时已将蒋介石、陈诚、朱绍良、卫立煌、蒋鼎文、邵力子、晏道刚及其他中央人员全部俘虏。”① 确认了蒋介石及其他军政要员已被扣留的消息后，中共中央向张学良提议，立即将东北军主力调集西安、平凉一线，第十七路军主力调集西安、潼关一线，拟派周恩来赴西安协商大计。②

13 日，毛泽东、周恩来致电张学良，指出：“只有将全部行动基础置于民众之上，西安起义才能确定的发展其胜利。”表示若胡宗南、曾万钟、关麟征等军向南压迫，“红军决从其侧后配合兄部坚决消灭之”。请张派飞机到肤施接周恩来去西安。③ 同日，中央军委主席团致电彭德怀、任弼时：“野战军除二十八、二十二九军外，全部本日准备完毕，待命向环县以南出动。”④

17 日，张学良致电毛泽东、周恩来，请红军协助其行动，并问及国际（意指苏联）对“扣蒋”行动的反应：“东、来兄，电均奉悉。联军以抗日救亡之目的现集结主力于渭南方面准备抗战，以一部于兰州、平凉、固原、西峰镇一带，对胡、毛等施行戒备。希贵军主力旨（驻）环县、豫旺以北地区，一部在肤施、甘泉附近对胡、毛、曾、汤等，不使其联络并极力向北压迫，以掩护本军后方之安全，并盼饬陕南之陈先瑞向卢氏、灵宝一带出击敌之后方。现此间诸事顺利，一切恩来兄到后详谈。再国际对西安‘一二·一二’之革命有何批评，乞告。”⑤ 当日，毛泽东复电张学良，曰：“筱电奉悉，集力抗战甚妥，惟对敌意见，弟认胡宗南、汤恩伯均不过一支队，各以一部箝制之可也，敌之要害在南京与京汉、陇海线，若以二三万人之战略迂回部队突击京汉、陇海取得决定胜利，则大局立起变化，此点祈请考虑。我们对远方

① 杨奎松：《西安事变新探——张学良与中共关系之谜》，第 314 页。
② 中共中央文献研究室编：《周恩来年谱（1898—1949）》（修订本），第 338 页。
③ 中共中央文献研究室编：《周恩来年谱（1898—1949）》（修订本），第 339 页。
④ 中央档案馆编：《中国共产党关于西安事变档案史料选编》，第 181、184 页。
⑤ 毕万闻主编：《张学良文集》，第 1085 页。

已做几个报告，尚无回报。兄令刘鼎将每日群众运动情形电告一次，若远方知此次事变及事变后之进展不是单纯军事行动，而是与民众联系的，估计当寄以同情，惟远方政府目前为应付外交，或尚不能公开赞助我们。”①

总之，中共配合张、杨，做了应战的准备，并提出对敌之建议，但无论是张、杨，还是中共，都不希望战争，他们的目的是要“改组南京政府，容纳各党各派，共同负责救国”。张学良希望得到共产国际的支持，共产党也在等待共产国际的指示。

第二节　西安事变为“称兵作乱之叛变”乎？

一、初闻事变，“震骇莫名”

西安事变发生后，西安同南京的联系一度中断，正如陈布雷在日记中说：“是日下午一时余方在寓，忽接果夫电话，询余有无西安之消息，余怪而问之，则谓西安至南京电报已不通矣。”② 时任国民党第四十六军军长兼郑州—潼关陇海铁路线警备司令的樊崧甫及河南省主席分别于巳时密电南京政府，告知蒋介石“失踪”。当日傍晚，南京政府接到西安发来的通电，通电说明这次捉蒋是“学良等多年袍泽，不忍坐视，因对介公为最后之诤谏，保其安全，促其反省”，并提出西北军民的八大主张。

时任行政院副院长的孔祥熙正在上海养病，他在确证了西安事变之消息后立即通知了宋美龄。宋美龄正在上海寓所开会讨论改组“全国航空建设委员会”事宜，闻知“西安发生兵变，委员长消息不明”这一讯息，“不啻晴天霹雳，震骇莫名”。宋美龄的“震骇”，实在是因为蒋介石的“被劫持”太出乎意料了。③ 无疑，

---

① 中央档案馆编：《中国共产党关于西安事变档案史料选编》，第212页。

② 陈布雷：《陈布雷回忆录》（二），二十世纪出版社1949年版，第64页。

③ 西安事变的发生，是有计划的预谋，还是临时的偶发事件？数十年来，学界内外一直持有不同意见。据现已公开的史料看，两种意见均有史实依据，且都做了充分论述，在此不再赘述。

由前述张学良、杨虎城思想的变化及扣蒋行动看，西安事变的发生有其必然性，张、杨为实现“停止内战，合作抗日”而发动西安事变，有思想基础，也有现实基础。而由蒋介石的失踪、被发现，到时在西安的一干高级军政人员被扣看，西安事变的发生应有相当大的偶然性。疑心重是蒋介石的一大性格特征，对于地方实力派防范更甚，实施特务统治又是蒋介石在政治上的一项重要举措。事变前夕张学良已多次当面明确表示反对一味“剿共”，蒋也不断收到来自各方的情报反映张学良的异想异动。在这样的情势下，蒋介石及一干高级军政将领在未有严密防范的情况下全数被扣，若是张、杨早就有充分的准备而不被蒋介石发现，不是张、杨手段太高明、太有欺骗性，就是蒋及其手下太无能了。

蒋介石并非不知此行的危险性，诚如《西安半月记》引言中所说：“中正于二次入陕之先，即已察知东北军剿匪部队思想庞杂，言动歧异，且有沟通匪部、自由退却等种种复杂离奇之报告，甚至谓将有非常之密谋与变乱者。”事变前已有不少军政要员向蒋报告张学良的异想异动。那蒋为何非要做此虎山之行呢？他在12月2日的日记中说：“东北军之兵心，为察绥战事而动摇；则剿赤之举，几将功亏一篑。此实为国家安危最后之关键，故余不可不进驻西安，以资震慑，而挽危局，盖余个人之生死早置之度外！”①换言之，蒋介石认为“剿共”已到了“最后五分钟成功之阶段”，为了彻底消灭共产党以根除心腹之患，他必须亲赴西安。且不论蒋介石是否有为达目标而不惜牺牲自己的精神，若明知有被抓捕甚或被杀的密谋而不严加防范，这实在不是有政治抱负且为一党之领袖人物的合理行为。如果进一步考察当时的政治局势，站在蒋介石的立场看，此行虽有一定的危险性，却并非贸然之举。多年来的“夫唱妇随”，宋美龄对形势的认知与蒋介石应有相当的一致性。

第一，从军力对比看，西安方面之兵力远不及中央军。即使

① ［日］古屋奎二：《蒋“总统”秘录》，陈在俊译，台北：“中央日报”社1975年版，第2320页。

东北军、十七路军与红军结成了联盟，红军虽骁勇善战，却也只有区区三万人，而国民政府调到西北打红军的部队就有几十万人。根据1936年8月底中共中央军委向共产国际的报告，以及9、10月间来自东北军的通报，大致可知东北军、十七路军之兵力情况，以及国民党中央军与西北地区武装力量之情况。杨奎松在《西安事变新探——张学良与中共关系之谜》一书中对此做了较为详细的介绍：

> 十七路杨虎城部有两个师、五个警卫旅、两个特务团、一骑兵团，及其他直属部队，合计步兵二十六团，骑兵一团。
>
> 东北军在西北者有三个步兵军，一个骑兵军，计十五个步兵师，五个骑兵师，一个炮兵团，合为步兵五十一团，骑兵十九团。
>
> 陕西东北部为蒋介石进攻红军苏区的主要方向，以其嫡系陈诚为指挥，汤恩伯纵队为领导的共七个师一个旅，合计二十四个团。
>
> 宁夏两马计有两个师，一个步兵旅，一个骑兵旅，两个特务团，合为步兵二十团，骑兵八团。
>
> 邓宝珊之新编第一军计两个旅，合四个团，在静远、会宁、静宁、隆德布防。同时，甘南毛炳文、王均两部含第八师、第二十四师、第十二师、第七师及鲁大昌新编第十四师，合计二十八个团……加上土著军阀马步芳、马步青驻西宁及甘、凉、肃三州的第十师、第三十五旅、第二九八旅九团，以及山西已经西渡黄河占据黄河西岸部分苏区的一个纵队，整个陕、甘、宁三省已有国民党军队约二百个团，近四十万人之多。
>
> 与此同时，南京方面由长沙等地调援西北主持围剿的胡宗南，率十个师三十余团约六万人，9月下旬也已先后入陕并陆续西运至天水、秦安、静宁、会宁、定西地区，关麟征四个团约五千人也在9月底由山西运抵宝鸡。在此前后到达的还

有四十九师、五十一师、一〇四师等四个师另一个旅计二万余人……配合驻守兰州附近的朱绍良部围堵红军……国民党还有二十个兵团的兵力正源源不断地向陕甘两省开来。[1]

时陕北红军兵力及其配备情况，杨奎松根据在莫斯科保存的制定于1936年8月的一份报告，在书中亦做了详细介绍：

甲、一军团现辖三个师，计第一、第二、第四师，另一骑兵团，一炮兵连，一工兵连，一教导营，共约八千人。

乙、十五军团辖第七十三、第七十五、第七十八三个师，另一骑兵团，一炮兵连，一工兵连，共约六千人。

丙、各直属部队计有二十八军，辖三个团，一炮兵排，共约一千四百人。二十九军辖三个团，一炮兵排，共约一千二百人。三十军辖三个团，一炮兵排，共约七百人。第一独立师辖两个团，一炮兵排，约五百人。两个独立步兵团，共约八百人。一个骑兵团约四百人马。一个山炮连一百五十人。其余通信、警卫等部队约八百人。总计约七千两百人。以上正规红军三项共两万一千余人。

丁、地方部队陕北省有三个独立团，五个独立营及各县区游击队，共约三千人。陕甘宁省有两个独立团，一个独立营及各县游击队，共约一千三百人。陕甘特区有游击队约三百五十人。中央直属队有二百人。关中苏区有游击队约四百人。神府苏区有一个独立团及各县游击队，共约八百人。总计六千余人。

戊、武器在正规红军中，步枪约及全部人数之半。在地方部队中约超过五分之二。步枪总数在一万以上。重机枪约一百余挺，轻机枪约二百五十余挺（另存有二百数十挺）。迫击炮十六门（另有二十余门）。山炮两门。子弹一般缺乏，正

① 杨奎松：《西安事变新探——张学良与中共关系之谜》，第229—230页。

规红军每枪平均不及四十发，地方部队仅十余发或二十余发不等。①

张、杨以及红军兵力与蒋介石用来“围剿”红军之兵力（除张、杨外）悬殊之大，已可见一斑。而且，张学良、杨虎城尽管在各自统率的军队中有极高的威信，但在涉及联合谁、反对谁、最终走哪条道路的重大问题上，内部并不统一，至少蒋介石是这么看的，这就为其采用一打一拉的手段提供了机会。蒋介石抵西安后，曾连续召见东北军将领，据其日记中所记，“8日召见东北军将领训诫”，“9日又召见东北军师旅长训诫”②，使张学良颇为疑惧。

第二，蒋介石虽对张学良有戒心，总的还是信任他的。张学良暗中与中共联络的消息，不仅蒋介石知道，在当时国民党高层里也不是什么秘密。然而，地方军阀为保存实力而暗中与红军妥协，在国民党内也并非少见，对此蒋介石是见惯不惊。孔祥熙在《西安事变回忆录》中亦谈到了这一情况，说：“当西安事变发生三周以前，余默察当时陕军东北军之政治情势，已兆危机，曾恳蒋公加意，并劝其速离陕境。其时，蒋公已驻节华清，正邀蒋夫人西行。余即以密札托蒋夫人面达。蒋公嘱夫人复余，谓谣不必信，然未及十日，而此变遂发。”③ 其实，蒋介石不仅是风闻张学良之异动，张甚至与蒋当面谈过与中共合作之事。《事略稿本》中有这样一段记录：10月28日上午，“与张学良谈话。张言对‘共匪’妥协意见，并谓：‘军事家只有三个处置，即胜败降是也。’公大怒，力斥其降字之无意义，并问其在何书找到降字之处。张面惭而退”。对此，蒋介石并未恨张忌张，只是觉得“汉卿如此无

① 杨奎松：《西安事变新探——张学良与中共关系之谜》，第152—153页。

② 蒋介石：《困勉记》，1936年12月8、9日条，台北“国史馆”藏：《蒋中正“总统”文物》，卷宗号：0020 00000744A。

③ 秦孝仪主编：《革命文献》第94辑，第161页。

识，可为心痛”，并认为对张学良可“以诚意感导之”。[①]

当然，蒋介石也是有所防备的，但蒋介石安插在张学良身边的人没有报告张学良有何异动。张学良在晚年对由他自己指定的为其作传的唐德刚教授说：“简单说，我那个参谋长，就是蒋先生派来的一个间谍一样，这个晏道刚是一个好人，是一个老实人。所以蒋先生对晏道刚很气，他（晏）并没事前发现我的事情，那事儿他没留心，他虽然在这儿也不知道。”[②]

第三，蒋介石刚刚平息了两广事变，在蒋看来，自1933年红军撤出江西，且“闽变敉平，两广就范，中国统一之局，已达成垂成之域”，“土匪与军阀之势力，已不足为中国之患”[③]。就在蒋介石驻节广州处理两广事变期间，曾接到前述陈诚电转之张学良对冯庸所言，蒋介石一度深为烦忧，“思张学良之变态，辗转考虑，叹曰：广西之白，尚未心服，而西安之张今又欲变，真所谓一波未平一波又起者也”。再做研究后又释然，“今晨自悟昨夜之过虑也。盖汉卿之性质，与其环境之现实，在现时而欲自由行动，决非其力之所能，吾何必过虑哉”[④]。

两广事变与西安事变有着一定的关联性，而两个事件的不同结局，恰反映了西安事变的特殊性。在此，有必要对两广事变的来龙去脉做一交代。

两广事变发生于1936年6—9月。关于两广事变的发生及解决，杨树标、杨菁著《蒋介石传》一书对此做了简洁明了的评述。两广之反蒋由来已久，还在蒋介石第二次上台后，原由广州非常会议成立的西南政府于1月5日通电撤销，但西南又成立了所谓军权分治的“国民党中央委员会西南执行部”和“国民政府西南政务委员会”“西南军事分会”，实际上仍然存在半独立状态。陈济

---

① 高素兰编：《事略稿本》(39)，第64、66页。

② 张学良口述，唐德刚撰写：《张学良口述历史》，第126页。

③ 蒋介石：《中国之统一与建设》（1936年10月10日），见秦孝仪主编：《先“总统”蒋公思想言论总集》卷十四，第462页。

④ 高素兰编：《事略稿本》(38)，第499—500页。

棠想保持他的“南粤王”的地位，李宗仁想推动陈济棠和其他方面组成反蒋介石的联合阵线。蒋介石当时之所以容忍这种局面的存在，主要是为了集中力量对付中国共产党领导的革命根据地和红军。在“围剿”根据地期间，蒋介石指示陈济棠参与“围剿”的电令频频下达。至第五次“围剿”得手后，两广同蒋介石的矛盾又尖锐且明朗化起来。蒋介石原拟授意广东解决广西以达到各个击破的目的。陈济棠探得情报后，决定抢先一步，采取主动。所谓“主动”，陈济棠认为“唯一可借口向中枢做兵谏的，便是揹起抗日大纛，要求中央领导抗日”，而且认为当时蒋介石正有事于西北（张学良、杨虎城主张联共抗日），日寇又要求华北特殊化，局势十分紧张，这是假抗日旗帜进行反蒋的“绝好时机”。1936 年 6 月 1 日，两广公开揭起抗日旗帜，实际进行反蒋。2 月，国民党西南执行部和西南政务委员会以“冬”电，逼请中央领导全国从事对日抗战，并通电全国党政军民各界吁请一致督促中枢领导全国从事抗日。4 日，西南将领（即第一和第四集团军总司令陈济棠和李宗仁）率领全体将领及海军、空军、要塞司令等数十人，由陈、李牵头，发出“支”电，表示拥护“冬”电，“为国家雪频年屈辱之耻，为民族争一线生存之机！”“冬”“支”两电一发，全国震动，这就是两广“六一”事变。①

两广事变的发展过程分为两个阶段：第一阶段是以广东的陈济棠为中心，第二阶段是以广西的李宗仁为中心。当时，西南方面可使用的兵力有：陈济棠的第一集团军三个军、一个独立师、一个教导师、一个独立旅、一个警卫旅再加上四个盐警团及财政厅的两个特务营，在发动事变时将独立师和教导师扩编为两个军，总共有七十个团、二十万人马。李宗仁的第四集团军两个军，临时又扩编了两个军，再加上民团，总共有十多万人马。空军方面，广东有六个中队（司令是黄光锐），广西有三个中队（司令是林伟成）。海军方面，广东有江防舰艇数十艘（司令是张之英）。蒋介

① 杨树标、杨菁：《蒋介石传》，浙江大学出版社 2008 年版，第 185—186 页。

石方面的兵力比较分散，追击长征的红军和乘机对黔、川、康各省的驻防；在潼关、洛阳一带驻重兵，促张、杨继续“剿共”；在闽、浙、苏、豫及陇海线各地驻兵，还有一部分在抗日前线。这样东抽西拉，剩下来能拿出对付两广的仅二十万人马。①

蒋介石对两广事变的解决，主要采取了两方面的措施：一是明着指责，暗中分化瓦解；二是以战逼和。

在 1936 年 7 月召开的国民党五届二中全会上，蒋介石以全会的名义指责西南方面的行动，是“揭橥对外之旗帜，摇动统一之根本，使国家于忧患痛苦之中，增分崩离析之惧”。全会还通过了唐绍仪等三十一个中央委员的提议：“请明令撤销西南执行部及西南政务委员会，其在西南指导党务政治之同志，均当集中中央，共同负责。”同时，全会通过了《组织国防会议及粤桂两省军事政治之调整案》，把李宗仁、白崇禧、陈济棠、余汉谋等吸收为国防会议会员，指定余汉谋为广东绥靖主任，“负责整理全省军事”，李宗仁、白崇禧为广西绥靖正、副主任，林云陔为广东省政府主席，黄旭初为广西省政府主席。在暗中，蒋介石不仅向两广调集军队，而且进行了瓦解陈济棠内部的工作。蒋介石先是收买了陈济棠的空军司令黄广锐。陈布雷在日记中特地记上这一笔：“粤事渐定，空军黄光锐等全部来归于中央，蒋公颂词训勉，优待有加。”② 接着，蒋介石又收买了陈济棠的第一军军长余汉谋，余通电拥护中央，对陈济棠实行“逼宫”，限陈在二十四小时内离开广东；第二军军长张达也被收买，声明服从中央。蒋介石在二中全会上免了陈济棠本兼各职，命余汉谋为绥靖主任兼第四路军总司令；张达也着手迎接余汉谋上任。7 月 18 日，陈济棠宣布下野，随即到香港去了。陈走之前，给了李宗仁二十万大洋，要李回广西“缓图善后”。

李宗仁由广州回到南宁，事变的中心也就由广东移到广西了。1936 年 8 月 1 日，蒋介石以“东电”向李、白促驾，并解释了调

① 杨树标、杨菁：《蒋介石传》，第 186 页。

② 陈布雷：《陈布雷回忆录》（二），第 58 页。

李、白任新职是为了使李、白摆脱6月1日以来所处的困境，要他们从真心完成党国的统一和团结出发，接受新的任命，还威胁他们，如果出兵邻省，只有陷于绝境。8月11日，蒋介石亲赴广州，主要做三件事：一是设法巩固他在广东的地位，加强对广东的控制；二是大吹余汉谋和广东空军等将领的功绩，给人们树立一个“服从”他的样板；三是大谈以武力为后盾的和平解决广西问题方针。这些工作在蒋介石接下来的频繁活动和连篇累牍的演讲中集中地反映了出来。对蒋介石来说，巩固广东和解决广西是一个问题的两个方面，是相辅相成的。按当时的形势，蒋介石的真心是要和平解决广西问题。同时，许多人从中进行斡旋和平。蒋介石于是派程潜、居正、朱培德三人赴桂。9月2日，程潜等赴南宁谈判，中间虽经过一些波折，仍于4日完成蒋介石交给他的使命回广州向蒋面报。6日，蒋介石重新任命李宗仁为广西绥靖主任，白崇禧为军委会常委兼第五路军副司令，黄绍竑仍为浙江省主席。7日，蒋介石分别致信李宗仁、白崇禧，望能“共负艰巨”。8日，程潜写信给李、白，除表示“万分感佩”外，要李、白“加意猛进”。10日，李、白致电程潜等表示接受蒋介石新的任命，并决定16日就职。17日，李宗仁赴广州见蒋介石。李宗仁在回忆录中说：“九月十七日，我乃只身飞广州，谒见蒋先生。大家寒暄一番，未及其他。自此大家言归于好，共赴国难。”① 9月26日，广西各界抗日救国会为促蒋抗日通电全国。28日，蒋介石离粤飞赣，两广事务另设广州行营，由何应钦负责处理。两广事变就此了结。②

无疑，两广事变的发生是打着抗日救国的旗帜，两广事变得以和平解决，则是为了团结抗日，其间有不少党政要员居间调停。两广事变的平息，既反映了国民党党内对团结抗日重要性的认识，也加强了蒋介石的军政实力，提高了蒋介石的声望。对此，宋美

① 李宗仁口述，唐德刚撰写：《李宗仁回忆录》（下），广西师范大学出版社2005年版，第506页。

② 杨树标、杨菁：《蒋介石传》，第191—194页。

龄亦深为感慨，有感而发地写了《舆论的形成》一文，发表于1936年10月10日的上海《字林西报》。文中，宋美龄借回顾南京国民政府成立以来的种种举措及绩效，对蒋介石政权的“深得民意”进行了一番“吹捧”。她说：

> 我们一处一处地平定了内乱，驱除了军阀，同时逐步推进着解除民众苦痛的方案，而民众从他们自己的经验，逐渐了解了政府这些措置，并不是害他们，实在有利于他们的，所以都欢迎鼓舞，赞美着新时代的降临，报纸和言论机构既见进步，全国各处也渐渐有舆论形成了。从前人民公意与国家大事并不发生关系，可是最近几年，尤其最近几月来，舆论的力量，显然可以影响国事动向了。这种精神方面的发展，实是清朝崩溃而后，中国最重要的进步。
>
> 如今这种舆论影响力的伟大，值得我们大书特书。例如福建“叛兵”的平定，能如此迅速，完全因为全国舆论一致反对的缘故，四川省的军阀，二十年来内战了四百多次，于是把这富庶的省份搅得十分贫乏，似乎永远没有归附中央的可能，但时机一到，立刻归入中央政府直接的统治，转变的迅速，出人意外。又如僻远的贵州省，军阀政权，能于短期间内，完全消除，似乎也不是可能的事。又像粤桂异动的早日解决，不明白中国近来进步实况的人，也会感到万分神奇，实则舆论所归，可说是无坚不摧呢。

宋美龄认为，两广事变的顺利解决，即在于舆论的力量。她说：

> 舆论的产生，由于人民认识了中央政府一切为国为民的设施，并且发现了有自由发表公意的新力量，于是舆论就发施了惊人的威力……我们再以两广事件而论，那时中国其他各处的一致呼声，也就是广东人民所有的要求。广东人民公开热切地表示，应该将地方军政统一于中央，这种意外鲜明

> 的态度，感动了若干粤军的重要将领和空军。前者宣告了他们不愿参加内战和愿意归附中央的决心，而全体空军也以同样的精神，在某天清晨，悄悄地驾了飞机离开广东，这使叛兵的进行，不得不废然自止。
>
> 后来，桂省事件，也同样地受到舆论的影响而解决。全省民众都反对战争……到九月六日，桂省的将领，接受了中央条件，表示他们真正认识了人民公意的力量，而一次空前的可怕内战，乃得幸免爆发。①

在宋美龄看来，与中央政府对抗了多年的各地军阀，如今相继归顺中央政府，实在是民心所向的结果。在接下来的几项活动中，蒋介石进一步强调了全国统一的重要性，也看到了他与国民政府政治声望之提高。1936 年 10 月 10 日国庆纪念日，南京举行了盛大的全国童子军检阅，蒋介石以中国童子军总会会长身份发表训词《巩固统一与复兴民族》，强调“今日之统一，实为我四万万同胞无量苦汗与鲜血之结晶，必须特别爱护，永远巩固”②。童子军检阅完毕后，举行了国庆庆祝会，蒋介石发表《中国之统一与建设》演讲。典礼之后，蒋介石经上海到杭州，参加 10 月 12 日举行的中央航空学校第五、第六期学生毕业典礼。在杭州期间，蒋介石将韩复榘（山东省主席）、徐永昌（山西绥靖主任）、杨虎城（陕西绥靖主任）、戈定远（冀察政务委员会秘书长兼宋哲元的代表）以及其他军政头目召集在一起举行会议，以显示中央的统一。

10 月 31 日，是蒋介石 50 岁生辰。国民党为祝蒋介石五十寿辰而发起了一场全国献机运动，蒋介石虽自谦地表示：“前承各地同胞同志，以中正五十寿辰，发起集资购机用作纪念。中正自惟半生荏苒，德业未修，扶岁月以自省，方补过之未遑，何敢僭被

---

① 宋美龄：《舆论的形成》，见王亚权主编：《蒋夫人言论集》上集，第 34—36 页。

② 蒋介石：《巩固统一与复兴民族》（1936 年 10 月 10 日），见秦孝仪主编：《先“总统”蒋公思想言论总集》卷十四，第 464 页。

宠光，宜增愧疚！”然深以此举而欣慰与骄傲，“唯以购机乃奉献国家，非同寻常酬赠。且此次之事，远自寄寓欧美南洋之侨胞，以逮边区收复之都邑，男女老幼，踊跃输将，或出其节衣缩食之余资，或罄其毕生勤勉之所得，悉以汇成巨款，购置飞机献纳政府，充实国防，此皆同胞爱国精诚所感召，实为近年以来未有之壮举。”[①] 蒋介石与国民政府声望之增高，由此可见一斑。时南京约有20万人聚集在明故宫飞机场，举行献机典礼。军政部长何应钦应蒋介石之请，代蒋出席。此前，蒋介石于10月22日自南京飞赴西安。24日电告在上海养病的宋美龄：“兄在此须有半月以上耽搁。”[②] 27日，蒋介石电告宋美龄：“告以贵恙如何？甚恐飞行劳苦，有碍病体，则吾爱不必为兄祝寿来陕，明年正五十岁补足可也。如必欲来，则拟于卅日派机来迎，在洛阳相会，如何？”[③] 29日，蒋介石自临潼坐火车抵洛阳。30日下午，宋美龄自上海乘飞机到洛阳，蒋介石到机场迎之入寓憩息。30日晚，洛阳的国民党中央军事学校分校举行了一个盛大的提灯游行会，庆祝蒋介石生辰。31日早晨，“将近二万多民众齐集洛阳分校，向蒋委员长致敬。阎锡山和商震也特为此事赶到，同其他的要人出席这个庆祝会了。当蒋委员长偕同蒋夫人在二十一响的礼炮声中莅临时，民众鼓掌欢迎，响彻云霄。群众一齐向蒋委员长行三鞠躬，以表示庆祝，而蒋委员长发表了一篇动人的演说，当这个庆祝闭幕时，由蒋夫人将从上海带来的两个巨大的诞辰蛋糕切开，分给当地三十个团体的每个代表”[④]。蒋介石在题为《报国与思亲》之感言中说：“中正半生忧患，革命报国之志未遂百一，而五十之年忽焉已至。慨自弱冠以前，革命从戎，即受国家教养，迄今三十余年。”文中回顾了他半生的革命生涯，谈了他对立国、救国之道的认识，最后对全国同胞提出期望：“吾海内外全体同胞，倘不以吾言为

---

① 高素兰编：《事略稿本》（39），第71—72页。

② 高素兰编：《事略稿本》（39），第51页。

③ 高素兰编：《事略稿本》（39），第61—62页。

④ 董显光：《中国最高领袖蒋介石》下卷，第477页。

谬，晓然于家国兴亡之道，以黾勉提挈，共同致力于报国根本之途，此则中正之所大愿，亦即所以期报国家民族与吾全体同胞于万一者也。”①

无论是蒋介石的有意粉饰，还是部属的真心拥戴，这场祝寿活动无疑显示了蒋介石政权的统一，诚如一个外国人所说：“凡是曾经参与这次典礼的，没有不深信中国确已获得了永久的统一。”②

以上是从蒋介石的立场看当时中国的政治局势。以蒋为代表的南京国民政府自执政以来达到了权势、声望的最高峰，基于这种情势，蒋介石渴望尽快完成“剿共”，他认为最多只需一个月。12月1日，蒋介石分别致电卫立煌、蒋鼎文。致卫立煌电说：“请兄暂往西北前方指挥，最多约一个月可以收效结果，并望率带必要人员，最多约十名，行李须从简。务望本周内到西安，勿延。盼复。”致蒋鼎文电说：“望兄即来西北襄助，并酌带必要之参副人员五六人，务限本月七日前到西安。”③ 12月4日，蒋介石自洛阳驱车抵西安。此前，宋美龄在专程赴洛为蒋祝寿后，于11月2日飞回上海。蒋介石、宋美龄绝未料想到蒋的此次赴陕会遭遇人生的一大劫难。

再从“兵谏”者的角度看，应该说当时中国的内外情势是不利于“兵谏”的。就当时国内情势看，在民族危机日趋加深的情况下，全国的团结统一是非常必要的。中国共产党早在1935年底就提出了建立抗日民族统一战线的主张，1936年9月又改变对蒋政策，将“反蒋抗日”转为“逼蒋抗日”。国内民众也多呼吁“停止内战，一致抗日”。张、杨发动西安事变的目的正是希望南京政府停止“剿共”政策，集合全国各党各派的力量，共同抗日。而“兵谏”是有相当风险的，因为在“兵谏”过程中，某一环节一旦出现差错或“扣蒋”后处理不慎，西安事变就有可能走向反面，从反对内战、携手抗日的爱国初衷，转而造成大打内战进而

---

① 秦孝仪主编：《先“总统”蒋公思想言论总集》卷三十五，第162、166页。

② 董显光：《中国最高领袖蒋介石》下卷，第477页。

③ 高素兰编：《事略稿本》(39)，第351页。

给日本侵略提供便利的不利局面。再者，从军人的立场讲，服从乃军人之天职，劫持上级是错误的行为。虽然有史料表明张学良在几个月前已有了“扣蒋”的想法，但其真正付诸行动只有几天的时间，其间张一直在努力劝谏蒋介石，“兵谏”是在张、蒋大吵了几次却谁也说服不了谁的情况下发生的。张学良晚年仍对人说：“我是应该被处死刑的，我是个军人，我懂得。我也带兵，也带过部下，假设我的部下这样，我就把他枪毙了。”①

蒋介石料想不到张学良真敢有此举动，宋美龄更“震骇莫名”。其后，在她亲赴西安促成西安事变之和平解决后，她在《西安事变回忆录》中明确指出：“年来委员长出行各省，余必相随，此次独因病未果，深觉怅然。盖余每自信，倘余在西安，局势当不致恶化至此。”此言不是虚妄之说，从事变发生的原因及过程看，确有一定的道理。与宋氏三姐妹有交谊的美国女记者埃米莉·哈恩评价说：“无疑，她的感觉是对的；婚后，她一直是蒋介石在与生活打交道中的缓冲力量。美龄并不完全赞同她丈夫的信念，她信仰思想自由和合理的磋商，倘若她在西安，蒋介石也许不会对他怀有戒心的下属这般粗暴和苛求。”②

二、姑信张学良言之由衷

西安事变发生当晚，宋美龄偕同孔祥熙、蒋介石的顾问端纳乘夜车赶往南京，翌日早晨7时抵京。宋美龄发现，“南京虽为首都，其在黑暗中摸索之状况，不减上海”，“时政府中人深受事变刺激，情态异常紧张。中央常务委员会及中央政治委员会已于星期六深夜开会，决定办法，立付执行；并将叛变者首领张学良命令免去军事委员会委员及西北‘剿匪’副司令职，交由军事委员会严办。命令措辞，异常严峻”。“而军事方面复于此时，以立即

---

① 张学良口述，唐德刚撰写：《张学良口述历史》，第121页。

② ［美］埃米莉·哈恩：《宋氏家族》，第228页。

动员军队讨伐西安，毫无考虑余地，认为其不容诿卸之责任。”①

惩治张学良等的“犯上作乱”行为，以维护中央权威，这是国民党中央决定对西安用兵的主要理由。国民党机关报《中央日报》于13日发表社评《昨日西安之叛变》，痛斥张学良，声明中央讨伐之必要：

> 昨日西安之叛变，截至今晨五时，京中所得消息，为张学良率部劫持蒋委员长，发表通电，主张推翻政府，西安自昨晨起，电报中断，叛变经过详情，各方所得报告不多，然张学良率部叛变，已为确定之事实。
>
> 今日全国人民心理上一致之主张，即合全国之力量，以求民族之复兴于自存，通国上下，有能助长国力，以达此目标者，在民为良好之国民，在官吏为功臣，反之则为奸民，为罪人。今日是非功罪之标准最显，英雄豪杰、乱臣贼子之分野亦最明。今日之中国，所处者为何种环境，所遇者为何种困难，于此时机，凡为国民，不论地位职守之何若，其行动主张，若有丝毫破坏国家组织，减损国家力量，其行动与主张必归失败，其人其事，亦无可自容于天地之间。自来罪恶之甚，莫过于叛国，人类之耻辱，无甚于犯上。犯上叛国之人，身受国法之制裁，名贻万世之唾骂。
>
> 张学良之过去，今不必谈，张学良之今日，身膺军寄，受命负“剿匪”之重任，当国家忧危之日，坐縻饷糈，对国家无尺寸之功，乃复假借名号，犯上作乱……不但对长官为叛逆，实与全国国民为敌，与整个民族为敌。西安虽被叛兵盘踞，在中央之立场，若不严伸国法，立予声讨，将无以对人民付托之重。”②

---

① 蒋宋美龄：《西安事变回忆录》，见王亚权主编：《蒋夫人言论集》上集，第54—55页。

② 《中央日报》，1936年12月13日，第3版。

经过一夜的奔波，面对政府中人的紧张和激烈，宋美龄力持镇静。在看到那份由张学良、杨虎城领衔，共有十九人署名的通电后，宋美龄的内心有了一丝安慰，她据此提出建议：既未能确证西安将领别有企图，曷若姑信其言之由衷，一方面迅速搜寻其动机之真相。在真相不明的情况下，此乃阻止南京对西安实行军事讨伐的合理且有力的借口。不然，不信张学良所言，“讨逆”就是必然而合理的行动。而一旦开战，蒋介石的安全必得不到保证，诚如宋美龄所担心，“战事开始之后，委员长不为其亲自统率之陆空军轰炸所误中而丧生，亦将为怨恨暴戾之叛军所残害”①。

宋美龄提出姑信张学良言之由衷，虽未必能获得时在南京的国民党要员的同情，却是阻止南京对西安用兵的明智之举。无疑，救夫是宋美龄的第一念头，也是最关键的，“姑信张学良言之由衷”，是救夫之前提，也是希望，她必须信张之所言。凭借她与张以往的交往，她也愿意并能够信张。南京不能容忍张学良的“犯上作乱”，宋美龄试图将考虑的视角落在张学良发动西安事变的动机上，而不是仅追究这一行动的表现方式和结果。至于张学良等是否“假借名号”以“犯上作乱”，可以去查证，追查真相需要时间。在回忆录中，宋美龄站在维护中央权威的立场，解释了她的这一主张：“余曾作臆断曰：‘或者彼等确有不平之情绪，而自谓其有相当的理由。一部分国人若对中央怀抱不平，中央应虚怀若谷，探索其不平之究竟，而尽力纠正之，同为国人，苟有其他途径可寻，又何必求军事解决也。’”②这样一来，既维护了中央的权威，又批评了武力讨伐之举。宋美龄以为，在真相未全明了之前，无论是对张的处置还是讨伐西安，皆为“非健全之行动”。

纵观宋美龄在西安事变中的言行，及《西安事变回忆录》之全文，她在事变之初提出姑信张学良言之由衷，实包含了对张学良救国主张的“同情”，虽然她并不承认这一点。宋美龄能“同情”张学良的救国主张，应有两方面原因：一是她对国情有自己

---

① 蒋宋美龄：《西安事变回忆录》，见王亚权主编：《蒋夫人言论集》上集，第58页。

② 蒋宋美龄：《西安事变回忆录》，见王亚权主编：《蒋夫人言论集》上集，第56页。

的认识；二是她信任张学良。

宋美龄对国情的认识，源于她的家庭及学校教育。清末，面对强敌侵凌，国内维新运动、革命运动先后蓬勃开展。在宋家，宋耀如自儿女们幼年起就重视培养他们的爱国情感。宋耀如常常以孙中山所宣扬的民主与革命思想来教导孩子们。

> 一旦我们革新中国的伟大目标得以完成，不但在我们的美丽的国家将会出现新纪元的曙光，整个人类也将得以共享更为光明的前景。普遍和平必将随中国的新生接踵而至，一个从来也梦想不到的宏伟场面，将要向文明世界的社会经济活动而敞开。①

这是孙中山的一篇名文《中国问题的真解决》中的一段，也是宋耀如常常领孩子们朗读的一段文字。宋耀如不仅对孩子们进行爱国主义的文字教育，他还有意识地带领他们参加各种有意义的政治集会，希望孩子们在实践中受到更深切的爱国主义的熏陶。1904 年 4 月 30 日，上海市民在张园举行拒俄大会，抗议沙俄霸占中国东北，声援留日学生的拒俄运动。这一天，宋耀如带着霭龄、庆龄、子文、美龄四个孩子一起去参加了大会。孩子们平生第一次见到如此宏大的场面。目睹国人如火如荼的爱国热情，他们那幼小易感的心灵被深深地震撼了。特别是蔡元培在会场上宣读了东京留日学生要求组织义勇军奔赴战场的电报后，会场上热烈、激动的情绪更极大地感染了孩子们。这一次活动，无疑给宋家姐弟上了一堂生动的爱国主义教育课。

第二年，他们便以实际行动投入了全国性的抗议运动行列。1905 年，由于美国政府迫害华工而引发了全国性的反美爱国运动。宋耀如虽深受美国文化的影响，一向把美国看成理想国的楷模，

---

① 孙中山：《中国问题的真解决》（1904 年 8 月 31 日），广东省社会科学院历史研究室、中国社会科学院近代史研究所中华民国史研究室、中山大学历史系孙中山研究室合编：《孙中山全集》第一卷，中华书局 1981 年版，第 255 页。

但他对祖国的爱是忠诚的，他也了解并痛恨美国政府野蛮残酷的种族歧视政策。当这种种族偏见使在美华人深受迫害与侮辱时，他便毫不犹豫地参加了全国性的反美运动。宋家姐弟也积极地投入了反美行列。当时大姐霭龄已出国，庆龄、子文、美龄跟着父亲一起上街散发传单，搞宣传，并以实际行动抵制美货。在上海的广东人中，宋耀如是以做美国生意出了名的。抵制美货，无疑会使他的利益受到损失，但为了反对美国的暴行，为了在美侨胞的利益和尊严，宋耀如坚决地采取了抵制美货行动。在父亲的影响下，孩子们不仅毫不吝惜地把心爱的美国玩具、文具等丢进了废物箱，而且还在他们的住地虹口挨家挨户地劝大家抵制美货，他们甚至还发起组织了一个“中国童子抵制美约会”。

在留学美国的十年中，宋美龄接受了系统的人文教育。尤其是在威尔斯利学院学习的四年，她主修英国文学，兼修哲学，选修法语、音乐、天文学、历史学、植物学、英文写作、圣经史和辩论术，还在佛蒙特大学选修过教育学。在威尔斯利学院的最后一年，她得到了该校最高荣誉“杜兰学者”头衔。十年的留学生涯，使宋美龄由一个稚气未脱的小女孩成长为一个优雅、成熟、知性的少女。回国后，宋耀如给这个“除了面孔以外，已全盘美国化”的女儿请了一位儒学根底很深的老先生，每天教授美龄研读古典作品。后来，宋美龄总结父亲的这个决定时说：“余系幼年来美十载后，毕业大学，始返祖国。时余正年富力强，切盼对国家有所贡献。不意余父母坚持余既离国甚久，应先研究中国历史与文学，谓若不更进一步，通晓中国之历史文化，将不能明了中国各问题之错综复杂，且不论余愿致力于任何事业，或盼做任何贡献，势将因不能认识中国社会之基本组织与需要，以致徒劳无功。”①

思想与情感的熏陶培养了宋美龄强烈的爱国情怀，接受了西式高等教育的她更有着自己独立的思想。与宋美龄相处较多的安

① 宋美龄：《在芝加哥演说》（1943 年 3 月 22 日），见王亚权主编：《蒋夫人言论集》下集，第 1095 页。

妮·杜尔教授回忆宋美龄道："她是个追求真理锲而不舍的人"，"她的热力、纯真给人留下深刻的印象"，"她的社交能力很好，也很受大家的欢迎，但是她总是和我们保持一点距离，在这个距离之外，她来观察、质问、批评和喜爱，似乎她总自觉是个外国人"。[①] 成为蒋夫人后的宋美龄，担任了蒋介石的秘书与翻译工作，直接或间接地参加了诸项政治活动。这样的宋美龄，对于政局自然有自己的认识，对于事件也有自己的判断。她认为西安事变"决非中国既往一般称兵作乱之叛变所可比拟"，这种认识，还基于她对张学良的信任。

宋美龄与张学良相识于 1925 年。第二次直奉战争之后，奉军源源入关，问鼎京畿。就在奉系势力如日中天之时，上海发生了"五卅惨案"，一时举国沸腾，掀起了一场轰轰烈烈的反帝爱国运动。6 月 13 日，少帅张学良奉老帅之命，率奉军精锐两千余人进驻上海，维持秩序。这时的少帅，年方二十五，官拜中将，风华正茂，风流倜傥。在一次宴会上，张学良结识了上海滩知名的待嫁美女宋美龄。三年后，当蒋介石举行第二次北伐、直捣北京时，奉军全师出关，面对南京政府和日本帝国主义的两方压力，张学良毅然宣布"易帜"，归顺南京，促成国家统一。两年后的"中原大战"中，张学良挥兵入关，一举结束"中原大战"，再度支持、帮助了蒋介石。张学良自认为他那样做并不是帮谁私人的忙，他是为国家考虑，然其结果确实是协助蒋介石平息了国民党党内的纷争，助其从形式上统一了中国。"中原大战"结束后，蒋介石特别邀请张学良到南京参加国民党三届四中全会，并将张学良的夫人于凤至一并请到南京。据说欢迎于凤至抵达南京的仪式，是宋美龄一手操办的。于凤至刚一走下专列，宋美龄便快步迎了上去，亲热地与之拥抱。当晚，宋美龄在官邸设宴，为张学良夫妇洗尘。宋美龄和于凤至很快成为密友。宋美龄的母亲宋老太太见女儿和于凤至如此亲昵，而于凤至的品性又非常文雅娴静，便决意认于

---

① 李恒编译：《宋美龄传》，第 64 页。

凤至为干女儿。宋美龄与于凤至，因此结拜为干姊妹。如此一来，于公于私，宋美龄与张学良都有着非同一般的交情。九一八事变以后，张学良背负“不抵抗”的骂名，不辩一词而游走海外，再度帮蒋渡过了难关。回国后又听从蒋介石的安排，担任“剿共”副总司令。西安事变发生后，张学良在致宋美龄的一份电文中说：“数年来良之拥护介公，竭诚尽智，为夫人之所深知，金石可渝，此心无二。”[①] 此话既表达了张学良的心声，也道出了宋美龄对张学良的了解。

从左至右：蒋介石、宋美龄、于凤至、张学良

当然，宋美龄对张学良的信任，并不仅仅在于他们有着较深的私交，也不仅仅在于数年来张学良对蒋介石的拥护。唐德刚教授对张学良的评价可谓一语中的：“张学良最难能可贵的，是他在情场、战场之外，也有其政治家的节操与风范，和青年爱国者的热血。”[②] 1925 年“五卅惨案”发生后，张学良率兵入驻上海，从北京政府角度讲，维护秩序固然是政府职责，而张学良在此间发表的言论已表明了他个人对此事的态度。6 月 8 日，张学良捐款二千元并致电全国学生会：“上海西藏路二马路角平乐里日报公会转全国学生会鉴：报载上海学生因援助失业工人，为英租界巡捕开枪轰击，死伤多名。展诵之余，曷胜悲悼。痛我莘莘学子，竟被摧残，莽莽神州，天道何在？积弱之国，现象如斯，凡我国人，宜知奋勉。兹本人类爱群之心，谨以廉俸所入，捐助二千元，即日由中国银行汇上，藉慰死伤。宵烛寒光，力难远及，

① 毕万闻主编：《张学良文集》，第 1076 页。
② 张学良口述，唐德刚撰写：《张学良口述历史》，第 179 页。

聊以尽心而已。”[①] 6月15日，张学良接见华侨学生会代表时发表谈话说：“鄙人此次来沪，一则因沪军官冲突案，一则因西捕残杀案。鄙人亦属国民一份子，颇愿以个人资格，据理力争。至带兵一层，因在津闻沪案发生后，外人尚纷纷征调海军陆战队登岸，保护治安；既在我国领土，鄙人也不得不带兵来沪，保护华人生命、财产。”[②] 张学良于6月13日抵沪，22日离沪返津，其间他接受记者访问，谈了他对沪案之意见：

> 学良曾语之云：爱国之心，余自问与各界无异，但处此时局艰难之际，眼光当放远，步骤当严整，国人向痛诟军阀黩武，学良亦军阀一，且自认为为坏军阀，然私意实酷爱和平。去岁奉直之战，实不得已，至今念及，尸横遍野犹有余痛。此时并非怯于对外，实际上实不得不慎重考虑。学良军人，苟利于国，万死不辞。今交涉正在进行，如何解决，虽未可料，但是非曲直，已为各友邦所明了。主张公道同情于我国者，不乏其人，不患不能正当交涉，以伸公理于天下。国民当谨守秩序，忍一时之愤，静候政府交涉。学良来沪，以维护治安保卫国民为唯一责任。对于交涉绝对不能干预，然私心窃愿交涉之能得公平解决，恢复国际友谊，维护世界和平。要知国际战争其祸甚烈。譬如欧战，法虽获胜，而国家元气今犹未复。明乎此，则世界上无论何人，为视战争唯有害无益之举。学良年幼，且寡学识，窃敢一言以勉国人，并以自勉，其言惟何，即牢记国耻，发奋图强，人人从修养人格入手，工商学界各以发展其业为职志，则二十年后，所谓十年生聚，十年教训，谁敢再以侮辱临我。譬如现在我国已如日本，英国讵得以此次之行为施诸于我哉？学良曾忆十余岁时，闻天津南开校长张君演说《中国之希望》，谓人人当

① 天津《大公报》，1925年6月9日，第5版。
② 《申报》，1925年6月16日，第13版。

有此责任云，余深服其说，迄今不忘，愿与国人共勉之。

记者问：少帅对于罢学、罢工、罢市之感想如何？

张答：余绝对不赞成国人自己牺牲过大。罢学，令学生荒弃求学光阴，对手方面，正希望我国人无知无识。罢市则华商日损三百万，对手则不及十分之一。倘能速即开市，以三百万（之）一成，维持对手行厂之罢工华人，其效力如何伟大。罢工仅华商雇工，而对手雇用华工，则反无一致举动，实等于自杀。且我国正宜一致力起，抵御经济侵略。今此现象，实非国家之福。

上述意见，既反映了张学良站在政府角度对事件的处理态度，也表达了他个人对时局的认识。最后，当记者问“少帅之伟论可否尽载报端，以告属望少帅者”时，张学良笑曰：“学良本性率直，言必由衷，不善敷衍，学良言行愿受国人督责。”① 张学良作为军人和政治家的才识在此得到充分体现，他率直的个性也展露无遗。

1928 年的“东北易帜”，是中国近代史上影响深远的一件大事，也是张学良与南京国民政府合作之开始，更是张学良的反帝爱国之举。诚如唐德刚所说：“张学良于 1928 年底的易帜，与中国内战史上的‘势穷来归’或‘变节起义’是截然不同的。东北当局当年处于日俄夹攻之中，据说南京策士曾有‘以外交制奉张’的建议，其实反过来说，‘奉张’又何尝不可‘挟寇自重’呢？在中国边界史中，安禄山、石敬瑭、张邦昌、吴三桂和后来的盛世才，不都是好例子？学良何尝不可依违其间，待机而动呢？但是学良不此之图，偏要易帜归顺，促成国家统一。”②

九一八事变以后，由于东北军的不抵抗导致东三省的很快沦陷。张学良对事件的认识及处理意见，在接见北平抗日救国市民

① 《盛京时报》，1925 年 6 月 25 日。见毕万闻主编：《张学良文集》，第 10—12 页。

② 张学良口述，唐德刚撰写：《张学良口述历史》，第 179—180 页。

大会代表的答词中有较为全面的表述。9月28日，北平各界二百四十多个团体共二十万人举行抗日救国大会，会后大游行，并推代表往见张学良，请其对大会决议案表示意见。以下是张学良的答词：

> 第一案电请东北各地方政府在日本暴力之下，不得直接交涉。第二案呈请中央在日本未撤兵以前不能开始任何交涉，此两条乃系一样事情。关于外交问题，必听中央政府指挥，决无自行办理之事。第三案积极对日宣战，乃国家之事，当转达中央，想蒋主席亦必以国民之意思办理。第四案请副司令不与重光交涉。重光未与见面，即矢野曾见面之数次，亦系关于其他事件而商量办理。第六案警告曹汝霖，禁止其活动。关于曹汝霖之事件，因他对日本情形熟悉，有一条陈，故请他来谈谈。将来他要来，我必转告。第七案，呈请中央一致对外，停止内战，我早赞成。蒋主席来信，曾云只要有利于国，个人地位皆可牺牲。第八案请政府发表对日方针，当转达中央，但有未便说明之处，希望原谅。（市民大会提第一案，请张副司令严令东北军事长官此后不得再取不抵抗主义。）不抵抗主义实乃误会。此次事件除我想不到外，即各位亦恐想不到。事前为防止日人挑衅，故令其取不抵抗主义，此可证我方之酷爱和平也。现在军队已至相当地点，诸事均听命中央。兄弟诸事皆听命中央办理，实因个人地位不同。
>
> （某代表请张表示个人意见，张谓：）个人无论地位生命，皆可牺牲，但决不做卖国之事。（代表对张之答复表示满意后，张复谓：）我现在最后要说几句话，就是大家爱国，要从整个做去，总要使之平均发展，不要冲动，要永远纪念。此为一点。欲抵制日本，则中国必统一。如果中国在统一之下，我敢云此事不会发生。我姓张的如有卖国之事，请你们将我打死，我都无怨。诸事要自己去干，现在还有想借此机会来干涉政府，如甲倒乙之事，皆不是国家之好现象。总之，我

姓张的诸事均是愿意自己去干，如有卖国行为，你们将我杀死，将我的头颅割下，也是愿意的。[①]

张学良坦陈了不抵抗的原因，同时明确表示“决不做卖国之事”。历史证明，张学良所言非虚。这段答词不仅体现了张学良始终不渝的爱国理念，“苟利于国，万死不辞”，而且呈现了张学良不同于一般政治人物的性格，他真诚、率性，这样的张学良如何不为宋美龄所信任呢？当然，蒋介石与张学良，一个是一贯秉持消融异己政策的国民党领袖，一个是一介地方实力派首领，二人又在政见上存有分歧，双方的不融洽是必然的，然从“东北易帜”以来，有目共睹的是张学良对蒋介石的拥护和维护。

基于“姑信其言之由衷”的想法，宋美龄一开始就有冒险赴陕之念头，《申报》于 1936 年 12 月 14 日登载的一则消息中披露了这一讯息：“蒋夫人宋美龄女士，本拟乘飞机前往洛阳，临时作罢。”为何作罢？源于“主战”之意见尚为中央政府之主流意见。

---

① 天津《大公报》，1931 年 9 月 29 日，第 4 版。

第三章　力争和平解决事变

第一节　“戡乱”方针的确定

一、国民党中央召开紧急会议

1936年12月12日，当西安与南京信息中断之初，在上海养病的宋美龄尚不知道西安已发生了震动全国乃至世界的事变，时在首都南京的军政部长何应钦最先获知蒋介石“被劫持”的消息。据档案记载，河南省主席祝绍周最先将西安事变之消息通知了南京当局。12月12日，祝绍周先后两次致电军政部长何应钦及军委会办公厅主任朱培德，电文如下：

限即到。分送南京何部长、朱主任钧鉴：密。(1) 西安发生事变，真相不明。(2) 委座在西安在临潼尚不明了。(3) 顷处置如下：(甲) 已通知万军长（耀煌），由咸阳回军西安，协同樊（崧甫）军听候命令。(乙) 已通知樊军由洛阳将主力西进，协同万军候命。(丙) 飞机全部飞西安侦察并处置。(丁) 请钧座飞洛阳坐镇。职祝绍周呈。文（十二日）已参印。

即到。南京朱主任、何部长钧鉴：密。文（十二日）已电谅承垂察。现华县以西电报电话均不通，委座行动，深可顾虑，除再电第六师主力开洛阳震慑外，请钧座即飞洛主持，并电劝汉公约束所部，顾全国家为祷。职祝绍周呈。文（十二日）午参印。①

又据《孔庸之先生演讲集》载，同日国民党驻潼关之第四十六军军长樊崧甫亦及时向孔祥熙、何应钦通报了西安事变之消息，电文曰：“限即到。南京行政院副院长孔、军政部长何：密。张副司令致炮六旅黄旅长永安电云：西安事变，着该旅长将洛阳机场监视，不准有一架起飞，并将各银行封闭等语。查西安电话，业已断绝，恐有事变，除以二十八师集中潼关，对西安警戒侦察外，甫并亲率七九师二三七旅续进，其七九师主力，仍任巩洛线路警护。乞速应机处置，加派部队来洛为盼。樊崧甫。文（十二日）巳参战秘印。”②

另，“又据空军侦察报告：（一）文（十二月十二日）午有卡车由东向西进者，又有灰衣者约两连，似包围该地附近之草黄色军数十人，似为宪兵，并有骑兵百余由该地回西安。（二）西安城门已关，城上有兵，机场已被占领，每架飞机均有兵监视，绥署停有小汽车甚多，似在开会。（三）咸阳情况如常，惟与西安间某寨有兵甚多。又下午三时四十五分飞机二次报告：（一）派赴临潼降下飞机一架，希望接委座出险，但恐难达到目的。（二）渭南临潼有兵甚多。（三）咸阳有兵亦多，似系二十五军。（四）临潼有火车一列，车头东向，升火待发中。（五）西安城内有兵甚多，有汽车往来。”③

12 日下午，军政部长何应钦密电正在上海养病的行政院副院长兼财政部长孔祥熙：“孔部长庸之兄：密。亲译。据报今晨九时驻西安之一零五师叛变，九时至十一时西安临潼间有极密枪声。委座昨晚在临潼，今日驻节何处尚未查明，已派机前往侦察。此

① 秦孝仪主编：《革命文献》第 94 辑，第 68、69 页。

② 朱文原编：《西安事变史料》第一册，第 62 页。

③ 台北“国史馆”藏：《蒋中正“总统”文物：“煽动西安事变”编案纪要初稿》，第 6—7 页，卷宗号：002000002482A。

事变汉卿是否与闻，固不得知。惟据报驻洛之炮兵黄永安旅曾奉汉卿密电，令其派兵看守洛阳机场及各银行。若果属实，殊堪忧虑也。弟应钦。文未。秘。”① 据孔祥熙在《西安事变回忆录》中说，他是在当晚从几个方面得到并证实了西安事变之消息后，赶到宋美龄处告知情况。孔在回忆录中详细记述了得知消息的过程：“民国二十五年十二月十二日下午四时，余方抱疾于上海私寓，而是晚适预定招待日本来华之重要议员。时忽得密报，仅谓西安兵变而语焉不详。余获讯后，虑因此而影响市面治安，金融或起波动，即召上海市长吴铁城、警备司令杨虎及沪市银钱业商会领袖到寓，告以所闻，嘱各宜镇静维持治安。晚间余仍照常款待宾客。是晚八时左右，得军政部长何敬之（应钦）南京长途电话，谓有要事报告，余亟谢客，出就他室通话。敬之首诘余：何日曾接蒋院长电报，亦知院长此时尚留临潼或已入西安否？乃就余所知告之敬之，始谓得军事密报，谓西安城门严闭，时有枪声，临潼道上军运频繁，而华清池附近则闻焉无人，似蒋公已入危地，嘱余就近通知蒋夫人，余在电话中告以有外宾在，且蒋夫人微恙，倘无重大非常之事，不便深夜造次，仍盼其续以电话相报。语止于此，而余已深虑其真或有变。外宾既散，京部秘书处电话续来，谓接得张学良、杨虎城丑文电一件，主张国是八项……电中对于蒋公只有‘做最后之诤谏，保其安全，促其反省’之语，仍未详其劫持之经过。一面通知蒋夫人，一面拟乘夜车力疾返京。”

12月12日晚，当宋美龄从孔祥熙处获悉消息时，何应钦对西安及其周边情况已有了较为详细的了解，南京的军政要员们也陆续从何应钦处得到了确实的消息。时任军事委员会副委员长的冯玉祥在日记中说：“十二点，协和先生告我西安发生事变云云。午后二点，鹿瑞伯告我，介石在西安被扣。我到协和先生处，未在家，又到哲生处一谈，哲生亦方知长安之变。我又到头条巷，协和先生来谈；溥泉来，同鹿瑞伯谈。哲民来，报告张汉卿扣介石

① 中国第二历史档案馆编：《中华民国史档案资料汇编》第五辑第一编，政治（五），江苏古籍出版社1994年版，第817页。

并要求八条。后到何敬之家开会。”[①] 陈布雷在日记中也说，“至何部长家，乃知其详”，只是蒋介石之行止安全尚没有明确的答案。

当宋美龄与孔祥熙急急赶往南京时，南京的军政要员们正在紧张地进行着讨论。据陈公博回忆，当晚七时，他在外交官舍张群处获知蒋介石被扣之消息。陈公博在《苦笑录》中记述了当夜的情形：“我离开外交官舍，即至赤壁路见汪夫人。他在我未到之前，已得知西安事变消息，和我谈了一阵，我们一同到何敬之公馆。斗鸡闸的何公馆那时立刻戒起严，巷口和门口满布警备，我们入室，已见了不少人在座，大概中央委员和各院部的长官，凡是知道这个消息的，都不期而会地集在何敬之家里。可是人只管多，不象（像）开会的样子，主人的何敬之忽起忽坐，而聚在厅内的各人，都在那里交头接目，喁喁私语……大家手忙脚乱地混至十一时，又一起到中央党部开紧急会议。”[②] 陈布雷在日记中也说，他到何应钦家时，发现“中央各委员均集何宅，旋即决定召集中央临时常会”。这一突发性事件，使代蒋执掌兵柄的何应钦成了南京城里的轴心。

众所周知，西安事变发生后，南京政府对待事变的态度俨然分为讨伐派、和平派。讨伐派以军政部长何应钦为代表。长期以来，何应钦的主战是欲“取蒋而代之”，此论充斥于史著、教科书和文艺作品中，这固然源于何应钦在国民政府中的地位、身份和职务关系，以及西安事变后何应钦的态度、主张，也与宋美龄当时的言论有一定的关系。宋美龄在中央军校演说时曾指出，“主张讨伐的别有用心”[③]。自 20 世纪 80 年代末起，大陆有学者对何应钦的“取蒋而代之”论提出质疑，何应钦研究专家熊宗仁经过对各方面的情况进行综合分析后指出：“说何应钦的主战，是企图置

---

① 中国第二历史档案馆编：《冯玉祥日记》，江苏古籍出版社 1992 年版，第 847 页。协和为国民党中央政治委员会委员兼军事委员会委员李烈钧，鹿瑞伯为鹿钟麟，哲生为孙科。

② 陈公博：《苦笑录》，现代史料编刊社 1981 年版，第 248 页。

③ 陈公博：《苦笑录》，第 250 页。

蒋于死地并取而代之的理由是不能成立的。”他的观点在其文章《西安事变中何应钦主张动机之辨析——对“取蒋而代之”论的质疑》中已有详细论述，在此不再赘述。近年来，学者们对讨伐派做了进一步深入的分析。[①] 对讨伐派所持主张的原因分析及其内部不同人物思想的探究，非本书主旨，在此不做展开。从本书主题出发，只就南京国民政府“戡乱”方针的确定做一叙述。

12月12日夜12时，国民党中央举行中央常务委员会暨政治委员会临时联席会议。参加临时联席会议的中央委员有：丁惟汾、陈果夫、冯玉祥、叶楚伧、戴传贤、居正、于右任、张继、孙科、方治、陈立夫、张群、吴鼎昌、朱家骅、张嘉璈、陈璧君、张道藩、张厉生、李烈钧、何应钦、朱培德、程潜、邓家彦、陈绍宽、曾养甫、梁寒操、陈布雷、王陆一、陈公博、马超俊等。会议针对事变作出如下决议：“一、军事政治之稳定案决议：(一) 行政院由孔副院长负责。(二) 军事委员会常委委员改为五人至七人，并加推何应钦、程潜、李烈钧、朱培德、唐生智、陈绍宽为常委委员。(三) 军事委员会会议由冯副委员长及常务委员会负责。(四) 关于指挥调动军队，归军事委员会常务委员军政部长何应钦负责。二、关于张学良背叛党国，应如何处理案决议：(一) 张学良应先褫夺本兼各职，交军事委员会严办，所属部队归军事委员会直接指挥。(二) 张学良背叛党国，送中央监察委员会议处。”[②] 13日，《中央日报》以“张学良率部叛变！国府下令褫职严办”为大字标题，报道了国民政府对西安事变的处置办法。在《国府明令》这则报道中称：“国民政府十二日令，据报张学良于十二日通电叛国，殊堪痛恨。查该员奉职无状，原在中央曲予矜全，冀图后效之中，当此外侮紧急、剿匪将竣之际，竟劫持统帅，妄作

---

① 左双文在《西安事变后的南京讨伐派——以戴季陶、何应钦为中心的再探讨》一文中指出：“实际上，戴季陶是主战最力的人物，讨伐派的代表。何应钦最初主战，其后迫于各种压力，至少在表面上，主战的热情下降，并因军事行动迟缓而受到戴季陶等人的斥责。”作者根据诸多当事人的日记、回忆录及有关档案资料，对上述观点做了详细论证。

② 秦孝仪编：《革命文献》第94辑，第307—310页。

主张，该员以身负剿匪重责之人，行同匪寇，以身为军人，竟冒犯长官，实属违法荡纪。张学良应先褫夺本兼各职交军事委员会严办，所部军队归军事委员会直接指挥。凛遵无违，切切此令。"①命令措辞，可谓异常严峻。

但是，与会的国民党中央委员并非全体罔顾张、杨之主张，当时即有委员反对"即张挞伐"，主张"须先探蒋公之虚实，再定完全之决策"。孔祥熙在《西安事变回忆录》中详细记述了两派对立的意见及其理由，说："何部长来寓报告，中央党部昨晚临时会开会，同人以事出仓卒（促），猜测不一，其对策尤见纷（分）歧。综括言之，可分甲乙两说：甲说：谓张杨此举必有背景，且必有助力。其背景与助力，在内为不尽悦服蒋公之疆吏与将领，如山东之韩复榘，广西之李济深，甚至如河北之宋哲元，四川之刘湘，皆可引为同路；在外为'垂竭待尽'之共产党徒，甚至如第三国际之苏联，皆可暗中联络。张杨既藉此背景助力，出以劫持统帅，则必以蒋公之生死为政治上之要挟。中央既不能曲从其狂悖，陷国家于沦胥；尤不能过于瞻顾蒋公之安全，置国家纲纪于不顾。昔项羽囚太公，汉高不屈，而太公卒还；清廷囚郑父，成公不屈，而郑父竟死，此中关键，固须审慎，然千秋后世，终必赞果断而贬屈服。故中央对策宜持以坚定。况蒋公安全尚不可知，示张杨以力，蒋公倘在，或尚可安全；示张杨以弱，蒋公虽在，或竟不能安返。此说，辞旨严正，考试院长戴季陶实主之。乙说：对于甲说之揣测虽不否认，但不信学良之通电将发生若何之效力。且谓蒋公抗日，早具决心，凡在帷幄，均所熟知。张杨此举，如真只以抗日为范围，在国策上，只有时间上之出入，而非性质上之枘凿，此中已饶有说服余地。况张氏既有保证蒋公安全之电报，自须先探蒋公之虚实，再定完全之决策。如即张挞伐，无论内战蔓延，舆情先背，而坐弱国力，益以外患，国将不国，遑论纲纪？两说激辩甚久，卒从后说。"② 会议从12日深夜12时

① 《中央日报》，1936年12月13日，第3版。

② 秦孝仪主编：《革命文献》第94辑，第117—118页。

一直开到13日凌晨3时，亦可见争执之激烈。最终，会议决定以国民政府名义发出对张学良褫职严办令，尚未立即下达讨伐令，大约是折中了两种意见。

据陈公博回忆，尽管党内有不同声音，但讨伐派大约是胜利了，他们的主要理由就是要坚决维护中央的权威。陈在《苦笑录》中说，召开中央会议前，他曾提议何应钦“政府应该明令讨伐，免得张汉卿拿住蒋先生对中央要挟”。他并记述了当夜会议情形：“那时的空气是紧张，情形是悲愤，许多年轻的中央委员，平日盛气虎虎的，到了那时，不知如何是好，多数缄默不作声。到底还是戴季陶先生首先站起来，演说一番大道理，结论是主张中央明令讨伐，这个提议，在一致沉默和悲愤之中，全体通过。”① 13日下午3时，国民党中央执行委员会政治委员会召开第29次会议，何应钦首先报告了当日早晨飞机侦察所得西安状况及兰州状况等，孔祥熙、张群（外交部长）、程潜（参谋总长）、林森等各就所辖职责报告了相关情况，另委员戴传贤、吴敬恒、张继发表意见。据冯玉祥日记载：“戴季陶先生说话极多：甲、张学良会见毛泽东。乙、日本无人当家的。吴敬恒先生说：甲、表面是抗日不成。乙、蒋是真抗日。丙、为介石安全须速运兵去。丁、设法去人。戊、须要担得住错。”② 孔祥熙在13日召开的中央联席会议上首先报告了财政情形及当前政情，继而明确表示希望能和平解决，具体谈了四点：“甲、张联共抗日可商。乙、杨虎城态度未明。丙、主张缓和。丁、端纳已去事。”③ 会议代主席居正最后说：“军政当局应照昨日决议，严密迅速处理此次事变。”④

宋美龄明确表示希望和平解决，而国民党要员仍痛陈讨伐之必要。据陈布雷等人的回忆和宋美龄本人的记述，当时宋美龄与讨伐派的争论是比较激烈的。陈公博在《苦笑录》中对强烈主张

---

① 陈公博：《苦笑录》，第248页。
② 中国第二历史档案馆编：《冯玉祥日记》，第849页。
③ 中国第二历史档案馆编：《冯玉祥日记》，第849页。
④ 秦孝仪主编：《革命文献》第94辑，第312页。

讨伐的戴季陶有一段生动的描写："有一次在中央军校开会，蒋夫人也在座，戴季陶大发脾气，痛陈不能和张杨讲和平，季陶捽椅子，大哭大叫。季陶先生这几年以来，就自己训练成一个以道自任的大贤人，穿必马褂长袍，写必楷书正字。他那时对于张杨，大有'与汉贼不两立'之势。到了十六日开中央政治会议之时，更大声疾呼，主张声罪致讨，说到大义凛然之时，不惜大拍桌子，以补其声泪俱下之不足……连那位平日伈伈晛晛的居觉生院长也乘时主张正义了，他站起大呼：'到了今日还不讨伐张杨，难道我们都是饭桶吗？'"①王子壮日记中亦记载有居正、戴季陶等人的激动表现："蒋先生之被困西安后，群俱惶骇，而以老同志对此事更属愤懑，如居先生于纪念周慷慨陈词，主张即刻讨伐，戴先生之痛哭激昂（因此与宋美龄起冲突，会议中拂袖而去，后经群劝及宋美龄亦有歉意表示始已）是其著者。"② 宋美龄在《西安事变回忆录中》说："当激烈辩论，情绪亢张之时，竟无暇计及发言之态度。"陈布雷回忆说，他在事变期间做的几件事情之一就是"劝慰蒋夫人，并解释其对中枢之误会"。宋美龄何以如此激动，坚持和平解决，留待后面分析。党部某些要员所以坚持即刻讨伐，其想法诚如国民党党报《中央日报》12 月 14 日社评《时局之定力》中所说。社评指出："自古乱臣贼子，当其包藏祸心，图谋不轨之先，必有佯作谨愿或故布稚骙，以蔽其奸，及其称兵谋逆，犯上作乱之日，又必假借名号，劫持君亲，以肆其毒。昔在帝政，政治未成学说，而社稷与国君之界说早甚分明，臣民遇非当之变，讨贼雪耻，安定社稷，最为首要。中国自有历史，乱臣贼子，何代蔑有。扶危定乱，转危为安之事，亦史不绝书。一国之政治，自有其历史之方式，治乱兴亡，不能超越历史之前例，转旋治乱兴亡之关键，自亦不能脱离历史上已有之方法。国家今当内外忧患之交迫，复有大奸钜恶，称兵作乱，时局隐忧，固无可讳，虽

---

① 陈公博：《苦笑录》，第 249—250 页。

② 王子壮：《王子壮日记》，第四册，台北"中央研究院"近代史研究所 2001 年版，第 133 页。

然，拨乱反正，除暴安良，自有历史上一贯之方法，此种方法，积人类良知良能与各种事实之经验，集民族哲学与实验体征，以成其逻辑上之至理，得之则兴，不得则亡。张学良此次叛变，其行动方式，在中国历史上为习见，应付事变之方，远稽史例，自有成法。中央前日紧急会议与国府明令所昭告于天下者，其最大意义，即为此种民族历史道德之发挥，中央今日所坚信且可昭告天下共信者，本党对于民族国家，在今日必更益负起其应有之责任，国民政府今后之巩固进步，亦将按其预定之国策而迈进。今日窃据西安之叛卒，其行动等于匪盗，其意志只图扰乱，匪盗之集团，不足以语政治主张，更无可言政治目的，全国人民与世界友邦，必须彻底了解此一意义，然后可信国民政府今后之方针，当仍本中国国民党之主义与政纲，积极推行。对内对外，一贯努力。"①

在讨伐派看来，张、杨的行动就是一帮乱臣贼子的犯上作乱之举，既为"匪盗"，自然谈不上有何政治主张、政治目的。如此一来，便将通电中的八项主张一笔抹杀，甚至将其斥为"假借名号，以肆其毒"。居正在 14 日总理纪念周做报告时，进一步批判了通电中的主张，说："他的叛国电报，看不出他是要做抗敌的工作。第一是要改组国民政府，第二是要联合各党各派，这是很明显的，他的目的第一要颠覆国民政府，第二要打倒中国国民党。"并谴责张学良说："张本纨绔之子弟，前有失守疆土之罪，而今不能戴罪立功，反为此犯上作乱之事，我们为本党为国家为民族、为礼义廉耻，必要遵照中央的决议，严予处置。"国民政府主席林森在同日的报告中也指责了张学良的合作抗日主张，说："张学良所标榜的口号，根据报告，有所谓容共抗敌，实在是幼稚可笑，因为抗敌目标在求生存，而容共的结果，必致死亡。所以抗敌而容共合在一起，根本是有害无利，达不到救亡图存的目的。""张学良及其所部军队，爱慕故乡，思恋祖宗庐墓，有志雪耻，本合乎人情天理，

① 《中央日报》，1936 年 2 月 14 日，第 3 版。

但不遵长官命令，不听政府指挥，不在一致步骤之下，妄想联络政府多年剿讨的残匪，擅自举动，恐怕爱国适以误国，抗敌之目的未曾达到，而‘共匪’燎原之祸，已重见于西北。”①

可见，不能容忍张学良的“联共”，才是讨伐派大肆声讨张学良的根本原因，在他们看来“因抗敌而容共是有害无利”，张、杨的主张不在于抗敌，而是要“颠覆政府”“打倒国民党”。西安事变过去四十多年后，国民党仍持此态度。1975 年，台湾“总统府”机要室编辑出版《“煽动西安事变”编案纪要初稿》，认定事变的发生乃因“受‘匪煽’动铸成大错”并详述所谓的“‘共匪’的阴谋与诡计——策动分化挑拨离间”。1982 年，李云汉教授撰写的《西安事变始末之研究》问世，台湾著名学者、中国国民党中央委员，时任中国国民党中央委员会党史委员会主任委员的秦孝仪在序言中说：“李云汉教授近著《西安事变始末之研究》，应该是第一部应用政府档案文件和当事人直接陈述写成的中文学术性著作。”该书对张、杨所提的八项主张仍持批判态度，理由是：其一，“张杨本以停止‘剿共’，共同抗日为要求，而八项主张之中，竟无一项言及抗日；观其内容，实多仰共党及‘救国会’份子之鼻息，为彼等觅求生路。‘改组南京政府’‘召开救国会议’等要求，实为中共要求召开‘救国会议’及成立‘国防政府’的翻版。”其二，“张学良于事变前后，皆曾力称西安之变并非叛变，而系对蒋委员长实行‘兵谏’，通电中亦仍用‘诤谏’字眼，所‘诤’所‘谏’者，不外请蒋公改变‘剿共’政策，立即抗日而已，不应涉及国家体制与政府组织。而张杨八项主张，则显已超出军事及‘剿共’与对日政策范围，意欲完全改变南京国民政府之体制及其实质，以动摇国策，此非叛国而何？”②

本着上述认识，国民党中央于 16 日作出了讨伐决定。12 月 16 日上午 9 时，国民党中央执行委员会政治委员会召开第 30 次会议，

---

① 《申报》，1936 年 12 月 15 日，第 4 版。

② 李云汉：《西安事变始末之研究》，台北：近代中国出版社 1982 年版，第 64 页。

出席者有孙科、朱培德、吴敬恒、戴传贤、叶楚伧、冯玉祥、程潜、王陆一、于右任、陈果夫、钮永建、陈璧君、梁寒操、陈公博、陈立夫、李文范、居正、何应钦、马超俊、王伯群、林森、王宠惠、覃政、孔祥熙、张继。列席者有外交部长张群、海军部长陈绍宽、教育部长王世杰，实业部长吴鼎昌，由孙科代理主席。会议讨论并通过了两项决议："一、处置张学良叛变案。决议：（一）推何委员应钦为讨逆总司令，迅速指挥国军，扫荡叛逆。（二）由国民政府即下讨伐令。附记：本案决定后，主席宣告：（一）自本日起，一切宣传，均应绝对遵照本案决议，不得稍有违背，其个人言论与本案决议不合者，一概不得发表，通知中央宣传部及中央检查新闻处查照办理；（二）以后商谈办法，应绝对遵照本案决议。二、宣慰西北军民案。决议：推于委员右任负责宣慰西北军民。"① 至此，至少从公开场合看，国民党中央统一了军政步调，决定严惩张学良，甚至不允许有反对声音之出现。国民党中央的决议得到了各地方党部的坚决拥护。

二、"一致拥护"下的同与不同

西安事变发生后，举国震骇，从媒体报道情况看，国内各界之反应大致可分为三类：（1）坚决拥护张、杨，痛斥国民政府的"攘外必先安内"政策；（2）担心由此引发内战，不管是否理解张、杨"兵谏"旨在抗日，不在谋私利，终究以为张、杨此举不妥，恐酿成"亲者痛仇者快"的局面；（3）严厉谴责张、杨的犯上行为，坚决拥护国民党中央对西安的讨伐。

第一类呼声多出现在西北，尤在张、杨控制的西安，或共产党办的报刊上，支持张、杨者基本为学生、工人及各抗日救国会团体。举例如下：

1936 年 12 月 15 日，延安《红色中华》报道称："西安抗日起义后，各地纷纷响应。贵州王家烈已派代表到西安商讨救亡事宜。

---

① 秦孝仪主编：《革命文献》第 94 辑，第 313 页。

全国各界救国联合会代表团，西北救国联合会，西北各界抗日救国会，西安学生救国联合会，东北人民救亡联合会、文艺协会、教职员救国联合会等数十团体纷纷通电拥护张、杨等救国主张，并要求全国一致响应。”

12 月 15 日，西安《解放日报》① 登载全国各界救国联合会代表团及西北各界救国联合会等十八救亡团体于 14 日发出的通电，称：“张学良、杨虎城两将军及西北各将领戍兵边疆、忧国心长，目睹危局，哓音苦口，原冀蒋氏幡然觉悟，即日移师向敌，以慰全国殷殷之望，乃忠言不纳、责斥备至，两将军以蒋氏一身进退系整个国家安危民族存亡，乃于十二月十二日实行兵谏，请蒋氏暂留西安，待其反省，西北军民一致主张如下（即张、杨八项主张，略）。现救国大计正待磋商，西北各界救国联合会等以张、杨两将军及西北各将领秉救国之决心，循全民之公意，先兴义师，主张一致对外，全国民众义当竭诚拥护，尚望全国同胞万众一心，精诚团结，共赴国难，以挽危亡，实全国四万万五千万人民馨香祷祝者焉。”

12 月 16 日，西安《解放日报》登载北平学生救国联合会 14 日致张、杨电，说：“捧读文电，雀跃无疑。公等忧心国事，大义昭然！不独公等盛名重著千秋，即国家民族之生机亦胥赖于此。敝会等呼号救亡，声嘶力竭，而蒋介石氏领导下之中央政府，对日本帝国主义，一再投降出卖，对敝会救亡工作，极端压迫，年来牺牲于淫威政权下之青年，已不知凡几矣，言念及此，曷胜痛心。今闻佳音，额首称快。尚祈公等早日召开救国会议，贯彻八项主张，克日誓师北上，收复已失山河，敝会等誓为后盾。”

12 月 22 日，西安《解放日报》登载青岛全市各纱厂工人联合会致张学良、杨虎城函：“听到你们十二月十二日的消息和你们的八大原则，我们真是万分高兴！……我们谨以至诚庆祝你们成功！

---

① 《解放日报》创刊于 1936 年 12 月 13 日，由接收国民党党部在陕西的机关报《西京日报》更名而来，成为抗日联军临时西北军事委员会的对外机关报，1937 年 2 月 10 日停刊，前后共出 55 期，号外 3 期。

我们的中国，几年来在先‘安内’的错误政策之下，已经走到最危险的阶段了；敌人已经握住我们的咽喉，生命就在一呼吸之顷。这时候，不说大家一起起来挣扎，反倒你给我一拳我给你一脚的打私架，这该多么痛心。所以你们的停止内战、联合抗日的口号，真是我们每个人内心的要求呵！……张副司令、杨主任和西安一切抗日的战友们，努力向前冲吧！全国最多数的大众们，都翘望着你们、准备应援你们呢，最后的光明和胜利一定属于我们！”①

时东北军、十七路军和红军仅局限于陕北一隅，从报上登载的来自全国各地的反应看，第二、第三类呼声更高、更广泛，加以国民党中央对舆论宣传的控制，在国民党统治区更不易听到同情张、杨之声音。以当时影响力最大的两份报纸《申报》《大公报》② 为例，所登载的报道多为谴责张、杨之文。自西安事变发生直至和平解决的半个月中，《申报》《大公报》每天刊登有关西安事变的各种消息，包括事变的进程、国内外各方的反响等。

下面主要就《申报》《大公报》上发布之新闻，结合档案中收录的电文，对西安事变发生后各地方当局、国民党各级将领以及各机关社团之反响做一分析。

众所周知，国民党内派系林立，华北、西北、西南、华南等各地方实力派雄踞一方，反蒋活动此起彼伏。然而，西安事变发生后，各地方当局、国民党各级将领纷纷致电南京，除个别外几乎一致“拥蒋讨张”。华北的阎锡山、宋哲元、韩复榘，西南的刘湘、龙云，两广的李宗仁、白崇禧、余汉谋等均在得知消息的第一时间复电南京，表示拥护中央，努力维持地方治安，个别的还

---

① 中国社会科学院近代史研究室编：《西安事变资料》第一辑，第 197—198 页。

② 《申报》创刊于 1872 年，是旧中国历史最长、影响最大的报纸之一。《申报》是上海历史上第二个创刊的中文报纸。在外国人办的报刊中，由中国人主持笔政的，《申报》是第一家。1912 年史量才接管《申报》后，“独立之精神”“无偏无党”“服务社会”成为该报的最大特点。1934 年史量才被特务暗杀后，言论趋于保守。《大公报》于 1902 年在天津创刊，也是 1949 年以前影响力最大的报纸之一。1927 年以后，《大公报》总体上对国民党持支持态度。九一八事变后，随着日本侵略的加剧，《大公报》主张抗日，并发表了著名记者范长江的西北通讯，首次披露了红军长征的情况。1936 年 4 月 10 日，《大公报》上海版发刊。

表示愿“麾戈西向”，讨伐张学良。

阎锡山13日电复何应钦，表示当尽力共维大局，并派徐永昌赴南京面谈。据《申报》14日报道：“阎锡山对张学良叛变，顷对记者发布谈话。据谈，西安事变发生后，此间最初仅接何部长来电，当经召开会议，对何部长来电所主张之先援救蒋委员长出险，一面遏制事变之扩大，极表同意……官方顷接西安电称，谓蒋之安全绝无问题，闻阎今曾电张称探询真相，并盼事态万勿扩大。”

宋哲元接陕变消息后，召僚属会谈，表示严禁造谣惑众，竭力维持治安。14日，宋哲元电复孔祥熙、何应钦，请速营救蒋介石：“承示陕变情形，不胜惊骇，共党祸国殃民，欲求救国，必先灭共，汉卿（张学良）被‘共匪’利用，扑煽异动，举国痛心，应请中央迅速戡乱，营救委座，贯彻‘剿共’主张，以维国本。哲元谨率所属，待命边疆，苟利国家，义无反顾，尚祈随时颁示机宜，俾资遵循为祷。”①

韩复榘13日致电何应钦，表示“事已至此，惟有设法营救委座为第一要着”。②

余汉谋、黄幕松13日电呈中央，表示拥护政府，维持地方治安：“誓以血诚遵奉中央明令，在统一政制领导下，安定地方，维持金融，严防奸宄。”③

龙云14日电呈中央，并通电全国，“声讨张学良”，文中说：“为今之计，惟有一面维持现局，镇定人心；一面声讨叛徒，戡平内乱。凡我军政同僚，许身党国，际此非常变局，尤宜激发天良，益励精诚，同心同德，勉图匡济……此间军民万众，痛愤填膺，誓本血诚，扶危靖乱，拟恳电令滇川黔各军，麾戈西向，同纾大难而靖逆氛，谨布悃忱，伏希垂察。”④

---

① 天津《大公报》，1936年12月15日，第3版。
② 天津《大公报》，1936年12月14日，第3版。
③ 《申报》，1936年12月14日，第4版。
④ 朱文原编：《西安事变史料》第一册，第195页。

李宗仁13日复电何应钦表示遵奉中央命令："委座突遭危难，不胜惊痛。承示对所属地方严密防范，维持大局，自应遵命。"[①]

刘湘14日电呈何应钦表示极力共维大局："政府应变处置，尚祈随时见示。川事湘当绝对负责，尽力防护，共维大局。"

马鸿逵13日发表通电拥护中央："鸿逵誓竭愚诚，拥护中央，除严电张学良劝其即日恢复委座自由外，谨当联合友军，静待中央候命。"[②]

上述这些都是雄踞一方且不尽服蒋的地方实力派，接到陕变消息的第一反应是"拥护中央既定国策"，不管他们出于何种目的，他们的公开、明确表态至少在场面上维护了中央，亦多少解除了中央对各地的后顾之忧。虽然他们中的一些人有可能背后有支持张学良之表示，据李金洲[③]三十多年后的回忆："各地方实力派，素与中央不洽者，虽通电拥护中央，类皆官样文章，另有私电与西安联络，或表同情，或愿为后盾，如山东之韩复榘，即有电表示服从副司令愿效前驱，最激烈者为四川之刘湘，竟主张对委座断然处置。"此言尚无文字材料可以佐证，据李金洲说，当时担任秘书工作的他经手各方来往电报，"惜于事变解决后，奉命全部销毁，对各方实力派之反应，仅就记忆所及略述一二"[④]。

更有一些军政将领联名通电，要求政府下令讨伐，举例一二：

13日，刘峙、商震等执掌一方大权的军事将领联衔发出通电云："此次张逆甘冒不韪，叛党叛国，曾莫愧畏，敢行凌迫，实天地所不容，国人所共愤。伏恳早定大计，迅即下令声罪致讨，以申法纪而挽危亡。所有全国军事并恳责令敬公部长联任巨艰，授以全权俾便统率，临电感愤不胜屏营待命之至。"该电有四十一名

---

① 朱文原编：《西安事变史料》第一册，第174页。

② 朱文原编：《西安事变史料》第一册，第167页。

③ 李金洲时任西北"剿匪"总司令部秘书，兼办公厅第六科科长，主管情报及发布新闻。事变前，曾被派两度赴晋，谒阎锡山探询对"剿匪"意见。事变后，又以张、杨代表身份，飞往太原，与阎锡山商谈解决时局危机办法。李为当时来自西安向外界透露事变真相之第一人。

④ 秦孝仪主编：《革命文献》第94辑，第248页。

将领署名。[1]

13日，海军部长陈绍宽率全体官兵通电声讨张学良，文中说："本军袍泽，闻此事变，慨愤填胸，势当戮力同心，扑杀此獍，并盼全国上下，均认为国家存亡关键，同声致讨，俾我委座，早日出险……绍宽等分属军人，以捍卫国家，戡定叛乱为天职，谨率全军将士，执戈待命，共扫逆氛，谨摅愚诚，敬维垂察。"[2]

14日，全国青年将领胡宗南、黄杰、李默庵、孙元良、贺衷寒等一百七十余人，"以张背叛党国，罪恶昭然，特联名发出通电，请中央命令讨伐，以促张最后觉悟"。全文如下："张学良值此国家业经统一、社会即日稳定之时，竟敢称兵作乱，胁迫领袖，同时擅发通电，散布其勾结赤匪推翻政府之荒谬主张，其背叛党国之罪恶，业已昭然若揭。现中央决议褫夺张本兼各职，交军事委员会严办，同人等认为对此破坏党纪国法之叛徒，应请政府即日明令讨伐，以促张学良悬崖勒马，将领袖护送南来，并即日释兵，自缚待罪国门，若仍甘冒不韪，肆行叛乱，誓当擐甲执戈，团结待命，用张挞伐，而振纲纪。"[3]

可见，要求政府立即讨伐的既有蒋介石嫡系的黄埔将领，也有地方实力派，不管他们各自出于何种目的，或在不同场合对不同人有不同表示，从公开立场看他们是坚定地拥护南京政府、拥护讨伐，这为国民政府下达讨伐令提供了广泛支持。

前文已提及，在军政将领"拥蒋讨张"的高歌声中也有不同的声音出现，比较具有代表性的人物有：被蒋介石两次开除党籍后又授予陆军一级上将的李济深，绥远省主席傅作义，新疆边防督办盛世才等。

李济深于15日发表通电，主张"集中全国力量，一致对外，以免另起纠纷"。当政府下达讨伐令后，李济深致电林森、冯玉祥、孔祥熙等，批评南京政府对张、杨之讨伐。电文如下："陕变

---

① 朱文原编：《西安事变史料》第一册，第172—173页。
② 朱文原编：《西安事变史料》第一册，第178—179页。
③ 《申报》，1936年12月15日，第4版。

事起，曾于删（十五日）通电主张，集中全国所有力量，一致对外，以免另起纠纷。不图讨伐忽然而下，值兹强邻压境，国家民族危在旦夕，方谋解救之不暇，何忍再为萁豆之煎。况汉卿通电各项主张，多为国人所同情者，屡陈不纳，迫以兵谏，绝不宜以叛逆目之。而政府遽加讨伐，宁不顾国人责以勇于对内，怯于对外耶？且国家所有军队，应用以保卫疆土，尤不应供私人图报复也。务望顾念大局，收回成命，国家民族，实利赖之！事关存亡，直言无隐。临电不胜迫切之至。"①

12 月 16 日，《申报》报道说，"陕变发生后，傅作义十五日正式电中央，有所表示"，文中未出现拥护中央讨伐张学良之言辞，只是说其"守土抗战、态度坚决"。16 日，在绥远前线指挥抗日的傅作义与汤恩伯等将领共三十七人联名致电张学良，劝其悔悟。电文如下："西安张汉卿先生大鉴：自'匪伪'侵绥，义等在蒋、阎正副委员长领导之下，坚忍抗战。赖委座指示宏略，前方将士效命……迩日军事急转直下，正节节进展，西安事变突然传来，不独军事上失所秉承，而正争先反正之蒙伪各部，亦为之观望。我前方将士于冰天雪地艰苦抗战中，骤悉领袖被劫，莫不含泣悲愤。以先生此举，非特紊乱国纪，腾笑友邦，抑且破坏御侮阵线，断丧复兴机运，责又攸归，系谁之咎！惟希幡然改图，早护边防，'剿匪'将士，有所秉承，民族前途，系于一念，惟先生善图之。"②

盛世才虽表示了不赞同西安事变之态度，但未通电"拥蒋讨张"，发表声明旨在说明"陕变与新省无关"："此次西安事变，外间不明真相，疑与新省有相当关系等情，殊不值识者一笑，此乃纯系挑拨离间作用，不但与新省毫无关系，且亦绝不赞同。"③

以上是国民党各军政当局在得知事变后的基本反应和表示，下面再来看看国统区民众对事变的态度。《申报》《大公报》自 12

① 朱文原编：《西安事变史料》第一册，第 251 页。

② 朱文原编：《西安事变史料》第一册，第 238 页。

③ 《申报》，1936 年 12 月 21 日，第 4 版。

月14日起连续报道了各方人士及各机关团体的表态，并适时发表评论。

首先发表通电的是国立中央研究院等七学术团体。《申报》于14日登载了通电全文："中央国立研究院、中央大学等七学术机关，十三日通电全国声讨张逆，原文如次：全国各报馆均鉴，近岁扰攘，外侮频仍，张贼学良，拥兵一隅，坐失边围，兴言死绥，久应置典，中央含宏，冀收后效，而豺狼成性，怙恶不悛，当国家统一之际，绥乱将平之时，竟乃包藏祸心，劫持统帅，摇乱国本，构成奸谋，复乃粉饰邪说，蛊惑青年，迹其用心，校其前事，此而可忍，孰不可怀，同人等情切存亡，悲深微管，逢此激变，怒气填膺，仅尽下情，驰电声讨，凡有血气，盍与乎来，临启迫切，不尽愤懑，诸惟公鉴不宜。国立中央研究院、国立中央大学、国立编译馆、国立中央博物院、国立中央图书馆、私立金陵大学、私立金陵女子文理学院等，全体同人叩。元。"①

纵览《申报》之报道，参与声讨张、杨之机关团体范围较广，有教育界、商界、报界、艺术界、宗教界、妇女界、海外侨胞团体等，他们或通电表示拥护政府，或致电张学良予以责骂或规劝，在平、津之东北同乡亦加入"拥蒋讨张"之行列。"津东北同乡十四日集会，到元老派在野要人甚众，决议：（一）发出通电请全国东北同乡一致奋起营救蒋；（二）电劝张学良悬崖勒马，以国脉首领为重，速送蒋出险；（三）派同乡有资望者赴陕奔走营救。电末领衔者王树翰、刘尚清、张作相、张国忱等二十七名。"②"东北旅京同乡三千五百四十九人，十六日发出'泣告东北将士书'，劝东北将士，勿为张学良所利用，去逆效顺，为党国尽忠，情词极为恳挚。"③

从报纸登载的电文看，通电"拥蒋讨张"或致电规劝张学良的机关团体中以教育界比例为高，文中言辞也甚为激烈。举例

① 《申报》，1936年12月14日，第4版。
② 《申报》，1936年12月15日，第3版。
③ 《申报》，1936年12月17日，第4版。

一二：

12月14日，北平各大学校长蒋梦麟、梅贻琦、徐诵明、李燕、李书华、陆志韦、李麟玉致张学良电，曰："西安张汉卿先生鉴，陕中事变，举国震惊，介公负国家之重，若遭危害，国家事业，至少要倒退二十年，足下应念国难家仇，悬崖勒马，卫护介公出险，束身待罪，或尚可自赎于国人，若执迷不悟，名为敌人所深快，足下将永为国家民族之罪人矣。"①

12月16日，清华教授会发表宣言，大意谓："张学良之叛变，假抗日之美名，召亡国之实祸，破坏统一，罪名昭著，凡我国人，应共弃之。除电请国府迅予讨伐外，尚望全国人士，一致主张。"②

中央研究院历史语言研究所所长傅斯年发表《论张贼叛变》，言辞更加犀利，甚至呼吁政府立即发兵"讨张"以救蒋，文中说："蒋公在此时中国是无可比拟的重要，他的安危关系中国国运比任何事都切紧，这都是肯用理智的人所共晓的，除非汉奸共党和不明大体的少数人，没有希望蒋公在此时失其为国家服务之机会的。所以营救蒋公是当前第一务，本是人人心中的意识。""我以为最有效的法子是坚定政府的立场，神速的用兵把西安团团围住，然后方可有话对张贼说，然后说话方可生效。如以'投鼠忌器'之故，并调兵也不肯积极，可真要坏事了。"③ 当时的傅斯年明确拥蒋反共，同时主张对日强硬，对九一八事变以来南京国民政府的外交路线多有批评。

12月16日，《申报》综合各方言论，发表《谈言西安事变》说：

> 我国统一，方告成功，抗御外祸，方告胜利，而西安方面，突有事变发生，中外人士，莫不相顾失色，惊异万状。
>
> 现在西安的情形如何？张学良之宗旨何在？以及诸将领

---

① 《申报》，1936年12月16日，第4版。
② 《申报》，1936年12月17日，第4版。
③ 《中央日报》，1936年12月16日，第4版。

之态度奚若？电讯传来，颇多异辞，我们在此消息不通的西安，原属无从猜测。

惟以张学良之本身言之，断不容，亦断不应当叛背中央，劫持蒋委员长之悖谬举动，试问于灯红酒绿之下，送掉东北三省者何人，返国而后，提携汲引，而至于今日之地位者又何人？现在正当抗敌紧张之时，突有此种非常的举动，试问天良何在？

并且现在正当匪伪活动之时，抗敌工作，方奏顺利，收复失地，渐有希望，张应将功赎罪，效命疆场，正当其时，今乃劫持首领，拥兵自卫，此种举动，不仅叛背党国，无异助匪伪反攻，人之无良，一至于此。[①]

文中对张学良的指责固然不对，却是时人对张学良较为普遍的看法，在国民党党政军各要员及社会各团体所发表的通电中，对张多有此类批评。亦可见，九一八事变以来张学良背负的“不抵抗”恶名始终未消，他为抗日而行“兵谏”之举动，不为全国大多数民众所理解。从舆论角度看，西安事变发生后，张学良的处境是比较孤立的。即便是处于危机前沿、抗日呼声极高的北平，事变发生后，张、杨的抗日之举亦未被多数人理解和支持，相反的是政教各界普遍反对张、杨，学生态度则左右对立。

1936 年 12 月 16 日，全国报界（国民党统治区）史无前例地联合发表对时局宣言，称“拥护政府一切对内对外方针与政策，惟蒋公为民族之栋梁，为国家之领袖”。在其按语中说：“全国新闻界对西安叛变，群情愤激，特于前昨两日，发起发表‘全国新闻界对时局共同宣言’，对时局发表意见。两日间各地报馆，纷纷来电赞同，截至今（十五日）夜，所接签名报馆，已遍全国各省、国内舆论界，以全国各地报馆通讯社，一致连署，发表共同宣言，在中国新闻历史上，尚为创举，其意见表示已有重大影响，当想

① 《申报》，1936 年 12 月 16 日增刊，第 1 版。

可见。”该项宣言，其重要思想可以概括为三项主张：第一，阐明近年中央政府所采取的内外政策，都极为正当得宜，当此内忧外患之际，亟应拥护支持。“国难之作，于今五年。谋吾者不惟不能危害吾国家之生命，国家精神及物质上之建设，且因之有长足之进步，此其故正因政府立场之严重坚定，政府政策与民意完全衔接。数年来之事实，吾人坚信欲谋保持国家之生命，完成民族之复兴，惟有绝对拥护国民政府，拥护政府一切对内对外之方针政策。”第二，国家历经变乱，极其不易得到有力的领袖，“惟蒋公为民族之栋梁，为国家之领袖，四万万人所托命，五千年历史之主宰”，“蒋委员长今日之武力，为四万万人之心，蒋委员长今日之背景，为民族五千年之历史”，张、杨应从速悔过，护送领袖返京，主持国政。“宇宙六合，孰谋危害此领袖，孰为四万万人之公敌”，“西安逆首张学良，今冒天下之大不韪，即使豺狼成性，其内心或尚有良知透露之一时，吾人今日呼号全国之民意，对张学良之良心，施行严厉之监督，更动员全体中外记者之史笔，对张学良之功罪，预留千秋万世之定论，促其即日恢复委员长之自由安全，护送出境，俾国家民族之领袖，继续领导其救亡复兴之工作。”第三，国家应有纲纪，如张、杨执迷不悟，祸害国家，全国民众应为政府后盾，讨平叛乱。“吾人坚信全国之民意，必能发挥精神与力量，为政府之后盾，以讨变平乱”。宣言最后指出：“当兹戎马倥偬、变起俄顷，盱衡时势，触目惊心，敢本兴论之职守，列举愚见，贡献于政府，指陈于人民，爱国民众，平乱定变之情绪，自必热烈保障民族生存之意志，自必坚定持此精诚，秉此愚忠，督促政府，唤醒民众，必能芟夷大难，转危为安。”① 此宣言虽不能说代表了全体民意，然而正如其按语中所说：“以全国各地报馆通讯社，一致连署，发表共同宣言，在中国新闻历史上，尚为创举，其意见表示已有重大影响，当可想见。”

在得到国民党党政军各方代表的复电拥护，以及媒体披露的

① 《申报》，1936 年 12 月 16 日，第 4 版。

民意的基础上，12月16日，国民政府下达对张、杨的讨伐令，路透社就此评价说："今日中政会决定下讨伐令，任何应钦为讨逆总司令，由此可见中央已放弃用谈判方法解决此次事变之概念，而决心不问代价如何，诉诸武力，俾可在最短时期内剿灭叛逆。"①

《申报》于17日就"国府下令讨张"发表时评，说：

西安事变突然发生，全国所仰望之军事领袖，竟至横被劫持而失其自由。其他担负清剿责任之重要军官，亦以请谒而集中，并遭暴力之羁留。在外交风云异常紧张之今日，在绥边战事正当进行之时际，而后方竟掀起如此不可测度之风波，贻国人以无法宁静之震撼情绪，使阽危局势益增飘摇，团结力量重归涣散。孰为为之，孰令致之。张学良无论如何借口，亦难以自解于国人矣。

中央对于此次突发事变，在悲愤痛切之余，仍以国事为重，不欲轻动干戈。故一方仅以褫职查办，维持中央之威信，一方渴望送蒋返京，暗示张氏以自新。数日以来，各方对张劝告之函电，纷披于报纸，而陕变所予严重之影响，未见有转机。是张学良终无悔过之意，必欲扰害大局。政府纵有委曲求全之苦衷，至是亦难坐视叛变而不顾。故于昨日经中政会之通过，由国府下讨伐之明令，并以何应钦为讨逆总司令。预计讨逆军兴，玉石实所难辨。在政府以整饬纲纪为前提，自有其不得不尔之趋势。而张氏以一手造成之事实，竟令无辜生灵同罹劫数，破坏团结之局面，摧毁对外之实力，使年来辛苦斡旋之功，归于泡影。举国一致殷切之情，适得其反，吾人之痛心失望，又何如耶。

要之，事已至此，吾人亦雅不欲再为功罪之论列，惟有万众一心，镇静自处，拥护政府之方针，抱定坚决之步骤。至张氏部下，果有悔祸之志，更应及早自拔，庶几讨逆军事

① 《申报》，1936年12月17日，第3版。

得以速了，整个力量不致毁灭。勿令亲者痛而仇者快，吾人所殷切默祷者，如是而已。

此文可以说道出了很多人的心声，即一方面同情、支持政府对事变之处置，“拥蒋讨张”；另一方面希望事变能得以和平解决，不希望生灵涂炭。各军政将领或机关团体或社会名流致电张学良，无论是严词责骂还是规劝，大多是希望能够避免内战。《大公报》社评《讨伐令下之后》，虽开篇即称“中政会昨晨已议决对张学良下讨逆令。自此令之下，凡全国国民惟有齐一心志，祝叛乱速平，此外无讨论之余地”，却亦表示了希望避免战祸的强烈愿望：“当此讨伐令下，大军西进之际，吾人望军事当局及此次奉令宣慰陕西之于院长右任，绝对留意勿令西安市混乱，盖不特为二十万市民安危所关，且蒋委员长在蒙难之中，更不能不特别重视此问题”①。

讨伐令下达以后，各方反应不一，有通电表示拥护中央讨伐者，也有致电中央望能审慎处置者，他们中的不少人同时致电张学良，或痛责或规劝。总的来说，社会舆论以“拥蒋讨张”、拥护国民政府为多数，各地将领多坚决表示遵奉中央命令，维护地方治安。惟在这一前提下，主张又略有不同，亦即存在前文所说的第二、第三类态度：

一类主张坚决以武力讨伐张、杨，尽快救蒋出险，其意既为了维护国家纲纪，也为了反对张、杨与共产党的“联合战线”。持此种主张者，既有国民党军政人员，也有社会人士。举例如下：

讨伐令下达后，中央军校粤分校副主任陈芝馨于17日率全体员生，电何应钦总司令，略谓：“军座特膺重命，率师讨逆，全校官生，竭诚拥戴，职份属军人，救护领袖，誓效前驱，请早颁命令，俾率四千健儿，共赴国难，歼此凶顽，再行讲学。”②

17日，汉口市五千名童子军电箴张学良云：“你在三年前告诉

---

① 天津《大公报》，1936年12月17日，第4版。

② 《申报》，1936年12月18日，第3版。

我们，要竭诚拥护领袖，完成国民革命，复兴中华民族的话，我们还没有丝毫忘记，可是现在你的行为，却恰恰相反，我们实在痛心，我们希望你即护送我们的会长蒋先生回京，不然你以后怎好再在中华民国里面做人呢？又怎好再见全国小孩子的面呢？”①

18日，上海市长吴铁城发表拥护中央讨伐张学良的通电：“我国府大张挞伐，命将出师，振国家之威权，保人群之正气。行见旌麾所至，叛乱敉平。铁城忝长一方，自当竭诚拥护。”②

同日，川鄂湘黔边区将领通电请缨讨伐张学良：“源泉等分属军人，志在报国，应恳中央设法营救委员长，早日出险，并派大兵讨伐，以肃纲纪。况当艰巨之时，益励整戈之气，谨率全体官兵，誓以至诚，在中央领导之下，服从命令，尽忠职守，以完成中央既定之国策……徐源泉、郭汝栋、刘雨乡、陶柳、张乃葳、徐继武、罗启疆叩。”③

中央军校教育长张治中率全体职教员学生18日电慰蒋介石，略谓：“愿以最后一分热血，为校长牺牲，愿以最后一分力量，迎校长返京。”④

作为军人，响应上级命令冲锋陷阵，本是其职责所在。作为蒋介石的学生，支持军事讨伐，大多是希望将其作为一种“威慑”力量，威逼张、杨恢复蒋介石的自由。

社会人士中亦有大力拥护讨伐者，颇具代表性的人物如胡适。政府下达讨伐令之后，时任北大文学院长，适自美国访问回国的胡适领衔发表对陕北宣言，称：“中国国民内求统一外求独立之努力，在绝大困难之中，最近始初成就，乃张学良忽于此时劫持政治军事最高长官，公然主张推翻政府，其行为之结果，必致破坏国家统一，妨害国家进步，乃至摧毁国防，助长敌氛，其为叛国祸国，百喙难辩，同人愤慨之余，敬揭三事为国人告：（一）讨伐

---

① 《申报》，1936年12月18日，第3版。
② 朱文原编：《西安事变史料》第一册，第249页。
③ 《申报》，1936年12月19日，第4版。
④ 《申报》，1936年12月19日，第4版。

叛逆为政府当然之责，国府讨伐张学良令，国人应一致赞助。（二）万一张学良等能幡然悔悟，护送蒋院长及被困之官吏将领出险，约束部署听命中央，中央宜在整饬纲纪之中，许其自新，责以后效。（三）全国国民应共同爱护统一之大业，援助政府，维持政治秩序，推进国府建设，勿因一时之捣乱，而减低国家民族长期之努力，谨此宣言。"①

胡适并在12月20日天津《大公报》的《星期论文》上，发表了《张学良的叛国》一文，痛责张、杨此举"是背叛国家，是破坏统一，是毁坏国家民族的力量，是妨害国家民族的进步"，认为同情张学良者"不是居心危害国家，必是无知无识"。最后，他还指出，"西安的叛变最明白的告示我们"，共产党与张、杨的这个联合战线"是绝对不可能的"②。

与此同时，胡适致电张学良予以谴责。李金洲回忆说："各方电报中，以胡适之先生电影响最大，内有警句云：'吾兄此举，将使中国倒退五十年。'张氏阅后，甚受感动，而胡氏尚未料及演变成今日之局面也。"③

另一类，一方面致电拥护中央，谴责张学良的"违法荡纪"，希望张学良尽快送蒋返京；另一方面希望政府审慎用兵，尽量避免内战的爆发。前文所提到的诸多不尽服蒋介石而令南京有所顾忌的地方实力派，多设法在南京与西安之间进行斡旋。而张学良也在发动事变后分别致电宋哲元、刘湘、阎锡山等，阐明他的主张，望他们理解并派员赴陕"共商国是"。

在公开表示拥护中央的地方实力派中，两广的李宗仁、白崇禧自一开始即对张、杨抱有同情态度。他们于12月14日复孔祥熙电文中说："汉卿痛心乡邦，一时激于情感，发生轨外行动，使委座蒙难西安，全国震惊，弟尤痛惜。"15日，李、白致电其驻京办事处，同时致电何应钦，明确表示希望消弭内战。致何应钦电称：

---

① 朱文原编：《西安事变史料》第一册，第275—276页。
② 天津《大公报》，1936年12月20日，第2版。
③ 秦孝仪主编：《革命文献》第94辑，第248页。

“西安变起，委座蒙难噩耗传来，至为心痛，惟大敌当前，委座尚未脱险，对内对外如何措置尚祈随时赐示，中央一切处置似宜计出完全。”致其驻京办事处电称：“时局突变，此间同志极表伤感，惟值此国难严重之际，望中央同志审慎应付，以营救委座消弭内战，团结一致抗日为主，请兄向各方表示为盼。”[①] 18 日，李宗仁、白崇禧致电何应钦说：“自西安事变发生后，弟等始终主张以营救委座出险为主，因委座之安危即国之安危，诚如尊电所云必须委座自由先行恢复，否则国家前途不堪设想，只以远处边隅不明真相，每惴之危惧者，以汉卿处境，部众十数万，远道传闻或者痛念乡邦，或者思想动摇，如我操之过急，不特有铤而走险之可能，且恐危及委座之安全，故希望中央必审慎应付者，以此现接京电讨伐令已颁，想中枢同志统察全局必有荩筹，更不敢妄作主张也，辱承垂询，谨此电复。”[②]《申报》在 24 日的一则报道中说，“旬来李与中央电报往还，商解决陕变办法颇切”。

宋哲元于 18 日致电何应钦说：“筱酉密电承示蒋主任由陕飞洛敬悉。中央处置变局宽猛并用，惟哲元之意仍以营救委座早复安全为主，想我公对此早筹虑完全矣。”[③]

19 日，刘湘致电张学良希望能够避免内战，文中说：“介公被留，迄今尚无适当解决办法，势将酿成内战，自兆分裂，使同仇抗敌之军，化为戮力致死之敌，亲痛仇快，国亡无日，良用痛心！推原兄之初意，无非欲促成抗敌救国之伟业，以求我国家民族之生存，今以羁留介公之故，将使救国初心，得亡国恶果，宁不可痛可惜！现值千钧一发之际，尚可做亡羊补牢之计！敢贡鄙忱，务望采纳：一、内战必致亡国，无待赘言，必须避免军事接触，速求政治解决，庶能保全国脉于万一，弟对中央诸公，及各省军

① 台北“国史馆”藏：《蒋中正“总统”文物：政治——含西安事变专案》(四)，卷宗号：002000001366A。

② 台北“国史馆”藏：《蒋中正“总统”文物：政治——含西安事变专案》(四)，卷宗号：002000001366A。

③ 台北“国史馆”藏：《蒋中正“总统”文物：政治——含西安事变专案》(四)，卷宗号：002000001366A。

政同人亦贡此解。二、羁留介公，无论出于任何爱国救国之动机，对于国际国内印象过劣，即对于国家前途之威胁太大，介公久留西安，更足促成内战，加速覆亡，务请立即恢复介公自由。三、国家民族安危，在吾兄一念之转移，吾人为国，一切均可牺牲，更无固执成见之理，如兄在政治上有所主张，弟当居间进言，以求解决。如认为尚有商榷者，尊处派员来蓉，或弟派员到陕均可，国家存亡，系于呼吸，所述各端，亟宜解决，免误国事，掬诚奉达，伫奉电复！”①

22日，何竞武致函何应钦转达韩复榘之意见：“职本午到济南与向方兄晤谈甚久，钧座最近处置，向方兄甚为佩仰，向方知钧座最近处境甚艰，渠意目前应付途径应不离稳定政局，不涂炭生灵，营救委座安全出险。如形势紧迫，似不妨召集疆吏征求多数意见，以示政府行动实出全国一致，向方兄又云，从张之边业银行方面消息，张决心不坚，和平途径未绝之前，似不当相迫过紧，此亦有相当理由也。”②

23日，宋哲元、韩复榘发表联名通电，呼吁万不要做亲者痛仇者快之事。电文如下：“急。南京中央党部、国民政府、军事委员会、各院钧鉴，各部会、各司令部、各总指挥、各军师旅长、各大学、各报馆勋鉴：概自西安非常事变，举世惊痛无已。伏念我国年来在蒋委员长领导下，艰苦缔造，始克完成统一。各地方长官纵因事实上特殊之困难，感觉有所不同，然无论如何，应论列意见，为中央统筹公决。万不容在国难严重之际，再有自伐自杀之行动。不此之图竟成出轨之事，国人在忧惶震骇之余，皆不能考其主张之奚若，则其结果，非陷国家于万劫不复之地不止。所谓亲痛仇快者是已。目前急务，约有三大原则：第一，如何维持国家命脉？第二，如何避免人民涂炭？第三，如何保护领袖安全？以上三义，夙夜彷徨，窃维处穷处变之道，迥与处经处常不

---

① 朱文原编：《西安事变史料》第一册，第255页。

② 台北“国史馆”藏：《蒋中正“总统”文物：政治——含西安事变专案》（四），卷宗号：002000001366A。

一，似宜尽量采取沉毅与静耐，以求政治妥善通适之解决，设趋极端断然之途径，上列三义，恐难兼顾，或演至兵连祸结，不堪收拾之时！虽有任何巨大之代价，不能弥补挽救此种空前之损失。感兹事大，弟恐及今不计，将无以对国家，无以对人民，更无以对领袖。则虽锥心抱憾，毫无所济。爰本殷忧虑之诚，谨申垂涕叩马之请；敬祈诸公本饮冰茹檗之胸怀，执动心忍性之态度，审外来之危机，测来日之转捩，庶我领袖为国家之预定步骤，依然能在狂风暴雨之中，安全到达，则我国家人民与领袖之光荣，纵蒙一时阴霾，更不能有毫发之伤害。倘蒙附詧，由中央召集在职人员，在野名流，妥商办法，合谋万全无遗之策，所以旋乾坤之功，胥拜诸公讦谟之赐，至于具体有效办法，悉待诸公迅速洽议，一致进行，不胜盼幸屏营之至。宋哲元、韩复榘叩。漾（二十三日）印。”①

此电可谓道出了诸多深明时局且深谙政治斗争之复杂的国民党军政要员的心声，站在国家、民族立场上讲，此种认识是深明大义的。

阎锡山，鉴于他与蒋介石、张学良的关系尤其是事变前与张学良之频繁往来，及其本身在华北之实力、地位，事变发生后，张学良与南京主和派之孔祥熙、宋美龄皆将他视为可居间调停之人。孔祥熙于事变的第二天致电阎锡山，称：“我公公忠体国雄镇边陲，登高一呼，众流响应。尚祈主张正义，领导群伦，俾纾国难……汉卿于公，夙致推仰，尚希责以大义，动以私情，挽已倒之狂澜，拯国家于万劫，悬崖勒马，共济艰危，无任企盼。”② 张学良于12月13日电阎锡山称：“西安十二日之变，数电报告，谅已均悉。我公有何见教，盼赐复。”③ 15日，张学良复阎锡山电称：“‘寒午’机电敬悉。公所以为良等计者，至周且挚！感佩至

① 朱文原编：《西安事变史料》第一册，第266—267页。

② 朱文原编：《西安事变史料》第一册，第95页。

③ 周毅、张友坤、张忠发主编：《张学良文集》下卷，香港同泽出版社1996年版，第447页。

不可言喻。”文中对阎锡山所提的四个问题做了说明，最后表示：“我公老成硕望，当此千钧一发，又知良等最深，良等激于爱国热忱，行动或涉鲁莽，然此心无他，可质天日，还恳赐以更进一步之指教。”张学良并派代表李金洲赴晋谒阎，争取同情。阎锡山对于事变的处理态度，在其致张静江电文中有简洁明了之说明：“营救介公出险，为目前第一要义”，“正面处置严正，营救则多方运用”①。20日，孔祥熙致电阎锡山请全权负责营救蒋介石，“中央同人现以全权托兄，请即负责进行”。中央并派代表黄绍竑抵晋，与阎研究如何营救之法。其他中外代表亦有多人抵晋，一时太原冠盖云集，成为政治重心，阎在当时的政治地位尤显举足轻重。22日，宋美龄临飞陕前在孔公馆召阎锡山驻京代表赵丕廉谈话，请其转达对阎锡山的感谢并望其继续主持营救：“百公（即阎锡山）对蒋先生热忱营救及其所主张之扼要，我皆于逐日往来电中看及，心中非常铭感。子文昨去，我今去，皆不过以私情看蒋先生而已。此事唯一解决途径，舍过百公担当起来，看宜如何主持，速行着手，再无他法。”②

总之，希望避免内战的国民党军政要员或致电中央相商解决办法，或派员赴陕从中斡旋。坚决反对内战的社会人士则直接或间接电劝张学良，或发表公开谈话，希望张学良“以国为重”，以使事变尽快得到和平解决。举例一二：

时年九十七岁高龄的中国教育家马相伯于12月14日电劝张学良，曰：“闻报知张留介公，窃以为欲复父仇国仇，须无伤国家之元气，伤则为敌人所笑为楚人之杀子玉也，望世兄以此意通知各派，以国为重，使东西洋各国知中华民族相忍为国之道德，老夫为国说项，非为个人，想世兄定能谅解也。”③

18日，知名企业家和社会活动家虞洽卿发表对陕变意见，未大肆谴责张、杨，惟大大吹捧了蒋介石，最后表示：“我不知主持

---

① 朱文原编：《西安事变史料》第一册，第135页。

② 朱文原编：《西安事变史料》第一册，第436—437页。

③ 《申报》，1936年12月15日，第4版。

陕变者是何居心，当为国人所共弃，但望速自悔过，先使蒋委员长恢复自由，一面努力‘剿匪’工作，以期将功赎罪，否则国家前途，固属不堪设想，且陷民族于万劫不复之境。”①

19日，东北爱国人士杜重远致函杜月笙、黄炎培曰：“国家不幸，迭降鞠讻，绥东战事方酣，西安变乱忽起，抗敌前途受以巨创，凡属国人莫不痛心。远处穷乡，莫名真相，曾电冯、孔诸公，力持镇静，以营救委座为第一要着；倘蒋公发生不测，则今后中国纷乱局势无人可以收拾。顷接熊主席在京急电，促远星夜入京，或远愚见谬蒙采纳。望公等从各方面做此运动，今日之事不宜操之过急，各党各派均宜打破成见，共救危舟。倘能规划得法，进行顺利，则蒋公一出，团结之力反而坚固。否则意见纷（分）歧，各执其是，群龙无首，大局紊乱，中国不欲做西班牙之续者势不可得。重远亡省孑遗，创痛特深，心所谓危，难安缄默，望公等速起图之。”②

时任上海市商会主席的王晓赖，地方协会会长的杜月笙，副会长的钱新之致电张学良规劝说：“事变发生以后，举国惊惶，于兹数日，鼎沸之状，非先生所忍见，亦非先生所逆料。晓赖等爱国家，爱先生，愿来西安承教，以身作质，俾蒋公得安然返京，考虑至计，挽救危亡。晓赖等愿与国家同生命，掬诚陈词，迫切待命！”③

梁漱溟22日电张学良，望早护送蒋回京。④

总的来说，西安事变发生后，就全国范围看，批评张、杨的比支持他们的多，诚如《申报》12月26日的社评中所说：“盖自蒋被劫持以来，全国舆论，责难备至，讨逆函电星流电驰，虽在异国人士，亦复深致惋惜，其给予西安之印象，实甚于剧烈之轰炸。”当然，存在这一现象是多方因素所致，其中国民党严格控制

① 《申报》，1936年12月19日，第9版。

② 中国社会科学院现代史研究室编：《西安事变资料》第一辑，第204页。

③ 朱文原编：《西安事变史料》第一册，第292页。

④ 《申报》，1936年12月24日，第3版。

新闻舆论是一关键。南京方面为彻底孤立张、杨，还不断派飞机前往西安一带散发大批宣传品。据 20 日中央社电称："自西安事变发生，十三日起，飞机赴前方侦察轰炸……尤以飞机散发传单小册及新闻纸等，收效最巨。中央宣传部文字方面之宣传，除自行撰印之传单小册外，凡我各地机关长官，以及各社会、学术、新闻等团体之文电，皆广事搜集，重印为各色传单，并汇集成册，每日复购京、沪、汉、杭各埠重要报纸，均用飞机印送西安及陕甘各县一带散发，以促附逆者之觉悟，与一般民众之认识，收效之宏，据飞机驾驶师云，诚不亚于飞机所抛掷之炸弹也。"①

国统区民众虽对事变普遍持不赞同态度，甚至严厉斥责张、杨，却普遍希望事变得到和平解决。尤其是在国民政府下达讨伐令之后，虽得到了国民党党政军各界以及社会之拥护，然强有力的地方实力派多希望中央审慎处置，黄埔系将领则多为蒋介石之安全而担忧，无形中为以宋美龄为代表的主和派提供了有力支持。

第二节　宋美龄力主和平解决事变

一、宋美龄的和平主张思想

陈公博在回忆录中这样记述 12 月 13 日南京的情形："过了一夜，南京已接到西安通电，张汉卿和杨虎城已提出八项主张……南京把这个通电扣留起，一心一意地筹备讨伐，不过事情突然起了变化，早上蒋夫人已从上海回京，坚决主张和平解决，并叫澳洲人端纳飞陕，探明张学良的真意。"②

宋美龄在《西安事变回忆录》中说："余个人于事变发动之初，即决心与劫持我丈夫之西安将领做正义之周旋，任何牺牲，任何代价，皆所不顾；至诅咒谩骂，则非所愿为。盖余深信，唯诚挚与真理乃能建树永久之基础。此为余生平之信念，遇西安事

① 《申报》，1936 年 12 月 21 日，第 4 版。

② 陈公博：《苦笑录》，第 249 页。

变而益坚。”[①] 这段话实包含了两层意思：一是自一开始，宋美龄即决心以政治方式而非武力手段来解决问题。二是宋美龄决定以诚挚的态度来规劝张学良，虽然这有事后撰文修饰之嫌，却也是不争的事实，在当时“全国斥责西安叛将之怒焰蓬勃不可抑止”的情形下，宋美龄对张学良施以朋友立场的批评和劝导，应更能深入张学良之心。

宋美龄力主和平解决，在他人看来，其首要考虑者乃营救丈夫，“彼一妇人耳，仅知营救丈夫而已”[②]。陈公博认为：“党部和家庭恰形成了一个对峙的形势。在中央党部是不问蒋先生的生死，专着重在中央的威严，在家庭则不愿考虑政府的威严，专着重在蒋先生的自由和生命。”[③] 陈公博的话道出了部分事实，只是把话说绝对了，无论是对“党部”还是“家庭”。宋美龄在国民党中央党部会议上恳切阐述了她的主张和理由：

> 余虽为妇人，然余发言，绝非为营救丈夫之私意。倘委员长之死，果足为国家造福，则余必首先劝其牺牲。唯目前处置西安叛变，若遽张挞伐之师，迳施轰炸，不独使举国所拥戴领袖之生命，陷于危殆，即陕西数千万无辜良民，亦重罹兵燹之灾，且将使为国防而建设之国力，浪作牺牲。故为国家计，不得不吁请诸公妥觅和平解决之途径……今日若遽用武力，确将危及委员长之生命；而国难严重如今日，在余心目中，在全国民众之想念中，委员长之安全，实与国家之生命有不可分离之连（联）系，此余之所以主张必用和平方法以保证其安全也。诸公今日，一面尽可能做阵地之配备，唯须力诫勿开枪，勿轰炸以启衅；而一面当乘此时机，努力

---

① 蒋宋美龄：《西安事变回忆录》，见王亚权主编：《蒋夫人言论集》上集，第57—58 页。

② 蒋宋美龄：《西安事变回忆录》，见王亚权主编：《蒋夫人言论集》上集，第59 页。

③ 陈公博：《苦笑录》，第 249 页。

> 营救委员长出险。倘和平已至万分绝望之时，再开始战争，亦未为晚。凡余对此大局之观察，以及余所贡献解决之方策，事后必能证实其不谬，深信诸公虽与我观感两歧，而态度之诚挚则同；余今自信所取态度之不误，必将竭全力以求我主张之实现，谩骂不足以慑服叛徒，更不足以解决现局，幸诸公深思之。①

这段话扼要阐明了宋美龄力主和平解决的思想：

其一，蒋介石为举国拥戴之领袖，在国难严重之际，蒋介石的安全实关系到国家之生命。反对西安事变，批评张、杨者多持这一观念。以国民党将领汤恩伯、胡宗南等致张学良电为例，文中说："革命必须领袖，而国家首重统制，此俄土意德等任何国度之所同，特以拨乱反正之我国为尤甚；即执事往年游览中欧诸邦后，曾宣言欧洲政治之能奠定危难，克臻富强，胥有人民热烈爱戴领袖，同具信心所致，且谓吾国目前情形，亦非尊崇革命领袖，集权中央，不足以应付非常局面，挽救空前危难。"② 上海《密勒氏评论报》主持人鲍惠尔亦指出："身为中国国民政府领袖和军事委员会委员长蒋介石将军的被劫持，不仅在实质上使中国陷于瘫痪，并且给中国内部的政争和政治阴谋提供了一个再度蠢动的机会。过去，由于蒋委员长的坚定，这些政争和阴谋都已被控制住。"③

华北事变后，民族矛盾上升为主要矛盾。在国内，蒋介石一面继续"剿共"，一面试图用政治方式解决共产党问题；中国共产党则遵照共产国际的指示，放弃"抗日反蒋"政策，准备与国民党通过谈判达成合作抗日的协定。在大敌当前的情势下，不仅共产党表示在"和平统一"的前提下将服从统一的军事指挥，社会

---

① 蒋宋美龄：《西安事变回忆录》，见王亚权主编：《蒋夫人言论集》上集，第59—60页。

② 朱原文编：《西安事变史料》第一册，第240页。

③ 秦孝仪主编：《革命文献》第95辑，第390页。

各阶层亦大力呼吁“停止内战一致抗日”。作为国民政府的领袖，蒋介石得到了执政以来最广泛的支持。宋庆龄在1936年双十国庆典礼上的出现，不仅暗示了她对蒋态度的一个转变，更可视为不同党派人士对蒋的肯定和支持。宋庆龄与蒋介石，自1927年4月以后，因政见分歧而关系恶化。从此，宋庆龄尽量避免与蒋介石在公开场合合影，即便在南京紫金山中山陵举行的孙中山奉安大典上，宋庆龄也有意使自己站立的位置离开国民党要人和她的家属。宋庆龄不止一次公开痛批蒋介石违背孙中山遗志。1933年，中国民权保障同盟总干事杨杏佛遇害，宋庆龄在极其困难的条件下“出色地召开了反帝大会”。有学者指出：“此后，宋庆龄的政治态度与共产国际和中国共产党几乎完全保持一致。”① 1936年10月10日，中国童子军总会（成立于1934年11月1日，蒋介石兼任总会会长）在南京中央体育馆举行第二次大检阅。“在一段录像片中，宋庆龄与宋美龄联袂出席，跟随盛装的蒋介石总会长步向会场。三人身影只出现数秒。”② 如此身份与立场的宋庆龄与宋美龄联袂出现在蒋介石任总会长的中国童子军检阅大会上，对蒋介石是支持抑或反对不言而喻。

日本帝国主义的侵略行径刺激了中国内部一致对外意识的提升，蒋介石的领袖地位因此得到更多人的认同。在宋美龄看来，蒋介石地位和声望的提高还在于几年来一系列举措的成功推行，诚如她在《舆论的形成》一文中所说。文中，宋美龄从舆论的角度高度颂扬了蒋介石领导下的南京政府近几年来的改革成绩，认为民众对此是肯定和支持的。她说：

> 像中国这样的国家，要鼓吹革命和实行革命，都不是容易事情，中国的人口既多，保守成见又深，加以迷信未除，

---

① 朱玖琳：《宋庆龄眼中的蒋介石》，见上海市孙中山宋庆龄文物管理委员会编：《孙中山宋庆龄文献与研究》第二辑，上海书店出版社2001年版，第115页。

② 邵铭煌：《另眼看孙中山、宋庆龄、蒋介石关系》，见上海市孙中山宋庆龄文物管理委员会编：《孙中山宋庆龄文献与研究》第二辑，第57页。

文盲遍地，人民非常缺少爱国团结的观念，这种种闭塞因素，产生了惊人的反动力量。一切西洋的理想，苟有显著的实用价值，或一望而知是合理的，或者确乎有这种需要，原很容易介绍进来，但中国因为有那种反动力量存在，就处处受到阻碍，处处觉得不易迅速推行。

本来任何国家的改革家，都得饱经艰难，而中国改革家所受困难更多，有些还是在别的国家所不会发现的。不必说做彻底的社会改革，就是推行一些改良方案，也须相当的耐心，非具极大理想和忍耐坚持的决心是不会成功的，有时还须要体力的辅助呢。

革命后若干年中，中国曾努力于激剧的改进和改组。在某种意义上，若干改革是成功的，若干步骤还有永久的价值。但因情势所趋，恣意的军阀，拥兵割据，自便私图，于是一切足以普遍地影响人民生活道德的措施，都迟迟不能实现，有时还根本无法推行。

在这种环境之下，自然没有进步可言，但各种恶势力，幸而能渐渐铲除，自私割据的军阀，也次第打倒了，于是统一的中国方始显现了她的轮廓。

我们一处一处地平定了内乱，驱除了军阀，同时逐步推进着解除民众苦痛的方案，而民众从他们自己的经验，渐渐了解了政府这些措置，并不是害他们，实在有利于他们的，所以都欢跃鼓舞，赞美着新时代的降临，报纸和言论机构既见进步，全国各处也渐渐有舆论形成了。从前人民公意与国家大事并不发生关系，可是最近几年，尤其最近几月来，舆论的力量，显然可以影响国事动向了。这种精神方面的发展，实是清朝崩溃而后，中国最重要的进步。

舆论的产生，由于人民认识了中央政府一切为国为民的设施，并且发现了有自由发表公意的新力量，于是舆论就发施了惊人的威力，凡是叛离中央或把持割据的举动，必自各方面受到攻击。

> 种种事实鼓励着人民发表公意，这是中国进步大道中一块最值得注意的标石。世界的进步，若是包括精神及物质两者的改良而言，那么我们必得承认中国近几年来已有惊人的进步。这短短的几年里面，人民确已认识了国民政府成立以后，行政方面的新变化，以及政府所迅速推进的种种改革方案是适应于环境的需要。
>
> 今天是中华民国成立的纪念日，我们根据上述种种，以检讨中国情况的时候，我们无疑地会断定中国，在她内忧外患之中，挣扎奋斗，已有极大的进步，而物质进步之外，还有一种社会的、精神的改革，它的重要性，并且凌驾于一切之上——那就是中国已有舆论的形成了。①

显然，宋美龄的和平主张基于其对国情的认识，亦基于其对蒋介石领导能力及其政绩的肯定。事实上，在当时中国的内外情势下，蒋介石的安危的确与国家前途有着不可分的关系。如前文所述，西安事变发生后，不尽服蒋的地方实力派，与蒋关系不甚密切甚至曾参加反蒋活动的社会名人，均以为此时蒋介石之安危关系中国国运甚巨，皆以救蒋出险为第一要义。诚如胡适在《星期论文》上所说："蒋介石先生在今日中国的重要，真是如傅斯年先生说的'无可比拟的重要'。西安叛变的突然发生，使全国爱护国家的人们格外感觉到这个领袖的重要。在这几天之中，我见着了至少两三百个来客，有的是白发的学者，有的是青年的学生，有些是平日爱护蒋先生的，有些是时常批评他的，但是这个时候，这些人都是异口同声的关切蒋先生的安全，都是愁苦焦急的到处探听可靠的消息。一切政见的异同都是丢在脑后了，大家只感觉这一个有能力有办法的领袖是一身系国家的安危的……这种现象，在这个最不崇拜英雄的民族里，真是最难得的奇迹。这样爱护的热心，不是宣传的力量造成的，也不是武力威权招致的，是最近

① 王亚权主编：《蒋夫人言论集》上集，第32—40页。

两三年坚忍苦干的事实逐渐得国人明了认识的自然效果。”[1] 文中虽有夸大吹捧蒋介石之意，却也道出了某些客观事实。

为保证蒋介石的安全，宋美龄认为必须力戒开火。而讨伐派认为，武力征讨也是为了尽快营救蒋介石出险，诚如傅斯年所说：“哪一种法子营救蒋公有效？哪一种法子无效？哪一种法子转可坏事？大可斟酌。若把法子用错了，仿佛像坏医生把人家的病耽误了一样的，却更大大不得了！”[2] 傅斯年以为“最有效的法子是坚定政府的立场，神速的用兵把西安团团围住”，但宋美龄认为：一旦战事开始，“委员长即不为其亲自统帅之陆空军轰炸所误中而丧生，亦将为怨恨暴戾之叛军所残害”。宋美龄的这一推测，自有发生的可能性，亦是非军人出身又身为女性的正常思维。

其二，轰炸将使无辜民众罹兵燹之灾。如果说武力征讨或政治谈判，哪一种方法营救蒋介石更有效尚可争论，而轰炸将使无辜民众罹兵燹之灾，则是不争的事实，也是讨伐派无以回驳的理由。前引《大公报》社评《讨伐令下之后》亦表示了这一担心。不希望事件殃及无辜民众，或许这是宋美龄批驳讨伐派的一个有力的借口，但就宋美龄公开发表的言论看，她确有关心民生、同情弱者的思想与立场，在虔诚的基督教徒家庭长大的宋美龄自小接触基督教并受其影响，热衷慈善事业的母亲更以行动阐释了她的信仰，成为儿女的榜样。虽然成为蒋夫人的宋美龄在论及民生问题时，多与蒋介石的“剿共”战争连在一起，错误认识造成民生问题的原因，却不能因此否认宋美龄出自本真的爱心。在《我的宗教观》一文中，宋美龄指出：“在我看来，宗教是很简单的事情。其意义就是尽我心、我力、我意，以实行上帝的意志。我觉得上帝给我一份为国家出力的工作。在这江西，几千里肥沃的农田，如今完全荒废，无数的人民，流离失所，无家可归……武力收复‘匪区’之后，还不能说功德已经圆满，必须继之以农村复

① 天津《大公报》，1936年12月20日，第2版。

② 傅斯年：《论张贼叛变》，见《中央日报》，1936年12月16日，第4版。

兴，帮助农民们重归故土，并且还得改良他们的生活状况。”① 虔诚的宗教信仰，奠定了她的博爱良知。

其三，讨伐西安将浪费为国防而建设之国力。宋美龄虽然算不上政府中人，更非军人，但在跟随蒋介石“南征北战”的过程中，她对于国防及军队建设有了一些了解，于国家建设亦逐渐积淀了一定的智识。在给外国友人的一封信中，宋美龄说：“最近几年来，当日本聚精会神地扩张军力，以备突然侵凌中国的时候，我们正竭力在改善内政，希望能早日完成统一，提高一般民众的生活水准，使他们能直接享受到进步的福利。”并指出，由于“我们把全国的力量完全集中在推进建设工作上面，于是就无暇顾及武装准备”②。在宋美龄看来，近几年来国民政府正努力提高民众的生活水准，并取得了初步成效，国防建设则相对虚弱，在大敌当前、国难深重的情况下，不应再浪费本已虚弱的国力。

基于上述认识，宋美龄认为：“中央诸要人，于真相未全明了之前，遽于数小时内决定张学良之处罚，余殊觉其措置太骤；而军事方面复于此时，以立即动员军队讨伐西安，毫无考虑余地，认为其不容诿卸之责任，余更不能不臆断其为非健全之行动。军事上或有取此步骤之必要，委员长或亦悬盼此步骤之实现，然余个人实未敢苟同。因此立下决心，愿竭我全力，以求不流血的和平与迅速之解决。”③

总之，为保护国家领袖、爱护民众及在国难当头之际为国家前途计，宋美龄力主和平解决，反对武力讨伐。基于国家、民众、领袖个人及军力几方面的考量而提出主张，可谓掷地有声，核心则是“努力营救委员长出险”。从情感角度讲，救夫心切乃是人之常情；而且，蒋介石之生死直接关系到宋美龄乃至宋氏家族在民国政治舞台的地位，这也是毋庸置疑的。宋美龄将此点与国家之

① 王亚权主编：《蒋夫人言论集》上集，第8页。

② 宋美龄：《复澳洲雪黎某夫人书》（1937年11月8日），见王亚权主编：《蒋夫人言论集》上集，第486、491页。

③ 王亚权主编：《蒋夫人言论集》上集，第55页。

命运联系起来，“余知轰炸西安必置委员长于死地。为中国计，此时万不能无委员长以为领导；委员长生还之价值，实较其殉国尤为重大；此为余始终坚持之信念”①。这就使她及其家族的私心包裹在国家利益中，从而能够振振有词地驳斥讨伐派。可以说，宋美龄主张和平解决的理由既包含了私心，也顺应了现实；既是宋美龄及其家族的想法，也是众多抗日爱国人士的考虑。正如刘健群在《蒋先生蒙难归来以后》一文中所说：“中国人素来是抱着‘不在其位不谋其政’‘各人自扫门前雪，休管他人瓦上霜’的存见的。这次全国朝野，超出各个人利害感情之外，来为领袖的蒙难而愁，为领袖的归来而喜，实在是空前未有的奇迹。当然他们不是为了对领袖个人的感情，而是为了整个民族的存亡；他们知道在这紧要关头，领袖若有意外的差池，中华民族的复兴事业，将大受打击；中国人在三五年内，即有做亡国奴的危险。”②

为领袖、为民众、为国家计，这是宋美龄与讨伐派争论时反对贸然用兵的理由。当其赴西安劝蒋时，还说过一句很有分量的话：“宁抗日勿死敌手！”③ 这应是宋美龄真实的想法，也是她坚持和平解决的关键。这句话亦充分印证了宋美龄“决非朝夕萦怀于丈夫安全之妇人”，她有自己独立的思想。

中国自古有“外言不入于阃，内言不出于阃”之说，女子的活动场所基本局限于家庭，“相夫教子”“贤妻良母”是社会对女子的角色认定，也是女子普遍对自身的定位。宋美龄不同，十年的留洋经历、美国著名女校的优秀毕业生，在今天也不多见，更难能可贵的是她热爱读书，涉猎广泛，凡事都有自己的见识。这在宋美龄给好友艾玛的信中多有反映。毕业回国后，为提高中文水平，并曾想“能够将中文美丽、高雅、多彩的瑰宝译成英文……将我们中国文学中所有美好作品都翻译出来”，宋美龄“每天早上花三小时”攻

---

① 王亚权主编：《蒋夫人言论集》上集，第 67 页。

② 1936 年 12 月 31 日上海《大公报》社评，见秦孝仪主编：《革命文献》第 95 辑，第 45 页。

③ 中共中央文献研究室编：《周恩来年谱（1898—1949）》（修订本），第341 页。

读中国古典名著，“还有老师辅导”[①]。与此同时，宋美龄请其好友帮她买书并长期订阅一些杂志，如“1. *The Nation*（英文版）周刊，2. *The Saturday Evening Post* 周刊，3. *Ladies Home Journal*，4. *Woman's Home Companion*，5. *Harper's*（月刊），6. *Scribner's*，7. *The Home Beautiful*”。[②] 当用一个星期的时间读完托艾玛买的赫伯特·乔治·威尔斯（Wells）的名作《世界史纲》后，宋美龄在信中兴奋地写下了她的读后感，“至今我上海的朋友都还没有读过这本书，我感到我必须发泄我的兴奋”。她这样写道：“我尤其感到惊讶的是他对待这个历史史实的态度，因为他掌握的史实都十分可靠。”“作为历史文献，他的著作遭到许多非议，这我并不感到意外。可能在他处理某些‘史前’设想的过程中，他深深地刺到了某些所谓专家经不起推敲的理论的痛处。虽然历史在大踏步地向前迈进，有些地方他讲得过于详尽，而另外有些地方可能更需要着重阐述。但是，总的来说，他研究的‘历史’是一桩神奇、浩然的事业！他对事件的逻辑发展、所表现的思想的幅度和境界、‘观点诠释’总体的适度都很突出。阅读他的这本书，我感到自己窥见了一个‘新的领域’，或者准确地说，一点皮毛而已，不过还是很吊我胃口的。我认为我完全有理由说，《世界史纲》在彰显乌托邦式‘国际主义’方面是一个不可忽视的因素，读过这本书的人都一定会忘却种族或者地域的差异，对世人感到一种亲情。”在这封信中，宋美龄还谈了对莫泊桑作品的认识，她说：“读 Wells 的书之前，我一直在系统阅读莫泊桑的作品。如果你还记得，在引言中，作者（莫泊桑）认为，他的作品应该从艺术角度予以评价，即不涉及其主题，因为也就不必考虑读者赞同还是不赞同所用的‘语气’或所刻画的情景。也就是说，作者不对现实社会的道德负责，他的艺术应该由此予以评价：他的描述在艺术上是否忠于生活。”“我承认我对莫泊桑的人生观十分厌恶，感到恶心。

---

① 美国卫斯理学院图书馆藏：《宋美龄致艾玛信》（1921 年 7 月 6 日）。
② 美国卫斯理学院图书馆藏：《宋美龄致艾玛信》（1919 年 11 月 28 日）。

在他的‘社会’中，礼貌、思想或行为的纯洁、真诚的豪爽、人性的高尚全都没有位置。他所塑造的男男女女都是感情动物，受肉欲驱使、凭瞬时冲动行事、只有野兽般的心态却鲜有所谓的文明意识。”① 感想中已可窥见宋美龄的人生观。有如此求知欲和思考精神的宋美龄，其行动背后往往有她深刻的思想认识。

从宋美龄的言论看，她的和平主张大致基于两点认识：

第一，她用心研读了张学良、杨虎城所提的主张，而不像主战派那样只在意政府的威严、中央的权威，却根本不理会西安方面的诉求。虽然她不便明言张、杨主张有合理之处，但在《西安事变回忆录》中已表露了她不同于主战派对张、杨及对西安事变的认识。她说：“西安来电所提八项要求，余初未加以重视，当前一般人亦多作如是观。盖张学良部以西北地瘠民贫，驻军其间，早感不满，故测其所提政治条件，实只备为移调丰腴省份谈判时之借口而已。主张讨伐者或即因此而益坚其主张欤！”“西安事变之经过，其情状之复杂，决非中国既往一般称兵作乱之叛变所可比拟；而其关于国际与外交者，尤有特殊之形势……至其对于内者，则包涵个人与全国各种复杂问题，且有最猛烈之爆炸性蓄积于其间。”② 前一段话道出了国民党中央对张学良东北军的一般看法。如前文所述，东北沦陷后，东北军将士在张学良的率领下参加过热河抗战，也参加过蒋介石的“剿匪”战争。在国势危殆、全国抗日呼声日益高涨的情势下，背井离乡的东北军将士多主张奔赴抗日的前线，反对蒋介石的“剿共”。张学良的思想亦逐渐由“剿共”走向“联共抗日”。对此，蒋介石有所耳闻和体察，曾想通过犒赏来抚慰东北军将士。如他曾于 12 月 10 日致电宋美龄告以“西北‘剿匪’官兵，实比绥远‘剿匪’军队更苦，且其责任亦尤为重要，而反无人慰问，易启西北将士灰心，故望派励志社全部人员设法来西北，携犒赏品慰劳。其军费可由军需署

---

① 美国卫斯理学院图书馆藏：《宋美龄致艾玛信》（1921 年 8 月 10 日）。

② 王亚权主编：《蒋夫人言论集》上集，第 56、53 页。

拨付也”[①]。后一段话可谓言简意赅，包含了宋对西安事变的同情。宋美龄不将讨伐西安与国民政府此前的种种征讨行动相提并论，不认为讨伐张、杨也是实现国家统一的一部分，正是基于此意。

第二，作为知识女性，又有十年留洋经历的宋美龄，对于国家、对于抗战的意义有着自己的认识和见解。因为宋的第一夫人身份，因为她对蒋介石的辅佐，人们在研究宋美龄的政治思想时，往往从政治目的上去理解，而忽略其思想言论独自存在的价值。其实，在宋美龄辅佐蒋介石，及其活跃于政治舞台的背后，有一思想是非常明晰的，那就是希望国家独立、富强，她的民族意识在抗战中进一步提升，而“宁抗日勿死敌手”的思想在抗战期间也有充分展现。以 1938 年 3 月发表的《从艰苦中缔造崭新的民族》为例，宋美龄明确阐述了她对抗战、对民族振兴的见解：“我们从今天三月十五日起发动抗敌运动大会三天，包含有发扬民族精神重大的意义在里面。这三天就分别表现我中华民族当前最急迫的三种需要，我们要唤起同胞一致的注意，一致的奋起。第一天是新运日，要全国同胞切实实践‘新生活运动’的信条；第二天是抗敌日，要全国同胞继续坚强他们抗战的决心和毅力；第三天是建国日，要全国同胞在日寇凶残破坏的瓦砾堆中，筹划怎样可以重建我广博繁荣的新国家。我们同处在一个遭遇大难的国家中，受苦受辱的人们，应该上下一心，大家联合起来，激励我们爱国的热忱，鼓足我们奋斗的勇气，贡献每一个人的精神力和物质力，向着独一无二的目的迈进。”“他们把一切疯狂怨毒，尽量加到我们身上来，我们当然要抵抗；我们虽没有作战的准备，可是不抵抗就没有幸存之路，所以一直到今天，我们还抵抗不懈，并且决心要抵抗下去。我们知道，一旦停止抵抗，民众立成奴隶牛马，国家也就失掉她的存在。”“目前最紧要的是，最高度的断然合作，准备尽我们的力量，从事一切富国利民的事业。这时期

---

① 高素兰编：《事略稿本》（39），第 403—404 页。

绝对不能容许再有个人名利的观念，更不容许发生任何私人间的摩擦和怀疑。我们要贡献我们一切的所有，来完成唯一的目标，我们应有统一的信心，这目标就是救国。”① 无疑，抗日救国是宋美龄政治思想中的一个重要方面，也是她力主和平解决西安事变的思想基础。

二、力阻武力讨伐

西安事变发生后，虽然谴责张、杨之声充斥媒体，南京政府下达的讨伐令也得到了国民党军政要员及许多社会团体的支持，但有两个现象值得注意：一是从报刊登载之电文和报道可以了解，中央要员、各地方长官、各团体在声讨张、杨的同时，纷纷表示要维持治安，维护稳定，各安其业，可见稳定是众心所向。二是从各方发表的电文来看，凡是拥护南京政府、声讨张学良的，不论主战、主和，表面上至少都肯定蒋介石为全国统帅，都承认当前中国处于国事飘摇、危机四伏之情势，正如许多电文中所说“际此国难严重，正赖蒋公砥柱中流”。既然如此，先救回蒋介石、稳定国内政局才是第一要务，这也是主战派无法否认的。这两个现象应是宋美龄稳定南京政局的政治基础。因为对西安用兵，势必激起西北方面的武力抵抗，大规模的内战就很难避免了，而蒋介石之安全亦难得到保证，这正是很多人反对围攻西安的原因。

说到“讨伐”，往往只论及南京中央参与事变处理的核心人物，因为他们决定着事变的处理方针，掌握着调动部队的权力，故要阻止对西安用兵，首先得改变处置方针，阻止中央下达讨伐令。其实，当时还存在着另一个现象，即黄埔军校毕业学生先斩后奏的救蒋行动。时任国民党中央监察委员、国民政府铨叙部政务次长、几次中常委会议记录的王子壮在日记中谈到过这一情况：“当时最前线部队之桂永清所指挥的教导总队系自动的前驱（事变后，南京教导总队以救蒋心急，立即出动，事后请何追认，何知

① 王亚权主编：《蒋夫人言论集》上集，第112、114、116页。

既为事实亦只得应允）而非何之命令。”① 桂永清系黄埔军官学校毕业，历任军校教导团连党代表、连长、营长、团长、旅长。1930年留学德国步兵学校。1934年回国后任中央陆军军官学校教导总队长、复兴社中央干事会干事兼训练处长。所以，要阻止对西安的用兵，不仅要与国民党中央的“讨伐派”进行较量，还需要安抚黄埔军校学生的情绪，他们固要听从中央的命令，但作为握有兵权的将领，他们的行动将对南京中央的讨伐决定起推波助澜之作用。宋美龄作为“主和派”的代表，其力阻“讨伐”的工作就是从这两方面展开的。

在国民党中央，宋美龄首先是要尽力改变人们对其夫人和女性角色的认知。正如她在回忆录中所说：“第一念袭我心头，余为妇人，世人必以为妇人当此境遇，必不能再做理智的探讨，故余必力抑个人感情，就全局加以考虑。”“今舍委员长外，更有人不明白余所主张之理由，辞色之间似谓‘彼一妇人耳，仅知营救丈夫而已’。”宋美龄发现，当时的她已“陷入甲胄森严与战斗意识弥漫之重围中”，面对咄咄逼人的国民党中央要员，宋强调她不仅是一个妻子，更是一介公民：“愿诸公深信我决非朝夕萦怀于丈夫安全之妇人。今日此举，实抑制情绪，抓紧现实，乃以公民之资格，要求以最少之牺牲，为国家与民众解决此严重问题之症结。倘余夫或余个人之牺牲可以为国家造丝毫福利者，余必不假思索，力主牺牲。”

站在一个公民的立场，宋与政府要员据理力争。针对一些人对蒋介石的责难——“委员长不应轻赴西安做此不必要之行，可免躬蹈危机者”，宋美龄批评道：“委员长若欲不愧为委员长，无论在何时何地，皆应做冒险牺牲之准备。彼所朝夕萦心者为国家大计，更安有余暑顾虑其个人之安全？策划其安全者，实非委员长分内之计，而为其部下及其左右义不容辞之责任。彼为其干部者，实应随时随地敬谨注意，策其完全，如委员长自抱其本身安

① 王子壮：《王子壮日记》第四册，第133页。

全之顾虑，又安足为全国领袖哉？”针对有人建言：“为维持国民政府威信计，应立即进兵讨伐。”宋美龄反驳说：“今日国难至此，若无委员长，即不能有任何统一之政府。”① 为求和平、迅速解决事变，宋美龄明确提出要亲自飞往西安，结果“群议哗然，以为不可，反对之声纷至”。

对于讨伐派，当时即有批评说他们是别有用心，时在南京的陈公博认为这是主和派耍的手段，他说：“南京忽然传出一种谣言，说何敬之为什么要坚持讨伐，为的是不愿保全蒋先生，他要追到张、杨情急，对蒋先生加害，他好继承蒋先生的大位，升做军事领袖。这种谣言实在来的可怕，照这样说话，则大凡主张讨伐的，都是别有用心。”“蒋夫人又在中央军校演说，居然提出说主张讨伐的别有用心，以是何敬之只好噤口不言，戴、居两位老先生只发干急和闷气。”② 主张用兵是否就是对蒋介石别有用心，应该不能简单地画等号；宋美龄内心是否真的这样认为，亦不得而知。不过，她阻止国民党中央下令讨伐的努力已见成效。王子壮在 12 月 16 日的日记中说：“中央对张讨伐令几经审慎，今日始下，以蒋夫人宋美龄对此以为太急。”③ 之后，身为讨伐军司令的何应钦因受传闻的压力，并未坚主讨伐。“何应钦偶提前方暂停轰炸以待宋子文之折冲，立即遭戴先生面斥，何只唯唯而已。盖何亦有不得不如此者，盖蜚语流长谓何将取蒋先生而代之，其志不在救蒋也。”④

对于黄埔军校学生，宋美龄则“动之以情，晓之以理”地劝他们要镇定、谨慎从事。听说蒋介石在西安被扣之消息后，黄埔毕业生多“义愤填膺”，主张立即派兵围攻西安。为说明黄埔毕业生之行动能量，亦为显示主张讨伐张、杨并已采取实际行动的黄

---

① 王亚权主编：《蒋夫人言论集》上集，第 58 页。
② 陈公博：《苦笑录》，第 250 页。
③ 王子壮：《王子壮日记》第三册，第 351 页。
④ 王子壮：《王子壮日记》第四册，第 134 页。

埔毕业生与主张即刻讨伐之中央要员的不同，下面将邓文仪[①]在《西安事变与中国命运》[②] 一文中对西安事变发生后力行社活动的回顾做一摘录，由此也可进一步了解宋美龄劝导黄埔毕业生的必要性，及其施展影响的难与易。

西安事变发生后，时任力行社书记长的邓文仪认为“事不宜迟，非要立即动员军队不可”，“三民主义力行社及中华复兴社，乃全体动员从事营救领袖与安定后方工作”。据邓文仪回忆，他首先“以团体负责人名义，发了两封急电，其一是打给驻陕西汉中的第五十一师王耀武师长，告诉他西安发生事变，领袖蒙难，希望他率部立即开往西安西南的咸阳，与第十三师万耀煌师长联系，围攻西安；第二个电报是打给驻防潼关与洛阳之间的第二十八师师长董剑，说明原因，要他的部队迅即进占潼关应付变乱，准备围攻西安。因为王耀武是军校三期同学，我曾担任第三期学生区队长，与他私交甚笃；董剑与我都是黄埔第一期第一队同学，情谊素笃，我以公谊私情向他们建议，想必会有效果”[③]。文中，邓文仪就其记忆所及，简述了力行社的应变方针和行动：

> 十二日晚上的紧急会议，讨论了三小时，戴笠、郑介民同志对事变的经过及前因后果曾有正确的报告和分析，桂永清与潘佑强同志对军事应变部署有切实可行的意见。我同意

---

① 邓文仪，黄埔军校第一期学生，毕业后于 1925 年被派往苏联莫斯科大学学习。1927 年回国任黄埔军校政治部科长、副主任、代理主任。1928 年至 1934 年任蒋介石侍从参谋、侍从书记。1935 年任中国驻苏联大使馆首席武官。1936 年回国任三民主义力行社书记。力行社成立于 1932 年，由黄埔学生中曾任党政军事干部约五十人组织成立，蒋介石兼任社长。力行社为中华复兴社的核心组织，邓文仪曾任中华复兴社训练处长。复兴社的主要任务为：绝对拥护蒋介石为唯一领袖，建设三民主义国家；以蒋介石的中国革命复兴运动言论为准则，奉行“攘外必先安内，安内必先‘剿共’”的方针。其数十万人的规模是战前国民党内其他政治派系所无法比拟的。据邓文仪回忆：“到民国二十五年冬，力行社社员虽未超过三百人，而复兴社社员则已接近十万，组织与训练宣传情报工作，业已普及全国，深入各阶层。”

② 邓文仪：《西安事变与中国命运》，见秦孝仪主编：《革命文献》第 95 辑，第 358—389 页。以下邓文仪所说的话皆引自该文。

③ 秦孝仪主编：《革命文献》第 95 辑，第 367—369 页。

他们的意见，并强调当前最迫切的问题为即刻协调陆空军包围西安，用实力和行动监视张、杨叛军，并迫使其觉悟，维护领袖安全，早日使领袖安返南京。同时竭尽一切方法，安定各地方使各地汉奸、匪谍与附逆人士不敢异动。当晚决定应变方法大意如下：

一、总方针：营救领袖，安定后方。

二、建议政府请军政部何部长应钦统一指挥应变军事行动，迅调附近陆军及中央军校教导总队与空军前往西安营救领袖。

三、通告各级组织及全体同志对领袖在西安蒙难应全体动员，集中一切力量，为“营救领袖，安定后方”而奋斗牺牲；各地方秩序尤应协调军政宪警切实维护，对汉奸及匪谍及反动党派严密监视，务希巩固当地治安，领导军民，共同奋起，为复兴民族，发动舆论，督责张、杨叛军，早日恭送领袖安全回京。

四、以黄埔陆军官校毕业同学五百人名义发表通电，电告张学良及全国军民，指出张、杨叛变，劫持最高领袖，动摇国本，受“共匪奸党”利用，予日本军阀以可乘之机，实至愚蠢，且将为民族罪人，全国公敌，深望张、杨悬崖勒马，早日护送领袖返回南京，将功赎罪；否则，三军动员，围攻西安。

五、用各种方法团结国民党及三军袍泽，共矢努力，为营救领袖，安定后方而坚强奋斗，巩固首都，对阴谋及投机人物严予监视，有效防止其图谋不轨，或私通敌人，乘机叛乱。

上述五项重大决定，十二月十三日分别由两社协调有关单位，以共同作战精神与行动切实实施。复兴社为求上述决策之贯彻，于三日内派遣数十高级干部，分赴各省市及各军区实际督导进行营救领袖工作，指导行动，并切实宣达中央决策。

> 不到一星期，营救领袖，安定后方的工作与行动，均已见效，陆空大军陆续向西安进军，教导总队已抵洛阳，准备西进关中，空军飞机不分昼夜，严密监视西安上空，并威胁叛将叛军知难而退。

邓文仪认为，依据力行社、中华复兴社“营救领袖，安定后方”的方针，“必须迅速用军事行动包围西安，同时发起全国民意，迫使张、杨叛将觉悟，无法越出西安一步，而不敢冒乱臣贼子之大不韪，及扩大犯上作乱之军事投机，惟有武力与全国人心向背，方可使得张学良无路可走”。

由邓文仪回忆可知，当时黄埔军校毕业学生情绪之激昂、能量之强大。

邓文仪在回忆中也谈到了宋美龄对黄埔军校毕业生的劝导，以及他个人的回应：“蒋夫人曾召见作者，解说利害，要我转告力行社同仁，不宜坚持大军迅速围攻主张，我当时即向蒋夫人委婉说明，力行社同志多为领袖之学生，父师蒙难，莫不义愤填膺，希望立即前往营救领袖，经审慎研究，惟由大军围攻西安，才保障领袖安全，强迫叛军投降，救兵如救火，如不迅速使用军事行动，旷日持久，领袖安全危机甚多，敬当转达夫人善意，希望军事行动与叛将谈判同时进行，只要领袖安全脱险，军事行动，可令适可而止，务请夫人放心，我等决不会孟浪行事。”① 作为军人，邓文仪坚决主张武力讨伐，支持国民党中央的讨伐决定，他始终认为“西安事变得以迅速解决，最主要的关键，还是中央政府明令讨伐，军事行动，迅速围攻西安，三民主义力行社的主张及其向国民党中央的建议，迅速见诸行动”。那他又如何看待宋美龄的和平主张呢？他认为“很多人反对动员陆空军包围西安，反对以军事平定西安事变，而主张和平解决”，那是“听任自由发展”，并认为持此说者“向蒋夫人及孔祥熙行政院长等危言耸听”。在邓

① 秦孝仪主编：《革命文献》第95辑，第375页。

文仪看来，蒋夫人只是要他们谨慎行事，以免危及蒋介石。文中，邓文仪肯定了宋美龄援蒋脱险的活动及其作用，并表示会遵照指示。他说："蒋夫人在南京与各方联系，成效卓著，她对力行社的贡献，勉励督导，竭尽心力。记得她有一天晚上召见我，除询问力行社营救领袖、安定后方的作为外，并说蒋校长都视你们为亲生的子弟，今日他蒙难西安，你们应该竭尽心力以赴，对于军事行动，更要谨慎小心，围攻西安是一种方法，但不可操之过急，以致迫使叛将危害校长，语重心长。我除将力行社营救领袖的工作简单陈述外，对军事行动方面，当遵照夫人指示积极而慎重地进行，只要把西安围困压迫叛将投降，就不会有激烈的战事发生，我们深知道校长的意旨，秉承他的意旨行动，不会鲁莽行事，军校同学们人人义愤填膺，对于营救校长，都会从容乎疆场之上，沉潜于仁义之中，请夫人放心。"①

宋美龄在《西安事变回忆录》中，对于此事有一段详细的记述：

> 余日无晷刻之闲，各机关首领纷纷向余询问对于应付现局之意见，尤以黄埔军校同学代表要求指示为更切。军校学生皆为余夫亲自教育之生徒，坚请训话，余不能却，因向其集会做公开之演讲。余告诸生：于未明事实真相前，切勿遽加断定，遇事镇定，勿尚（伤）感情；民众对西安叛变之负责者，怨恨愤怒已不可遏，诸生幸勿再以行动或语言刺激之。并告诸生：已嘱端纳赴西安探真相，迄今尚无一人出入西安；故吾人所知西安消息，除孔部长与余所得二电及西安将领之通电外，无片纸只字可为凭藉。继复诫之曰："委员长统一全国军队之功绩，固为国人所乐道，然其手创之'新生活运动'，更对国家精神建设有积极之贡献。诸生既为彼忠实之信徒，不唯须努力继续推行此运动，且应恪遵其信条为终生之

① 秦孝仪主编：《革命文献》第95辑，第381页。

圭臬。余深信西安叛变者，目睹其妄动所引起之全国反响，必能憬然悔悟，痛恨前非。凡诚意悔悟者，应开其自新之路，则谈判之途径，自当勿令壅塞。叛逆如有悔罪之诚，我黄埔诸生当宽大为怀，迎其来归，不咎既往。”继余复言曰：“凡余所言，绝非为叛逆求开脱，盖其妄动无开脱之可言；余所努力者，欲令叛逆反省其妄动之影响国家者为如何可怖，求其及时悔悟，自赎其罪愆而已。”①

由宋美龄的回忆可知，自一开始她就主张和平解决事变。而据邓文仪的回忆，他始终主张武力讨伐。既如此，邓文仪在回忆中为何对宋美龄没有一句微词，反而是尊敬有加？邓说：“其间蒋夫人曾召见我询问此种情况，我曾恳切向她报告，承夫人谅察，并指示郑重处理，我们的信心和行动乃更坚强。”② 除了宋美龄是蒋夫人这一身份外，关键在于他们的目标是一致的，即救蒋脱险，宋美龄与黄埔毕业生的主张虽有缓急之不同，而救蒋之意完全一致。黄埔毕业生对蒋介石的感情，与其他人是不同的，古语说“一日为师，终身为父”，宋美龄在演讲中突出了这一点。她对军校学生是“晓之以理，动之以情”，从感情上拉近了与他们的关系。演讲中，宋美龄强调说：“委员长统一全国军队之功绩，固为国人所乐道，然其手创之‘新生活运动’，更对国家精神建设有积极之贡献。诸生既为彼忠实之信徒，不唯须努力继续推行此运动，且应恪遵其信条为终生之圭臬。”这些话更与复兴社的任务相一致。西安事变发生后，“营救领袖，安定后方”成为力行社应对事变的方针，这与国民党中央口口声声强调的维护中央权威不同，虽然他们一样谴责张学良、杨虎城两位将军为叛将，但黄埔军校毕业生不反对与张、杨谈判，正如邓文仪所说：“全体黄埔同学以其忠党爱国，拥戴领袖的热忱，沉着应变，充分发挥黄埔精神，促使全党全军精诚团结。相信我们的决策与部署是正确的，这是

① 王亚权主编：《蒋夫人言论集》上集，第61—62页。
② 秦孝仪主编：《革命文献》第95辑，第372页。

以战止战，以革命精神与力量，严正对付叛乱及反革命势力的方法，必须兵临城下，全国后方安定，才可派人乘飞机前往西安，和平谈判，营救领袖。”① 这也是黄埔军人不同于国民党中央却与宋美龄相一致的地方。

第三节　宋美龄力排众议的有力后盾

一、各国对事件的反应

有位外国记者说：“自1911年清王朝被推翻后，中国曾经经过了不少的变乱；但是无论哪一次的变乱，都没有1936年12月12日的西安事变，在中国国内和国际间，引起那么重大的反响。”② 那么，国际上的重大反响对西安事变的解决有何影响呢？让我们先来看看各国的反应。

西安事变的当晚，蒋介石被劫持的消息已传播于全球。英国广播公司（BBC）广播称：“张学良部队在西安叛变，蒋委员长被劫持，张学良有电报给中央，要求三件事，第一对日作战，第二联俄联共，第三改组政府，同时有电报给蒋夫人，保障蒋委员长的安全。”③ 翌日，各国报纸纷纷在头版以大字之标题报道了这一新闻。然而，除了上述信息外，其他的一无所知，蒋介石是否还活着也不得而知。于是各种猜测、谣传纷起，报上消息光怪离奇，如：“有的报纸讲委员长被劫持时，正在开军事会议，所有参加会议的高级将领一律被扣；有的报纸讲中央军队和张部叛军已经发生接触，战事正在进行；有的报纸讲张学良这次举动事前得到冯玉祥、宋哲元、李宗仁等人的同意，所以他有这样胆量；有的报

① 秦孝仪主编：《革命文献》第95辑，第372页。

② ［美］约翰·鲍惠尔：《西安事变的国际情势——上海密勒氏评论报主持人鲍惠尔回忆录之二十四》，尹雪曼译，《传记文学》第十九卷，第一期，见秦孝仪主编：《革命文献》第95辑，第390页。

③ 程天放：《西安事变——使德回忆之十》，见秦孝仪主编：《革命文献》第95辑，第400页。

纸甚至讲西安已成立共产政府，权力都在共产党手里，张学良不过是个傀儡。”① 自然，一切谣言和不实报道，不能令人满意。人们迫切想知道事情的真相。各国基于各自在中国的不同利益，对于事变有着程度不同的反应。在世人眼中，最关注西安事变的就是日本和苏联了，甚至怀疑它们参与了西安事变。

的确，日本对西安事变的进展最为关切，《申报》对日本的报道也最多。1936 年 12 月 14 日，《申报》以“各国关心陕事”为标题，首度报道了各国对事变的反响，其中关于日本的就有三条内容，其他如英、美、法、意等国各有一条消息。据来自东京的报道称：“西安叛变消息，于昨晚（12 日）深宵抵此，各方均表示震惊，不仅晨报均以头号大字刊载此来自沪京平等地之惊人消息，各报今日且多出号外，至二次三次之多，新闻记者及关心中国事务之日本人民，咸趋此间中国大使馆探询情况。今日虽值星期假日，海军省首脑部于今日午后集议，讨论将来之态度，同时外陆二省亦分别集议表示至热切之注视，及欲明了因西安叛变所引起真实情势之热忱。一般观察，佥认为日本之重行策划其对华政策，全系于目前西安叛变之结果，但现时则维持等待观望态度。”“日本官方接西安事变消息后，颇为震惊，竟日开会讨论局势，备见忙碌。”② “据半官式宣布会议决定如下，关于张学良之叛变，日政府不仅须等待正确之消息，且亦不应采取利用中国乱事，而为日本图谋，或易滋误解之任何行动，故日本目前应止于静观事态之演变，而避免积极行动云。又称上述方针，已获得陆海二省之完全谅解。”③ 外相有田则拟于 14 日向广田首相报告上述决议，并经 15 日三相会议及阁议正式核准后即训令驻华各机关遵照。

与此同时，日驻华使馆不断派员赴中国外交部探询消息。14 日下午，日大使馆一等秘书须磨至中国外交部，访亚洲司司长高

---

① 程天放：《西安事变——使德回忆之十》，见秦孝仪主编：《革命文献》第 95 辑，第 402 页。

② 《申报》，1936 年 12 月 14 日，第 4 版。

③ 《申报》，1936 年 12 月 15 日，第 4 版。

宗武，探询西安事变真相，并就中日外交问题交换意见，谈话约1小时。15日，须磨以总领事身份至外交部访问张群部长，代表川越大使询问西安事变之情况。日驻津军部则及时商讨因应方策，日驻华各地武官、特务机关等纷至天津请示或商量时局对策。

显然，日本政府十分关注事态的进展及其造成的影响。它不仅和其他国家一样对西安事变的发生十分惶惑，而且比他国更为关注事态的进展，因为日本与西安事变的发生有着直接的关系，张学良、杨虎城提出的八项主张的核心就是“合作抗日”。九一八事变以后，日本不仅侵占了中国的东北三省，并不断由东北向西进行军事扩张，中国国内的抗日呼声因此日趋高涨，1936年的中日关系已接近于崩溃边缘。鉴于中日间的紧张关系，及一时扑朔迷离之中国政局，日本政府及各方皆主张对事变采“静观政策”，以待情势明朗后再行确定未来之对华政策。不过，媒体的报道已显示日本方面并非一味消极地等待观望，他们较快地确定了因应方针并采取了一系列措施，只是未借机进一步生事。

西安事变发生后，日本没有乘机扰乱，主要有两怕：一怕刺激中国人民激昂的抗日情感，以促火上浇油之危险；二怕刺激南京政府与张学良妥协。为此，日本政府很想了解南京政府的态度，尤其是12月18日蒋鼎文由陕返洛以后，很想了解其所携回南京之信函内容，更关切南京政府处置西安事变之方策，却不敢逼迫太甚，不敢轻举妄动，正如驻日大使许世英所说他们已觉悟到“对华压迫，不啻为渊驱鱼，促成中国赤化”。不过，南京与西安的妥协是他们绝不愿意看到的。为阻止南京与西安的谈判，日本政府不断给南京政府施加压力，企图影响事变之解决方式及结果。《朝日新闻》12月15日的社论中有这样一段话：“日本希望中国投顺：日本所希望对于华北特殊化的谅解，以及防共协定是怎样有具体性，而且是立足于紧急必要的基础上的，这于今日一天天地明了起来了。我们期待国民政府速了此种不幸的事件，然后根据重新考虑的基础，以再谋问题的新解决方法。此刻要请中国方面特别注意的是，对于目前的困难，切不可走错了路径，若只管依靠欧美苏联，将来会要招致不可收拾的破局。”① 当宋氏姊妹已然赴陕而“讨逆军”待命围攻西安之际，川越大使于12月24日下午至军政部访何应钦部长，“探询讨逆军事”，何告以“本人惟知道循中央政府既定方针办理”②。日本政府虽期望在反共的基础上与国民政府继续“合作”，却还不敢贸然以武力逼迫，以激起中国人民及国际社会的一致申讨。

此外，中国国内局势的相对稳定，也未给日本以趁火打劫的机会。驻日大使馆丁绍伋12月26日致外交部的电文中，对日本政府未采用武力手段及可能改变对华方针做了如下分析：“伋昨日抵东京，日人对华观念因陕变发生，稍有转变，彼见中国秩序如常，金融安定，始知中国爱国者甚多，虽有困难，愈形团结，加以英、美援助，故遭空前事变未至瓦解，对中国人不敢轻视，且痛诋日政府对华观察错误者，颇不乏人。又因中国人在绥远作战异常忠勇，若中、日开战，日军必有牺牲，加以近日□□□□之声浪渐高，果成事实，中、俄两国皆为日本之敌，军部虽骄，不能不有顾虑，已有提议改对我方针，采用柔软手段，以排俄防共为条件，不反对国民政府者，东京政府确有暂不扰乱华北之意。”③

西安事变的发生，不仅令日本政府紧张，也令中国政府紧张南京政府最担心的是日本于此时加紧扰乱，正如当时代任行政院长的孔祥熙所说：“外交方面，除将中央决策大旨通知我驻外使馆外，并嘱其探询各驻在国政府之意向，以及舆论之反应，尤以对苏联对日本之探询为急要。”“盖余最虑日本如在此际加紧扰乱，将使张、杨兵谏之举，转得国内外之同情，而‘共匪’遂亦将利用张、杨，实现其赤化之毒计，不特蒋公不得出险，全国秩序亦将随而混乱。余兼掌财政，首须安定金融，尤虑日本乘机扰乱，促成物价波动，使我政府应付全局，更臻困难”。为此，孔祥熙

---

① 中国社会科学院现代史研究室编：《西安事变资料》第一辑，第209页。

② 天津《大公报》，1936年12月25日，第3版。

③ 朱文原编：《西安事变史料》第一册，第398页。引文中四个“□”系原文记录，据《西安事变史料》说明，“本史料中，因纸张破损、文字脱漏，或因字迹模糊致无法辨认者，以‘□’标示之”。

"派樊光与日本喜多武官晤洽，并召须磨总领事到寓，告以日本政府应约束在华浪人，勿在此时再酿是非，使抗日情绪愈张，致启两国之兵戎。"①

1936年12月16—23日，驻日大使许世英五次密电孔祥熙，报告日本政府的态度与行动：(一)"日首相、海相、外相、陆相今日（12月16日）协议，以西安事变中之日本动向，将使中国全局有重大影响，欧美将极深注意，故有暂时静观形势进展之必要。出巡官宪应严戒轻举妄动。业于本午由海、陆、外及首相发出通电。"(二)"昨日（16日）外、陆、海各局长会议结束，对西安事件，严重监视其演变，万一日侨生命财产有危险之虞时，决定采临机适当之措置……三省意见，以此时对华经济机构，决有积极援助合作之必要……社大党昨声明，谓西安事变为中国之不幸，如由此惹起军阀对立之争，决非如浅见者所称之可喜现象。倘中国由此而更采容共政策，则日本受害匪浅，日本应清算过去对华政策，对中国民族统一国家建设适当采援助之方针。"(三)"本日（19日）午前11时，有田（时任日本外相）约谈，首称蒋鼎文携带张学良所提条件到京，中央政府是否与张妥协？……张条件内容如何，日本自不便勉强奉询，以免有干涉中国内政之嫌……中国政府应付难局，不胜同情。"(四)"广田（日本首相）本日（23日）在枢密院会议报告，对西安事变决采不干涉方针。倘国府与张学良以容共为妥协条件，日本则予断然排击。"根据日本政府的这一系列动作，许世英提出了他的看法，他的第五次密电即是他的一个意见："日本放弃武力政策，曾经迭电奉陈。兹采得各重要方面，确有觉悟，以为对华压迫，不啻为渊驱鱼，促成中国'赤化'，应即改变基本政策。海军对此主张甚力，陆军亦已同意，业经迭命严戒，并令各线全行中止。绥边战事，纯系田中隆吉等特务机关所为，日本政府未经同意，亦令即时中止……宇垣如组阁，对华政策可望实行亲善提携。"孔祥熙虽不像许世英那样对中

---

① 孔祥熙：《西安事变回忆录》，见秦孝仪主编：《革命文献》第94辑，第125、128、126页。

日关系之改善抱有希望，但至少日本的行动减少了他的顾虑。“日本不致承我领袖蒙难之际，加紧扰乱，或酿造其他事变，则余前向驻华日使馆要求之旨趣，显已收有效果。此为使余心引为安慰者……今日日本军政有力首脑既尚有不为已甚之表示与行动，对外可减少一层顾虑。”①

在世人眼中，西安事变的发生或许对日本有利，如英国《泰晤士报》曾发表评论称：“张学良背叛行为，或将有利于日本政府。”美国也担心张学良的行动将给日本侵略中国以口实。对于苏联，欧美有多国怀疑它是张学良的后台。如来自意大利的报道称：“关于中国陕西省西安城事变，政界人士顷纷纷加以评论，咸谓此乃第三国际活动所产生之新形势，各报并以大字标题，在封面登载事变消息，其中《罗马人民报》载称，此次事变‘实乃共产党在远东从事煽动之结果’；《使者报》载称，张学良自数月以来，即欲与莫斯科合作；《意大利民声报》名记者盖达宣称，‘张学良所耗费之金钱与军械必系取给于苏联，自无疑义’。”②德国各报以西安事变乃系苏联所策动为言，具体如《法兰克福日报》评论说，张学良与苏俄携手，企图颠覆蒋介石之势力。也有英国媒体认为苏俄与西安事变有关：“因为苏俄希望把日本军队对西伯利亚，以及对苏俄强占下的外蒙古的压力，转移到中国中央政府方面。除此之外，苏俄并热望日本陷入中国战场愈深愈好；因为这样必然会引起日本跟英美两国的冲突。虽然莫斯科方面对此曾加否认，但是莫斯科是西安事变发生的一个主要角色，可说是很明显的。”③南京政府也怀疑苏联与此次事变有关，并很担心其接下来可能采取的行动。为此，孔祥熙在回到南京的当日下午，即特召苏联代办至其寓所，希望其转告苏联政府不要采取有害于蒋介石的行动。“余于13日下午，已特召苏联代办来寓，告以西安之事，外传与

① 孔祥熙：《西安事变回忆录》，见秦孝仪主编：《革命文献》第94辑，第126—128页。

② 《申报》，1936年12月14日，第4版。

③ ［美］约翰·鲍惠尔：《西安事变的国际情势——上海密勒氏评论报主持人鲍惠尔回忆录之二十四》，见秦孝仪主编：《革命文献》第95辑，第397页。

共党有关，如蒋公安全发生危险，则全国之愤恨，将由中共而推及苏联，将迫我与日本共同抗俄。故促其速告苏联政府，并转知第三国际注意。”① 紧接着，驻苏大使蒋廷黼的四个报告打消了孔祥熙对苏联的顾虑。蒋廷黼报告如下：

（一）

职近于两日内（16、17两日）见李委员长（李维诺夫）、斯副委员长及鲍大使，与谈西安事变，彼辈均认为不幸，对我极表同情，并盼事变之早日解决。我政府对日交涉之趋强硬，及在绥远之抵抗，彼辈均引为幸事。职问李维诺夫，能否于此事变除在其机关报发表有利于我之言论外，更进一步予我以协助？李即直说，自张学良离东北以后，苏联与其毫无关系，爱莫能助。

（二）

本日（15日）《真理报》关于西安事变著社论，略云：南京政府方面团结国内一切力量，向抗日之途径进行，乃反动派顽强阻遏此种运动，张学良所部叛变之原因，应于此中觅其解释。张学良固曾有抵抗日本之一切机会，乃彼抱不抵抗主义，不战而将东北各省拱手让于日人，现乃转以反日为号召，此乃投机，事实上将促成国家之分裂，沦中国为外国侵略之牺牲品。前广东军阀亦尝以反日运动为护符，实际上乃为日本军阀之帝国主义作伥……日本军人认蒋氏统一中国之进展，对于日本奴化中国之计划，有致命危险，故教唆中国将领，反对南京政府，必要时且不惜假借反日口号，日本报纸意欲嫁祸于人，素习造谣挑拨，谓张学良政府已与苏联缔结军事同盟，此种虚构杜撰之谣言，实自暴其丑。苏联严格不干涉他国内政，与惯于造成傀儡之政策，绝不相同。中国人民当不致

① 孔祥熙：《西安事变回忆录》，见秦孝仪主编：《革命文献》第94辑，第126页。

为日本挑拨者及卖身之汉奸所欺。

（三）

本日（14日）《消息报》关于西安事变之社论云：张学良向南京政府提出要求，包括对日宣战及联共等项。此类要求，仅属发动之烟幕，实际上为中国人民阵线之打击，及中国对外抵御之破坏。自蒋氏执政以来，中国已逐渐集中力量，显足表示其领导国防之准备与能力。张学良之反动，足以破坏中国反日力量之团结，不独为南京政府之危险，抑且威胁全中国，虽假借反日口号，适以便利日本帝国主义。夫反日人民阵线，仍系与南京合作之阵线，毛泽东于其发表密勒周报之文字中已直言其事。张学良之举动，其最近影响，即新的内战之爆发，亦即日本所急欲利用机会以做更深侵略之举者。无怪前此日方消息，首谓南京拟将张氏撤职，此次则谓张与苏联缔结攻守同盟。此类挑拨，最好答以“此事究竟对谁有利?”但中国人民当能洞烛日本帝国主义之奸秘。

（四）（12月17日）

李维诺夫见面即言：余愿趁此机会向君抗议。中国政府禁止报纸登载《真理报》《消息报》社评及塔斯社否认日本谣言之声明，表示中国政府疑虑苏联与张学良有关，此种猜疑，实不友谊。余前已告君，自张学良让出东北后，苏联与彼即无关系。在莫斯科虽有中国共产党如王明（按：即陈绍禹）等，然苏联政府不与彼辈发生关系云云。职答以我政府禁止登载社评，本人尚无所知，惟张学良与中国共产党有关，而共产党与第三国际有关，此乃显（鲜）明事实。李维诺夫即言：第三国际与苏联政府无关。职答此乃苏联一贯之立场，但世人皆不之信。李云：苏联将始终维持其立场，无论世人之信与不信。职告以张逆叛变，影响甚大，如不设法制止，势将演成西班牙式战争，谅非苏联政府之所愿，故颇望苏联能协助解决此事。李云：惟一协助方法，在使中国共产党知道苏联政府态度。今中国政府反而禁止登载，我无他法，并将向南京政府提出严重抗议。①

《真理报》与《消息报》素为苏联宣传政策之喉舌，孔祥熙以为“其社论之发表，皆在西安事变两日之后，尤足断定此论必先经苏联政府缜密考虑始表示态度者”，根据《真理报》《消息报》所发表的消息，孔祥熙欣慰地确认苏联政府当时的对华政策是联蒋遏日，并不认可张、杨之举：“第一可证明者，苏联政府当时所谓之人民阵线，乃为与南京中央政府合作之阵线，则苏联是时之国际策略，显为联蒋以遏日而非倒蒋以战日。第二可证明者，苏联政府并不认为张、杨为与党，而反斥其为汉奸，不认其抗日为有诚意，而反指其抗日为助日之烟幕。”② 李维诺夫的谈话进一步证实了苏联政府对于事变的态度。

苏联政府的态度或许出乎孔祥熙之意料，却是苏联的必然之举。首先，在反共意识形态弥漫世界的情况下，作为当时世界上唯一的社会主义国家，苏联的处境是比较孤立的。而且，希特勒紧锣密鼓的整军行动更使它关注西线战事，虽然与日本对于中国之争夺由来已久且日趋激烈，但此时的苏联已无力与日本周旋于东亚。西安事变的发生，使它身不由己却是很自然地成为舆论谴责的对象之一。为免除日本猜疑与世界注目，苏联的首要之举就是撇清自己与西安事变的关系，甚至痛斥张学良。其次，苏联亦不愿看到中国发生内乱，因为那样只会有利于日本，如苏联政府机关报《伊斯维希亚报》评论西安事变时称：“张学良虽宣称具有反日情感，然在目前情势之下，彼此种行动，实仅有利于日本帝国主义。”③ 苏联甚至认为日本对此次事件有背后策动之嫌，诚如《消息报》12 月 27 日社论称：当中国国内和平前途十分危险之时，日本帝国主义曾竭尽能力，一方面使南军政府与张学良

① 孔祥熙：《西安事变回忆录》，见秦孝仪主编：《革命文献》第 94 辑，第 128—131 页。

② 孔祥熙：《西安事变回忆录》，见秦孝仪主编：《革命文献》第 94 辑，第 130 页。

③ 《申报》，1936 年 12 月 16 日，第 4 版。

发生战事，另一方面则利用此种形势变南京政府为其宰割中国之工具。

在得知苏联政府的态度后，孔祥熙原本对苏联的焦虑得以释然，不过他也清醒地意识到“当时苏联并非真有厚于我”，苏联是怕在共同的“反共”目标下南京政府会与日本走到一起，“苏联政府虽不心喜蒋公统一政府，而却更惧中国政府之联日，故于熟权利害之下，认释蒋为有利”[①]。

除了苏联、日本以外，美、英、德、意、法等国对西安事变亦表示关注。自九一八事变以来，日本对中国的侵略已打破了列强在华均势，日本的侵华之举无疑将直接影响各国在华利益。

据报道，美国最初的反应是：“此间官方尚未得关于西安事变之正式消息，故不愿发表任何批评，惟对于此项突如其来之事变，非常惊奇，若干方面则以为局势或不致为最初传来之严重。”[②] 1936 年 12 月 14 日，美国国务院官员称，美国对于远东仍维持绝对不干涉政策，至对于中国时局，则仍候消息，并称正在搜集详细情报。与此同时，美国媒体纷纷就此事发表评论。《民声讲坛报》14 日社评：“蒋介石素主‘剿共’，因而日本鲜能获得口实以侵略中国。反之，张学良此次行动，适足以肇害中国；而西方各国在远东保有利益者，亦为之感觉不安矣。”[③] 据中央社纽约 17 日哈维斯电，《纽约时报》评论陕变称：“蒋介石将军虽已失去自由，但中国政局仍为彼所控制，全世界闻讯之余，咸皆为之震惊，足见全世界均认蒋氏为中国最大领袖，而自动推崇之。至谓日本欲毁灭蒋氏，则难于置信，即苏联阴谋之说，亦无证据可举，因而日苏两国发生纠纷一层，自可望加以避免。”[④] 肯定蒋介石，批评张学良，担心张此举给日本侵略中国以口实，基本是舆论界的一致意见，诚如《芝加哥论坛报》的社评所说：“蒋氏乃中国最有希

---

① 孔祥熙：《西安事变回忆录》，见秦孝仪主编：《革命文献》第 94 辑，第 132 页。

② 《申报》，1936 年 12 月 14 日，第 4 版。

③ 中国社会科学院现代史研究室编：《西安事变资料》第一辑，第 217 页。

④ 《申报》，1936 年 12 月 18 日，第 4 版。

望之人物，且勇敢有为，今遭此困，不仅中国，即全世界亦受其影响。”[①] 1917 年创刊于上海，以报道、评论中国和远东的政治经济时事为主的英文政治周刊《密勒氏评论报》，在《关于西安事变之评论》中对于张学良此举之原因做了分析，并对事变之解决方式提出了意见和希望，文中说：“张氏此次突然叛变，公然劫持以一身系国家民族安危之领袖，其用心殆不可解，惟不论其动机如何，自解如何，其敢于犯上作乱，实自绝于国人。张氏集团虽家仇于一身，宜其应善以自处，殊乃竟不出此！”“关于与‘共匪’合作问题，蒋、张意见不一，早为公开之秘密，蒋委员长一贯主张继续‘剿共’，彻底肃清‘共匪’势力，而张则坚决反对，要求与‘共匪’携手。”“中国政府应否与‘共匪’合作一问题，一般意见，颇有分歧。诚然，团结一举，集中力量以御侮，固有利于中国，然如何可得此团结，则必须内审国内环境，外察国家情形，由政府周详熟计而后决定之。若冒昧将事，如张氏之所行，惟有陷国家于危境也。况张氏如必认为联共之策，有利于国家，尽可采取更合法理之办法，何必定诉诸武力，劫持统帅，以要挟政府乎？张氏此举，实荒谬绝伦，其结果，恐非仅张氏一人之不幸也！”“为应付此危局，南京政府已采取迅疾而直截之步骤，下令褫张学良之职务，并交军委会惩办。似此严重之事态，确须严重之处置，惟吾人之意见，蒋委员长尚陷叛军手中，政府似宜所示宽大。盖恐操之过急，影响蒋委员长之安全也。所幸张氏尚极推重蒋委员长，曾电京一再担保蒋之安全，此为一种机会，宜先竭尽全力以谋各种解决之方，以营救蒋委员长安全出险也。”[②] 该评论与宋美龄的思想甚为相似。

由上述报道可见美国的态度：既不想介入远东事务，又要维护其在中国的利益，惟望南京政府能够尽快解决事变，营救蒋介

① 国民政府军委会：《西安事变全国舆论会刊》，第 116 页。见朱文原编：《西安事变史料》第一册，第 381 页。

② 国民政府军委会：《西安事变全国舆论会刊》，第 116 页。见朱文原编：《西安事变史料》第一册，第 381—382 页。

石出险，不给日本以任何侵略的借口，同时也不希望日本与苏联发生纠纷，希望远东维持和平。当得知蒋介石脱险之消息后，美官方认为此乃“最佳消息”，他们认为“蒋氏此后当能使远东时局趋缓和”①。

英国，这时国内正发生了一件出人意料的大事件，即英国国王爱德华八世退位，乔治六世继任，英国人认为这是一件几乎影响到它在远东庞大利益的危机，上海的《字林西报》刊载这件新闻的大标题是：“英国人民目瞪口呆，日不落国毁于女人”。仅隔一天，中国发生了更出人意料的事件。英国虽像其他国家一样对事件表示了关注，但爱德华八世“不爱江山爱美人”之举动对英国人的震动实在太大了，英国人一时有些无暇顾及远东的危机。据报道，英国“著名远东权威称，此为中国所受不良之打击，但非为致命之打击，渠确信中国政府决不因此积发展之结果，而骤然与日本开战，中国政府足能应付大局，渠意戡平叛变，不致有大困难”②。12 月 15 日，英国下议院召开会议时曾议及西安事变，外相艾登答复问话时仅称，他已接得驻华大使许阁森爵士关于此事之报告，内称中央政府已接得中国各处表示拥护中央之函电，此外未有消息，艾登亦未做评论。③ 就媒体报道看，英国政府对于西安事变未多做关切和表态。

英国媒体则同各国媒体一样，对于这个重大的新闻事件颇多关注，并接连发表相关评论。《字林西报》12 月 15 日发表社论《一个严重的威胁》，文中指出：“这次事变与其说增强无宁说削弱中国抗御外侮的力量。”“这种局势是否能由订约的方式来完成，必须留给将来事变的进程来决定。”文中批评了共产党，但不希望中国发生内战，认为南京政府“并没有错误地认为新世界可以依靠集体屠杀和系统的恐怖主义所能造成的”，“在这个时刻，也还没有理由对西安事件抱绝望的观点……许多地方要借重端纳先生

① 朱文原编：《西安事变史料》第一册，第 402 页。
② 《申报》，1936 年 12 月 14 日，第 4 版。
③ 《申报》，1936 年 12 月 17 日，第 4 版。

的才能来担起这个局势”①。《泰晤士报》评论说：“张学良背叛行为，或将有利于日本政府”②。12 月 22 日，天津英文《泰晤士报》评论西安事变，认为“中国应维持国家纪律，政府不应对叛逆屈服”，文中大意略谓：“中国的目下之危机中，有一点特别重要，即应不惜任何代价，维持国家纪律，不论哪个国策，国家的统一与纪律，是绝对不可动摇的。这次西安事变，无论如何辩解，总是破坏统一的，这种破例的土匪式的政变，不是日人俄人乃是中国人自己所干的。中央政府处置此次事变，在国策上决定不予任何让步，可谓贤明，而且必是不可少的办法，中国曾为自身之最可怕的仇敌，中国人若不自己败坏自己，别人是不容易打败中国人的。蒋委员长之被留西安，已引起广远的愤怒，博得遐迩的同情，叛逆的威吓他已拒绝，倘是南京方面为着他的安全而对叛逆屈服，他当为第一个抗议之人。”③ 总之，英国舆论认为此次事件对于中国之统一及繁荣十分不利，希望中国政府能尽快解决事变，有媒体表示愿看到南京与西安的和平谈判，也有媒体表示“政府不应对叛逆屈服”，不同政派表示了对事变处理的不同意见。

法国，在惊闻西安事变之消息后，各报舆论皆十分重视。据《申报》转载：“此间各报均在封面登出消息，但因得讯太迟，多未能加以评论。其中急进社会党《共和报》，对于此次事变表示焦虑，深以引起严重之影响为念。”④ 得到更多信息后，媒体对张学良此举作出分析评论。“此间各报，对中国最近政变，皆有长篇记载，并认为系莫斯科之策动。《独立报》谓此次政变，将引起国际冲突，《晨报》特别指出，张学良将军之第一项要求即为联俄抗日，继谓苏俄干涉远东事件之危机，实不下于其干涉西班牙之危机。此次事变，筹谋已久，结果当极严重，如日本军部因此而迫广田首相辞职，则更为危险。每日报纸标题，则直书‘苏俄在远

① 中国社会科学院现代史研究室编：《西安事变资料》第一辑，第 213—214 页。
② 《申报》，1936 年 12 月 17 日，第 4 版。
③ 《申报》，1936 年 12 月 23 日，第 4 版。
④ 《申报》，1936 年 12 月 14 日，第 4 版。

东挑战’。惟共党机关之《人道报》，则载共党参议员卡辛一文，谓法国工人当注视中国政变之发展，因其对今日世界政局有巨大之影响。卡氏继谓国际共产党杂志九月份中载有中国共产党成立十五周年纪念之文字，请中国工人组织反法西斯集团，实行反蒋抗日，由此可证明第三国际之深谋远见。”[①] 12 月 17 日，《申报》转载 16 日哈瓦斯电称：巴黎“各报顷就中国陕西省西安城事变，赓续加以评论，其中共产党机关报《人道报》载称：‘张学良与其日本主人翁均已失算，自属实情，张学良此种行径，利于日本，而有害于本国，中国民众自必知之也。’急进社会党机关报《事业报》载称张学良此种暴行，妨害中国统一，甚或促使中国四分五裂，此乃日本所求之不得者，似此，张学良所为，名为维护共产党，实受日本驱使，亦非不可能，缘日本若有一日能昭告世界曰，共产主义在中国境内甚为活动，自可从中国牟利也”。代表不同党派之媒体，或谴责苏联，或谴责日本，皆对西安事变可能引起的动荡表示焦虑，为中国前途计，希望蒋介石能尽早获得自由。

据《申报》及《大公报》之报道，未见法国政府之表态，只报道了法国驻华大使往访外交部慰问之消息，“十四日上午十一时驻华法大使鄂齐亚，访外交部徐次长，对西安事变及蒋院长安全，表示关切”[②]。12 月 18 日，驻法大使顾维钧对中央社记者发表谈话，说及法、英等国政府的态度，略谓：“英、法、苏等国出席国联代表对我国最近迭次声明政治已臻统一，乃竟发生此种不幸事件，皆引为惊异，并表示遗憾。为中国之利益幸福及远东国际间之安定起见，各国代表均盼蒋委员长早日恢复自由，继续从事建设工作，及以统一国家为后盾，努力国防云云。”[③]

德国，在不久前的 11 月 25 日，刚和意大利、日本在柏林签订了《反第三国际公约》，目标即针对苏联和第三国际，而且，德国和意大利、日本曾经极力压迫中国参加他们的反共同盟。然而，

① 天津《大公报》，1936 年 12 月 16 日，第 4 版。
② 天津《大公报》，1936 年 12 月 16 日，第 4 版。
③ 天津《大公报》，1936 年 12 月 19 日，第 3 版。

西安事变发生后，德国对事变的反应却比较迟钝，《申报》14 日以“各国反应”为题的报道中惟独没有德国的任何讯息。据 12 月 15 日中央社南京电：“十五日下午四时驻华德大使托德曼，访外交部徐次长，表示对西安事变之关怀。”① 12 月 15 日，中央社柏林电“德国报纸关切中国统一及经济开发问题”，内称：“此间各报对中国政变仍多讨论，各报皆以消息混沌真相难明为憾。惟对中国之统一及经济开发，将不免因此而遭受阻碍，则一致表示关切。尤恐其因此发生国际纠纷。《佛朗克府日报》（有的译为《法兰克福日报》）谓，张学良反复无常，此次与苏俄携手，并非由于其对共产主义之信仰，仅系企图颠覆蒋介石将军之势力云。”② 17 日，《申报》以“外报评论一斑”为题的报道中，转引哈瓦斯电称：“德国舆论方面意见亦颇混沌，各报仍以西安事变乃系苏联所策动为言。”12 月 19 日，德国国防部长柏龙白电慰蒋夫人，原电云：“蒋夫人钧鉴：委座危境，柏日夜系念，无任慨惜。因久望此次事变确能迅速解决，故未早日奉电夫人慰问也。柏谨以至诚，敬祝委座充分健全，早日出险，从此益增力量，以领导广大之贵国，是所至祷。柏龙白叩。”③ 12 月 21 日，中央社汉堡海评电称：“此间东亚评论杂志，顷论中国之西安事变，谓蒋介石将军为世界公认之中国统一运动中心，因蒋氏之努力，中国国内纠纷已告结束，真正统一，即在目前。此外，蒋氏对于国家建设，亦有惊人之成绩，外交上之收获大有可观。故蒋氏实为中国公认之领袖，中国在国际地位上之重心。张学良此次叛变，与陕甘共党自有联络，然最大原因，则似为金钱，因张氏屡次要求增加军费，皆被拒绝也。该杂志希望蒋氏能于短期内脱险，继续负军政重责。然谓最近数星期内，中国情势之演变，实不能预言云。”④ 德经济部长沙特 21 日致孔祥熙电：“贵国最近西安事变，向为沙所极敬仰之蒋

---

① 天津《大公报》，1936 年 12 月 16 日，第 4 版。
② 天津《大公报》，1936 年 12 月 17 日，第 3 版。
③ 天津《大公报》，1936 年 12 月 20 日，第 3 版。
④ 天津《大公报》，1936 年 12 月 22 日，第 3 版。

委员长蒙难，沙焦忧良深。惟望一切妥善解决，委座事业获竟全功，关切鄙诚，尚祈清督，并转达委座为感。”① 综合上述报道，德国的反应可以归纳为两点：一是怀疑事变系苏联所为；二是拥戴蒋介石，希望一切妥善解决。

意大利的反应与上述各国略有不同，其媒体对事变的报道追随日本官方舆论的基调。在得知消息的第一时间，意政界及报纸即发表评论，矛头直指苏联。据哈瓦斯 13 日对罗马的报道称："关于中国陕西省西安城事变，政界人士顷纷纷加以评论，咸谓此乃第三国际活动所产生之新形势，各报并以大字标题，在封面登载消息。”② 12 月 17 日，《意大利日报》发表著名记者盖达文章，略称："此际中日两国，若能推行协调政策，实属最为明哲，且有实际利益，反之任何企图，凡以妨害此种政策为能事者，必系以破坏性质的野心为背景也。”③ 12 月 21 日，意大利外交部长齐亚诺④致张学良电："阁下为吾挚友，倘参加共党，即为吾敌。须知中华民国苟无蒋介石将军，则难于自存。”⑤ 显然，意大利政界及舆论的反共、反苏意识非常强烈，虽然支持蒋介石，但希望中国与日本达成妥协。有意思的是，西安事变和平解决后，意大利报界谓“此次事变之解决，意国实与有力焉”，因为意外长齐亚诺曾致电张学良，“坚劝张学良速将蒋委员长释放”。当然，他们亦表示欣见中国“目前无复发生内乱之虞”⑥。

综合上述各国的反应，可做以下几点小结：

其一，各国虽关注事态之进展，却无介入之意。时在中国有较大利益之争的日、苏两国，在外人眼里或与事变的发生有牵连，两国也彼此猜疑对方与西安事变有染，因怕惹火烧身，均谨慎从

① 《中央日报》，1936 年 12 月 23 日，第 3 版。

② 《申报》，1936 年 12 月 14 日，第 4 版。

③ 中国社会科学院现代史研究室编：《西安事变资料》第一辑，第 212 页。

④ 齐亚诺是墨索里尼的女婿，曾任驻华公使多年，与张学良有交谊，1933 年张学良游欧旅居罗马时，曾是齐亚诺位于托斯卡纳卢卡附近庄园的座上客。

⑤ 《中央日报》，1936 年 12 月 23 日，第 3 版。

⑥ 《中央日报》，1936 年 12 月 28 日，第 4 版。

事。日本极不愿意南京与张、杨达成妥协，为此给南京政府施加了一定的压力，但忌于全中国高涨的抗日情绪，国民党内主和派的强力抵制，以及国际社会对它的关注，不敢轻举妄动，亦不敢对南京政府逼迫太甚。至于苏联，孔祥熙以为“苏联政府虽不心喜蒋公统一政府，而却更惧中国政府之联日，故于熟权利害之下，认释蒋为有利”。因此，孔祥熙认为“此事不致酿成国际战争”，这就使南京政府可以专意致力于内部之对付张、杨。

其二，就各国的反应看，无一例外地谴责张学良劫持蒋介石的行为。多数国家还指责张、杨破坏了中国的和平统一，造成了中国发生内战的危机，甚至给日本侵略中国以口实。其中，张学良迫切希望得到支持，而外界也怀疑其为西安事变之后台的苏联，对张学良骂得最凶，这对张学良无疑是一沉重的打击，在西北另立新局面的计划因得不到有力援助而不能再加考虑了。从某种程度上讲，苏联的态度推动了谈判的进程。

其三，国际社会对张学良的一致批评，除苏联以外一致的反共态度，使张、杨颇为孤立。不过，除日本外，各国政府均不希望南京政府因反共而对西安发动战事，或许有媒体表示支持南京政府的强硬姿态如英国媒体，或许有媒体表示希望中日妥协如意大利媒体，但冀望南京政府以妥善方式尽快结束这种危险的、可能导致内战的局面，实为国际社会普遍的呼声。英方代办的报告中称“中国使馆人员都忧心忡忡”，并担心“西班牙刚刚发生的一幕会在中国重演”，这或许是欧美各国普遍的担忧，于是，“各国纷纷采取具体应对措施。英国通过其驻南京使馆，召集意大利、法国、美国和日本外交官采取一致调停行动，确保释放蒋介石”①。可以说，以宋美龄为代表的主和派而非主战派的主张和行动，更符合国际社会对中国、对南京政府的期望。

---

① ［意大利］瓦尔多·费拉蒂：《意大利法西斯政府与西安事变》，罗敏译，见《近代史研究》2007年第2期，第110页。

二、家族内部的鼎力支持

蒋介石的“被劫持”，对宋氏家族无疑是巨大的冲击。在宋美龄与各方交涉、斡旋而备感心力交瘁之际，她得到了家族成员的安慰与大力支持。宋美龄在《西安事变回忆录》中对其家人有这样一段描述：“当余精神肉体忧劳交迫之时，孔部长及余两姊孔夫人、孙夫人与其他戚友，掬诚慰藉，爱护之情，至足铭感。然西安真相仍笼罩于消息沉积之中，悲剧之阴影，紧依彼等心头，则其慰藉之辞，亦黯淡甚矣。最可感者，孔部长兼代理行政院长之职，既代委员长为一国行政之首领，所处地位备感困难；然彼于谨奉职守之余，仍能充分同情余所坚持之主张。”“余竭全力求赴西安，孔部长与余之诸姊弟皆愿伴余同往，尤足感人。”①

事变发生后，大姐霭龄很快从上海赶到南京，将小妹接到孔家公寓，陪伴她共渡“难关”。二姐庆龄从国家和民族利益出发，为西安事变的和平解决而积极斡旋。西安事变发生的当天，宋庆龄即获知事变的消息。上海宋庆龄故居在整理宋庆龄遗稿时，发现了一份她关于西安事变的声明（英文打字稿）。声明如下：

> 中国目前处在战争之中，日本帝国主义军队正在入侵我国的绥远。考虑到现在国家正处在危急时刻，所有军队的当务之急是：求同存异，组成一个抗日的统一战线，任何企图阻碍此战线形成的做法都是在犯罪。
>
> 是什么促成西安事变的发生？目前还不大清楚。有一种说法认为，西安事变是由于张学良个人对蒋介石的不满引起的。然而，在一份电文中，张学良称，他惟一的目的是劝谏蒋介石同意建立一个统一战线，抵御日本的入侵。
>
> 无论张学良的动机是什么，所有爱国的中国人都会认为这是一次不幸的事件，因为它又将国家引入内战的危险之中，

① 王亚权主编：《蒋夫人言论集》上集，第62—63页。

而内战将导致更深重的民族灾难，同时也给日本的入侵提供了便利。

一些孤立的活动，如拘留、监禁、暗杀都不能解决根本问题，镇压大众的呼声和在另外一条战线上展开更大规模的内战只会把中国引向毁灭。中国目前正处在这样一个危急关头，她已不能在另一场法西斯内战中损失她的工人、农民、战士、市民和元帅。因为在反对日本帝国主义的战争中，更需要他们。

内战必须停止！这是我一贯的主张。面临日本入侵我国国门的危急时刻，个人的不同政见都必须放弃！

现在，另外一场南京和西安间的内战正在有逼进的危险。我热情地呼吁每一个中国公民尽自己最大的努力去阻止这样一场灾难的发生。让我们所有的中国人联合起来，抵抗日本的侵略，保卫自己的祖国。①

这个声明明确表达了宋庆龄对西安事变的态度和主张。她认为西安事变是蒋介石长期推行“攘外必先安内”反动政策的结果，绝不是什么“由于张学良个人对蒋介石的不满而引起的”；张学良发动事变的目的是“劝谏蒋介石同意建立一个统一战线，抵御日本的入侵”。故当孔祥熙前去请她签署一项声明，谴责张、杨，并要求无条件释放蒋介石时，宋庆龄明确回答说：“张学良做得对，要是我处于他的地位，我也会这样做，甚至还会走得更远！”不过，宋庆龄也看到西安事变有加大内战之危险，预见到事变发生后复杂的政治形势，为此，她不仅呼吁“每一个中国公民尽自己最大的努力去阻止这样一场灾难的发生。让我们所有的中国人联合起来，抵抗日本的侵略，保卫自己的祖国”，更置个人生死于度外，决定亲赴西安劝说张、杨释放蒋介石，条件是蒋介石答应停止内战，实行抗日。宋嘱孙科为其准备飞机，由于何应钦的阻挠，

① 尚明轩主编：《宋庆龄年谱长编》（上），社会科学文献出版社 2009 年版，第 325 页。

无法解决交通工具而未能成行。[①]

不管中共与西安事变的发生有何关系，国统区已充斥西安被“赤化”之报道和流言。了解中共以及张、杨的态度，无疑是谋求和平解决的首要步骤。据尚明轩主编的《宋庆龄年谱长编》记录，宋美龄曾恳请二姐与中共联系，以图了解中共对事变的态度和动向。宋庆龄立即与她所信赖的中共驻上海办事处主任潘汉年联系，将宋美龄的要求转告她，征询潘的意见。潘将中共中央关于和平解决西安事变的方针和已决定派周恩来等代表到西安参加协商谈判的消息告诉了宋庆龄，同时建议她劝宋子文等人前往西安，和张、杨及中共代表商谈，谋求事变和平解决。经宋庆龄的牵线，潘汉年从上海到南京，与宋子文、宋美龄进行了面谈。

在了解陕情乃至后来的三方谈判中，宋子文扮演了非常重要的角色，宋美龄在回忆录中有所记述，宋子文本人在日记中更详细记录了这一过程。有关宋子文在西安事变中的活动和作用，将在下一章中做专节详细介绍。

宋家兄弟姐妹能给予宋美龄的是家人的安慰与关怀，以及协助其了解事变的真相及发展情形。对宋美龄来说，当时最感急迫的是稳定南京政局、阻止对西安用兵。在这一方面，唯一能帮到宋美龄的是大姐夫孔祥熙。如前文所述，宋美龄固然可以对国民党中央、对黄埔系将领施加一定的影响，但她毕竟不在国民党中央和国民政府核心层，时任行政院副院长兼代理行政院长之职的孔祥熙则握有决策权。作为蒋介石的连襟，孔祥熙的一言一行备受各方关注，稍有偏颇即易受主战派之质疑、攻击。陈公博在回忆中对 12 月 16 日国民党中央政治会议中孔祥熙的表现有这样一段

---

① 这是许多著述中采用的一种说法。另有学者根据史料指出，宋庆龄并未主动要求赴陕。前一种说法源于著名的爱国民主人士、当年曾随宋庆龄一起工作的胡子婴的回忆文章《光耀日月，气贯长虹——回忆宋庆龄名誉主席在救国会时期二三事》，见人民出版社编《宋庆龄纪念集》。郑麦在《西安事变后宋庆龄是否主动要求亲赴西安》一文中，根据宋庆龄生前另一好友胡兰畦的《胡兰畦回忆录》，加以自己的分析，提出胡兰畦的回忆是可信的：希望宋庆龄、何香凝赴西安，谋求西安事变解决的办法，是李济深提出的，对此建议，何香凝只表示必要时可以赴西安，宋庆龄则没有表示要到西安去。

描述："孔庸之自然跟着蒋夫人主张和平解决的，因此给季陶大骂一顿，连连谢过不遑。庸之先生本来在会场上是素来盛气凌人的，或者因蒋先生被困西安，没有靠背罢，那时真是低声下气，变成了一个宽容大度的谦谦君子。"① 不管此话是否真实，至少反映了国民党内部分人士对孔祥熙的看法。

宋美龄在回忆录中所说的"然彼于谨奉职守之余，仍能充分同情余所坚持之主张"，是对孔祥熙在得知蒋介石被劫持至蒋介石回到南京的半个月中所作所为的高度概括和肯定。这句话明确传递了两层意思：其一，作为一国行政之首脑，孔祥熙充分地尽到了代理行政院长之职责；其二，孔祥熙同情并支持宋美龄的和平解决主张。众所周知，国民党内历来派系纷争严重。倒蒋活动此起彼伏，而此时蒋介石被困西安，国民党中央对于如何解决事变出现严重的意见分歧甚至彼此对立。在这样的情况下，要同时做到以上两点，对孔祥熙来说并非易事。那么，孔祥熙是如何帮到宋美龄（其实也是帮他自己），又不受反对派批评而得到各方配合、支持的呢？孔祥熙应对事变的举措大致可分为五个方面：一是发表了一系列公开谈话，以稳定人心、稳定社会；二是及时与各地军政首脑沟通，探询他们的态度，征求他们的意见，以获得广泛支持；三是积极争取、拉拢东北军和十七路军的将领，以削弱张、杨的军事力量，迫使他们尽快释蒋；四是一面私电张、杨，动之以情，晓之以理，一面当国民政府下达讨伐令后，以行政院代院长身份公开严词谴责张、杨，以说明中央下令讨伐张学良之必要；五是致函蒋介石，问候健康，汇报工作。以下做进一步的展开说明。

其一，发表公开谈话，以稳定人心、稳定社会。12 月 13 日，孔祥熙对《中央日报》记者发表谈话，通报此次事变，及国民党中央的应对之举。此篇谈话可谓十分全面而周到，其要传递的核心思想是：第一，批评张学良等西北将领"对统帅妄加劫持，影

---

① 陈公博：《苦笑录》，第 250 页。

响国家前途，至深且巨”，却并未斥责其为“叛变”。孔分析“陕变发生之原因，当系少数现驻西安将领，对于中央政策未尽了解，为不良分子所蛊惑，激于一时之情感”，他相信张学良，认为“张学良平日对于蒋院长素表尊崇，蒋院长对渠亦甚倚重，如渠果有意见，固可推诚磋商，但渠身为中央委员，应依照合法手续，向中央尽量陈述，苟属有利于国，自无不可从长计议”。根据张学良的来电，孔相信蒋介石安全无问题：“蒋院长本身之安全，则张学良除公电外，复有私电致本人，略称爱护介公，八年如一日，当负责保卫安全，决不使有一毫之损害，我兄遇弟至厚，当能谅其无他。又致蒋夫人一电，亦有同样表示，且称学良平生从不负人，耿耿此心，可质天日，敬请夫人放心。可知其对蒋院长负责保卫，决无问题。”第二，各部政务照旧进行，决不因一时之事变，及个人之进退而受影响，深望国民力持镇静，信任政府，勿为谣言所蛊惑。第三，孔本人根据中央决议暂时负责行政院政务，“决秉中央方针，在中央整个组织指导之下，努力迈进”，并说明南京政府经历年之努力，“法令已臻完备，政府组织亦已臻健全，任何施政方针，必经中央缜密之讨论，然后施行，向不以个人之意旨为转移”①。文中特别对张学良及其来电做简略说明，实已表明了孔祥熙对事变的态度和主张。

同日，孔祥熙向各省市发出通电，申述中央立场：“查中央同人，对于抗敌御侮，素具决心。深信当此内忧外患交迫之际，救国之策，必须力谋主权之完整；而欲达此目的，首需国内完成统一，集中力量，庶足以巩固国家之地位。蒋院长赤忱报国，主政中枢，秉此主张，艰苦奋斗，努力迈进，成效显然。”同时表示“深信我全国民众，素明大义，爱国心长，必能一致拥护中央既定之国策，完成国家之统一”，亦相信各地方长官，一贯忠诚并拥护中央者，“当亦必能益励忠勇，一本中央之意旨，为一致之进行”。最后表示：“祥熙及我政院同仁，值此危时，自当力肩重任，宏济

① 《申报》，1936年12月14日，第4版。

艰难，一切政务，照常进行，遵照蒋院长既定方针，以最大之努力，与全国上下，共策国家之安全，此则祥熙等之所自誓，而愿全国官民之相与共勉者也”①。

以通电方式将中央的立场及对全体官民的期望昭告全国，既是为了稳定局面，也是为了孤立西安，孔祥熙以为“张、杨所谓救国八项主张，既以通电出之，是必对于各省疆吏与民间团体之反应，或有预期。我方对策，即宜首对此点入手，将中央决策要旨，昭示全国，以孤张、杨之势”②。此外，孔祥熙也在上述两文中清楚表明了他对西安事变的认识，此乃西安少数将领不了解中央意旨而发生的“纠纷”，并非意欲谋害蒋介石。作为负责行政之首脑，孔明确告知民众，国民党中央已开会商讨处置办法，他本人决秉承中央方针以行事，愿与全国人民共勉。

其二，孔祥熙及时与各地军政首脑进行沟通。对于张、杨发动的西安事变，不少人认为其后必有背景，且必有助力。就国内来说，不外乎不服蒋之疆吏与将领，“如山东之韩复榘，广西之李济深，甚至如河北之宋哲元，四川之刘湘，皆可引为同路”③。还有一些将领，如两广的李宗仁、白崇禧、陈济棠，华北的阎锡山、傅作义，西南的龙云等，早对蒋介石“攘外必先安内”、消灭异己的政策表示不满，阎锡山还同张学良有过君子协定。可以说，张、杨发动西安事变前，应预期能得到这些地方实力派的响应和支持，而这正是国民党中央希望避免的情形。13 日，孔祥熙分别致电可能支持张、杨以及西安周边地区的将领，包括北平宋哲元、济南韩复榘、青岛沈鸿烈、山西阎锡山等。

致北平宋哲元电：“陕变发生，举国震骇，介公赤忱为国，勤政爱民，而同仇敌忾之心，始终如一，未尝稍渝，更早为国人所共见。祇以军旅之事，必先充分准备，始足以制敌于机先，以故

---

① 《申报》，1936 年 12 月 14 日，第 4 版。

② 朱文原编：《西安事变史料》第一册，第 94 页。

③ 孔祥熙：《西安事变回忆录》，见秦孝仪主编：《革命文献》第 94 辑，第 117 页。

审慎周详，谋定而后动。乃此种苦心，不为汉卿等所谅解，致以一朝之愤怒，酿成轨外之行为。值此强敌当前，正宜举国戮力同心，共同捍卫，若竟劫持主帅，自启纷争，高树‘赤旗’，联合‘共匪’，予敌以可乘之机，陷国家于分崩之局，危亡可待，言之痛心！冀察密迩强邻，为国屏藩，影响所及，首当其冲，吾兄坐镇其间，安危所关，尤为国人所仰望，尚冀主持正义，共挽危机，使全国团结一致之精神，昭示内外，庶不致为敌人所轻视。救亡图存，间不容缓，如有卓见，敬祈不吝赐教为幸。”①

致济南韩复榘电：“昨晚据报，西安发生兵谏之变，自深骇异！今晨抵京，迭报各方电告，及汉卿等公私各电，始悉其详。值此绥东节节胜利之际，何容自乱阵线，为仇所快。中央同人，自九一八后，对于抗敌御侮，一致苦干，吾兄前次来京，曾知实情。今闻此变，自必痛心，中央人，现已决定整个计划，以应付困难之局。各省同人，均来电极为愤恨。吾兄坐镇东鲁，负北方之重望，为中枢之屏藩，弥乱安邦，定多伟划，筹划所及，尚望随时赐示。汉卿素日为人，弟所深知，此次操切之举，或激于一时情感，或迫于部下挟持，尤望专电劝释，祛除误解，免以阋墙之争，致招覆卵之祸，是所至盼。再顷接汉卿电称：介公在陕，绝对保卫安全，知注并闻。”②

致青岛沈鸿烈（曾为张作霖、张学良心腹，东北海军的缔造者，1931 年底接任青岛市长）电：“时在沪据报，西安兵变，无任骇异！急于晚车来京，接读汉卿兄公私两电，始悉详情。念抗敌图存，必须国内精诚团结，事乃有济。介公自九一八以来，简练军实，居处不遑，全在于斯，早邀鉴及。其所以不愿胜诸口说，实以地位所关，不得不沉着将事，藉避敌人耳目，与汉卿兄及所部将领意见，初无二致。此次西安事变，虽以抗敌救亡相号召，而竟先予主帅以难堪，岂不授敌以隙，自速灭亡？非下愚决不出此。意或汉卿兄等出于一时之情感，抑受宵小之鼓簧，远道传闻，

① 朱文原编：《西安事变史料》第一册，第 98 页。
② 朱文原编：《西安事变史料》第一册，第 99 页。

莫由详悉。吾兄与汉卿等久相共事，对于介公夙所爱戴，尚希飞电汉卿兄等，动以情感，晓以大义，泯大难于俄顷，挽国家于万劫，极赖荩划，幸速图之。现中央对内对外，业已决定整个办法，绝不因一时事态，稍涉张皇。吾兄坐镇青市，关系大局綦重，并希力持镇静，严密防范，以支危局，国家幸甚！如有见教，随时电示一切为荷。"①

致阎锡山、傅作义等电："弟昨日在沪，惊悉西安事变，急于晚车回京，今晨抵京，接阅汉卿公私两电，始悉其详。抗敌御侮，举国同情，中枢同人，与介公皆同此意。此次对于绥战之敌忾同仇，当为天下所共见。乃当此绥东前线节节胜利之时，忽起此萧墙之变，徒快仇者之意，授敌以可乘之机。瞻念前途，深用痛心！我公公忠体国，雄镇边陲，登高一呼，众流响应。尚祈主张正义，领导群伦，俾纾国难。汉卿素日为人，弟所深悉，此次事变，或激于一时之情感，或由于部曲之劫持，致有操切之主张。汉卿于公，夙所推仰，尚希责以大义，动以私情，挽已倒之狂澜，拯国家于万劫，悬崖勒马，共济艰危，无任企盼。介公现陷西安，昨据汉卿电称，保卫安全，知注并及。"②

综合上述电文，不外乎传递三层意思：大敌当前之际，望能团结一致御侮；欢迎赐教以共挽危机；陕变乃张学良等不理解蒋介石之苦心所致，望能协助相劝。

其三，积极争取、拉拢张学良与杨虎城所部将领。事变发生后，孔祥熙一面致电与张、杨所部将领有私交之要员，一面直接致电张、杨所部重要将领，请他们设法劝说张、杨。如：13 日致电曾为晋军名将，后追随蒋介石、时任河南省政府主席的商震，说："中央对内对外，已决议整个办法，务使大局不生危惧，乞稍释念。查汉卿之警备旅长刘多荃，与兄关系最深，务请速派妥员，前往设法婉劝汉卿，使之觉悟，泯大难于俄顷，惟兄是赖。并盼

① 朱文原编：《西安事变史料》第一册，第 97 页。
② 朱文原编：《西安事变史料》第一册，第 95 页。

将接洽情形，火速见示为荷。”①

同日，孔祥熙分别致电张、杨所部重要将领于学忠、冯钦哉。于学忠为东北军核心将领之一，积极主张抗日，1935年11月任甘肃省主席，为国民党第五届中央执行委员。孔祥熙致于学忠电：“汉卿兄等及兄等公电均奉悉。当此国难严重之际，全国上下，非团结一致，不足以御侮图存。介公自九一八以还，即无日不以准备抗敌为己任，居处不宁，全在于此。吾兄与介公久同袍泽，夙共患难，其一言一动，当早日为吾兄所洞悉。其所以不愿胜诸口说者，原系地位关系，不得不出诸审慎，藉避敌人耳目。此次汉卿兄及西北将领，或激于情感，或出自热忱，对于国事主张，原不妨开诚相商，苟利国家，介公亦无不乐于采纳。倘必出以兵谏，别生枝节，不徒不为亲者所痛，仇者所快；亦恐授敌以隙，自速危亡！吾兄与汉卿兄相处最久，情谊尤孚，且吾兄坐镇西北，中央更深倚畀，尚乞痛陈利害，解释误会，俾当前事变，立予消除，国家前途，实利赖之！特电奉达，并盼见复。”②

冯钦哉时任第十七路军第四十二师师长，该师为杨虎城部队之主力，驻同州，与中央军驻洛阳之樊崧甫部犬牙交错。事变发生后，冯即拒绝杨虎城“进驻潼关，防堵中央军”的命令，致使潼关防线不攻自破。孔祥熙于13、14日连续致电冯，说：“值此外患凭陵，大局阽危之际，允以精诚团结，一德一心，方足以安内攘外。介公自九一八以来，困心衡虑，日以抗敌为怀，实非任何人所能及。其所以不愿胜诸口说，良以地位所关，一言一动，辄为中外所注视，不得不蕴诸胸中，沉着将事。此正别具苦衷，早为袍泽所共见。诸将领或激于一时之情感，容未能深喻乎此。我兄与介公久同袍泽，夙共患难，尚望设法疏解，祛除误会，俾勿为仇者所快，亲者所痛。倘能转危为安，益足征相关之切，相契之深。又此次之变，道远未能尽悉，究竟有何原因？我兄或知

① 孔祥熙：《西安事变回忆录》，见秦孝仪主编：《革命文献》第94辑，第122页。

② 朱文原编：《西安事变史料》第一册，第96页。

其详，并有如何解决善法，统希荩筹，详为见示，无任感祷。”① 冯于15日复电孔祥熙允效驰驱：“吾兄爱党忧国，溢于言表，钦哉何人，宁敢落后？只希惠我南针，当即勉效驰驱。”②

于学忠、冯钦哉对于西安事变，态度或有所不同，但二人均力主抗日。孔在电文中反复强调蒋介石的抗敌之心，认为张、杨实误会蒋介石，希望他们能设法疏解，以尽快平息混乱、危险之事态。其后，冯钦哉与孔祥熙秘密联络，通报情况，明确表示“我一不做共产党；二不拥护张学良；三不与中央军作战”，并于12月17日电呈孔祥熙转述杨虎城电文内容：“南京孔部长庸之兄钧鉴：啸密。筱（十七）日虎城派代表许海仙来，据云：此次西安事变，除虎城一人外，十七路各长官事前概未与闻。并云：委座甚安全，虎城以国家民族为前提，毫无私意。除拥护委座外，绝对负责保护，即至万不得已，宁牺牲个人，对委座安全，绝不能有丝毫危险。事既如此，我兄速筹善策，营救委座及虎城，弟当勉效驰驱，但事前须密。”文中所说杨虎城之态度，孔祥熙是表示怀疑的，“此或系钦哉之立场，而虎城既允卫护蒋公之安全，亦足使余稍释焦虑。盖当时外传学良对蒋公始终尊重，而虎城之态度则颇不测也。”③ 孔祥熙在《西安事变回忆录》中详细记述了他致电冯钦哉的意图，及与冯钦哉的联络经过，“余当时所望于冯钦哉者，孤张、杨之势，使奉军陕军自启疑惧，藉不战而脱蒋公于危难。”

其四，致电张学良，对其行动表示同情，望其审慎行动。12日晚，孔祥熙在电话中得知西安事变及张学良公私两电之要点后，立即在上海寓所口授复张学良电，文曰：

---

① 孔祥熙：《西安事变回忆录》，见秦孝仪主编：《革命文献》第94辑，第125页。

② 朱文原编：《西安事变史料》第一册，第107页。

③ 孔祥熙：《西安事变回忆录》，见秦孝仪主编：《革命文献》第94辑，第138页。

> 急！西安张副司令汉卿吾兄勋鉴。密。顷由京中电话告知，我兄致弟一电，虽未读全文，而大体业已得悉。保护介公，绝无危险，足征吾兄爱友爱国，至为佩慰，国势至此，必须举国一致，方可救亡图存。吾兄主张，总宜委婉相商，苟能有利于国家，介公患难久共，必能开诚接受，如骤以兵谏，苟引起意外枝节，国家前途，更不堪设想，反为仇者所快！辱承契好，久共艰危，此次之事，弟意或兄痛心于失地之久未收复，及袍泽之环伺吁请，爱国之切，必有不得已之苦衷，尚须格外审慎，国家前途，实利赖之。尊意如有需弟转达之处，即乞见示。先复布意，伫候明教。弟孔祥熙叩文亥沪寓印。[①]

16日晨，当宋美龄与端纳通话时，在一旁的孔祥熙也请端纳转告张学良："彼即不计令誉，当知彼之生死存亡，亦将以能否确保委员长之安全为断；彼欲拯救自己，拯救国家，当以飞机护送委员长赴太原，恢复其自由。倘能照办，一切皆可不究。"[②]

在国民政府下达讨伐令的第二天，即17日晚，孔祥熙发表广播演讲。首先，盛赞蒋介石执政以来的政绩，严词批评张、杨，"万料不到西安叛将张学良、杨虎城等，居然敢劫持蒋院长，不惜破坏国家，陷民族于万劫不复之地，这种犯上作乱的行为，在国法上万无可宽恕的"，继而阐明国民政府对事变的处置方针及下达讨伐令的原因，最后再次昭告全国蒋介石在西安是安全的，望全体官民继续拥护中央，保持镇定。他说："国民政府本总理宽大的遗教和蒋院长海涵的德量，先行褫职，交军委会查办，不料数日以来，尚没有确切悔悟的表示……中央现在明令讨伐，就是明是非，分顺逆，整纪纲。古人云，师直为壮；又云，大行不义必自

---

① 孔祥熙：《西安事变回忆录》，见秦孝仪主编：《革命文献》第94辑，第117页。

② 蒋宋美龄：《西安事变回忆录》，见王亚权主编：《蒋夫人言论集》上集，第65页。

毙；又云，千夫所指，不疾而死，料想他们内部，必有深明大义的人，能够分别顺逆，拨乱反正，弃暗投明，无论如何，中央必能于最短期间，消弭陕变。望我全国同胞，一致奋起，声罪致讨，拥护政府，迅速削平叛乱。至于蒋院长现在虽然被他们劫持，但据确实报告，在陕极为安适。中央无论对于内政外交，向有一贯的政策，目前蒋院长虽暂失自由，中央同人秉既定的国策，继续进行，我们全国上下，应当全体一致的，和在蒋院长亲自领导我们的时候一样，共同努力……此次事变，突如其来，各省市当局，一致竭诚拥护中央，安定社会，全国同胞于愤激之余，仍能遵守秩序，使政府得能沉着应付，此种精神，实足以表现我全国上下之一致，亦足以表现我全国上下精诚团结的力量之伟大，本人及中央同人，皆引为感慰的。"①

19日，孔祥熙致电杨虎城，吁请勿使陕变再陷僵局，电文如下：

> 急。西安杨主任虎城兄勋鉴。孔密。筱（十七日）电谅达。阎宝航、米春霖、李志刚诸代表齐手书，均已先后转到，惟均未见枉顾，不得畅谈，怅怅！前向我兄发出铣（十六日）电，方深欣庆，现米代表又向中央谈及条件，未知是否出自我兄本意？中央以该条件，似有拟使陕甘特殊化模样，势难完全采纳，恐行将解决之陕事，又转趋僵局，殊为痛惜！现在御侮救国，必先巩固中央威信，统一国家力量，方能一致对外，我兄拥护领袖，救护国家，素所钦佩，仍祈努力运用，俾能早获适宜之解决，不胜企盼！弟孔祥熙叩。皓（十九日）市秘印。②

作为行政院代院长，全权主持政务的孔祥熙，在公开场合的演说以维护中央权威为主旨，私下则设法与张、杨取得良性互动，

---

① 《申报》，1936年12月18日，第4版。

② 秦孝仪主编：《革命文献》第94辑，第160页。

以图实现政治解决而避免内战。

其五，致函蒋介石，问候健康，汇报工作。12 月 13 日，在仅得张学良公、私两电，尚不明事变详情的情况下，孔祥熙复电张学良转呈蒋介石，曰：

> 张副司令汉卿我兄勋鉴，密请译呈介公钧鉴。日昨在沪据报西安兵变，深用悬情，急于晚车回京，今晨抵京，获读汉兄公私两电，始悉其详。查抗日御侮，国人皆同此心，中枢同人，初无二致，吾兄以一身系天下之安危，言行动关国际，自不得不周详审慎，而轻有所主张，在诸袍泽，痛乡邦之沦亡，激一时之情感，主张或近操切，当亦由于爱国之热心，衡之事势，实殊途而同归，并非有何异趣。兄与汉兄患难相依，久要契好，中枢之措置，汉兄素所谂知，此次之事，当出迫不得已，别有苦衷，弟意任何主张，苟利国家，皆无不可从长计议。当此大敌当前，倘使别生枝节，既损前方之士气，转授敌人以乘我之机，瞻念前途，实深忧惧，望即洽商汉兄，早弭变乱，以纾国难为荷。弟孔祥熙叩。

在真相尚不明了的情况下，孔祥熙及时复函张学良并请转呈蒋介石，提出“任何主张苟利国家，皆可从长计议”，“当此大敌当前，望早弭变乱，以纾国难”，这既是对张学良的安抚，也让蒋介石在第一时间获得外界之讯息。待事实真相稍明，并确定了蒋介石之行止起居后，孔祥熙及时向蒋汇报了国民党中央对于事变之因应，并以家人身份问候健康，报告家人尤其是宋美龄的情况。19 日的函电说：

> 介兄钧鉴：在沪闻事变消息，焦虑异常，当即扶病同三妹来京，本拟即同三妹赴陕省视，嗣闻尊意不愿三妹前去，而弟则以中央决议，在吾兄未回京以前暂代院务，因致未果，无任怅恨，遂商三妹派端纳飞陕奉候吾兄，继据自洛报告吾

兄起居安适，于焦急之余始较安慰。此间军政暂由敬之兄负责，而政院事务由弟处理，一切自应秉承吾兄既定方策照常进行，尚幸不吝指教俾有遵循。念吾兄致力革命备尝险阻，大仁大勇薄海同钦，此次之事正天所以磨砺英雄，以吾兄之困心衡虑，必能处之泰然。弟等日日为吾兄祈祷心身安定，得以早日返京主持中枢大计，以慰全国殷殷之望。三妹在此有大姐及弟等陪伴，幸为释念。闻吾兄衣服多已遗失，至以为系，兹因子文弟赴陕之便，特购制数袭附机奉上，即祈察纳，诸希为国珍重，不尽欲言，专此敬颂钧祺。弟孔祥熙手启。

22日，孔祥熙再次致函蒋介石，告知宋美龄即将赴陕，曰：

介兄钧鉴：子文弟回京，敬悉起居安适，此间政务暂由弟及中枢同人一秉吾兄既定方针负责处理，请释廑注。闻吾兄现患背痛，急宜就近请医诊治，俾早告健全。三妹准明晨乘机飞陕，前来省视。附奉书籍数种，藉备客中浏览，尚祈誊收为荷，匆匆不尽，敬颂钧绥。弟祥熙。

计开

《曾文正公全集》　一部　《纪效新书》　一部

《历代名臣言行录》　一部　《说苑》　一部①

综合上述三封电文，既告知蒋介石国民党中央对西安事变的因应举措，军政事务一切秉承蒋的既定方策照常进行，又带给蒋家人的问候和关怀。对于一个统帅来说，被部下劫持胁迫，绝对是件不光彩的事，为了维护自己的尊严和人格，或许会采不明智的行动。端纳见过蒋介石之后即发现蒋的态度很固执，宋子文在日记中记下了蒋介石见到他之后的第一反应：“我一个人面见委员

① 台北“国史馆”藏：《蒋中正“总统”文物：革命文献——西安事变》，卷宗号：002000000351A。

长，他激动异常并失声痛哭。我安慰且告诉他，此事件并未让他蒙羞，全世界都关心而且同情他的遭遇。”宋在见过蒋介石后认为，“应该准许蒋夫人到西安来照顾委员长，并改变他宿命论的态度”①。孔祥熙的电函虽不能改变蒋的态度，却多少能抚慰蒋的情绪，增强其渡过难关的决心和信心，这正是宋美龄决意亲赴西安陪伴蒋介石，也是宋子文希望宋美龄赴陕的一个重要考虑。

① 邵铭煌：《宋子文西安事变日记》，第 184 页。

第四章　“牵线”宁陕

第一节　与张学良的电函往来

西安事变有可能导致内战，却决非张学良等之本意，他们以武力“暂请蒋公留住西安”，目的是要“促其反省”，希望南京政府停止内战，联合各党各派一致抗日。西安事变发生的当日，张学良、杨虎城即通电全国提出八项主张，随后分别致函南京的军政要员冯玉祥、李烈钧、程潜、唐生智等，以及一些地方当局如宋哲元、阎锡山、刘湘等，另有私函致孔祥熙、宋美龄，明确表示“采取此举，只为救国”，“为国家计，为民族计，不得不请介公暂留西安”，并望冯玉祥等能“躬亲来陕，开诚指示”。张学良认为：“八项主张，不过发动抗日必备之条件，果能立时发动全国抗日，则一切自不成问题。”① 对于海内外的谴责及要求张释蒋回京的呼声，张学良在 12 月 19 日致《泰晤士报》驻上海记者弗拉塞电中回应说：“我没有‘个人的野心’，没有‘争取较好条件的希望’，迫使我扣留委员长的，不是任何私人的动机。这事情的动机很简单，就是要我们的政府明确地改正现行的国策，实行武装保卫我们的国家，断然停止在不断的内战中千百万中国金钱、中国人命和中国财产的耗费，停止围剿所谓‘赤匪’，他们虽然见解不同，但到底是中国人，他们至少不会像日本人一样危害我们的

---

① 周毅、张友坤、张忠发主编：《张学良文集》下卷，第 468—469 页。

国家……我们已受尽国人的责备，我没有违避责任，但我不是中央政府，我没有力量发动全国的抗战……但我们渴望中国军民抵抗侵略的敌人，不要攻击中国的民众……我们不得已突然扣留了他，但没有威胁他的生命，没有损伤他的地位，他在我们的心目中仍然是委员长……他所以未恢复自由，这不能责怪我们。我在星期一的晚上电请南京政府派员听取委员长的意见，跟他商讨阻止内战爆发的必要措置[①]……委员长跟我们一样一直等待着京方人员来此处理这件事情，使委员长能够回京复职，但还没有等到。这事情竟迁延得这么久，实在奇怪得很。如果有人来到这里，则委员长早已回到南京了。”[②]

站在张、杨的立场，既为抗日而扣留了蒋介石，非至抗日主张实现，殊难送蒋介石南归，他们期待着南京派员来协商处理此事。站在中央政府的立场，蒋介石被部下用武力扣留，实有碍权威和颜面。孔祥熙认为，欲使“此突然之事变，克收顺利敉平之效果”，必须“军事之压迫，政治之孤立，与情感之维系，同时并进”。[③] 和平解决是他们的共同目标，站在不同的立场，冀望和平解决的前提自然不同，而无论是张学良希望蒋介石及其南京政府能接受其主张，还是孔祥熙希望张学良能安全送蒋返京，彼此的沟通是必要前提。鉴于张学良与宋美龄亦公亦私之特殊关系与感情，由宋美龄出面进行“情感之维系”，无疑是最合适不过了。

宋美龄于12月13日晨赶到南京后，看到了张学良发给她的私电，电文如下：

蒋夫人赐鉴：学良对国事主张，当在洞鉴之中。不意介

① 宋美龄在《西安事变回忆录》中对星期一晚上的情况有这样一段描述：“十二月十四日（星期一）晚，始发现第一次希望之曙光，确证余主张之未误；盖端纳自西安来电，告委员长平安，居处甚适，彼正随侍在侧，该电复称张学良亟盼孔部长赴西安，尤盼余偕行。后又得张学良直接致余电，邀余赴西安，并保证无危害委员长之意。”

② 中国社会科学院近代史研究室编：《西安事变资料》第一辑，第137页。

③ 孔祥熙：《西安事变回忆录》，见秦孝仪主编：《革命文献》第94辑，第132页。

公为奸邪所误，违背全国公意，一意孤行，致全国之人力、财力，尽消耗于对内战争，置国家民族生存于不顾。学良以戴罪之身，海外归来，屡尽谏诤，率东北流亡子弟含泪“剿共”者，原冀以血诚促其觉悟。此次绥东战起，举国振奋，介公以国家最高领袖，当有以慰全国殷殷之望，乃自到西北以来，对于抗日只字不提，而对青年救国运动，反横加摧残。伏思为国家、为民族生存计，不忍以一人而断送整个国家于万劫不复之地。大义当前，学良不忍以私害公，暂请介公留住西安，妥为保护。耿耿此心，可质天日，敬请夫人放心。如欲来陕，尤所欢迎。此间一切主张，文电奉闻。挥泪陈词，伫候明教。张学良叩。①

就电文内容看，其欲传达之思想与张、杨致部分国民党军政要员之电文并无二致，在文字上更与张学良致孔祥熙电相近。致孔祥熙电曰：“弟对国事主张，曾经商讨，区区苦衷，谅蒙鉴及。不意介公违反众论，一意孤行，举整个国家之人力财力，消耗于内战。吾兄执掌财政，当能洞悉。绥东战起，举国振奋，乃介公莅临西北，对于抗日，只字不提，而对于青年救国运动，则摧残备至。弟陈辞再再，置若罔闻！伏思中华民国，非一人之国家，万不忍以一人而断送整个国家于万劫不复之地。弟爱护介公，八年如一日，今不敢因私害公，暂请介公留住西安，促其反省，决不妄加危害。我兄遇弟至厚，当能谅其无他，披沥奉闻，并乞明示。此间一切主张，并以文电奉陈。张学良叩。”② 张学良未请孔祥熙转陈宋美龄，而是特致宋美龄私函，坦言对“介公”的不满，说明扣蒋之用意，并表示欢迎宋美龄赴陕。扣押了自己的上级，又将自己的言行直言相告于上级的妻子，此种行为若从人的内心心理去解读的话，恰恰体现了两个极端，或是自负的挑衅行为，或是无比的坦荡，“心底无私天地宽”。以张学良的性格及其一贯

① 周毅、张友坤、张忠发主编：《张学良文集》下卷，第443—444页。
② 朱文原编：《西安事变史料》第一册，第59—60页。

的作为，他能如此坦率地面对宋美龄，直言相陈，应属后者，同时也是基于他对宋美龄的充分了解和信任。

面对张学良的坦诚相告，宋美龄可以有三种态度：信任、将信将疑、不信任。据宋美龄自述，看到函中对蒋介石的“不逊”之词，初甚气愤，继而对此函表示怀疑，“安知此电果为张所亲笔签发者，安知张非与其部下有隔阂者；即此电确为张所亲发，又安知张非在激昂情绪下措词失检耶?”当日即“复以长函致张学良，告以彼等此举将使国家前途受严重之打击，余深信其鲁莽灭裂之举动，初无断送国脉陷害领袖之恶意，应及时自拔，勿贻噬脐之悔。”由宋美龄在《西安事变回忆录》中的这段话，可以看出宋美龄信任张学良的人品，她虽严词批评了张学良，却无“犯上作乱”之类的话语，更无谩骂之语。或许有人会说她是怕刺激到张学良，以致危及蒋介石，她是“关心则乱”“妇人之仁”。的确，宋美龄对于张学良此举的反应及对张学良的态度与众不同。那时，即便是一些向来不服蒋甚至从事过反蒋活动的军政要员，在得知事变消息并收到张学良之电后，基本未如张所预料的给予支持和响应，相反，他们高度赞扬经年来蒋介石之政绩，大肆斥责张学良。如冯玉祥于14日发表谈话指出：“年来政府与人民，在蒋委员长领导之下，一致奋斗，军事外交已有重大之进步。”张学良应“在蒋公领导统一之下，赎过自新，为其报父仇雪国耻而牺牲，否则此种忘恩负义之动作，不久必致身败名裂矣”①。程潜、唐生智等于14日复电张学良斥责说：“东北军叛变不胜惊诧，委座蒋公负国家安危之重，十余年来，对于御侮图存，密筹默运，夙夜匪懈，事实昭彰，无待赘述……当绥远酣战之际，忽有威劫主帅之举，犯上作乱，背叛党国，其罪恶实亿兆倍于汉奸卖国贼之所为，为亲近所痛，仇敌所快，稍有人心决不出此。”② 至于张学良之邀请赴陕，根本不予理睬。宋美龄何以信任张学良，前文已做分析。而她既怀疑张致其电或非为“张所亲笔签发”，或是“张在激昂情

① 《申报》，1936年12月15日，第4版。

② 《申报》，1936年12月16日，第4版。

绪下措词失检”，以此逻辑推想，蒋介石的生命安全岂非令人担忧？她决定亲赴西安，一探究竟。仅此一念已显她与他人的不同，救蒋心切又信任张学良，缺其一点都不可能有此念头。此后宋美龄与张学良的电函往来，即在彼此信任的基础上，围绕着蒋介石的安全及释放蒋介石的问题而展开。

当宋美龄明告中央要员欲亲赴西安时，顿时“群议哗然，以为不可，反对之声纷至。盖当时谣传，血与火充塞西安，该处已成赤色恐怖世界，而悲观者更以为委员长即未死，亦难幸免。故向余进言时，不曰余此去决无收获，即劝余勿做不必要之牺牲；不曰余去被囚，徒令叛变者多一要挟我夫之借口，即曰最少我投身作质，徒扩大事件之纠纷”①。在中央大员的一致反对和阻挠下，宋美龄一时无法亲赴西安，她决定派澳籍顾问端纳先行赴陕探察情况，并请其携一函致蒋介石。端纳见到蒋介石，并与张学良做了交谈后，向外界发出蒋介石平安的消息，并将真实情况做了报道，宋美龄闻讯后坚定了赴陕之决心，而南京的一些国民党要员却质疑端纳来电，认为其迎合西安心理，欲诱孔祥熙和宋美龄入陕，以加厚西安方面谈判之力量。在外界多质疑端纳的时候，张学良和宋美龄却是彼此信任并倚重端纳作为中间人之角色，诚如宋美龄在回忆录中所说：“时论忽有质疑端纳来电者，余闻之骇然；盖南京一部分人士，咸认叛部计划异常险恶，以为委员长即不死，亦必身陷危境，对于与此歧异之消息，反不愿轻予置信……凡此种种推测，皆不足以动摇余之初衷，反令余信念益坚，知避免战争之奋斗，更有努力推进之必要。因此余竭全力求赴西安。”②

为了取得宋美龄的谅解，更为了得到宋美龄的帮助，张学良再次致电宋美龄，强调此举是为了抗日，为公而非为私，绝无加

① 蒋宋美龄：《西安事变回忆录》，见王亚权主编：《蒋夫人言论集》上集，第60页。

② 蒋宋美龄：《西安事变回忆录》，见王亚权主编：《蒋夫人言论集》上集，第62—63页。

害蒋介石之意，并再邀宋美龄赴陕。

15日电曰：

> 蒋夫人赐鉴：元电敬悉，语重心长，至深感佩。介公在此，极为安全，精神饮食如常，良常谒蒋，并饬妥加侍奉，万望勿以为念。介公处境艰苦，良所素知，但国家民族，已至存亡最后关头，中央非变更对外妥协政策，不足以救危亡。精诚团结，固为必要，但必须中央政策，悉合民意，始足以言团结。沉着准备，固为胜算，但强敌无厌，危机一发，何容再谈准备。数年来良之拥护介公，竭诚尽智，为夫人之所深知，金石可渝，此心无二。只以爱国家爱介公发于至诚，屡经以立起抗日泣涕陈词，文证俱在，绝非虚语，乃介公之主张坚执不移，万不得已，始有文日之举。区区之心，为公而非为私，倘介公实行积极抗日，良仍当竭诚拥护。端纳即行遄返，不尽之意，由渠面为详陈。统祈鉴察为祷。张学良翰。戌印。①

此电与第一封电略有不同，第一封电是为了在第一时间告知事变的发生及其动机，其内容与致他人电大同小异，这第二封电的语气似和缓了一些，也更多体现了私谊。就内容看，主要传递了三层意思：其一，进一步告知蒋介石的情况，“精神饮食如常”，并表示“良常谒蒋，并饬妥加侍奉”，请蒋夫人不要担心；其二，再次声明此举之目的“为公而非为私”，相信蒋夫人了解其心，“数年来良之拥护介公，竭诚尽智，为夫人之所深知，金石可渝，此心无二”；其三，函中不尽之意，将由端纳当面详陈。

在端纳未能及时返回南京的情况下，张学良另派其亲信爱而德飞赴南京，向宋美龄当面详述经过情形。宋美龄在《西安事变回忆录》中详细记述了爱而德之陈述：“委员长失足倾跌，今尚负

① 台北“国史馆”藏：《蒋中正“总统”文物：革命文献——煽动西安事变》（一），卷宗号：002000002258A。

伤；事件发生，实属意外，当日天明时，西安城中张学良部队已为杨虎城缴械，杨氏统制全城，即张学良部下出入城门，亦必先向杨氏领取通行证；张学良部队在城中者，只有卫队四百人，在城外者亦只六千人，是即驻守飞机场之防空队也。其被缴械之枪械，至是日下午始得发还。当日并有杨部兵士一队赴飞机场，初意欲将停留该处之中央飞机，捣碎油箱，击毁机身，后经爱而德劝阻，仅倾倒其箱中储油而去；高射炮皆经封口，严禁使用；飞机场职员皆经遣往他处，只留若干哨兵看守。”并记述了她与爱而德关于张学良是否有挟蒋介石离陕他去之对话：“端纳在洛阳电话中之最后一语，所谓‘或有其他办法’者，尤震荡余之耳鼓而不能去怀，因询爱而德以张学良自备之鲍音飞机今在何处，爱而德称该机尚在西安。余又问曰：‘倘攻击开始，张学良有否挟委员长乘此机离陕他去之意乎？’彼曰：‘颇有可能。’余因做推测曰：‘此殆准备中之计划欤？’又询：‘张学良之正驾驶员巴尔安在？’答：‘在汉口。’余愕然曰：‘然则鲍音机将由何人驾驶耶？’曰：‘将由其副驾驶员李奥那任之。’余托其邀巴尔由汉来京见我。爱而德诚挚言曰：‘我等皆愿为夫人效忠，当立电巴尔，想彼必乐受驱策也。’因嘱其速招巴尔来。”① 据此，宋美龄推断当“其他部队哗变之时，张学良实无保护委员长之能力”。且不论张、杨部队是否如爱而德所说真有嫌隙，宋美龄相信张学良有保护蒋介石之心，但只怕局面一旦失控，张无力保蒋安全。宋美龄根据昔日她曾飞行西北边省之经验，“详知彼间地形崎岖，人烟寥落，难觅飞机着陆场地”；她又预料“凡有中央军驻守之机场，必为张学良所不敢去者，则其目的地当在共产党军阵线之后，或者即在新疆”②。显然，一旦张学良携蒋介石乘机出陕，其安全性更难预料。为今之计，尽早救蒋出险是最紧要的。为此，宋美龄特意嘱咐居间传

① 蒋宋美龄：《西安事变回忆录》，见王亚权主编：《蒋夫人言论集》上集，第66页。

② 蒋宋美龄：《西安事变回忆录》，见王亚权主编：《蒋夫人言论集》上集，第68页。

递信息的端纳转告张学良：“彼若不愿手造惨酷之国难，应立即护送委员长返京。”[①] 同时，宋美龄更坚定了立即赴陕的决心，因她“自觉能想象张学良之心理如见其面；因此亦自信，倘能与张当面商谈，必能以余信心感其迷瞢”[②]。

宋美龄与张学良彼此信任，张更不愿伤害到宋美龄，他在致宋美龄的私函或通过端纳的转告中曾一再表示盼宋入陕，冀望宋能帮其劝蒋，而在国民政府明令讨伐西安且潼关以西之军事业已发动后，张学良却电告宋美龄，“倘不能阻止进攻，切勿往陕”，因为他无法保证蒋夫人之安全。

端纳的先行赴陕，基于宋美龄与张学良的私谊与彼此信任，他的成功往返，既不枉宋美龄对张学良之信任，也为西安与南京的沟通奠定了基础。

第二节 派端纳赴西安

一、端纳与张学良、蒋介石夫妇

威廉·亨利·端纳，新闻记者出身，1903 年自家乡澳大利亚来到中国香港，开始了他在远东的生涯。从清朝末年到 1940 年，端纳先后出任清朝两广总督岑春煊，以及孙中山、张学良、蒋介石的私人顾问，“与孙中山、张学良、蒋介石和宋美龄等都结成亲密朋友，既是他们忠实的顾问，又是他们的‘荷兰大叔’（意为絮絮不休地教训别人的人）”[③]。端纳经历了从清朝覆灭、民国建立直到抗日胜利长达 40 年的民国发展史，其间的许多重大历史事件，他亲眼目睹，甚至亲身参与。

1911 年底，端纳在上海第一次见到孙中山，后成为孙中山的

---

① 蒋宋美龄：《西安事变回忆录》，见王亚权主编：《蒋夫人言论集》上集，第 64 页。

② 蒋宋美龄：《西安事变回忆录》，见王亚权主编：《蒋夫人言论集》上集，第 70 页。

③ ［美］泽勒：《神秘顾问——端纳在中国》，第 1 页。

私人顾问。1914 年，端纳受聘为《泰晤士报》驻北京记者，并在北京认识了袁世凯。1920 年，端纳受北京政府之委托，组织经济情报处并担任处长。1925 年孙中山去世后，面对中国激进、纷乱的局势，端纳在等待观望，直至 1928 年底作出北上东北的决定。1928 年 12 月，端纳致信友人埃礼士腾，谈了他对南京政府的失望及他的打算。信中说："我想写几句让你知道我还活着，告诉你'经济情报处'是死气沉沉的。自你离开那时起，我已经大有收获。财政部长想要现金（榨取），起初一个月要 5000 美元，后来减到 1000 美元。我拒绝了所有的提议，而且终于摆脱了……虽然旧政府追求金钱，但他们从没有想把这个处解散掉。这将留给开明的'民族主义者'来干。我想方设法要让实业部长孔祥熙博士来接管。他曾宣称要对'经济情报处'给予坚定的保护，而且发誓说他要设法使这个处的工作继续下去，不受损害。他的誓言一钱不值，他是一片好意，不过，还是请那些好心的人别来管我们吧！我于 10 月 10 日辞职，正好以此来庆祝辛亥革命的周年纪念，我曾热心地参加过这场革命，并建立了这个这么快就证明其是如此令人难以忍受的政府。不过，我这样指责这个政府也许是错的。实业部用意是好的，但他们没有自主权。当你想起那些激进分子是什么东西，那个党（国民党）是什么党，以及这个党是怎样进行统治的时候，你也许会理解的……我希望没有什么事情干扰，使我延迟行期。我对这种情况完全受够了。如果我离开，我将去满洲。他们要我和他们一起工作。我敢说这比在这儿工作更使我感兴趣。这次我将去试试。"①

张学良晚年对唐德刚说，是他把端纳从北京带到沈阳做他的私人顾问的，"私人的顾问没法子给钱，我就让他办这个，办那个，给他弄两个钱儿。为什么要我私人出钱？原因是这样的，我要是政府请他们当顾问，日本人就会也有要求当顾问，那么这是我私人的顾问，我私人拿钱，就好推了"②。端纳抵达沈阳后不到

① ［美］泽勒：《神秘顾问——端纳在中国》，第 295—296 页。

② 张学良口述，唐德刚撰写：《张学良口述历史》，第 106 页。

10天，张学良宣布“东北易帜”。美国记者泽勒根据端纳的采访录音整理而成《端纳在中国》一书，书中这样写道：“端纳被吸引到少帅这儿一点也不奇怪。他们对中国政治统一和经济结构怀有共同的理想。当少帅还是老帅麾下一名年轻的指挥官时，端纳就知道他是一位有大勇的年轻人。在待人接物方面，他具有在中国可谓独一无二的个性：直言不讳和自我批评的度量。虽然端纳认为他是个好领导，不过他也意识到张还年轻，常常感情冲动，这种情况应当有所改变。于是设法改变这种情况就成了端纳要做的事。”①

新闻记者出身，担任过孙中山的私人顾问，又受北京政府之委托，组织经营过经济情报处的端纳，对于民国以来中国的政治、经济有其敏锐、独立的看法。孙中山去世后，国民党内的纷争及对三民主义的背离，令端纳对国民党及其政府感到失望。应张学良之邀，他决定北上试着为张工作。自此他不仅做了张学良的私人顾问，还成了相知、相惜的朋友。1933年3月11日，张学良通电下野。4月11日，张由上海携家眷乘船出国考察，端纳陪同前往。1934年1月，张学良一行回国，经香港抵上海，张随即从上海到南京见蒋介石。“在北上的路上，两人讨论了再次与国民政府合作的明智举动。端纳认为这是保持国家稳定的唯一解决办法。少帅同意这种看法”②。不论张学良的“东北易帜”是否有端纳参与意见，他两次决定与蒋介石合作，端纳恰都在其身边。六年的伴随，又恰逢张学良人生之大起大落阶段，他们之间有的不仅是真情、相知，还有志趣的相投。西安事变发生后，宋美龄对张学良的信任，宋虽未明言却也不能排除时在其身旁的端纳的影响。

端纳与蒋氏夫妇的合作，张学良是中间人也是见证人。张学良在面见蒋介石后，与端纳一起接受蒋介石的邀请，与蒋氏夫妇同游杭州。美丽的西湖见证了他们合作的开始。《神秘顾问——端纳在中国》一书对于此节做了生动的描述：“杭州西湖四面青山环

① ［美］泽勒：《神秘顾问——端纳在中国》，第298页。

② ［美］泽勒：《神秘顾问——端纳在中国》，第335页。

抱，优雅的宝塔镇守湖畔，杨柳垂挂的堤道和拱桥横贯其间。在一家面对美丽的浅蓝色湖水的餐馆里，这四个人坐在一个僻静的单间里。蒋介石神情沉着，脑袋闪闪发光，蒋夫人坐在他的左边翻译，两个奇怪的伙伴坐在他们对面。7 点钟时，端纳以礼貌和悦的目光盯着蒋并开始和他说话。四小时后，他还在谈。”端纳的确是“犯颜直谏”，指责这，痛骂那，并说“你们这些人坐在衙门里，视野只看到窗台。你们什么也不知道，因为没人敢来纠正你们”。张学良亦“责备蒋介石姑息腐败、无能”，他说话既严厉又有力。这两个叛逆结束他们各自的独白时，差不多是午夜了。蒋介石留下与他的参谋议事，而端纳和张学良则陪蒋夫人去她的旅馆。他们走出来时，她说：“你们太棒了！我们需要这样。”① 当宋美龄邀请端纳为他们工作时，端纳说：“我会给你写信。如果你能让委员长按我的信去办，那么将来某一天我可能会和你们一起工作。”2 月 4 日，端纳给宋美龄写了一封信，综合谈了自己的想法，其中强调了许多他在杭州提出的看法，并提出了一些新的意见。信文如下：

亲爱的蒋夫人：

我同少帅正赴汉口途中，此行将开始调查长江一带的工商业问题，俾使你能逐渐对工商界面临的种种障碍有个足够的认识。

不管做什么事情，只要有助于商品流通、贸易发展，有助于建立那些能够制造进口货的工业，中国便能很快恢复其在国际关系中应有的地位。

今天，我看到江面上有三批装载抚顺煤炭的驳船逆江而来。难道你没有想到，这些采自所谓“满洲国”的日本煤，由沈阳用火车运到大连，接着从那里用轮船运到上海，最后装上驳船逆江而上，是同中国煤进行竞争？这是真正的耻辱。

① ［美］泽勒：《神秘顾问——端纳在中国》，第 336—338 页。

究其原因，那是由于官方的忽视而使矿藏未能得到适当的开采所致。

中国当政者的每一分精力，都应集中于这个目标：制造所有从日本进口的产品。中国无疑能够做到这一点，因为她有足够的智慧，有能干的工人，此外还有着精力。当然，中国也有很多官僚，他们不把国家及其福利放在心上。这些人只把国家当作榨取的源泉，直到将其榨干汲尽为止。

国联的顾问们不必说出中国的毛病，大概人家也不愿说出来。但是，若要拯救中国，你就必须了解事实真相，即腐败的官僚习气：敲诈勒索，贪污受贿，黩武主义，苛捐杂税……我确信这些习气能够消除，确信你能为此助一臂之力。但你必须铁面无情，坚定果断，毫不妥协。大棒能治好中国的许多弊病。中国人民之受压迫，实在难以置信。他们盼望有人作出榜样，前来拯救他们。难道你不能在哪儿找根大棒，毫无顾忌地使用它？

除非你或者某人迅速发起一场提倡诚实的运动，中国就要灭亡，而现在她正处于死亡的边缘……①

接着，4 月 13 日、18 日，端纳又很坦率地给宋美龄写了两封信，谈了他对治理中国的看法。“他都力劝蒋氏夫妇考虑消除中国人死要面子的毛病”，他力图以此来“补充正在推行的‘新生活运动’”。在接下来的日子里，端纳不间断地向蒋介石夫妇提供“大量有关中国的疾痛和政治、经济毛病的详细研究资料。”对他来说，改革的想法不是新的。他曾在南方首先向清朝官员“鼓吹过改革，然后又向孙博士倡导过……其后，端纳又力劝历届中国政府进行改革，但总是遇到耐心的微笑，没人听得进去”②。

端纳的意见得到了蒋介石夫妇的重视，因为他的一些想法与

① 符致兴编译：《端纳与民国政坛秘闻》，湖南出版社 1991 年版，第 294—295 页。

② ［美］泽勒：《神秘顾问——端纳在中国》，第 347 页。

蒋介石、宋美龄正在推行的“新生活运动”恰有诸多契合之处，在端纳看来则是他的某些建议得到了实施。无论是哪一种情况，其结果是端纳与蒋介石夫妇对于当时中国的建设问题有了某种默契。基于某种默契，1934 年 10 月，应宋美龄、蒋介石邀请，端纳和张学良随同他们夫妇“视察边陲”。这两个月的行程万里的视察，端纳是这样预见它的效果的：“它强过一场政治上的胜利，也强过一次全国性的竞选演说，更非美国竞选总统时的握手和亲吻儿童可比。蒋在短短的两个月中增长了才干。从此以后，他开始懂得中国的经济问题，懂得还有一个他鞭长莫及的中国。”① 端纳因此对蒋介石寄予了更多的希望。这次视察之后，端纳离开了张学良，正式担任了蒋介石与宋美龄的顾问。

“就蒋氏夫妇两人比较而言，端纳更喜欢蒋夫人在国家重大问题上所持的态度。”在端纳看来，他与蒋介石夫妇的合作是顺利的，他的许多建议得到了采纳，正如泽勒在书中所说：“端纳同蒋的合作非常顺利。顾问出谋献策，蒋言听计从。‘国民经济建设运动’的计划，完全体现了端纳一直为之奋斗的经济主张。为了推进这个运动，他通过蒋夫人，一连数周同蒋一起研究，提出并说明他的种种想法，甚至绘制图表，教他如何去实施……蒋发布了端纳的经济建设计划，它像他的新精神运动一样，也将有助于弥补‘新生活运动’之不足。”② 端纳可能言过其实，将自己对蒋的影响无限夸大，但他既说与蒋的合作非常顺利，那么当时蒋所推行的“国民经济建设运动”与端纳的经济主张相一致，应是确定的。

不过，端纳开列的所谓拯救中国的这帖“药方”，并不能治疗中国的疾病，端纳自己也意识到“委员长的总部还想维持现状，瞎摸一气”。但是，端纳并不死心，他在 1935 年 10 月离开内地赴香港，“外出游历，休息一下”时，还特地给宋美龄写了一封信，说：“我通过你，谨请委员长以新的观点看待全部问题。我晓得你

---

① 苻致兴编译：《端纳与民国政坛秘闻》，第 307 页。
② 苻致兴编译：《端纳与民国政坛秘闻》，第 308—309 页。

比谁都清楚我所说的事情极为重要，因此，与其说是你，不如说是委员长应该对它加以思考。长期以来，中国一直在随波逐流，得过且过。现在，她应该觉醒过来，掌握自己的命运和前进的方向……我祝愿你在这种繁忙而令人鼓舞的工作中一帆风顺。我希望不久看到中国从阴影中摆脱出来，希望很快从报纸上看到这个消息。我为你们大家祈祷。”[①]

1936 年 3 月，端纳从香港返回大陆。在处理两广事变中，“端纳和蒋夫人随同蒋前往那里。在抚慰谋叛者的过程中，端纳扮演了重要角色。他劝他们[②]必须建立全国一致的战线，以迎接抗日战争的混乱之秋。”[③]

据端纳回忆，当年他与张学良对于中国政治统一及国家建设有着共同的理想；他作为蒋介石的私人顾问，则基本通过蒋夫人从中传递信息并协调关系、协助工作。这样的身份和经历，使端纳成为西安事变发生后第一个也是最合适的赴西安之人选。

二、端纳的“奠基”之行

1936 年 12 月 12 日晚，端纳与宋美龄、孔祥熙一同从上海赶回南京。端纳不相信张学良会搞兵变，也不相信蒋介石死了，他决定立即赶赴西安弄清真相。13 日晨 8 时前，宋美龄“电张学良，告以端纳拟即日飞西安，端纳亦同时去电，盼其即复”。他们没有等到张学良的即时复电，为节省时间计，端纳决定于午后先飞洛阳，宋美龄恐或有需译员处，派黄仁霖[④]随行。黄仁霖在 20 世纪 80 年代用英文写成的回忆录中，就其亲身经历对西安事变做了回顾，他认为“端纳先生和我二人，因能取得双方的信任，且互有

---

① 苻致兴编译：《端纳与民国政坛秘闻》，第 314 页。

② 指两广的陈济棠、李宗仁等人。

③ 苻致兴编译：《端纳与民国政坛秘闻》，第 315 页。

④ 黄仁霖（1901—1983），早年留学美国，毕业于教会学校，回国后在上海基督教青年会任干事。1929 年经孔祥熙介绍，被蒋介石任命为黄埔同学会励志社总干事。据黄仁霖本人回忆，当年张学良经常到南京来访问时，他见到了张，并且时常在一起打网球和骑马，因此彼此有了不寻常的友谊。

交情，便被选任前往西安一行”[1]。14 日晨，端纳与黄仁霖自洛阳飞赴西安。此行既需胆量，更需各个关节的疏通。英国作家贝特兰[2]以亲赴西安、探寻事变真相的见闻为线索，于 1937 年撰写并发表了一部关于西安事变的报告文学《一个西方记者眼中的西安事变》，书中详细描述了事变发生后外界人士赴西安之不易与艰难。书中说：“对西安所发生的事情，我们都不很清楚，但它听来又很使人兴奋。我有几个朋友在西安，其中有一个还是张学良自己报纸的编辑。如果我能到西安去，也许可能解决一些疑团。但怎样去法呢？平时都是由陇海路去的，陇海路在郑州切过平汉铁路，再沿黄河通过潼关的关口。但潼关目前已成为内战的前线；铁路交通以及一切别的交通都已断绝，而‘叛省’的边界当为政府军所封锁。唯一可能的方法就是坐飞机去。我打电话问那个新闻记者……他回答，‘目前在中国的一切新闻记者都急想到西安去’。但我已同欧亚航空公司交涉过，说我要单独包一架飞机——他们听也不愿意听。他们恐怕失掉飞机。你要搭飞机到西安去，无论出多少钱都办不到。”[3] 贝特兰费尽周折，结果还是在西安事变结束后才抵达西安。

端纳于事变发生后的第一时间赴陕，及时向外界报道了西安的真相，这为事变的和平解决争取了时间。由贝特兰的记述可以得知，当时外界记者要进入西安几乎是不可能的。黄仁霖在见到蒋介石之后也被扣留在西安，12 天后与蒋介石、宋美龄一同飞离

① 黄仁霖：《西安事变及其余波》，见秦孝仪主编：《革命文献》第 95 辑，第 277 页。

② 据《一个西方记者眼中的西安事变》后记中介绍，詹姆斯·贝特兰出生于新西兰，1932 年考入英国牛津大学，毕业后进入伦敦新闻界。1936 年到中国北平，担任《每日先驱报》的特约通讯员，1938 年任《每日先驱报》和《英国卫报》驻华特派员，1941 年任英国驻重庆大使馆新闻专员，抗日战争胜利后回国。西安事变发生后，贝特兰于 12 月 27 日到达西安，至 1937 年 2 月 8 日离开，滞留 44 天。《一个西方记者眼中的西安事变》一书于 1937 年在英国出版，1938 年美国出版，1939 年由上海译报图书部出版中译本。

③ ［英］J. M. 贝特兰：《一个西方记者眼中的西安事变》，林淡秋译，东方出版中心 2000 年版，第 18 页。

西安。在西安与外界道路封锁、通讯中断的情况下，端纳的报道尤为各方所期盼。《申报》跟踪报道了端纳赴陕的情况。宋美龄在回忆录中详细记述了端纳两次赴陕的过程，及外界尤其是南京方面对端纳传递回来之信息的态度。

> 端纳于夜间由洛阳来长途电话，称于日落时抵洛，彼处离西安虽只余一小时半之飞行，然消息之沉寂，不减于南京。且言是日已有飞机三十余架在西安上空飞行示威，目的欲告谕叛军，洛阳飞机场仍在中央之手，以张学良预令其驻洛直接指挥之炮队占领机场之命令，其部下实未遵行也。端纳复称：彼不问张学良有否复电，决于明晨飞赴西安。余于是夜卒得张学良致端纳电，欢迎入陕，于是端纳所乘飞机中途被击之顾虑，始得释然矣。①

宋美龄的这一段描述让我们看到了端纳此行所冒之风险，亦可了解宋美龄紧张等待消息之心情。的确，“当时传闻西安在交火，共产党的旗帜在飞扬，士兵在西安城边挖战壕，总之是很恐怖的”②。黄仁霖在回忆中也谈到了此行之危险，说：“在洛阳的消息非常不好。他们说西安城已经挂满了红旗，并且还有巷战等。我急匆匆地用军用电话与南京通长途电话，将我所能搜集的各种情报，告诉他们，请转告蒋夫人和孔院长。在我无法入睡时，我决定请黎（黎离尘，励志社的干事）先生笔录我的遗嘱和最后的愿望。我已决定不带他到西安去了。这一夜我把全盘局势重新琢磨了一下，深感我的任务艰巨，能够达成的可能性，真是微乎其微。我只能依靠端纳的影响力和上帝的帮助了。”第二天早晨，端纳接到了蒋夫人打来的电话，告知张学良已回电请端纳马上前去。据黄仁霖回忆，“从洛阳到西安那一个小时的飞行，真是紧张万

① 蒋宋美龄：《西安事变回忆录》，见王亚权主编：《蒋夫人言论集》上集，第57页。

② ［美］泽勒：《神秘顾问——端纳在中国》，第372页。

分。当到达西安时，我们绕城飞行三匝，看到没有悬挂红旗，亦没有巷战时，才安下心来。街道有几处堵塞住了。全城因戒严而一片死寂。降落了之后，我们立刻被叛兵包围了。但是我们看见有一辆车，经过机场，正向我们疾驰而来。那是我们互相交好的吉米·爱而德先生[1]，带着少帅的命令来接我们的。”[2]

张学良在看端纳带来的宋美龄书信

端纳没有让宋美龄等得太久，当日（14日）晚，“端纳自西安来电，告委员长平安，居处甚适，彼正随侍在侧。该电复称张学良亟盼孔部长赴西安，尤盼余偕行。后又得张学良直接致余电，邀余赴西安，并保证无危害委员长之意”，宋美龄感慨说，至此“始发现第一次希望之曙光，确证余主张之未误”[3]。但讨伐派并不这样看，甚至质疑端纳之来电。“盖南京一部分人士，咸认叛部计划异常险恶，以为委员长即不死，亦必身陷危境，对于与此歧异之消息，反不愿轻易置信。彼等之言曰：‘端纳来电，实近合西安心理，欲诱孔部长入陕，多一重要作质者，以加厚其谈判之力量而已。至张学良致余电，用意亦同，亦欲诱余入陕而加以拘禁耳。’”[4]

在西安与外界之交通、电报中断，谣言纷传的情况下，端纳赴陕成为媒体关注的焦点。《申报》刊载了路透社的跟踪报道。据路透社 14 日电称：“曾任张学良顾问之澳洲人端纳氏，与蒋委员长亦系知交，已于今日乘飞机前往西安，一方面拟营救蒋氏出险，

① 据《神秘顾问——端纳在中国》一书中介绍，吉米·爱而德一直为少帅掌管私人金钱，能说一口流利的中国方言，曾在北方与少帅一起上过学。

② 黄仁霖：《西安事变及其余波》，见秦孝仪主编：《革命文献》第 95 辑，第 284 页。

③ 王亚权主编：《蒋夫人言论集》上集，第 62 页。

④ 王亚权主编：《蒋夫人言论集》上集，第 62 页。

另一方面则拟劝阻张氏做如此丧心病狂之举，目下张学良所部叛众，既将国家领袖及其他高级官吏多人，留陕作质，中央方面以端纳氏为人忠诚，向为中国人士所信任，希望渠此次或能解决目前之危局。据闻端纳系昨晚由京乘火车前往洛阳，今午接该处长途电话报告，称端纳已于今晨十时三十分，由洛起程，飞往西安矣。一般人因叛军首领既允端纳在西安降落，皆对于端纳氏抵西安后之报告，期待甚殷，因藉此可明了西安事变之确实消息。”① 路透社 15 日电称：“蒋委员长之仍未恢复自由，此间现皆视为确实之事，昨夜传闻蒋氏现在杨虎城保护之下。端纳乘飞机由洛阳赴西安后，迄今已逾二十四小时，虽闻其已安抵西安，但端纳本人尚未有只字传来，今众皆引颈以盼之。”②

15 日，端纳冒恶劣气候之危险，自西安飞抵洛阳。是日下午，端纳打长途电话给宋美龄。端纳的安全出入西安及其对西安情形的描述，令宋美龄“惊喜欲狂”。她在《西安事变回忆录》中追述端纳的话说：“委员长并未受苛刻待遇；端纳到达后，委员长已允进入较舒适之房屋；斯时委员长始初次与张学良谈话，惟怒气仍未消；张表示决随委员长入京，盖彼自承举动虽错误，然动机确系纯洁；张盼余入西安。惟气候恶劣，不利飞行，决于明晨返西安。”③ 端纳知道外界急于了解西安之真相，他在致电蒋夫人之后，又给《纽约时报》的哈利特·阿朋（Hallett Abend），以及路透社和其他报社发去新闻电讯。④ 端纳于 15 日下午二时十分发出一电，内称：“余于今日会晤张学良时，张与其左右均向余保证决无伤害蒋委员长之意，张氏后乃与其部下将领会商，苟无意外困难发生，或屈（倔）强态度影响大局，则可于数日内获一解决。”⑤ 当晚，

---

① 《申报》，1936 年 12 月 15 日，第 3 版。

② 《申报》，1936 年 12 月 16 日，第 3 版。

③ 王亚权主编：《蒋夫人言论集》上集，第 63 页。

④ ［美］泽勒：《神秘顾问——端纳在中国》，第 380 页。另，宋美龄在《西安事变回忆录》中说：“询其曾否发送新闻电。端纳答称，彼曾发二电：一为新闻之概述，一为答《纽约时报》记者阿朋之询问……电中略述，委员长健康如恒，张学良已承认劫持领袖之错误，唯自称其动机为爱国。”

⑤ 《申报》，1936 年 12 月 17 日，第 3 版。

宋美龄以长途电话告知端纳："孔部长因医生坚嘱，不令飞陕；况孔为代理行政院长，势难离职，因嘱端纳征求对方意见，可否以宋子文或顾祝同代之。且告以各方阻我成行，然余已决心飞陕。"①

16日，《申报》在第3版以"端纳由陕返洛，电京报告蒋院长安全"为大字标题，刊载了各通讯社对端纳赴陕之报道。南京15日专电云："端纳、黄仁霖十四日由洛飞西安。十五日下午五时，端已由西安飞返洛阳，即用长途电话致孔院长公馆，向蒋夫人报告，谓抵西安后，于见张学良外，并由张派随员导往，谒见蒋委员长。蒋氏精神甚佳，身体亦健，绝无悲观之态度。谈话时间甚短，关于政治问题一概未提，西安内部情形不甚明了等语。现端纳尚留洛。"中央社电云："自西安事变发生以来，全国人民对于蒋委员长之安全，甚为关切，蒋夫人宋美龄女士特请英（澳）顾问端纳赴西安探视。端纳于十四日下午十二时半，由洛阳飞抵西安，当即偕张学良及翻译一人，往谒蒋委员长，十五日下午复乘飞机东返，原拟直达南京，过洛时因大雨降落，当在洛以长途电话，电京报告。据称，蒋委员长现居冯钦哉师长寓中，态度镇定，一如平日。自十二日以来，张学良屡次往谒，蒋委员长均未与语。此次端纳到陕，张又随同晋谒，张复恳请蒋委员长采纳彼之主张，蒋委员长告以在目前情况下，决无考虑余地，即使汝等意见于整个国家有利，亦应提请中央讨论。端纳以蒋夫人极欲来陕面晤，告知蒋委员长，蒋委员长谓不必来陕，闻蒋夫人拟暂留京，又闻端纳拟十六日晨由洛再飞西安。"路透社电云："今日下午，此间人士获知蒋委员长现仍安全之消息后，均感极大之安慰。蒋氏顾问澳人端纳氏已于今日下午由西安返抵洛阳，当即通长途电话，与在京之蒋夫人接话。据称彼曾面晤蒋氏，蒋氏身体甚安，精神亦颇健旺云。观于上述，已可证明前传杨虎城已反正及效忠政府之说，实属不确。据此间官方消息，端纳与蒋氏仅做一简短之谈话，并未讨论政治云。蒋夫人聆知其丈夫安全之消息后，极

① 王亚权主编：《蒋夫人言论集》上集，第64页。

为欣慰。政府方面之意见，以为蒋氏至今仍继续安全存在，可见张学良对于其军中之极端分子，具有完全之统治力量云。”

17日，《申报》第3版以大字标题报道称：“国府下令讨伐张学良，特派何应钦为讨逆总司令，端纳电告张无伤害蒋氏意。”该块栏目中刊载了一条来自国民新闻社的“本埠消息”，说：“蒋委员长英（澳）籍顾问端纳今日自洛阳电告美联社称：‘张学良及其部下，实不欲危害蒋委员长，张学良旋即与其部下举行会议，苟无意外发生，则时局在数日内可望急转直下。’”

上述报道虽在某些细节上与事实稍有出入，其报道之主旨是清晰明确的。由上述报道可知，中外对事件进展之关注略有不同。南京方面不仅关心蒋介石之安全，更在意蒋介石作为军政首领之权威，强调“蒋对张等主张认无考虑余地”；关注事态之各国（除日本外）则非常重视蒋介石之安全，因为此系和平解决事变之关键。

宋美龄在回忆录中谈道，当时南京方面对端纳发回之信息持怀疑者说，端纳有袒护张学良之倾向。王子壮在日记中证明了这一情况，他说：“事变之初，彼即派前为张学良顾问现为蒋先生顾问端纳飞往西安……但端纳颇受张之说词，以为对蒋先生无他，不过政见上稍有出入，一加调解便可了结。此说显信张之所言，而实际上绝非如此简单。盖张之做贼成性，毫无理性之可言，不予痛剿，绝难使之畏惧，俾蒋先生安然脱险也。”① 宋美龄认为，“此种推论实难理解，或者军人为情绪激发，应做如此想象”。端纳的电告坚定了宋美龄阻止战争的决心，但她也知道鉴于南京“群情激愤”，恐怕难以阻止政府下达讨伐令，故宋美龄请端纳尽快返回南京以免生命危险，而端纳表示他愿留西安，并在电话中说了一句“或有其他办法”，令宋美龄万分疑惑而又多生了一分希望。

16日晚，端纳抵达西安后致电宋美龄，使宋美龄对和平解决

---

① 王子壮：《王子壮日记》第三册，第351—352页。

又生一分信心，诚如其在回忆录中所说，“避免武力以求和平解决之希望，又微露其一线光芒”，因为端纳说在其向蒋介石和张学良转达了宋美龄之意旨后，西安将领已表示欢迎宋子文与顾祝同入陕，宋美龄就此认为，“余以和平方式营救委员长出险之主张，始得第一步事实之佐证”①。

端纳此行对于解决西安事变之作用，宋美龄在回忆录中做过这样一句总结：“譬之造屋，端纳奠其基。”“奠基”具体表现在两个方面：一是确证蒋介石之安全，这是和平解决的前提，正如端纳、黄仁霖出发前，孔祥熙对黄仁霖说的一番话：“你的任务是用你的眼睛，亲自看到委员长，亲眼看见。看见他了之后，马上回来向夫人和我报告，你所亲眼看到的确实情形。就是这一点，不多亦不少。如果委员长健康而安好，那么谈判之门，还是敞开着的。”② 二是平复蒋介石激动的情绪，缓和蒋介石与张学良的关系，进而为阻止南京对西安的讨伐争取时间。

蒋介石在日记中说，14 日见端纳转来蒋夫人电，“泪如雨下，泣不成声”。蒋介石正是在端纳来之后才肯见张学良并同意迁移住宅。虽然西安事变当事人蒋介石、宋美龄、宋子文、孔祥熙、张学良，在日记或回忆录中均明确记录了蒋介石拒绝胁迫下之做任何承诺一节，但蒋对如何解决事变在态度上还是有一些变化的。据黄仁霖回忆，他是由于为蒋介石带信而失去自由的。当他面见蒋介石时，蒋请其带一封信回去给宋美龄，并当着张学良的面读信三遍，“这是很显然的，他要我牢记这封信。如果这封信被人搜去或遗失的话，我仍能记忆。同时只要能活着，我就能够带这个口信的”。那为何这封信会令黄仁霖被扣留呢？黄仁霖以为，因为“他（指蒋介石）所写的信，然后又对我读信，等于是命令中央政府军队向西安进攻，如果叛军不把他在三天之内，送回南京，即使要踏过他的尸体前进，也在所不惜。这种命令正是西安那一批

---

① 王亚权主编：《蒋夫人言论集》上集，第 67 页。

② 黄仁霖：《西安事变及其余波》，见秦孝仪主编：《革命文献》第 95 辑，第 283 页。

人所最不愿意让他传出去的”[1]。宋美龄在回忆录中也说：“委员长草毕此函时，曾当众高声朗诵，故爱而德犹能忆其概略。据称：‘委员长函中表示宁死不受挟持，且以身后事向夫人叮咛嘱咐，足证其已抱牺牲之决心。’”而几天后，蒋介石派蒋鼎文前往南京传达暂停轰炸之旨意，这其中的变化，应该说有端纳的原因，不管端纳对蒋有多少影响，至少他作为中间人在蒋介石夫妇间传递信息，既间接安慰了他们夫妇，也让蒋对南京方面的情况有了一些了解。宋美龄曾请端纳“以目前余所处之境遇告委员长，详述余努力阻止战争之经过”，借此欲传达何种信息不言而喻。蒋鼎文于 17 日晨 9 时在张学良的陪同下见蒋，“余见委座态度沉静如常，即索纸笔，作函两缄，交余带回，分致何部长、蒋夫人。对余谓，汝可回去对大家说余对国事所抱之主张，现在虽张学良等亦必明了，其余已详致何部长函内，依近情观察，余数日内当可回京等语”[2]。蒋鼎文于 17 日中午 12 时由西安乘军用飞机起飞，当晚宿洛阳，18 日抵南京。蒋介石致何应钦函云：“敬之吾兄，闻昨日空军在渭南轰炸，望即令停止，以近情观察，中于本星期六日前可以回京，故星期六日以前，万不可冲突，并即停止轰炸为要。中正手启，十二月十七日。”据中央社 12 月 18 日电，蒋鼎文抵南京后，记者前往谒见军政部长何应钦，何发表谈话云：“奉到委座手谕后，余当已分电前线，饬于十九日下午六时以前暂停轰炸，如张逆藉此希图缓兵，不于此期内送委座回京，则本人自当严厉执行原定计划，彻底扫荡。”[3] 在国民政府已下达讨伐令的情况下，蒋介石的手谕为以宋美龄为代表的主和派赢得了延缓进攻西安的宝贵时间。路透社 19 日电称：“此间殷切伫待后 24 小时内西安大局之发展，盖在此时间内当可以决定此事能否和平解决抑须诉诸武力也。”[4]

---

① 黄仁霖：《西安事变及其余波》，见秦孝仪主编：《革命文献》第 95 辑，第 288—289 页。

② 《申报》，1936 年 12 月 19 日，第 3 版。

③ 《申报》，1936 年 12 月 19 日，第 3 版。

④ 《申报》，1936 年 12 月 20 日，第 3 版。

影响蒋介石下达手谕的因素是多方面的，前提是他了解并相信他所听到的有关西安和南京方面的情况，而当时能够给他信息的除了张学良就是端纳。端纳是受蒋介石夫妇及张学良共同信任之人，蒋在日记多处提到这一点，如："端纳乃余妻托其来营救，而张于昨日自知此事不了，亦电彼与余妻来陕设法调处也"，"然彼（指张学良）亦不敢获罪于余妻，乃私嘱端纳飞回洛阳拍电报于余妻以慰之。盖张惟一希望为余妻在京能阻止中央军攻陕也"[①]。不过，端纳毕竟是外国人，难以期望他在中国政治交易中处理错综复杂和微秒的关系。[②]

宋美龄在回忆录中对蒋鼎文回京一事做如下评述："后来端纳来电称，委员长已遣蒋鼎文主任飞京，携其亲笔致军政部长函。不料政府中人闻讯，声称彼等不独不愿与西安做谈判，且亦不愿在委员长离陕前，接受任何命令，盖此书即出委员长手，又安能确证其为出于委员长之本意者。诸公竟测其领袖屈服于劫持之下，宁不可异？余因直告之，并叹曰：'诸公与彼共事多年，竟未能了解其真性格至此耶！'二日后，蒋鼎文果来，彼等闻其面述委员长令，始服从无闲言。蒋鼎文并恳切劝告，勿任南京、西安间之裂痕日见加深，谩骂之无线电广播及恶意之报纸论文，皆以中止为佳。"[③] 也就是说，政府中人为维护中央之威信，坚持对西安用兵，直至亲耳听到蒋鼎文之陈述后才不得已暂时停止进攻。

及至12月20日晨，停止进攻之期限已届。据19日中央社电称："讨逆总司令部息，截至星期六晚，委座仍无脱险南旋消息，显现张学良欲图缓兵之计，故讨逆总司令部业已急电前方，20日照常进行，并以飞机继续轰炸云。"[④] 宋美龄于是力争再延三日，决心与宋子文一同飞陕，结果在众人的阻拦下，宋子文一人先行赴陕。

---

① 刘维开整理：《蒋中正先生西安事变日记》，载《近代中国》第153期，第211—212页。

② 王子壮：《王子壮日记》第四册，第33页。

③ 王亚权主编：《蒋夫人言论集》上集，第67—68页。

④ 《申报》，1936年12月20日，第3版。

第三节 促成宋子文飞赴西安

一、宋子文与张学良

西安事变发生时，时任全国经济委员会常委、中国银行董事长的宋子文正在粤桂及海南岛视察，12 月 13 日，宋子文回到上海，14 日中午在中国银行接见新闻记者，发表谈话如下：

> 关于西安事变，本人所得之消息，均如报载。蒋院长在西安绝对安全，本人以为西安事变，乃系国家最不幸之事，目前亟须用有效之方法，于最短期内解决，盖以全世界之目光此刻正集中于中国也。本人与蒋院长公私之关系，及与张学良多年之友谊，均为人所共知，在此特殊关系之中，如有任何可能解决之办法，本人极愿在政府指导之下，尽最大之努力。至于采取何种方法，须待政府决定，本人是否有赴西安一行之必要，亦待命于政府也。端纳已抵洛阳，即将转往西安，本人受孔财长之嘱托留沪，对于金融方面加以照料，目前市场尚称平稳，中、中、交三行，对于外汇照常无限制买卖。①

此段话虽寥寥数语，但寓意明确，颇耐人寻味。第一，它表明了宋子文对事变严重性的认识，但言语中没有使用攻击性的词语，没有提"违法荡纪"之类的话，也没有指责张学良、杨虎城为"叛国"或"劫持"等，这与南京当局的态度是不同的。而且在当时消息封锁、谣言四起的情况下，他仍坚信并公开表示蒋介石在西安绝对安全，这说明他对张学良等的信任，也暗示了他对张、杨行动的理解。第二，表达了宋希望尽快、合理解决事变的迫切愿望。在宋看来，西安事变已引起了国内外各界的关注，处

① 《申报》，1936 年 12 月 15 日，第 9 版。

理得妥当与否，将直接关系到国内政局的稳定与国家的前途。第三，鉴于他与蒋介石特殊的公私关系，及与张学良多年的友谊，提出愿意赴西安协助解决事变，实际上是间接提出了以和平谈判的方法尽快解决事变的主张，这一主张包含了他对和平解决事变的可能性与必要性的充分认识。当然，鉴于他当时“在野者”的身份，谈话中特别指出“愿在政府领导之下，尽最大之努力”，一切“待命于政府”。

宋子文的“在野者”身份始于1933年10月，当年他突然辞去行政院副院长兼财政部长职务，只保留国民党中央执行委员、中央政治委员会委员及全国经济委员会常委职务，从此离开了国民党权力中心。西安事变的发生，把已脱离政府职位、极少在公开场合发表政治见解的宋子文，再次推到国内政治风云之中。历史选择了宋子文在这场震惊中外的事件中“出场”，决非仅仅因为他与蒋介石有特殊的关系、与张学良有着多年的友情，重要的是他对中国国内政局及中日关系问题的看法，和他实际所持的停止内战、一致抗日的主张，有助于推动事变的和平解决，有利于国内的团结抗日。

宋子文与张学良私交甚好，“宋子文我们两个是好朋友，我跟宋子文最好”①，并坚主抗日。1931年九一八事变以后，宋子文的所言所行已给人一个公认的印象——国民党内的对日强硬派。长城抗战期间，时任行政院代院长兼财政部长的宋子文奉命北上，一方面向公众表明中央政府之抗日决心，另一方面积极协助张学良抗日。张学良时任军事委员会北平分会代理委员长、华北集团军总司令等职，负守卫华北直接重任。宋子文自北上至张学良下野期间的言行既集中体现了他的抗日态度，也显现了他在蒋介石与张学良之间所起的他人难以起到的协调作用。

1933年2月11日，在日军进犯热河，而国联之调解已陷绝境之际，宋子文飞抵北平。在华北期间，他主要进行了下列几项活

---

① 张学良口述，唐德刚撰写：《张学良口述历史》，第105页。

动，给了张学良直接或间接的多项协助。

（一）在财政上，积极筹款，以支持热河抗战。整理华北财政，解决华北财政困难，是宋子文此行的一项主要任务。在北平，宋子文会晤了北平银行公会会长周作民和来自天津的银行界代表如中国银行经理卞白眉、交通银行经理杨荫荪、大陆银行经理许汉卿等，与他们商定发行救国公债2000万元，其中由平津银行界承销1000万元。公债的另一半，宋子文准备让上海金融界来承担。为此，宋子文于2月21日南下上海，用了两天的时间，同钱永铭、虞洽卿等上海的金融界人士商定了由上海的银行吸收公债的方案。2月23日，宋子文抵达南京，宣布发行新公债2000万元，名为1933年爱国库券。这笔款项的筹得，使宋子文甚感满意，他认为这足够守卫热河的北方军队三个月之用。

（二）在军事上，宋子文抵达北平后，立即与张学良及张作相、汤玉麟等北方主要将领磋商抗日计划，并同张学良一起巡视了热河前线。返回北平后，宋子文又参与拟订了热河保卫战的初步计划：成立两个集团军，每一集团军辖三个军团。第一集团军总司令由张学良自兼，第二集团军总司令为张作相。宋子文还参加了张学良在北平召开的分配作战任务的军事会议。

（三）在舆论上，鼓励北方军民的斗志。宋子文在北平的十天中，除了与张学良等商讨抗日计划，与华北政、经界领袖及平津金融界等商洽华北财政问题外，为鼓励北方军民的斗志，坚定军心，他还进行了其他多项活动，主要有：多次向新闻界发表谈话，表明中央政府之态度；2月16日出席在北平召开的东北热河后援会；2月17日到热河前线慰勉将士，当日返回后发表致前方将士书；2月20日，赴卫戍医院，慰问伤兵。

在多次公开的讲演中，宋子文主要表述了下列观点。

（1）痛斥日本的侵华罪行，揭露其阴谋与野心。宋子文指出：

我们国家年来受天灾赤祸的交迫，政府正在力谋安定与进步的时候，我们的敌人日本，趁火打劫，把东三省抢走，我们自审国家力量，外察国际情势，相信现在的世界，应当不是强盗横行的世界，所以诉诸国联，听候公理裁决，谁知世界人士尽管一致主张公理，而敌人却是始终的横行霸道，最近占了榆关，又侵犯热河。

日本人最近印行伪国地图，把热河和东三省划成一个“满洲国”，叫他们的生命线，这是什么话，人家的土地可说是我的生命线吗？这是何等的欺侮我们，这是我们何等的耻辱。①

宋子文并驳斥了日方散布的种种谣言，以正视听。他说：

敌人诡计万端，他们从来的策略是挑唆离间，使我们家里不和，自相争斗，他们好乘机取利……②

近来日方屡次传播虚伪报告，谓我将领中有怀二心者，有谓日方业与某某等成立默契，故可不战而得热河。凡此挑拨离间、大言欺世之惯技，为日方所擅为……③

他希望大家不要听信日本人的谗言，不再中敌人的奸计。“惟有万众一心，牺牲一切，以捍卫我国家，舍此别无出路矣。”④

（2）表明中央政府之抗日决心，及对守卫热河之态度。宋子文到北平后，立即向新闻界宣布：

本人此次来平，与热河局势有关。中央政府对日人之谋攻热河，极为重视。热河为中国整个的一部分，正如广东与江苏等省然，攻击热河，不啻攻击首都。日人如实行攻击，

① 天津《大公报》，1933年2月18日，第4版。
② 天津《大公报》，1933年2月18日，第4版。
③ 《申报》，1933年2月16日，第3版。
④ 《申报》，1933年2月16日，第3版。

则吾人将以全国之力对付之。日本既已占据中国之东北部，若再前进，必予以抵抗，成败在所不计。①

赴热河视察时，他在民众大会上再次重申中央政府的抗日决心：

本人代表中央政府敢向诸君担保，吾人决不放弃东北，吾人决不放弃热河，纵令敌方占我首都，亦决无人肯做城下之盟。②

2月22日，宋在上海对报界发表谈话时亦谈道：蒋介石对日态度，与政府人民完全一致，本人目前不愿多言，惟有一致奋斗。③

对于前方将士的困难，宋子文深表同情，并表示中央将尽力接济。他说：

诸君在边防线上，衣服不暖，饮食不饱，械弹缺乏的情形，政府当局是知道的，是痛心的，不过要求诸君谅解，因为敌人破坏我们的交通，摧残我们的商业，使得国家的收入一落千丈，政府尚须顾到各项费用，尚须顾到内外债的利息，但是，政府无论如何困难，诸君必须要的东西，子文必定筹划接洽，诸君安心拼命去杀贼好了。④

中央对华北各军，虽不能充分接济，但必尽其所有，平均分配。⑤

① 天津《大公报》，1933年2月14日，第4版。
② 天津《大公报》，1933年2月19日，第3版。
③ 天津《大公报》，1933年2月23日，第3版。
④ 天津《大公报》，1933年2月18日，第4版。
⑤ 《申报》，1933年2月17日，第9版。

宋子文更以全国人民的名义，激励前方将士奋勇杀敌：

> 说到筹划接济，不但政府当局如此，就是全国人民，不论东西南北，莫不一致在那里奔走呼号，援助诸君。诸君放心，你们的牺牲是有全国做后盾的，你们打到天边，全国人民亦追随你们到天边，你们打到海底，全国人民亦追随你们到海底。总而言之，我们全国人民现在是整个的生死同命，诸君放心干好了。①

（3）称颂北方军民之斗志，呼吁各方团结一致，共同抗敌。到北平后的第三天，宋子文对记者谈了他到北方后的感想，说：

> 到平后，感想极好，大家对日，无论军民，莫不激昂，各军不待开拔费即赴前线，具征各方一致之精神。日军侵我，已有十数年之准备，而我初无防敌之心。所幸民气激昂，敌来即拼。淞沪之战，即其前例。此我民族性强烈之表现也。②

他进而呼吁全国各界“化除成见，团结一致，努力抗战”，说：

> 日占东省，复寇热河，热河为华北屏障，亦为全国屏障，地位自极重要。本人此次来平，张学良表示决死一拼，但抗日必须绝大牺牲，自须全国团结，上下一致，方克有济，且国联形势，我方已得道德上之胜利，倘能本身振作，则最后胜利，终属于我。③

在热河前线视察时，宋子文进一步慰勉众将士，应拿热血洗

---

① 天津《大公报》，1933年2月18日，第3版。

② 《申报》，1933年2月17日，第9版。

③ 《申报》，1933年2月17日，第9版。

刷“满洲国”三字奇耻大辱，誓死保卫热河。他说：

此次北来，与地方人士接谈，益信华北地势全恃热河为屏障，保热河即保华北，即对已失之东三省，亦有收复之希望，热河若有疏虞，不惟华北动摇，其影响及于全国。顷来承德观察情形，更感热河之重要……现在国际联盟十九国委员会经极详细之研究，完全一致拥护中国立场，日本军阀虽强暴，终不能以一国抗全世界，故最后胜利必属于我，但仍须自己努力，断不可全赖他人。[①]

（4）会晤美英法等国驻华公使，并致电日内瓦中国代表团，介绍中日关系的现状及严峻前景，表明中国政府的态度，驳斥日方散布的谣言，要求西方大国给予中国多方面的帮助。宋子文还与张学良共同致电日内瓦中国代表团，向国联表示抵抗日本侵略的决心，电文中说：

中国政府与人民因决定抵抗日本侵略，现已集中兵力，保卫国土……中国政府前曾忍辱负重，长期努力，欲以诚意避免时局的严重，俾援助国联会，觅取合于盟约及其他条约之调解基础，但调解希望，已为日本所断绝，和平希望亦为日本在热河军事行动所毁灭，虽国联会提出郑重异议，亦无所顾忌。日本所提出似是而非之理由，谓欲维持条约权利，爰乃占据满洲，但日本侵略热河，未可以此为口实，则以任何条约，均未涉及此一省区故也。余等奉有中央命令，对于日本侵略予以抵抗，负有守土之责，实有北方人民所赞助。请将余等所处地位所采态度，向国联会及全世界加以说明。[②]

身为行政院代院长兼财政部长的宋子文，在热河危机期间亲

① 天津《大公报》，1933年2月19日，第3版。
② 《申报》，1933年2月19日，第3版。

赴前线，表明中央政府的态度，激励前方将士与全国民众坚决抗日，这在国内外均产生了良好的影响。报界对宋、张的热河之行给予高度评价，并对热河抗战寄予信心，说：

> 张学良、宋子文此次到热河，士气为之大振，其效果一若感受电力之速……热河华军将否奋力作战，在前若稍有疑虑，今则疑虑尽释，而感觉日军必遇坚决勇猛之抗拒。①
>
> 试看宋代行政院长躬至平热，黄任之穆藕初（注：当时黄炎培、穆藕初率上海地方协会后援队赴平、热慰问）诸君纷纷长途，即知全国上下，已成一片，南北社会，凝聚一团，热河视同南方，远近绝无歧视，此等现象又岂20年间多次内战所曾梦见？……而观于昨日承德欢迎宋、张至热河，与张代委员长领衔通电之诚恳，又窃幸吾人所祈祷者，终当不虚也。②

舆论界对宋子文此行之评价虽有过奖之词，但不能否认宋子文之言行对坚定军心，消除各方歧见，促成团结抗战的新局面，确有相当的积极作用。

1933年2月下旬，日伪军10万人分兵三路向热河进攻。3月4日，日军先头部队进占省会承德，热河全省10天即告沦陷，消息传出，引起了全国人民的愤慨，也引起了国际舆论的哗然，时任国联中国代表之一的顾维钧在其回忆录中说："各国论者，以我军凭崇山峻岭之险，有主客攻守之异。而战线屡缩，失地频闻。友我者对于我国是否真心抵抗，群来遑问；忌我者谓我本无自助决心，国联原可不必多事。"在国内，全国舆论除谴责国民政府的不抵抗政策，谴责临阵脱逃的汤玉麟外，负守卫华北直接重任的张学良亦成为众矢之的。这时，宋子文发表了与官方不同的观点，他说：

---

① 《申报》，1933年2月21日，第6版。

② 天津《大公报》，1933年2月19日，第2版。

> 热河之战，与吾人以重大教训，重大觉悟，盖败绩之咎，不在一人，亦非在一人，在于吾国之军制。养兵数百万，而器械窳劣，衣食不固，几若乌合。士兵纵能见危授命，直是驱市人而战耳，此应归咎于军制之不良也。①

宋子文并以自己在热河前线的见闻，对中日军队的装备、运输、战术等方面，做了对比。宋子文的此番言论，既为其个人计，也有为张学良开脱责任之意。宋曾向新闻界宣布“华北军事部署非常充实，官民意志颇能真正融合”，但热河竟在日军发起进攻后的10天即陷于敌手，这不能不令人对报上宣称的一切表示怀疑。宋子文之所谈，固然是战败失土的原因，但不是主要原因。他在谈话中避而不谈国民党当局的责任，不谈南京政府“攘外必先安内”的误国方针，这自然是由他的政治立场所决定的。虽然在对日方针上，他与蒋介石的观点有所不同，但作为南京政府之要员，他所做的一切皆是从维护南京国民政府的根本利益、巩固国民党政权的统治地位出发的。当蒋介石意欲让张学良承担失土之全部责任时，作为张学良好友的宋子文虽不愿为，但还是担起了向张暗示蒋要其去职以谢国人的使命。

张学良晚年向唐德刚口述历史时谈到了这段经历：“汤玉麟失守热河以后，我当然要放掉军权，我是失败呀。宋子文、蒋先生和我三个人在一起说话，蒋先生看见我，说一句话，就是：现在船上有三个人，这个船上不能载三个人，总得有一个先跳下去。我说，要跳下去，那我先跳。蒋先生的意思是让我辞职，回来我就辞职了。”② 3月11日，张学良通电下野。4月11日，携家眷由上海乘船出国考察。行前，宋子文曾为张出洋前暂迁他处一事，自上海致电蒋介石，内称：“汉卿遵兄意旨在沪候轮放洋，船期尚须一月，而反对分子对之异常激昂，必须迁地或暂住庐山或奉化候船启行。统乞酌定示复。”蒋介石在复电中称：“汉兄如须迁地

---

① 天津《大公报》，1933年3月6日，第3版。

② 张学良口述，唐德刚撰写：《张学良口述历史》，第104—105页。

居住，则以庐山为宜，否则莫干山亦较为便也。”① 此时此刻，既能顾全大局，维护国民政府、维护蒋介石的利益，又能给予张学良真诚的关心和帮助，在蒋介石和张学良之间起到缓冲、协调作用的恰恰是宋子文。

基于宋子文的上述种种，当孔祥熙不能前往西安时，宋美龄提出了让宋子文或顾祝同代之赴陕的建议，立即得到了西安方面的同意。顾祝同时任军事委员会重庆行营主任及贵州省政府主席，西安事变发生后，他于16日受命就任讨逆军西路集团军总司令，当日由重庆飞抵南京，参与策划与实施营救蒋介石的行动。宋美龄之所以提出顾祝同作为赴陕人选之一，据顾晚年回忆说：“我的任务为参与营救蒋公，对张、杨的疏导工作。此一工作原由蒋夫人与宋子文主其事……我在军人中向以和善待人，故易与人相处，过去与张、杨往来，亦颇友好，尤以杨与中央军事将领往来甚少，且为表示中央军事将领亦旨在维护蒋公安全，并非与张、杨不共戴天，故我亦参与宋子文与张、杨相联系。此一联系工作，多在高楼门孔祥熙寓所决定。”② 而顾祝同未去西安的原因，从蒋介石西安事变日记中或可窥知一二。蒋在日记说：“十八日晚张来言，今接电称，子文、墨三皆将来西安。又言，墨三电称，如张与虎城二人中之一人能约地相见，则墨三当可出面调解。张又言，□已复顾电，称委座望你来西安甚切云。余始安心墨三之不来矣。如墨三再来西安，则张对中央将领一网打尽之计划更售矣。”③

二、“子文树柱壁”

西安事变当事人蒋介石夫妇在回忆录中均记载，当时西安方面迫切希望南京派代表前往西安谈判。而南京方面认为，在蒋介

① 秦孝仪主编：《中华民国重要史料初编——对日抗战时期》绪编（一），台北中国国民党中央委员会党史委员会1981年版，第625页。

② 顾祝同：《西安事变忆往》，见秦孝仪主编：《革命文献》第94辑，第190—191页。

③ 刘维开整理：《蒋中正先生西安事变日记》，第214页。

石被扣的情况下与西安谈判有损政府权威，并认为派政府中人前去是徒然令“叛变者”多一人质。宋子文前往西安，是以宋美龄为代表的宋氏家族的提议，正如顾祝同所回忆的，与西安的联络工作多在宋美龄居住的孔祥熙寓所进行。宋美龄在回忆录中记述了此事的波折：“委员长被禁后一星期，十二月十九日（星期六）余电告端纳，子文决入陕；后因阻力横生，余又去电取消前讯；一小时后，再电告其最后成行。盖子文力排群议，请以私人资格前往。我等主张：政府虽不能与叛变者直接谈判以自贬威信，亦应准许我等做劝导叛变者之工作。故子文行后，政府令各报登载，充分说明子文此行，纯为私人资格之意义。”① 孙科于20日接受新闻记者访谈时亦称：“中央目前对于叛逆绝对不谈任何主张问题，宋子文氏之飞陕，纯以私人之资格，探视蒋院长，并访晤张学良。”② 比照王子壮的日记与孔祥熙对19日会议的记录，大致可以了解国民党中央对于宋子文赴陕的态度：

> 今晚八时中央常委、院长、军事当局在政治会议楼上谈话，蒋鼎文亦到，密谈至十二时余，尚在拟稿答复小张，其内容虽不得详大度，除本日不轰炸并限其本日下午六时以前恢复蒋先生自由外，并谈解决之法，如派宋子文飞赴西安与张面洽，并由阎锡山居中斡旋等，因中央讨伐令既下，不能再谈调停，而实际上为能获得调解使蒋先生立复自由亦未尝不可，但恐无结果，故宜密行，实际上即政治军事双管齐下之解决法也。③

> 何敬之部长既得学良巧（十八日）电与蒋公手谕，乃于皓日（十九日）与居（正）孙（科）两院长，叶楚伧、宋子文、王宠惠、蒋夫人诸人会商于余所，决定二项：一、准宋

---

① 王亚权主编：《蒋夫人言论集》上集，第69页。

② 《申报》，1936年12月21日，第9版。

③ 王子壮：《王子壮日记》第三册，第354页。

> 委员子文以私人资格即日飞赴西安，营救蒋公；二、准许至十二月二十二日（养日）暂行停止轰炸。但张杨部队在此期间不得向南移动；如各该逆部仍向西安渭南前进，我空军即向行动部队轰炸，此为最后之容忍。但我军之集中侦察与攻击准备，仍须积极进行，不容延误。此两项决议，即于当日通饬前线将领执行，并由子文当日飞陕告知张杨。①

由此可知，自蒋鼎文回京后，国民党中央已确定政治军事双管齐下之解决办法，惟因种种顾虑，对宋子文赴陕尚犹疑不决，最终是在孔祥熙寓所，在宋美龄、宋子文均出席的情况下作出了准宋子文以个人资格赴陕的决议，可以想见宋氏兄妹在其间所发挥的作用。宋美龄在回忆录中记述了这一情况："及十二月二十日晨，停止进攻之期限已届，余力争展限三日，决偕子文同机入陕，神经兴奋，几不能持。行前最后一瞬间，政府中高级长官群集余所，坚请暂留。亦有余若留京，尚可于委员长未离西安以前，劝止中央军之进攻者；余乃自动与彼等约，倘子文去后，三日内不能返京，则不得再阻余飞西安。"② 宋子文携秘书于 19 日下午自南京出发，途遇大雪，迫降洛阳，20 日上午再飞西安。由宋子文的行止及王子壮、孔祥熙等人的记述可知，宋美龄所说的 20 日这一天的活动应发生在 19 日。此外，军事委员会侍从室第二处主任陈布雷于 19 日的日记中亦记述了宋美龄对其未能与宋子文同行的不满：

> 十二时偕沧波、佛海、养甫同往北极阁访子文，略谈数语即出……归寓，闻蒋夫人即将飞洛阳，即往孔宅访之。旋至机场，则蒋夫人临时中止西行，由子文先飞陕。遂送子文上机，郑重握手而别。二时三十分归寓……蒋夫人约往谈，

---

① 秦孝仪主编：《革命文献》第 94 辑，第 407 页。
② 王亚权主编：《蒋夫人言论集》上集，第 69 页。

多愤慨语，极力解慰之，并与庸之先生略谈。[1]

20日上午，宋子文抵达西安后，先与张学良、杨虎城进行了交谈，随后在张学良、端纳的偕同下面见蒋介石，张学良、端纳应宋子文的要求而离开房间，宋子文与蒋介石进行了单独谈话，据蒋介石在《西安半月记》中说，“此为余被劫以来，撤去监视得自由谈话之第一次，然监视者仍在门外窃听也”，可见张学良对宋子文之信任。宋子文则不负张学良所望，通过与蒋介石的面谈，使蒋的态度多少有所改变。宋在20日的日记中记道：“下午，汉卿见委员长。他说，在我与委员长会面后，委员长已采取较为理性的态度；还告诉汉卿，如其军队愿意到绥远去，他会同意。我见了委员长。他说他已经：（一）答应汉卿，允许他的军队到绥远去；（二）四项条件可以在大会上讨论；（三）陕西政府可重组，杨将军可以提名人选。他要我和张、杨讨论这些问题。”[2] 据此，宋子文又与张、杨进行了协商，“我们谈及由阎锡山担任调停者、居正作为非官方政府代表”，他们还谈到了政治解决失败的后果，“汉卿坦白告诉我，一旦爆发大规模战争，委员会已经决定把委员长交由共产党保护”，宋子文认为张学良此言“非虚言恫吓”。

21日上午，宋子文与张、杨一见面，他们即告诉宋委员会对他们昨晚商议办法之讨论结果：“居正要来，将不受欢迎，因为在南京他不代表任何人或机构。”通过与张、杨的反复晤谈，及对西安当地情形的观察，宋子文得出了以下三点结论：“一、他们的行动并非他们自发，而是受全体军民支持。张、杨是真正联手。在南京，许多人认为他们可被分化而做的计划和希望，不但不可能执行，也充满极大危险。二、张与杨的军队跟共产党组成一个难以应付的集团，假如他们的目的、力量及地域统一的话，可持续

① 陈布雷：《陈布雷先生从政日记稿样》（1935年3月1日起至1946年12月31日），台北：东南印物出版社，第180页。沧波为程沧波，佛海为周佛海，养甫为曾养甫。

② 邵铭煌：《宋子文西安事变日记》，第183页。

作战数月。三、共产党已经毫无保留地与张、杨同生共死。”①

张、杨可被分化，这是南京方面包括宋美龄等，均曾以为乃至据以对付西安的前提条件，孔祥熙还于12月15日致电樊崧甫，请其规劝杨虎城营救蒋介石，电文如下：

> 樊军长崧甫弟鉴：松密。冯钦哉力持大义，自拔反正，中央同人，极为嘉佩。吾弟潜移默化之功，亦至伟大，惟杨虎城身在陕垣，是否被迫，真意不明，而冯系其旧部，当知底蕴，如能嘱冯密劝杨就近营救介公脱险，事机极为顺易。此层最为要着，即盼图之。并附托冯转杨一电，文曰：杨主任虎城兄勋鉴：密。先后奉上各电，迄未得复，至深系念。自介公被劫持以来，中央同人，极端愤慨，群以为吾兄追随介公有年，关系最切，得吾兄保卫，当不虞有他。惟时已数日，迄无表示，中外惊疑，至深且巨。意以环境所关，不得不稍有所待，至汉卿真意所在，道阻不得其详，弟以为救国拒敌之念既同，则所有问题，当不妨开诚商洽。当此外患重重之际，若徒挟介公一人以居奇，则恐愈久而愈陷纠纷，不特徒授敌人以可乘之机，亦且贻民族以无穷之祸。中央负全国安危之重责，为求民族生存计，势不得不出以断然之处置，在他人别有作用，甘为虎伥，固无论矣。惟念兄革命历史，素极光明，忖以私心，绝不甘与之玉石俱焚，实在意料之中。是以为今之计，吾兄果能力励汉卿悬崖勒马，导入正轨，护送介公，安然回京，则满天阴霾，自可立即消弭；倘汉卿仍旧执迷不悟，而吾兄为自身革命光荣计，亦应另寻自处之道，苟能密运机宜，尽其最大努力，俾介公安全归来，此尤为不世之功勋，党国利赖，讵有涯涘。冯钦哉兄与吾兄相从，历有年所，今竟力主正义，薄海同钦，证诸观人以友之道，即料知吾兄必早默计及此。盖非常之功，必待非常之人，旋乾

---

① 邵铭煌：《宋子文西安事变日记》，第184—185页。

转坤，化戾为祥，端赖吾兄，非伊人任，忝在神契，敢布腹心。[①]

由此电文可知，南京方面一开始以为事变是由张学良的奉军发动的，猜其原因是不满移驻地瘠民贫的西北地区，诚如宋美龄在回忆录中所说，“盖张学良部以西北地瘠民贫，驻军其间，早感不满，故测其所提政治条件，实只备为移调丰腴省份谈判时之借口而已”。宋子文抵达西安后始发现事实并非如此，其第一点结论其实已暗含了宋对西安事变的重新认识。如果说此前宋子文不提“违法荡纪”之类的话，是基于对张学良的信任，到西安后的所见所闻则令其对事变的发生有了新的认识，他们的的确确是为了抗日，是出于公心，故而受“全体军民支持”。到西安后，宋子文也真真切切地看到共产党人在事变处理过程中的重要作用，看到了共产党与张、杨的密切合作，证实了来西安前即已得知的共产党的态度和主张。

如前文所述，自九一八事变之后，宋子文被公认为南京政府中的对日强硬派。1933 年宋突然辞职，他在“剿共”及对日政策上与蒋的不一致是一个重要原因。反之，中共方面对宋子文亦有一定好感，并寄予相当期望。1936 年 3 月，以牧师身份在上海从事秘密工作的中共地下党员董健吾经宋庆龄转达了毛泽东向宋子文的致意，说明“十年分袂，国事全非，救亡图存，惟有复归于联合战线”，望其促进南京当局改变对内对外方针。[②] 根据潘汉年、宋庆龄和国共合作的相关研究显示，西安事变发生后，潘汉年曾将中共中央关于和平解决西安事变的方针经宋庆龄转知宋美龄、宋子文，并经宋庆龄介绍，与宋美龄、宋子文有过面谈。[③] 在西安，周恩来得知宋子文将来西安的消息后，在与张学良等商定谈

---

① 朱文原编：《西安事变史料》第一册，第 107—108 页。

② 尚明轩主编：《宋庆龄年谱长编》（上），社会科学文献出版社 2009 年版，第 309 页。

③ 尚明轩主编：《宋庆龄年谱长编》（上），第 327 页。

判条件时，除停止内战、援绥抗敌、成立抗日联军、释放政治犯等四项外，另提出了一项以宋子文为主的条件："宋子文负责成立南京过渡政府，肃清一切亲日派。"① 宋子文抵达西安的当天（20日）晚上，中共中央就是否与宋子文见面的问题，对周恩来作出指示："如宋子文态度同情陕变，兄可设法见他，一面提出我党调和陕变、中止内战、共同对日之主张，站在完全第三者的立场说话，痛陈时局危急，内战是死路之意旨，征求他即召集和平会议，解决国是。"②

随宋子文前往西安的郭增恺回忆说，他曾建议宋子文去见周恩来，但是宋顾虑何应钦抓住把柄，对他不利，因此不敢单独与周恩来见面，而由郭往见周恩来，了解周恩来的态度。③ 宋子文在20日的日记中记道，委员长"担心我来西安后将因不能自由离开而被迫参加新政府，然而先前他曾多次要求端纳找我来。我说，如果我参加新政府，将成千古罪人"。此处所说的新政府应该是共产党提议成立的南京过渡政府。这么说来，宋子文、蒋介石均应知道共产党的主张。对于宋子文在西安的表现与处境，周恩来专门给中共中央写过一份报告，他说："甲、宋子文来，南京多方阻难，对其他抗日中委不限制其自由，惧他们来西北创新局面。乙、宋对义举同情，对我们表示好意，但不敢见我，又不敢表示态度，恐宁方知后扣留他。丙、宋认目前外方尚无响应，不便出头，须推延内战，坚持日久必有变化。丁、宋与蒋谈未得结果。故宋今午走，拟带宋美龄再来，以和缓内战，促南京及黄埔分化。"并要求"宋事请勿外传"④。可见，宋子文虽不敢见中共代表，但深知中共在事变解决过程中的重要作用。

---

① 《中国共产党关于西安事变档案史料选编》，中国档案出版社 1997 年版，第 213—214 页。

② 《中国共产党关于西安事变档案史料选编》，第 241 页。

③ 西安事变史领导小组编：《西安事变简史》，中国文史出版社 1986 年版，第 82 页。

④ 中央档案馆编：《中国共产党关于西安事变档案史料选编》，中国档案馆出版社 1997 年版，第 246 页。

基于上述情势，宋子文认为军事解决势必扩大内战，此结果无论对南京还是对西安，都是不利的，他在21日的日记中说：“离开南京之前，我在军事或政治解决的可能性之间犹豫不决。当我探察过西安，便坚信政治解决是拯救中国之唯一方法。”谈判是政治解决的有效途径，虽然宋子文在日记中说“何为政治解决可行之道，我还不明白”，但他作出了三项决定：“A. 应该准许蒋夫人到西安来照顾委员长，并改变他宿命论的态度。B. 戴雨农代表黄埔精英，应到西安亲自了解情况。C. 鉴于可能提出军事问题，应有一位将军到西安来。”此三项决定其实都是为顺利推进谈判而做的准备工作。就第一项决定看，之所以提出让蒋夫人来西安，是因为宋子文发现蒋介石的态度非常强硬。宋子文抵达西安的当天，张学良即告诉他蒋介石原本已同意四项条件：“一、改组国民政府采纳抗日分子。二、废除塘沽、何梅、察北协定。三、发动抗日运动。四、释放被捕七人。”张说，“委员长今天早上又变卦了”，“他拒绝在胁迫下答应任何条件”①。随后宋一个人面见蒋介石，蒋异常激动。宋在日记中较为详细地记述了他俩交谈的情形：“我安慰且告诉他，此事件并未让他蒙羞，全世界都关心而且同情他的遭遇……他说，他拒绝在胁迫下答应任何条件，而唯一解决之道是武力。我指出情势危急之处：军事上胜利并不能确保他的生命；即使西安被攻占，他们也可以撤退到邻近共产党地区；随着内战的蔓延，国家将会分裂。他的性命攸关国家存亡，不仅仅是个人问题。他必须了解到，这事件并非一位将军被有组织的军队俘虏而已，即便俘虏他的人被迫撤退，他的性命也要保住。我要他让我寻思解决之道，当然在办法被接受以前他必须活下去。”蒋介石本人的日记更是表现了他的不妥协，即便在宋子文对他进行了一番劝说之后，他仍坚持要求南京迅速进兵。蒋在20日的日记中记道，当宋子文来见他时，他先将遗嘱交宋，嘱其转交宋美龄，然后询问彼此情状，“相谈约半小时，余催其速出，盖恐久说

① 邵铭煌：《宋子文西安事变日记》，第183页。

为张所疑也。余并将以应即速进兵之意见嘱转达中央，并示以进兵之方略。傍晚，子文又来见余，约谈半小时，余告以此事之处置与营救，应为公而不为私”。关于张学良的要求，蒋是这样说的：“是晚，张来言曰，趁子文在此之时机，最好以改造政府与释放七人事决定办了，俾事得早日结束。余曰，余不回京，无论何事，皆不能办也。”① 蒋介石的态度如此强硬，而事变发生已近十天，局面似乎已非张、杨所能掌控，宋发现蒋介石“正陷于极度危险之中。这些人的举止逾越分际，如果他们失败了，不是带着他逃到山区碉堡，就是在群众情绪下可能遭暴民杀害”。此时此刻，宋子文认为只有蒋夫人才能劝说得动蒋介石。显然，此时宋子文希望宋美龄来西安，已非先前他们对中央要人所说的“应准许我等做劝导叛变者之工作”，而是让宋美龄做蒋介石的工作。至于第二项让戴笠来西安，如前文所述，黄埔毕业生情绪非常激动，并已对西安构成了军事威胁，不过他们的目的较为单纯即救出蒋介石，宋子文要他们知道欲保证蒋介石的安全必须进行谈判，军事进攻只会威胁到蒋介石的生命。第三项无疑是谈判中必然涉及的问题。

宋子文将三项决定与张、杨沟通并获同意后，决定即日返回南京。据蒋介石 21 日的日记说：“上午十一时，余正在睡中，子文忽入门，余目犹迷雾，不辨其为子文也。少顷清醒，始识其真为子文，告余曰：‘余（子文），即欲回去，后日或将再来。’余甚骇其回之速也。以彼昨告余约住三日再回京也。”② 宋子文此行以探查情况为主，他突然决定立即返回南京，一是他已基本摸清了西安的情况。在短短的一天时间里，宋子文以自己的所见所闻重新认识了西安事变，了解了西安方面和平解决事变的主张与基本条件。此前蒋鼎文自西安经洛阳飞抵南京时，南京当局以为可以从蒋那儿了解西安实情，不料蒋所知甚少，于是群情仍不能安，

---

① 刘维开整理：《蒋中正先生西安事变日记》，第 214—215 页。

② 刘维开整理：《蒋中正先生西安事变日记》，第 215 页。

而以军事将领为尤。[1] 二是他认为事情的解决已到了刻不容缓的地步，鉴于张学良、蒋介石双方的态度，宋子文认为当下宋美龄是劝说蒋介石的最佳人选，他必须携宋美龄尽快一同返回西安。

12 月 21 日下午，宋子文自西安乘原机返抵南京，何应钦、陈布雷、邹琳（财政部次长）、秦汾（经委会秘书）、马超俊（市长）、刘瑞恒（卫生署长）等二十余人前往明故宫机场迎候。宋子文下机后，与各欢迎人员握手致谢，旋即乘汽车驰赴孔邸，将详情毫无保留地告诉了宋美龄、孔祥熙夫人宋蔼龄及戴笠，他们都同意宋的决定即宋子文、宋美龄、戴笠一起去西安。戴并建议他应该与政府要员谈谈，尝试找出一个和平的解决途径。随后宋子文与孔祥熙、何应钦、顾祝同、叶楚伧、蒋鼎文、熊式辉等见了面，宋告诉他们西安提出的四项条件。据宋子文观察，他们认为当务之急是重组政府，反而认为其他情况无法被执行，宋子文对此颇为失望，他明白表示：军事解决是不可能的，因为要拯救的对象是委员长，即使他们被打败了，他认为蒋的性命也会不保。相反的，政府军事胜利了，将更危及蒋的生命。[2] 主张讨伐者似乎并不甘心就此放弃军事讨伐，宋被直接问到蒋是否希望军事解决，关于这个问题，宋子文先前已与宋美龄、宋蔼龄有过讨论，此时他闪烁其词地做如下回答：“如果可以找到一个和平的解决方案，委员长将不希望目睹更多内战。”何应钦则问，为什么要求戴笠、蒋鼎文到西安，“是不是为了强迫他们透露军事计划”。宋回答，质问动机是没有用的，而且时间是已经很迫近。[3]

综合宋子文与张学良、杨虎城，与蒋介石以及与国民党高层人士的谈话看，西安一行使子文宋坚定了政治解决的想法。为使事件得到尽快解决并保证蒋介石的生命安全，宋子文与张、杨进行了有效沟通并达成了部分共识。蒋介石在端纳、宋子文先后探

---

① 顾祝同：《西安事变忆往》，见秦孝仪主编：《革命文献》第 94 辑，第 190 页。
② 邵铭煌：《宋子文西安事变日记》，第 185 页。
③ 邵铭煌：《宋子文西安事变日记》，第 185 页。

视之后，虽“气稍平息，间亦与张谈话，不似前几日之发怒矣”①，然仍认为“唯一解决之道是武力”。南京军政当局虽已实行军事、政治双管齐下之政策，对于张、杨之抗日主张却不愿加以讨论，同时也知道“张、杨等仍主张容其八条后始能送委座回京”②。那么，政治解决又从何谈起呢？为了推延南京对西安的用兵，宋子文除了报告蒋介石一切安好外，其他的只有含糊其辞。为避开外界的追问，宋美龄出面进行挡驾。陈布雷21日的日记记录了这一情形：

> 四时三十分到明故宫机场迎宋子文先生，与何敬之同车到何公馆，谈话三十分钟，即到孔公馆探询信息。晤天翼、墨三、铭三诸兄……七时，蒋夫人出见，告余谓子文先生晕机，呕吐不能谈话，遂归晚餐。餐毕，厉生兄来谈。旋立夫亦来，同至叶宅与楚、果二兄谈，知子文此来，一切不得要领，忧愤之至。③

叶楚伧等说的“子文此来，一切不得要领，忧愤之至”，说出了宋子文回京后的心情。对照宋子文21日日记中记述的他与叶（时任立法院副院长）的一段对话，可以更清楚地了解宋为何“忧愤”。

> 叶，代表政治单位。他说，假如委员长是在胁迫下，他不能同意任何事，而参考条件应该提供给我。我说，你多次在报纸上重复指出我是以个人身份前往，所以不必给我任何条件。我不希望我们绑手绑脚。我要求的是，四天内不要有轰炸，不要有步兵攻击行动，但如果四天一过，仍无法找出

---

① 朱文原编：《西安事变史料》第一册，第430页。

② 朱文原编：《西安事变史料》第一册，第434页。

③ 陈布雷：《陈布雷先生从政日记样稿（1935年3月1日起至1936年12月31日）》，第181页。按：天翼为熊式辉，楚为叶楚伧，果为陈果夫。转引自刘维开：《宋子文与西安事变之善后》，见《“国史馆”学术集刊》第13期，第16页。

解决之道，委员长也离开了西安，那他们就可以尽情攻打西安及任何其他地方。①

王子壮在当天的日记中说，宋子文返回南京后，“闻者欣悦以为或有何结果，但此公颇神秘，不轻以示人”②。时为阎锡山驻京代表的赵丕廉，在见过宋并与其略谈后的结论是：“看其情形，似子文在陕无甚结果，亦未与介公单独谈话。”③ 如前文所述，宋子文此行不是没有结果，而是其结果与政府中不少人士的预想不一致，为避免节外生枝，宋子文没有向外界详述其与蒋介石，及与张、杨的会晤情形。南京方面对于宋子文带回的讯息不甚相信，西安方面对宋子文的行动则抱有很大的希望。在宋离陕返京报告的当天，即 12 月 21 日，由中共主办的《解放日报》发表了《正告宋子文》的评论。评论中肯定了宋子文以往的“反日态度”和“反日行动”，对其“在西北民众热烈的救亡声中”“不避风霜跋涉之苦，翩然莅临西安”，表示“竭诚之欢迎与敬意”。在欢迎之余，也对宋提出了三点希望：

第一，“宋先生这次亲临西北，对‘双十二’张、杨二将军救亡运动动机的光明磊落，和西北民众真正的抗日情绪，必然会得到相当的概念。我们极诚挚地希望宋先生，将来离陕后，能将西北民众的真实意志和热烈救亡的消息，带到京沪，并传给全国民众。”

第二，“自‘双十二’民族解放运动展开后，全国的抗日力量已急趋增高，此次宋先生亲临此救亡抗日阵地的西北，当能更激起了宋先生反日的情绪。我们希望宋先生能参加到西北抗日救亡组织里面，并对救亡行动，多予赞助。我们绝不希望宋先生站在了南京政府一方面或第三者的地位，对西北的救亡运动加以忽视或妨害或单纯地在商讨蒋氏一人问题。处在现阶段的中国民众已

① 邵铭煌：《宋子文西安事变日记》，第 186 页。
② 王子壮：《王子壮日记》第三册，第 356 页。
③ 朱文原编：《西安事变史料》第一册，第 436 页。

感受着国家民族危急的深刻，更感觉着除了抗日一途外，再没有更好御辱图存的办法。我们希望宋先生多多顾及民众意思，整个国家的前途，站在民族解放立场上，襄助西北的救亡运动；并能运动伟大的力量，提醒一般沉溺在升官发财迷梦中的政府官员，在最短的时间内，召开救国会议，成立真正建立在民意上的革命政府，发动全国抗日战争。西北民众深刻地相信宋先生是中国的爱国分子，亦希望宋先生做一个全国民众崇拜的救亡领袖。"

第三，西安事变发生后，南京政府通过新闻媒体向世界各国传送了谬误反动的言论，"强奸了广大群众的意识，昧着心对张、杨二将军做肆意的攻击"。希望"身为政府要员，并在国际上负有极大声望"的宋先生，"为正义的驱使，为中华民族的前途着想，立刻起来负责纠正"。

对宋子文来说，他的此番西安之行有两项作用是明显的，一是坚定了政治解决的想法，并由原先设想的"劝导叛逆者"转为设法说服蒋介石，同时向南京传递了西安方面和平解决的主张和条件，为接下来的谈判打下了基础；二是坚定了让宋美龄赴西安劝蒋的想法，促成了宋美龄的西安之行，有效延缓了南京对西安的攻击。至此，宋美龄认为"对西安事变已具一种感想：譬之造屋，端纳既奠其基，子文已树柱壁，至上梁盖顶完成之工作，实为余无可旁贷之责任矣"①。站在南京政府尤其是南京主和派的立场，这三句话对于端纳、宋子文的作用，以及宋美龄本人即将进行之活动的定位，可谓非常形象。

---

① 蒋宋美龄：《西安事变回忆录》，见王亚权主编：《蒋夫人言论集》上集，第70页。

第五章　亲赴西安

第一节　“余妻真来耶?”

一、冒险赴陕

1936 年 12 月 21 日，端纳、宋子文先后抵达南京。翌日晨，宋美龄偕同宋子文、端纳、蒋鼎文、戴笠等飞赴西安。飞机临降落西安机场时，宋美龄突然“出手枪授端纳，坚请彼如遇军队哗噪无法控制时，即以此杀我，万勿迟疑”①。端纳、宋子文既已从西安安全返回南京，西安也已表示欢迎宋美龄前往，宋美龄缘何有此顾虑呢?大略有二：其一，宋美龄与宋子文、端纳二人的身份不同。宋美龄虽不是南京政府要员，但在一般人尤其是南京方面看来，“第一夫人”被扣为人质的可能性是较大的。虽然张学良通过公、私函电已声明了他的主张和态度，端纳、宋子文亦传递了西安的真实情况，但在南京与西安对峙的情况下，很多事情是无法预料和作出保证的。其二，虽然南京与西安已有了对话，皆有政治解决之意向，但双方军事上的部署仍在紧张地进行着，战争实有“一触即发”之势。

西安事变发生当日，受命夺取洛阳的东北军炮兵第六旅旅长黄永安并未遵命行事，而是向洛阳警备司令祝绍周告了密。黄在

---

① 蒋宋美龄:《西安事变回忆录》，见王亚权主编:《蒋夫人言论集》上集，第 71 页。

19日发表的通电中如是说："本月十二日西安发生事变，张学良密电永安在洛阳举动。永安从戎有年，粗知大义，对于乱命未敢盲从。当即持电密谒祝司令，竭诚表示拥护中央，拥护最高领袖，并经请示办法，蒙加慰勉。当即由祝司令电呈中央报告经过，一面督同所属，维持治安，洛阳安谧如恒，地方宁静。深恐远道传闻，不明真相。谨电奉闻，惟希鉴察。"① 洛阳于是仍在中央军控制之下。潼关乃自洛阳入陕要地，为陕西东部咽喉，军事上固所必争。杨虎城曾命令十七路军之冯钦哉部向潼关运动以抵抗中央军之推进，冯钦哉却已秘密与中央军接洽。据樊崧甫电告孔祥熙："同州冯钦哉，奉杨逆命，接防潼关，急由职电话联络，励其顾念国家艰难，固守原防，静待解决，彼表同情。"② 结果中央军樊崧甫部抢先进驻了陇海线的战略要地潼关，"潼关奉军人枪千发，炮十余门，弹二百万发"亦被樊部收缴，樊部之董钊师更进占了陕西之华阴，"内有奉军二连"亦处于樊部监视中，③ 国民党中央军进入陕西之大门实已洞开。又据樊崧甫报告："奉军下级官兵，多未知逆情，请用飞机散发传单，励其来归。"④ 总的来说，当时"中央军在洛阳潼关华阴附近者，有第廿八师、第七十九师、第六师、第十师、第二十三师、第九十五师、第六十师、第十四师、第一〇三师、第八十三师，及黄杰之教导总队，不下数十万人。空军侦察轰炸机亦不下数百架。"⑤ 西安的东边不仅有樊军进压，为紧紧拉住冯钦哉，以孤立甚至离间张学良、杨虎城，南京方面对冯又是委以职务又是给予军饷，"畀以渭北剿匪总司令名义，并

① 朱文原编：《西安事变史料》第一册，第136页。

② 孔祥熙：《西安事变回忆录》，见秦孝仪主编：《革命文献》第94辑，第134页。

③ 樊崧甫军长呈孔祥熙报告已率部进驻潼关电（1936年12月13日），见朱文原编：《西安事变史料》第一册，第71页。

④ 朱文原编：《西安事变史料》第一册，第72页。

⑤ 孔祥熙：《西安事变回忆录》，见秦孝仪主编：《革命文献》第94辑，第132页。

将该部军饷，由中央直接接济”①。12月19日，军委会向冯钦哉下达了“渭北‘剿匪’”之命令，并让随即赴陕之于右任携中央拨付之军饷交于冯。

16日，国民政府下达讨伐令，派何应钦为讨逆军总司令，刘峙为讨逆军东路集团军总司令，顾祝同为讨逆军西路集团军总司令。17日，何应钦、刘峙、顾祝同发表就职通电。所谓东、西两路，概指西安以东及西安以西的地区而言。东部即指潼关、华县一带，该地区已由中央军第四十六军军长樊崧甫控制。樊崧甫随后被军委会委以东路集团军前敌副总指挥之职（总指挥为徐庭瑶），其在前线之部署情况是：二十八师于15日集中华阴，进占华县，第一线部队暂在赤水镇停止前进，与西赤水之奉军对峙。同时在孝义包家两处架桥准备，以第十师及第六师渡渭河北岸。何应钦就任讨逆军总司令后，旋即依中央指示，调派部队陆续抵平汉、津浦、陇海沿线。与此同时，中央军的大批飞机开始轰炸潼关至西安线上的渭南县城和赤水车站。总之，东路方面的情况是：“除已到达战场之樊崧甫、桂永清等部，协同冯钦哉之一部，藉空军之联合作战，向渭南、西安进攻外，其在豫、鄂等省之李默庵、宋希濂等部亦陆续动员，向潼关输送，并饬樊部在华县以北，择地在渭河架桥，以便派部渡至渭河北岸，会同原在该处之冯钦哉部，向三原、耀县间迂回挺进。”②

西路方面的情况，据顾祝同回忆，当时“仅有胡宗南、关麟征、毛秉文及第十三师万耀煌等部队，事变前，万部驻咸阳，万本人则被困在西安，胡、关、毛等部队，初时‘追剿’共军，与张学良所部并肩作战，到达陇西地区，正面与共军相对峙，右翼与张部相邻接，而左侧背则为在甘肃境内之于学忠部，于部已于十三日夜在兰州叛变，因此，胡、关、毛等部，遂陷于三面被围的态势，处境极为不利。事变发生后，何部长令胡部迅即钻隙南

① 孔祥熙：《西安事变回忆录》，见秦孝仪主编：《革命文献》第94辑，第139页。

② 朱文原编：《西安事变史料》第一册，第161页。

下，在咸阳、宝鸡间地区集结，会合万耀煌部，形成西路军的主力。由于该地区向无飞机场，故西路集团军总部预定设在宁夏，宁夏为马鸿逵主席的防地，马一向拥护中央，在该地指挥似较为适宜”①。由此可知，中央军虽在东部对西安加强了压力，并有部队陆续向西开进，但一切部署就绪尚需时日；中央军在西路的情况更是不太乐观，各部较为分散，且处于三面被围之被动态势。宋子文在日记中提到，他曾问蒋鼎文军事情况，蒋说："无论如何，直到十二月二十六日都不会有实际战斗，因为他知道部队配置及实际战斗部署将在二十六日完成。"②

自蒋鼎文回京，宋子文继往西安，宋美龄随后再去，西安与南京的紧张态势已缓和甚多。不过，南京只同意停止飞机轰炸，而未提及停止陆地攻击，调兵遣将更是紧锣密鼓地进行着。立法院院长孙科 20 日在上海接见新闻记者发表谈话时仍称：解决西安事变甚易，如以军事力量不出二三星期，绝对不谈政治问题。③ 鉴于西路集团军之处境，南京军方经缜密研究后，曾电令在陇东各军，统归胡宗南指挥，南下集中，在咸阳、宝鸡间地区集结，会合万耀煌部，形成西路军主力，向西安夹击。胡宗南接电后表示"五日内完成任务"④。即使在宋美龄一行赴陕，事变有了转机之时，南京对西安之军事行动也未停止。据中央社电："讨逆东路军前锋廿二日午收复赤水，并将赤水以西叛军肃清，叛部刻在渭南车站东站至渭河间筑工事。"⑤ 又据行政院职员周孝伯 12 月 24 日自潼关发回之报告称，中央军"前头部队已推过赤水二公里，何部长有令饬廿六日前停止攻击，但前方将领愤慨，有迫不及待之势。"⑥ 不过，当胡宗南等部如期到达目的地时，蒋介石已离开西安。

---

① 秦孝仪主编：《革命文献》第 94 辑，第 192 页。
② 邵铭煌：《宋子文西安事变日记》，第 186 页。
③ 《申报》，1936 年 12 月 21 日，第 9 版。
④ 朱文原编：《西安事变史料》第一册，第 161—162 页。
⑤ 《申报》，1936 年 21 月 23 日，第 3 版。
⑥ 孔祥熙：《西安事变回忆录》，见秦孝仪主编：《革命文献》第 94 辑，第 141 页。

在中央军的轰炸和进兵下，为避免内战以达一致抗日之目的，奉军曾派员赴潼关，请中央设法调解，这被南京方面视为软弱、求饶之举，诚如孔祥熙在回忆录中所说：“由此可知，以军事状况论，西安事变不及三日，张、杨内部军心之涣散分离，已可断其毫无斗志。张学良虽于十八日尚致电敬之，指责中央，而要求避免军事行动，固已备呈色厉内荏之象矣。”[①] 于是，中央加强对西安之政治与军事攻势。在此情势下，西安方面以为不击退中央军的进攻，停战与和平完全无望，遂有了进攻华县之行动。据中央社电：“华县附近中央军之一部，十六日突被张部一〇五师来攻，该部因孤立无援，未便深入，今尚固守华县附近原阵地，互相对峙。”[②] 12月18日，张学良致电何应钦称蒋介石南归有待商榷，电文如下：

南京何部长敬之兄勋鉴。篠（十七日）密电敬悉，至感关怀。惟委座南归，尚待商榷。在此时期，最好避免军事行动，弟部初未前进，而贵部已西入潼关，肆意轰炸，果谁动干戈耶？谁起内战耶？兄部如尽撤潼关以东，弟部自可停止移动。否则彼此军人，谁有不明此中关键也哉？弟张学良叩。巧（十八日）戌机印。[③]

12月19日，张学良分别致电蒋鼎文、孔祥熙等，再次表明心志，反驳南京对他的指责。致蒋鼎文电称：

蒋主任铭三兄勋鉴：巧电敬悉。斗密。此间要求，惟在抗日，委座已表示容纳。此种情形，兄已彻底明了，请兄返京，确是诚心诚意，力谋解决此事。若大家能仰体委座之意，为国家着想，使抗日实现，则国际地位立时提高，委座得享

① 秦孝仪主编：《革命文献》第94辑，第140页。
② 《申报》，1936年12月18日，第3版。
③ 朱文原编：《西安事变史料》第一册，第82页。

千秋万世之令名，岂不善哉！文日之举，纯为爱国家，爱介公，绝无金钱欲望，但求国家不亡，绝不顾任何牺牲。此情兄已尽知，想到京以后，应不致因众口呶呶遂不尽言。总之，抗日主张如不能实现，遂难送委座返京。南京同人如能平一时之忿气，为整个事体打算，则一切一切，不难办到。否则，不顾大局，必欲用武力以对内，须知弟等发动此种惊人大事，岂能视同儿戏！一条生命，早已置诸度外。为自卫计，为保存抗日力量计，绝不惮起与周旋。谁造内乱，谁误国家，自有天下后世之公论也。弟部并未前进，而中央军已闯入潼关。是中央早已敌视此间，不惜国家与民命。中央既已不惜，弟等虽惜，亦复何用！国家安危，系于一念。请兄转达南京党政诸公，共审虑之！如尚欲求解决，仍请子文、墨三两兄即来此间，极为欢迎。否则只好各行其是，咎不在我矣！弟张学良。皓至。①

致孔祥熙电称：

孔院长庸之兄勋鉴："咸""洽"两电均敬悉，仆密。前电拍发稍迟，致劳切念，复承拳拳故旧，再三见教，至感。铭三兄到京，想已悉此间真况。中央同人果爱国家、爱介公，自当推人来陕商洽。抗日实现以外，别无所求，更无金钱与地盘思想，区区志愿，蕴之已久，决非一时冲动。中央对弟主张如无办法，势难送介公返京。弟之部队，处未前进，而中央军进入潼关，占据华阴一带，反诬此间准备攻豫，抑何颠倒事实之甚耶？如中央必欲造成内战，弟等亦惟有起而自卫，谁负其责，自有公论。特复。弟张学良。效戌。②

同日，张学良并致电阎锡山，表示为抗日而不惜一切牺牲，

① 周毅、张友坤、张忠发主编：《张学良文集》下卷，第467—468页。

② 周毅、张友坤、张忠发主编：《张学良文集》下卷，第468页。

说："良等愿再为公告者：一、抗日之外，绝无他图。为抗日而受任何牺牲，在所不惜。二、决不造成内战。兹事体大，动关安危。惟望我公不弃，切实指教。"①

12月22日，在中央军进占赤水并迫近渭南后，张、杨作出强势回应，一面增派部队，一面加紧构筑防御工事，以抵制中央军的进迫。据当日中央社电称："渭南以东地区，有叛军两师以上正构筑工事（在北段者为张部，在南段者为杨部），西安渭南间火车运兵，来往甚忙。"② 23日，双方激战于渭南东十二里孝义附近，张学良派部炸毁渭河铁桥。③

关于张、杨的实力，张学良曾明确告诉时在西安的周恩来："现仅西安城内，就存有现金和钞票1800余万，此地每月仅开支250万元，武器弹药也有大量储存，如果南京方面坚持不妥协，坚持几个月绝无问题。"④ 据20日中央社电："据飞机侦察报告，临潼西安及其附近各地，新到军队甚多。"⑤ 又据李金洲回忆："华北所驻之东北军，亦准备假道山西向陕西集中，幸事变迅速解决，故未见诸行动。"⑥

面对南京对西安的攻势，不仅张学良有应战之准备，中共亦决定积极应对。关于中共是战是和之态度及采取之措施，杨奎松在《西安事变新探——张学良与中共关系之谜》一书中做了详细的评述。当20日华县失守，三个连的东北军"尽遭枪杀"，张学良颇受震动，遂意识到应接受毛泽东此前提议的先东后西的作战计划。"22日，张学良明确向周恩来提出改变前此计划，诱敌深入，首先进行东线决战的建议。经讨论后，双方共同决定：除红军以一部尾随胡敌牵制其行动外，红军主力全部由庆阳、西峰经正宁、邠县在咸阳过河转到蓝田、商县以南地域，在此期间，东

① 周毅、张友坤、张忠发主编：《张学良文集》下卷，第467页。
② 《申报》，1936年12月23日，第3版。
③ 《申报》，1936年12月24日，第3版。
④ 杨奎松：《西安事变新探——张学良与中共关系之谜》，第364页。
⑤ 《申报》，1936年12月21日，第3版。
⑥ 秦孝仪主编：《革命文献》第94辑，第248页。

北军和十七路军尽力迟阻刘敌于临潼、渭南，等东北军主力集中，红军到达指定位置后，即与东来之敌进行决战。张明确提出：此役之'决定关键在红军'，红军务必尽快于十天内集中长武、邠县，再十天赶到咸阳、兴平补充被服、子弹。周恩来据此电告毛泽东：'此间力求坚守渭南、临潼线，待红军来会战。'① 毛泽东得电后，于22日迅速复电周恩来，说明：'红军正向南急进，二十天内准可集中咸阳'，'罗炳辉、萧劲光、谢嵩三部钳制胡宗南，必要时宋时轮亦加入'②。至此，红军、东北军和十七路军三位一体，联合对国民党中央军作战的局面迅速形成。因西安事变而引起的大规模军事冲突似乎不可避免了。"③ 前文引述宋子文抵西安后的一个发现——"张与杨的军队跟共产党组成一个难以应付的集团，假如他们的目的、力量及地域统一的话，可持续作战数月"，正印证了此点。

就在南京与西安皆有政治解决之意却仍剑拔弩张的情势下，宋美龄一行飞赴西安。宋美龄于事后说："余登机前，已熟闻各方危险之警告，即余本身，亦详悉西安城中军队之性质。但余启行时，神志清明，镇定坚决，绝无怯意。"④ 宋美龄为何要冒险赴陕，并能"镇定坚决"地前往"叛军"之地？除前文所分析的其和平主张之思想外，还在于宋对局势有清醒的认识。就当时的情势看，此行虽冒险却并非贸然行事。事变之初宋欲亲赴西安，是为了探明事件的真相。宋美龄了解张学良的为人，更了解蒋介石的脾性，在西安情况不明、外界谣言纷传的情况下，当务之急是弄清真相，确证蒋介石之安全。当端纳、宋子文先后自西安传来消息并安全返回之后，宋美龄认为在救蒋安全返回这一点上，拿造房子来打

---

① 《周恩来致毛泽东电》，1936年12月21日，载《文献和研究》，1936年第6期。

② 宋毅军：《中共在西安事变前后的军事战略防御》，载《军事历史研究》，1992年第4期。

③ 杨奎松：《西安事变新探——张学良与中共关系之谜》，第338—339页。

④ 蒋宋美龄：《西安事变回忆录》，见王亚权主编：《蒋夫人言论集》上集，第70页。

比方的话，端纳已奠好了基，子文筑起了墙，就等她去上梁盖顶。此时战争有可能“一触即发”，其根源在南京，诚如《字林西报》12 月 28 日社论称：“显然，委员长的危险是来自飞机轰炸比之来自搜捕者的更多，这些飞机是在政府庆祝他生日时被赠送的。搜捕者是盼望促他使中央政府得到印象，相信对中国共产党人的局面是不可能用中国人与中国人之间的兄弟阋墙的战争来解决的。”① 不过，南京欲发动全面进攻，尚需时日，据宋子文在日记中说，他从蒋鼎文处得来的消息是中央军部署得在 26 日才能完成。基于这一细节，一直以来流行的一种说法，即宋氏兄妹促张最晚于圣诞节释蒋，以作为送他们的最好的圣诞礼物一说，应有他们不能言说的原因，即中央军将于圣诞节前后部署完毕，届时有可能不顾一切地对西安发动进攻。再就西安内部之情形论，张、杨之间，张、杨与他们的部下之间，以及与中共的关系，虽然据宋子文观察他们是真正的联手，并非如外界所传的可被分化，然而，毕竟涉及多层关系，各自的立场、利益并非一致，南京方面一直幻想分化张、杨。以孔祥熙与樊崧甫的电函往来为例。12 月 16 日，孔祥熙曾密电樊崧甫：“现在张、杨、于三人部队真实心理究竟如何？希望如何？能否始终合作，或将逐渐分化，如用政治解决，能否就范？若用武力，须资若干时日？有无把握？统盼探察。”18 日，樊崧甫复孔祥熙密电：“杨所属师旅团长，多不值杨听‘赤化’分子之诱惑，各拥有财产，恐为共党所指摘，鼓动其士兵，故人人自危。张部将校，亦与杨部同心理，然以畏破坏团体之名，不敢先发难，政治解决张、杨所属当能就范。”② 23 日，樊崧甫再致孔祥熙密电：“张、杨、于三部原系同床异梦，近以统驭关系，猜忌颇深，兼之‘赤匪’参入，益呈纷乱状态。闻现在张、杨各部，分将西安重要辎重移置蒲城、凤翔，可想见各自为谋之意态矣，拟请迅速用兵，促其分化，一面仍可用政治手腕应付，军事

① 中国社会科学院现代史研究室编：《西安事变资料》第一辑，第 215—216 页。

② 中国人民政治协商会议缙云县委员会文史资料工作委员会编印：《缙云文史资料》第五辑，1993 年，第 141 页。

政治同时进展，或较易结束。”[①] 在中央军大军压境的情况下，22日路透社电称：“观目下西安之不安现状，局面随时有突然转变之可能。”[②] 总之，此时西安与南京的紧张局面有了一些缓和，但战争有“一触即发”之可能，而且局势有复杂化之趋向，宋美龄认为她必须抓紧时间去做张学良和蒋介石的工作，迫张尽快释蒋。

二、促蒋转变

自12月12日蒋介石在临潼被捉至22日宋美龄抵达西安的十天中，随着蒋对此次事变及其造成之社会影响和国内外各方反应的了解，他对如何解决事变的看法和态度有了一些改变，前文所引《宋子文西安事变日记》即记录了蒋介石思想的波动。蒋本人在此期间的日记则记录了自己的宁死不屈，未有一言提及他答应过张学良何事。13日日记言：“生而辱，不如死而荣。”14日日记载：“端纳为余言，南京对陕变已决议讨伐，余心乃安。”15日日记言：“以至暂至轻之痛苦，换得永久永生之胜利。”16日日记言：“人生为何？惟留正气在人间耳。”17日日记言：“此时不树万世之楷模，其将何以对生我之天地与父母也。”18日日记言：“临难毋苟免，庶不愧为黄帝之子孙。”19日日记言：“鼎镬在前，刀锯在后，人生死亡，不过五分钟而已。十字架之受难，余不承受，谁复承受。威武不能屈，庶乎我无愧受洗礼矣。”20日日记言：“吾善养吾浩然之气。”并载：“是晚，张来言曰，趁子文在此之时机，最好以改造政府与释放七人事决定办了，俾事得早日结束。余曰，余不回京，无论何事，皆不能办也。”当蒋与宋子文单独谈话时，“以应即速进兵之意见属转达中央，并示以进兵之方略。”21日日记载：“其为气也至大至刚。晚间张来言称彼须离此一二日，余问何往，彼曰前方已开战，且杀伤甚多，故推彼往前方指挥。观其语意，似探余对其所言者是否惊恐也，余泰然置之，彼

---

① 《团结报》1991年2月20日。

② 《申报》，1936年12月23日，第3版。

乃辞去。”22 日日记载：“其为气也，配义与道，无是馁也，是集义所生者，非义袭而取之也。今日唯静盼飞机与炮声能早入余耳鼓，照昨夜张之状态，叛军必于惨败，中央军进展必速也。”[①] 这些文字展示给世人的是，蒋介石把人格、气节看得比生命更重。

且不说蒋介石在日记中是否隐去了某些细节，刘维开在整理蒋介石的西安事变日记时发现，日记中有部分内容为事后补记，“由其内容检视，事变初期前数日日记，应为日后追记”，“至迟至 16 日以后，即为逐日记事，但由其书写方式显示，部分内容亦为事后补记，并非完全为当日所记”[②]。为事件的亲历者，事件解决后与事件进行中的心态一定是不一样的，事后之追记与无法预知事件结果时的真实心理必然会有差异，更有故意美化修饰之嫌。虽然诚如宋美龄所说，“西安事变之经过，其情状之复杂，决非中国既往一般称兵作乱之叛变所可比拟”，然被拘押者同意与拘押者谈判多被视为贪生怕死，而不论有何特殊背景，前述一些国民党要员的言论已可见一斑。因此，蒋介石的日记不可能完整记录蒋的真实想法，结合蒋介石致宋美龄的信，蒋致何应钦的命令，及其他当事人的记述，或可更全面、深入地了解蒋当时的心态和想法。12 月 15 日，蒋介石致函宋美龄：

> 余决为国牺牲，望勿为余有所顾虑。余决不愧对余妻，亦决不愧为总理之信徒。余既为革命而生，自当为革命而死，必以清白之体，还我天地父母也。对于家事，他无所言，唯经国纬国两儿，余之子，亦即余妻之子，望视如己出，以慰余灵。但余妻切勿来陕。[③]

信中明确表示“当为革命而死”，并以身后事向夫人叮咛嘱

---

① 刘维开整理：《蒋中正先生西安事变日记》，载《近代中国》第 153 期，第 210—216 页。

② 《近代中国》第 153 期，第 207 页。

③ 秦孝仪主编：《革命文献》第 94 辑，第 377 页。

咐。此时的蒋介石已从张学良口中得知了他们的八项主张，并得知“有共产党参加其间”[①]，这对视共产党为心腹之患的蒋介石来说，是一个绝坏的消息，生之希望渺然矣，他在日记中大骂张学良“无耻、无信”。18 日，蒋鼎文回京后对中央社记者谈话说：“此次事变初起，委座与余及被扣各军政长官，均被完全隔绝。张学良常到余等住所来看视，自云，彼每次见委座，必被训斥。第一天彼求委员长接受其主张，当被委座严词指斥谓：‘汝既称我为委员长，则汝即系余之部下，汝今日对我只有两条路，汝如认我为汝之长官，则应立即送我先返洛阳。否则汝为叛逆，我既在汝叛逆手中，汝应立即杀我，此外无可再谈。’此后每天入见，必被申斥云云。”[②]

蒋鼎文此次回京携有蒋介石 17 日写给何应钦之手函，令其暂停轰炸三日，由 14 日听端纳说“南京对陕已决议讨伐，余心乃安”，到 17 日手函何应钦令停止渭南轰炸，蒋介石希望南京讨伐西安之决心有变？其实不然。试想，当一个人突然遭到自己信任之部下的扣押，以致权威、颜面尽失，在极度气恼又狼狈之际哪听得进什么诉求？惟希望用武力惩治“叛逆”，进而挽救生命、挽回权威。蒋在日记中言：13 日“张连来见余四次”，请其迁住也不允，14 日“张上下午来见，共三次”。14 日见到端纳后，蒋介石的心理有了一些变化，见到夫人之信函后，更是“泪如雨下，泣不成声”。虽然蒋在致夫人函中表示了“为革命而死”的决心，但非一味求死，亦绝不会轻易放弃生的希望。据蒋鼎文说，蒋曾对张学良说要么立即送其先返洛阳，要么立即杀了他。蒋在 17、18、19 三天的日记中记载了他答应致函何应钦的过程：“十六日下午，端纳回来。是晚，张托蒋百里先生来见余，托余致函中央勿即攻陕，不久当可出来。余答曰，如有一期限送余回京，则余可致函中央，或能停止进攻。”“相信若彼言欲四日至七日，则此为缓兵之计，中央必不信也。以张今晨来见余时，形色仓皇，曰昨夜我

① 刘维开整理：《蒋中正先生西安事变日记》，第 211 页。

② 《申报》，1936 年 12 月 19 日，第 3 版。

已将委员会说服，本定四日至七日可以送你出去，不料中央空军在渭南华县突然进攻，故昨夜之议，又将不能实行矣。余闻其四日至七日之期，乃知此为逆辈欲请示于莫斯科者也。余心颇安，以苏俄决不能赞成张之叛逆行为，而且素知苏俄贱视张之为人也。”“十七日，上午，张又约百里先生来言，曰：张意即照委员长三日内回京之意致函中央，并令停止进攻，请派蒋铭三携信回洛。余乃允之，致函敬之，嘱其暂停三日，至星期六为限。”[①] 至此，蒋介石同意致函何应钦，嘱其暂停轰炸三日。

的确，张学良用了一种特殊的手段，试图强迫中央政府改变“攘外必先安内”的政策。这种手段，按常理论是以下犯上之叛举；由张、杨的动机看，则非一般称兵作乱之举。诚如张学良致《泰晤士报》驻上海记者弗拉塞电中说：“《泰晤士报》用以谴责我扣留委员长的谩骂的然而不正确的评论，已经拜读过了。我知道世界各地将涌起同样的谴责。因为大家不了解当时逼迫我扣留委员长的处境，不了解我此种举动的真实原因。我未曾替用武力扣留别人者辩护过，更不能为扣留身居高位的委员长的举动辩护。我因此深觉抱歉，因为当时特殊处境强迫我做出这样的事。”[②] 端纳亦认为：“汉卿用非常错误的方法；可是他动机是爱国的，所倡导政策是正确的。”[③]

蒋介石在明白了张、杨此举之意图后，开始采取较为理性的态度，能够倾听张学良的诉求。据张说，蒋告诉他，“如其军队愿意到绥远去，他会同意”[④]。宋子文在日记中记载：12 月 20 日，“早上十时抵达西安，汉卿告诉我委员长已经于 17 日同意四项条件……但又说，委员长今天早上变卦了。他说，他拒绝在胁迫下答应任何条件。”蒋介石仍希望军事解决，在宋离开西安之际，他交给宋“三份遗嘱，分别是给人民的，给蒋夫人的，及给他两个

---

① 刘维开整理：《蒋中正先生西安事变日记》，第 213 页。
② 周毅、张友坤、张忠发主编：《张学良文集》下卷，第 465 页。
③ 邵铭煌：《宋子文西安事变日记》，第 183—184 页。
④ 邵铭煌：《宋子文西安事变日记》，第 184 页。

儿子的”①。

给宋美龄：

贤妻爱鉴：兄不自检束，竟遭不测之祸，致令至爱忧伤，罪何可言。今事既至此，惟有不愧为吾妻之丈夫，亦不愧负吾总理与吾父吾母一生之教养，必以清白之身还我先生，只求不愧不怍无负上帝神明而已。家事并无挂念，惟经国与纬国两儿皆为兄之子，亦即吾妻之子，万望至爱视如己出，以慰吾灵。经儿远离十年，其近日性情如何，兄固不得而知；惟纬儿至孝知义，其必能恪尽孝道。彼于我遭难前一日尚来函，极欲为吾至爱尽其孝道也。彼现驻柏林，通信可由大使馆转。甚望吾至爱能去电以慰之为感。

给蒋经国、蒋纬国：

又嘱经、纬两儿：我既为革命而生，自当为革命而死，甚望两儿不愧为我之子而已。我一生惟有宋女士为我惟一之妻，如你们自认为我之子，则宋女士亦即为两儿惟一之母。我死之后，无论何时，皆须以你母亲宋女士之命是从，以慰吾灵。是嘱。②

告全国国民：

中正不能为国自重，行居轻简，以致反动派乘间煽惑所部构陷生变。今事至此，上无以对党国，下无以对人民，惟有一死以报党国者报我人民，期无愧为革命党员而已。我死之后，中华正气乃得不死，则中华民族终有继起复兴之一日。此中正所能自信，故天君泰然，毫无所系念。惟望全国同胞对于中正平日所明告之信条：一、明礼义；二、知廉耻；三、

① 邵铭煌：《宋子文西安事变日记》，第184—185页。
② 萧李居编：《事略稿本》（42），台北“国史馆”，2010年，第668—670页。

> 负责任；四、守纪律，人人严守而实行之，则中正虽死犹生，中国虽危必安。勿望以中正个人之生死而有顾虑也。中华民国万岁！中国国民党万岁！三民主义万岁！国民政府万岁！国民革命军万岁！蒋中正。①

作为一名军人，蒋介石一直坚持以武力来解决问题，并未反对南京对西安的进攻。值得注意的是，宋子文所言蒋介石曾同意张、杨提出的四项条件，说明蒋已能听进张、杨的诉求，态度也有所缓和。对于蒋介石态度的变化，周恩来在 18 日致毛泽东并中共中央电文中也有提及："蒋态度开始表示强硬，现亦转趋调和，企图求得恢复自由，对红军非降非合，表示要将西北地区交给张管理，对中共也交张处理。"② 这就是说，近十天来，在张学良的不断陈述、表白，及端纳、宋子文等的先后探望、劝说之下，蒋介石对张、杨此举之目的、性质，对事变进展之认识，有了一些改变。而张学良所说的蒋介石随后的变卦，恰恰反映了蒋内心的纠结。

蒋介石未言他答应过张学良什么，西安事变解决后，国民党内无论是官方文件还是个人回忆，均强调"此次陕变得以迅速解决，全以领袖之伟大人格与精神感召为主因"。陈布雷根据蒋介石日记而撰写的《西安半月记》中有这样一段记述：12 月 14 日"早晨，张又来见，立门后，对余流泪，若甚愧悔者"。"张乃言：委员长之日记及重要文件，我等均已阅读。今日始知委员长人格如此伟大。委员长对革命之忠诚与负责救国之苦心，实有非吾人想象所能及者。委员长不是在日记中骂我无人格乎？余今日自思实觉无人格。然委员长以前对部下亦太简默，如余以前获知日记中所言十分之一二，则此次决不有如此轻率鲁莽之行动。现在深觉自己观察错误，既认识领袖人格之伟大，即觉非全力调护委员长，

---

① 萧李居编：《事略稿本》（42），第 686—687 页。

② 中共中央文献研究室编：《周恩来年谱（1898—1949）》（修订本），第 342 页。

无以对国家。"[①] 按照这一说法，张学良在读了蒋介石日记和重要文件，发现蒋早在秘密准备抗日后，开始对其行动感到悔悟。上海《密勒氏评论报》主持人鲍惠尔在回忆"端纳与西安事变"一文中，亦有如是说法："在答复有关对日政策的批评方面，蒋委员长把他的日记拿给张学良。从这本日记中，张学良第一次获知蒋委员长内心最深处对日本的想法，以及他对统一全国，准备一旦与日本摊牌的努力。张学良对蒋委员长日记中的一段祈祷文，印象尤其深刻。这段祈祷文是蒋委员长祷告能有十年的时间，让他为国家准备一战。这段祈祷文是五年前所写；因此，他认为现在只有他希望的时间的一半。"[②] 杨奎松在《西安事变新探——张学良与中共关系之谜》一书中，通过对蒋介石日记的分析，对张学良在西安事变前后思想、言行的考察，并结合我们今天所能看到的各种第一手的文献资料，否定了上述说法，书中指出："根据第一手的文献资料，可以肯定地说，张学良绝不是那种对自己的所作所为鲁莽到不计后果的人。同样也可以很肯定地说，张学良在整个西安事变的过程中，也不曾有过所谓犹豫动摇，以致对自己的行为悔悟自责、痛不欲生的情况。"[③]

国民党中央所说的张学良受"领袖伟大之人格与精神感召"固然不对，蒋介石的抗日观与张学良的抗日观有差距也是事实，不能否认的是，蒋介石有抗日的决心和行动，这在那时国民政府的内外政策上已有体现。

国民政府对日政策的转变大致始于1935年11月召开的国民党第五次全国代表大会。蒋介石在会上做了政治、外交报告。11月19日，蒋介石在关于对外关系的讲演中称："苟国际演变，不断绝我国家生存民族复兴之路，吾人应以整个的国家与民族之利害为主要对象，一切枝节问题，当为最大之忍耐，复以不侵犯主权为限度，谋各友邦之政治协调。""和平未到完全绝望时期，决不放

① 蒋介石、蒋宋美龄合著：《西安半月记·西安事变回忆录》，第25—26页。

② 秦孝仪主编：《革命文献》第95辑，第264页。

③ 杨奎松：《西安事变新探——张学良与中共关系之谜》，第342页。

弃和平；牺牲未到最后关头，亦决不轻言牺牲。”“和平有和平之限度，牺牲有牺牲之决心”，如到了和平绝望的时期与牺牲的最后关头，则将“抱定最后牺牲之决心，而为和平最大之努力，期达奠定国家复兴民族之目的”，这是国民党“建国唯一之方针”①。蒋介石的报告体现了其对日态度由退让转趋强硬，宣示了对日新方针，它成为当时国民政府施政的方针依据。接着，国民政府于12月间改组，蒋介石任行政院长，以张群为外交部长，执行其对日新政策。只是蒋介石尚未对“最后关头”做限定，留下寻求妥协的活口和退路。1936年7月，在国民党五届二中全会上，蒋介石对“最低限度”首次做了明确解释：“假如有人强迫我们欲订立承认伪国等损害领土主权的时候，就是我们不能容忍的时候，就是我们最后牺牲的时候”，“如遇有领土主权再被人侵害，如果用尽政治外交方法而仍不能排除这个侵害，就是要危害到我们国家民族之根本的生存，这就是我们不能容忍的时候。到这个时候，我们一定做最后之牺牲，所谓我们的最低限度，就是如此。”并表示：“我们绝对不订立任何侵害我们领土主权的协定，并绝对不容忍任何侵害我们领土主权的事实。”② 这是对日强硬的明显标志，明示“最后关头”，对国民政府亦有一定的约束力。张群于会上做外交报告时说：二十四年十二月，行政院改组时，日本对华即做种种非常的策动，我方始终抱定既定之方针，不稍改变，并通知地方当局，把所有外交事件，都推到中央来办。同时在军事上做积极的准备，做外交的后盾。所以这半年来的外交政策，一本五全大会决议的原则：一方面为和平尽最大之努力，一方面亦不辞牺牲做积极之准备。③

在新的对日方针指导下，新任外交部长张群在与日本的谈判

---

① 蒋介石：《对外关系报告——中华民国二十四年十一月十九日在南京对五全大会讲》，见秦孝仪主编：《先“总统”蒋公思想言论总集》卷十三，第522—523页。

② 蒋介石：《救亡御侮之步骤与限度——中华民国二十五年七月十日在五届二中全会讲》，见秦孝仪主编：《先“总统”蒋公思想言论总集》卷十四，第381页。

③ 《中国国民党五届二中全会张群委员外交报告》，见秦孝仪主编：《中华民国重要史料初编——对日抗战时期》绪编（三），第663页。

中表现强硬。自1935年12月至1936年12月，张群先后与日本的三任驻华大使进行了谈判，依次为有吉明、有田八郎、川越茂三人。与有吉明、有田八郎的会谈，主要是围绕华北“自治”和广田三原则问题而展开，皆未达成具体的结论。广田三原则的基本内容是：（1）中国应彻底取缔排日，并抛弃和结束“对欧洲和美国的依赖”，采取“亲日政策”；（2）中国应承认“日本在满洲和华北的特殊地位”，最终应承认“满洲国”，暂时可对“满洲国做事实上之默认，华北与满洲接壤地区应实行经济文化融通与提携”；（3）来自外蒙的“赤化”是对日、“满”、华三“国”的共同威胁，中国应按日本排除威胁的希望在与外蒙接壤地带做各种合作设施。① 该案以与中国缓和紧张关系为名，实质乃逼迫中国脱离国联，承认伪满，这显然是南京政府不能接受的。国民党五届二中全会后，南京政府在实际处理中日关系事务中，开始放弃妥协退让政策而采取了强硬立场。与此同时，日本政府也制定了《对中国实施的策略》和《第二次处理华北纲要》，主要内容有：使南京政权承认华北的特殊性，进一步实行华北五省“自治”，建立所谓日、“满”、华三“国”合作互助的基础；中国与日本签订防共军事协定和建立军事同盟，进行军事合作；由日本人担任国民政府的政治和军事顾问；加强日华经济合作，促使中国经济依赖日本等。② 1936年5月，川越茂接任驻华大使。自9月15日至12月3日，川越与张群进行了八次谈话。其间，张群与蒋介石保持着电报联系，关键问题，蒋多有指示。如9月23日致电张群，说：“今与川越见面时，应先探其有否新要求，如其有新要求，则联航等问题须待其谈话结果再定可否，为妥。”10月16日，张群为与川越茂会晤事电请蒋介石指示：“今日须磨告高（宗武）司长，我方意见电达日政府后，东京态度相当强硬。兹拟请群与川

---

① 石源华：《中华民国外交史》，上海人民出版社1994年版，第479页。

② 蒋永敬：《抗战史论》，台北：东大图书股份有限公司1995年版，第198—199页。见复旦大学历史系编译：《日本帝国主义对华侵略史料汇编》，人民出版社1975年版，第201—204页。

越会谈一次，他人均不参加，再由须磨与高司长续谈等语。现约川越皓日会晤，拟仍本元电所陈恺切说明钧意，如有补充或变更之处，尚祈迅示，以便遵办。”[①] 17 日，蒋介石复电张群，“告以铣电悉。上海与塘沽两协定，此事务须与川越提出，并望其能早日实施取消也”[②]。11 月 5 日，蒋介石致电张群指示对日交涉请照来电之意进行，说：“支电悉。一切请照来电之意进行，惟航空与关税等实行日期，必须待走私与自由飞行切实停止三个月后，另定实施日期，须事前订明，勿忌为盼。”[③] 1936 年 12 月 7 日，外交部发言人发表谈话，说明年来调整中日关系的交涉经过，指出：自张群就任外交部长后，即与日方进行调整邦交；虽经一再讨论，终以日方并未准备为彻底之调整，是以未见效果。[④]

20 世纪 90 年代以来，内地学者开始正视抗战前南京政府对日政策的调整，并有了正面评价。有学者指出：“历时两个多月的张群、川越谈判，最后一无结果而告终，根本原因在于中国方面采取了不同以往的强硬立场。综观九一八事变以来日本对话的侵略行径，可以看出日本侵华的一个显著特点，是蓄意制造事端，利用一些小事件，挑起中日纠纷，进而或者以发动局部侵略战争的形式，或者以武力威胁、政治讹诈的手段，迫使中国政府作出原则性让步，对华实施步步进逼、分化蚕食的侵略政策……此次日本企图故技重施，但南京政府坚持原则立场，在涉及国家主权的问题上，不再让步。这表明南京政府对日政策有了实质性的转变。”[⑤]

与此同时，国民政府在外交、内政、经济、社会文化、国防

---

① 秦孝仪主编：《中华民国重要史料初编——对日抗战时期》绪编（三），第 674、677 页。

② 高素兰编：《事略稿本》（39），第 14 页。

③ 秦孝仪主编：《中华民国重要史料初编——对日抗战时期》绪编（三），第 679 页。

④ 秦孝仪主编：《中华民国重要史料初编——对日抗战时期》绪编（三），第 688 页。

⑤ 杨树标、尹铁：《论国民党五届二中全会是南京政府对日政策转变的标志》，见中国抗日战争史学会编：《抗日战争与中国历史——九一八事变 60 周年国际学术讨论会文集》，辽宁人民出版社 1991 年版。

军事等多方面采取了积极措施，以加强对日抗战准备。“这些措施包括：改善与苏联关系，谋求与中共接触，政治解决中共问题；政府实施改组，将主张对日节节妥协者逐渐排除出政府；实行币制改革，法币与英镑挂钩，加强与西方国家的政治、经济联系；开展民族文化宣传活动，提高中国民族的自信力和凝聚力；1936、1937 年度国防计划把对日抵抗列为最急迫问题，进行了详细研究和规划；各地江、海防及作战阵地均开始着手整顿、加强，全国军队实行整编，提高、加强军队的素质和战斗力；尽力扩大武器装备生产，积极向国外洽购军火；加紧铁路、公路等基础设施尤其是西南后方根据地的建设等。”① 军事准备是国民政府抗日准备的核心，国民政府在国防建设方面做了以下抗日准备：一是整编全国陆军，扩建空军和海军。二是构筑陆地国防工事，整理江防、海防要塞，并组建防空部队，划分防空区。在国防工事的构筑上，采取的总方针是：“以首都为中心，逐次向国境线推进，其构筑之方式，系首先完成各阵地之骨干，以后依经费状况，再行分别缓急，逐渐加强，最后乃将阵地整个编成之。”② 三是制定国防规划，划分国防区域。自 1935 年起即筹划全国战场的划分。国民政府军事委员会制定的《1935 年度防卫计划大纲》，划分了国防区域、阵地线和兵力部署。《1936 年度防卫计划大纲》将全国划分为四个大区：（1）抗战区：察、绥、冀、晋、鲁、豫、苏、浙、闽、粤；（2）警备区：皖、赣、湘、桂；（3）绥靖区：甘、陕、川、宁；（4）预备区：陕、川、鄂、湘、桂、赣、云、新、青、藏、康。并以军事委员会为最高统帅机关，设冀察、晋绥、山东、浙江、福建、粤桂六个国防军总指挥部，一个预备军总指挥部（由陕、甘、川、鄂、湘、赣、云、贵八省组成）。③ 1936 年，国民政府军

① 黄道炫：《西安事变：不同抗战观念的冲突》，载《历史教学》2004 年第 3 期，第 12 页。

② 何应钦：《对五届三中全会军事报告》（1937 年 2 月），见秦孝仪主编：《中华民国重要史料初编——对日抗战时期》绪编（三），第 354 页。

③ 张宪文等著：《中华民国史》第二卷，南京大学出版社 2005 年版，第 361—362 页。

事委员会规定了预定战场的阵地设置。(1) 北正面：山东区，冀察区，河南区，徐海区。(2) 晋绥侧面：山西区，绥远区。(3) 东正面：江苏区，浙江区。(4) 南海区：福建区，广东区。(5) 警备区：陕甘宁青区，湘鄂赣皖区，广西区，滇黔区，川康区。[①]

可以说，在抗日的立场上，蒋介石与张、杨并无二致。张、杨此举既是为了抗日，所争的是政治主张，并无意伤害蒋介石，那有何不能商谈的呢？宋子文日记中所提到的蒋介石曾经同意的四项条件，正是紧扣抗日这一主题。

对蒋来说，不能与张、杨坐下来商谈的原因大致有两个方面：一是坚持既定的“剿共”政策，由蒋介石日记及日后国共谈判之结果可知，蒋介石始终坚持其既定政策，即必须用武力“剿共”，除非共产党同意放弃宣扬共产主义，愿意接受国民政府的领导，在中央政府领导下一致抗日。二是不能允许自己在被“胁迫”的境况下谈判，否则有失尊严和人格。事实是，宋美龄一行抵达西安后，宋氏兄妹代表蒋介石，与张、杨及中共很快展开了谈判，蒋介石随即安然返京。是宋美龄促蒋改变了吗？下面围绕上述蒋坚持的两点做展开分析。

张、杨所宣布的八项主张，核心即“联共抗日”，虽然在扣押蒋介石期间，为使事件得以迅速了结，曾删去四条，只留围绕抗日之四条内容，即：“一、改组政府采纳抗日分子。二、废除塘沽、何梅、察北协定。三、发动抗日运动。四、释放被捕七人。”[②]望蒋能签字同意，然反对“剿共”乃不言而喻之主张，这也是张、杨与蒋介石的根本分歧所在。众所周知，自九一八事变以来，蒋介石一直坚持“攘外必先安内”政策，此时的安内主要是“剿共”。不过，若对这期间蒋介石之演讲做一分析，则会发现随着中央红军的西移、民族危机的加剧，蒋介石对于“攘外”与“安内”，其重心已有了些微变化。

---

① 蒋纬国编：《抗日御侮》第一卷，台北：黎明文化事业公司 1979 年版，第 129—138 页。见张宪文等著：《中华民国史》第二卷，第 362 页。

② 邵铭煌：《宋子文西安事变日记》，第 183 页。

1933 年 3 月 4 日，日军侵占承德，进而进犯长城。中国军民要求抗日的呼声响彻全国。据徐永昌 1933 年 3 月 21 日日记载，蒋介石在 1933 年 3 月到保定布置长城战役时曾表示“八年后不但收复东三省，且要收回台湾”。而在一个月之后的江西崇仁会议（驻赣部队副团以上的军官大会）上，蒋介石专门做了题为“革命军的责任是安内与攘外”报告，强调“安内”的重要性，说：“我们由内乱而招致外侮，是必然的。反转来说：只要能够正本清源，先将这个心腹之患彻底消灭，那么外面的皮肤小病，一定不成问题。”8 月，在南昌行营召开了赣、粤、闽、湘、鄂五省“剿匪”军事会议。关于这次会议的内容，蒋做过一个概括：“在这很短的会议中，我们以‘剿匪’为核心，已经就军事、政治、党务各方面将各种问题详细剖说并共同做彻底的研究。”五省“剿匪”会议之后，在新的一次“围剿”中央革命根据地的紧锣密鼓之中，蒋介石为了集中训练军事指挥官，专门在庐山开办了国民政府军事委员会陆军军官训练团，蒋介石自任团长。该训练团在 1933 年和 1934 年分两个阶段各办了三期。第一个阶段是“围剿”前夕办的，从 1933 年 7 月开始，9 月结束，共训练了 7500 多人。这三期的中心内容是非常突出的，蒋介石于 7 月 11 日对军官训练团教官顾问说：“此次训练惟一的目的，就是要消灭‘赤匪’，所以一切的设施，皆要以‘赤匪’为对象。”① 第二阶段是“围剿”后期办的，从 1934 年 7 月开始，9 月结束。这三期的中心内容仍然是反共，不过着重进行精神教育，进行所谓“军人魂”的教育。蒋把此次训练的目的归纳为六点：“1. 恢复军人的精神，创造军人的新生命；2. 发扬中国的国魂，创造中国的新生命；3. 团结精神，统一意志，亲爱精诚，誓共生死；4. 竭尽军人救国职责；5. 担负实现主义的责任；6. 养成做人之基本的道德，并确立革命的人生

① 秦孝仪主编：《先“总统”蒋公思想言论总集》卷十一，第 275 页。

观。”[1] 虽然蒋介石仍坚持“攘外先安内”，但也谈了“攘外”的问题，尤对民族战争取胜的要诀和救亡复兴的条件做了说明，当然他也藉此鼓吹“一个政府、一个统帅、一个命令”。

第五次“围剿”得手后，蒋介石又一路“追剿”红军到四川。这时，他想搞双管齐下，乘追堵红军的机会，来掌握西南。1935年8—9月，蒋介石在峨眉山举办军官训练团，训练川军的头目，这是庐山军官训练团的继续。每期受训也是三个星期，第一期是训练军队干部，第二期除训练军队干部外，还有民政、教育、社会、团队、警察、童子军等各方面的头头，按蒋介石的说法是“训练我们四川各界干部和全体民众”。两期训练的核心内容是进行所谓“精神教育”，要四川的军人“公而忘私，国而忘家”，要四川的军人“从前种种譬如昨日死，以后种种譬如今日生”，要四川军人“在一个主义、一个政府、一个领袖之下始终如一继续不断地努力”。

由蒋介石对军官训练之讲话可见，在第五次“围剿”基本得手后，其宣讲核心有一个从突出“剿共”到强调“军人魂”的转变。此时的蒋介石不再是满嘴的反共词句，而是从更高的角度强调对军人的精神教育，藉“攘外”而强调服从，“军人只有一个目标，就是要救国救民！一个国家，只有一个政府，一个主义，因此我们军人要救国，便只有信仰这唯一的革命主义，服从唯一的中央政府”，“如果大家从此以后，再要分彼此，你管你的，我管我的，那么，外国军队明天进来了，他只知道你们都是中国人，都是中国的军人，就要使我们大家同归于尽！”[2] 可以说，在江南“围剿”红军的成功，是蒋介石在“安内攘外”政策上有所转变的一个因素。民族危机的加剧，国民党内藉抗日而反蒋的此起彼伏，

---

① 蒋介石：《对军官团各期学员精神讲话之综合要点——中华民国二十三年九月二十七日出席庐山军官团第三期毕业典礼讲》，见秦孝仪主编：《先“总统”蒋公思想言论总集》卷十二，第541页。

② 蒋介石：《正式的军人——中华民国二十四年八月二十五日出席峨眉军官训练团第一期毕业典礼讲》，见秦孝仪主编：《先“总统”蒋公思想言论总集》卷十三，第373—374页。

诚如张群对川越茂所说“数年来中日关系欠佳，故反对政府者皆欲借反日问题造成人民阵线”①，是推动蒋介石强调攘外的又一原因。

对于蒋介石的“安内攘外”政策，蒋永敬在《抗战史论》中有专节论述。根据《徐永昌日记》，结合蒋介石及国民政府之言行，蒋永敬指出，蒋介石在“安内攘外”政策上有一从“安内攘外”到“攘外安内”的转变。“长城战役失败，对日签订《塘沽协定》，蒋乃集中力量‘剿共’，以行‘安内攘外’之策。即以‘剿共’为安内，先安内而后攘外（抗日）也。”② 这一政策，在国民党内即遭各方之质疑与批评，“其时对蒋之‘剿共’‘安内’工作怀有疑惧的，非仅来自地方各系，即南京中央要员如宋子文、张静江、李石曾等，亦有持以抗拒或非难立场者”③。其后，当蒋介石完成对中央革命根据地的第五次“围剿”，并一路“追剿”红军至西南川滇黔之时，华北日军又在制造一系列事件，以致华北危机日趋严重。与此同时，国民党内的反蒋呼声再次高涨。至此，蒋介石的策略似乎又有了变化。据徐永昌 1935 年 10 月 15 日的日记说：“中央最近综合蒋大使（作宾）、萧武官（叔宣）报告，广田（弘毅，日本外相）及其军部转述对华新政策……仍实行其分化手段（事实上自来亦未停止）。除‘满洲国’外，再造成蒙古国、华北、华中、华南等国。蒋先生看定日本是用不战屈中国之手段，所以抱定战而不屈的对策。前时所以避战，是因为与敌成为南北对抗之形势，实不足与敌持久。自川黔‘剿共’后，与敌可以东西对抗，自能长期难之。只要上下团结，决可求得独立生存，虽战败到极点亦不屈服。”④ 徐永昌的这段日记可以说传递了三层意思：一是日本的对华政策已令蒋介石忍无可忍；二是蒋介石认为在地理位置上已具备了与敌对抗之条件；三是蒋希望加强

---

① 《川越、张群会谈纪要》（1936 年 10 月 26 日），见蒋永敬：《抗战史论》，第 201 页。

② 蒋永敬：《抗战史论》，第 158 页。

③ 蒋永敬：《抗战史论》，第 159 页。

④ 蒋永敬：《抗战史论》，第 169—170 页。

内部团结。郭廷以在《近代中国史纲》中有如下一段评述："蒋中正对于广田与军方之相互为用，十分明了。时四川'剿共'已近尾声，中央政府在西南三省的权威已经树立，决定对日强硬，准备一战，使其知难而退。十月初，分于豫、鲁、苏之交及南京、上海之间，集结重兵，并亲赴太原、泰山邀阎锡山、冯玉祥入京，参加国民党中央委员会全体会议与全国代表大会，复派考试院长戴传贤赴粤与陈济棠、李宗仁商谈团结，陈、李推过去反蒋最力的邹鲁偕广西省主席黄旭初北来。十一月八日，蒋命参谋本部次长熊斌飞北平，向宋哲元传达中央计划，戒以勿自作主张。日本有所忌惮，决定不在此时迫令华北自治。"① 国民党的五全大会至少从形式上显示了国民党的团结。"阎（锡山）到南京参加国民党中全会及五全大会。西南方面亦有代表与会。此为国民党人由数年来的纷争而走向团结的一大盛会。"蒋永敬认为："蒋委员长在大会中的最后关头演说，宣示对日新方针。为九一八事变以来中国对日政策由退让而强硬的一大转变。似此，蒋委员长的策略，原为由'安内'而'攘外'，现在内部不安，转由'攘外'而'安内'了。蒋之长期抗战的策略，至此亦已形成了。"②

如前所述，在对日政策转趋强硬的同时，国民政府在外交、军事等方面为抗战做了大量的准备工作。徐永昌在日记中对华北之军事部署做了介绍："参部制定之国防大纲，分为冀察区、晋绥区、山东区，以陇海线为最后抵抗线。开战初，以宋（哲元）、商（震）守平津，晋绥军分守雁门及娘子关，倘平津放弃，宋、商退守保定沧州之线，中央军进至漳河之线收容之，同时晋军据太行以侧击敌人，其后依情形使成西依太行、东沿黄河之阵线，最东之线则渐以徐州为倚轴而达于海。日内林蔚文（林蔚，军委会办公厅副主任）当至豫省指导做相当之准备工事。"③

就当时中国的情势看，日本的侵华行径愈演愈烈，中国民众

---

① 郭廷以：《近代中国史纲》，香港：中文大学出版社 1979 年版，第 576 页。

② 蒋永敬：《抗战史论》，第 171 页。

③ 徐永昌：《徐永昌日记》第三册，第 318 页。

抗日情绪澎湃，全国上下一致呼吁抗日，南京政府仍置民族危机于不顾而一味考虑强固自身之权力，这便要受到党内外的共同谴责了。由蒋介石本人之演讲、日记，国民政府对日政策之转变可知，在西安事变发动前夕，蒋介石对于“攘外必先安内”政策已有所调整，只是他仍然坚持“剿共”，这与张、杨所提倡的“联共抗日”是不同的。但正如前文所说，此时的蒋介石也在秘密与共产党进行联络，这是否暗示了蒋介石将“攘外”放在了首位呢？

不可否认，蒋介石意欲同中共谈判的目的，与中共意欲同国民党谈判的目的尚有相当的距离，这正是张、杨和共产党希望通过谈判，使蒋介石和国民政府改变原有政策之处，以达“停止内战，一致抗日”的目标。

既然三方均将民族大义放在首位，都有抗日的决心，国共双方之前又曾有过秘密接触、谈判，当蒋介石得知共产党决议不杀他，主张通过谈判以达成在其领导下一致抗日的目标后，其态度的转变就不是一件不可能的事。于是，蒋能否在被“胁迫”的境况下，与事变发动者及中共进行谈判，成为问题的关键。宋美龄的到来正是为了解决这一“瓶颈”问题。

先看一看蒋介石日记中对宋美龄到来后有关情况之记载①：

12月22日

……忽见夫人来会。公乍见之，不胜惊讶，如在梦寐。公曰：“余日前切嘱子文，劝妻切不可来西安，不意妻竟冒万险而入此虎穴。”于是感动悲咽，不可言状。夫人见公强作欢颜，而公则更增忧虑。公曰：“旬日以来，对自身生死，早已置之度外，而今后乃更须顾虑余妻之安危。余妻智勇慈爱，平时已信其必能为党国效忠，且与余同心互勉，势为总理之主义奋斗到底，期其有成，何忍任其牺牲于危城中乎？今日清晨偶翻旧约，得某章有‘耶和华今要一件新事，即以女子

① 因蒋介石日记原稿有多处字迹难以辨识，为完整、流畅地读出蒋介石在夫人到来之后的心情，及对谈判之态度，以下引自高素兰编：《事略稿本》（39）中之记述。

护卫男子’云云。午后余妻果至，事若巧合。然余妻冒险相从，非受宗教素养极深者不可能也。”夫人告公以外间种种情况，谓：“今日同来者有蒋鼎文、戴笠、端纳、子文等四人。”并劝公应先设法脱离此间，再言其他。公告之曰：“吾妻爱国明义，应知今日一切须以国家为重。此来相从患难，亦为公而非为私。如他人或有以非义之言托为转劝者，必严词拒之。余决不能在此有签允任何条件之事。如余签一字，则余即为违法而有负革命之大义与国民之托付，且更无离此之希望；即离此，亦虽生犹死也。”夫人急慰之曰：“君千万勿虑！君所言者，余知之已审；君之素志，更所深知。余重视国家甚于吾夫，重视君之人格甚于君之生命，余决不强君有违背素愿之举。然余来，则君有共患难、同生死之人，君亦可以自慰也。”①

12 月 23 日

清晨未起，趁监视者不能窥视时，公与夫人言曰：“此事症结所在，仍在共党，该党代表周恩来前托张要求见余，余坚拒来见。今子文来此，不如嘱子文与之相见，察其态度如何，再定对付方针。”

上午。公与夫人研究此次事变之结局曰：“虽觉西安诸人心理上确已动摇，不复如前之坚持；但余决不存丝毫侥幸之心，盖唯以至不变者驭天下之至变，而后可以俯仰无愧，夷险一致，且为战胜艰危唯一之途径也。”

下午。夫人欲公述总理在广州蒙难之经过，为追述之。夫人叹曰：“昔日总理蒙难，尚有君间关相从于永丰舰中，相共朝夕，今安从更得此人？”公告之曰：“此无足异，情势互不相同，来此均失自由，即赴难亦何益。且余知同志与门人

① 高素兰编：《事略稿本》(39)，第 578—580 页。

中急难之情，无间遐迩，非不欲来也。余虽无赴难之友生，而君数千里外冒险来此，夫妻共生死，岂不比师生同患难，更可宝贵乎？”

晚。宋子文来见，谓：“本日与张学良、杨虎城约周恩来会谈半日，所谈及结果，颇觉满意，以彼无甚难题也。但彼要求见与之一见，虽不谈话亦可。”公曰：“余固其有此要求，所以事前明告尔，如果彼有此要求时，尔当答以蒋先生近日精神不佳，似不便见，蒋夫人可以代见也。尔意谓何？”宋谓：“遵此约定。”乃定明日夫人接见周恩来。宋并言：“对于送兄回京事，此时众意虽尚未一致，然当无如何重大之困难，决当做到不附任何条件而脱离此间，誓竭力固之耳。”①

12月24日

晚。共产党声称：“并不再言条件，只要见蒋夫人时，顺见蒋先生一面已足。”公乃允之，但令张学良必须同来见也。夜十时许，夫人导周恩来来见，此时公已睡矣，乃起而与之握手……周欲有言，公曰：“如有言，可与汉卿详谈。”周乃道别而去。②

由蒋介石日记可以读到这么几层意思：首先，他对夫人的到来是既惊讶又感动，认为这是上帝的安排，“耶和华今要一件新事，即以女子护卫男子”，无疑暗示了宋美龄的到来将是解决问题的关键。其次，“夫人告公以外间种种情况，并劝公应先设法脱离此间，再言其他”，这句话应隐含了很多内容，其核心就是当下活着是最重要的。当然，蒋在日记中仍表现出“宁为玉碎，不为瓦全”的姿态，他对夫人说：“今日一切须以国家为重”，

① 高素兰编：《事略稿本》（39），第581—584页。
② 高素兰编：《事略稿本》（39），第601页。

“如余签一字，则余即为违法而有负革命之大义与国民之托付，且更无离此之希望；即离此，亦虽生犹死也”。第三，宋美龄的到来，给了蒋介石极大的精神安慰。宋美龄说：“余来，则君有共患难、同生死之人，君亦可以自慰也。”蒋说：“余虽无赴难之友生，而君数千里外冒险来此，夫妻共生死，岂不比师生同患难，更可宝贵乎?”

宋美龄的到来也为打开谈判之僵局提供了锁匙。蒋对夫人说：“此事症结所在，仍在共党，该党代表周恩来前托张要求见余，余坚拒来见。”当宋子文与中共代表周恩来会谈后，蒋对宋子文说：“如果彼有此要求时，尔当答以蒋先生近日精神不佳，似不便见，蒋夫人可以代见也。”蒋介石提出让夫人代见周恩来，并让夫人做其代表，其用意大略有二：一在于对夫人的充分信任，信任宋的能力，更信任她的忠诚。“余妻智勇慈爱，平时已信其必能为党国效忠，且与余同心互勉，势为总理之主义奋斗到底。”二在于淡化政治色彩，淡化谈判的正式性，因宋美龄仅以夫人身份代见。对共产党来说，这也是退而求其次的一项选择，毕竟是蒋夫人，她既能代蒋转达意见，也能影响蒋，吹吹枕边风。不管何种原因，以夫人代见中共代表，开启了三方谈判之门，为西安事变的和平解决奠定了基础。至于其后蒋何时、以何种方式与周恩来见过面，留待后面结合宋美龄、宋子文之回忆再做叙述。

在张、杨及中共看来，谈判是和平解决西安事变的唯一途径。国民党方面却从未有“谈判”一说，即使在西安事变过去几十年后，国民党仍不承认有谈判一事。虽然宋子文西安事变日记明确记载了他与张、杨及中共代表谈判之过程。然在国民党看来，宋子文是以私人资格赴陕，并不代表国民党中央，他与张、杨及中共的谈判不具官方性质。不能否认的是，蒋介石是在宋氏兄妹代表他与西安方面经谈判作出相关承诺之后才被释放回京的。

第二节 宋美龄斡旋于三方之间

一、中国共产党主张有条件释蒋

得知蒋介石在西安被扣的消息，时在保安的中共中央震惊之余，立即采取了一系列措施，以应对可能发生的情况。张国焘在回忆录中详细描述了中共领导人在得到突如其来之电报后的不同反应："这个突如其来的电报，使我们都大为激动。有的人说：'蒋介石也有今日！'有的人说：'张学良确实干得不错！'这时已经回到保安几天的周恩来较为冷静，他表示：'这件事不能完全由我们做主，主要是看张学良和杨虎城的态度。'毛泽东也接着说：'这件事，我们应该站在后面，让张、杨去打头阵。'"据张回忆，当时他和张闻天、秦邦宪、王稼祥等表示"应去电莫斯科请示"。"我们这些中共中央负责人，没有一个想到西安事变可以和平解决；都觉得如果让蒋氏活下去，无异是养痈遗患。有的人主张经过人民公审，将这个反共刽子手杀了，以绝后患；有的人主张将他严密拘禁起来，作为人质，逼南京抗日，并形成西安的军事优势。"① 经过一番讨论，中共中央于当日致电有关部门和人员，紧急指示具体的工作方针。

致电潘汉年，就继续与陈立夫等接洽谈判事宜作三点指示："（甲）不可将陈立夫、张冲、邓文仪诸君之具有合作抗日诚意与蒋介石之无诚意混为一谈，因此应继续与陈等接洽。（乙）惟须诚恳公开的建议于陈等，不可以民族国家之利益迁就蒋氏一人，应以一个大政党的代表勇敢坚决地出面与另一个大政党站在救国图存、共同反日反汉奸的立场，谈判与签订政治军事的协定。（丙）极力注意并准备抵抗中国汉奸勾结日本侵略沪、宁、青、济及华

① 张国焘：《我的回忆》第三册（内部发行），东方出版社 1998 年版，第 330、332 页。

北、西北，须知政学系的阴谋，正跃跃欲试。”① 中共认为国民党内有一些人具有合作抗日诚意，而蒋介石无此诚意，希望潘汉年加紧与国民党内具有合作抗日诚意者的谈判。同时致电北方局，主张揭发蒋介石的罪状，争取南京及各地方实力派的响应，一致抵抗日本与汉奸的行动，具体要求如下：“(一) 揭发蒋介石对外投降，对内镇压民众与强迫其部下坚持内战之罪状，拥护张、杨等之革命行动。(二) 号召人民起来，要求张、杨、南京及各实力派，立即召集抗日救亡代表大会，在西安开会讨论抗日救亡大计。(三) 号召人民及全国军队，积极注意日本与汉奸之行动，防止并准备抵抗他们乘机侵犯上海、南京、青岛、华北与晋绥。(四) 推动南京及各地方政权中之抗日派，响应西安起义，并严重对付亲日派。(五) 稳定西西（GG）派、黄埔派，推动欧美派、元老派及各实力派，积极站在抗日救亡方面。(六) 号召人民及救亡领袖要求南京命令罢免蒋介石，并交人民审判。(七) 推动宋子文、孙科、孔祥熙、蔡元培、李石曾等，争取英、美、法三国谅解与赞助。”②

中共中央于当晚24时将有关情况和想法电告共产国际执委会书记处，希望得到支持。电文说：“A. 张学良确已将蒋介石扣留在西安。B. 叶剑英、王稼祥已去西安，周恩来亦立即前去。C. 我们的计划：(一) 周恩来、张学良、杨虎城组成三人委员会，以叶剑英为参谋长主持工作。(二) 在西安召集抗日救国代表大会，准备半个月内召开会议。(三) 组织抗日联军，以红军、东北军、十七路军、晋绥军四支军队为主，争取陈诚领导的蒋系军队加入其中，抵抗日本之可能的进攻。(四) 以林森、孙科、冯玉祥、宋子文、于右任、孔祥熙、陈立夫等暂时主持南京政府，防止和抵抗

---

① 《中央关于继续与陈立夫等接洽谈判给潘汉年电》(1936年12月12日)，见中央档案馆编：《中国共产党关于西安事变档案史料选编》，第176页。

② 《中央书记处致胡服电——关于西安事变后我们的任务的指示》，1936年12月12日，见中央统战部、中央档案馆编：《中共中央抗日民族统一战线文件选编》(中)，档案出版社1985年版，第315—316页。

亲日派勾结日本进攻上海与南京，准备成立革命的国防政府。（五）争取蒋介石全部军队。D. 请你们支持我们的上述行动，特别是（一）在世界舆论方面帮助我们；（二）争取英、法、美三国赞助中国革命政府与革命的军队；（三）苏联积极援助中国。”①

12 月 13 日，周恩来“出席中共中央政治局会议。会议肯定西安事变是革命的，推动抗日的。决定采取不与南京对立的方针，不组织与南京对立的政权。还决定中共中央暂时不发表宣言。周恩来发言，提出要推动、争取国民党的黄埔系、CC 派、元老派和欧美派积极抗日；巩固西北三方的联合；还要在抗日援绥的原则下与山西阎锡山、四川刘湘、西南桂系联合；向全国各派解释清楚，西北这一行动是为了抗日，而不是针对南京政府。由于中央军已逼近潼关，战争一触即发，周恩来提议：在军事上我们要准备打，但在政治上不与南京政府对立。要在实际工作中起领导作用，深入发动群众，以群众团体名义欢迎各方代表来西安参加救国会议”②。

显然，中共此时的心情是“元凶被逮，薄海同快”③，认为西安事变“对全国抗日统一战线有大的推动作用”④，明确主张争取南京及各地方实力派支持事变，“目前战略方针，应迅速停止内战，发动抗日战争”⑤。在日本帝国主义大举侵华、民族危机严重的情况下，中共中央对事件的考虑，或许正如周恩来对张学良代表刘鼎所说：“这次是突然的军事行动，没有打垮蒋介石的武装力

① 《中共中央致共产国际执委会书记电》，1936 年 12 月 12 日，见杨奎松：《西安事变新探——张学良与中共关系之谜》，第 322—323 页。

② 中共中央文献研究室编：《周恩来年谱（1898—1949）》（修订本），第 338—339 页。

③ 《毛泽东、周恩来关于重兵置于潼关、凤翔、平凉等问题给张学良电》（1936 年 12 月 13 日），见中央档案馆编：《中国共产党关于西安事变档案史料选编》，第 181 页。

④ 《彭德怀、任弼时关于西安事变后抗日统一战线的意见给军委主席团电》（1936 年 12 月 13 日），见中央档案馆编：《中国共产党关于西安事变档案史料选编》，第 183 页。

⑤ 《彭德怀、任弼时关于目前战略方针及今后行动部署给军委电》（1936 年 12 月 14 日），见中央档案馆编：《中国共产党关于西安事变档案史料选编》，第 189 页。

量。蒋被捉既不同于俄国十月革命以后被擒的尼古拉，也不同于滑铁卢战役以后被擒的拿破仑。可能会出现更大的困难。共产党要多做工作，不要使事变酿成更大的内战，而要推动抗日，推进革命形势的发展。”① 为此，中共中央在军事、政治方面推行了一系列积极的政策。

12 月 13 日，毛泽东、周恩来致电张学良，指出“只有将全部行动基础置于民众之上”，西安事变才能胜利。当日，中共中央机关报《红色中华》提出了“拥护张学良杨虎城将军西安抗日起义，驱逐日寇出中国”的口号，并发表了题为《西安抗日起义，蒋介石被扣留——张学良杨虎城坚决的革命行动》的文章，号召苏区抗日民众“紧急动员起来！联合全国所有抗日力量誓死为收复失地，驱逐日本帝国主义出中国，实现中华民主共和国而斗争！”②

12 月 14 日，中央军委主席团致电各部首长，明确西安事变后的形势及目前方针：“党中央和军委应（认）为十二日西安的抗日起义开始了中国革命形势的又一新阶段，一方面是日本和亲日派企图形成反共的内战，另一方面是革命人民和革命军队更大规模结合起来，主张反对内战，实行抗日。目前方针：子、从政治上和组织上巩固东北军、十七路军和西北民众与红军联合。丑、争取全国民众、南京抗日派、各省和蒋系军队中一切可能参加抗日的力量到我们方面来。寅、争取英、美、法的同情和赞助，在反对内战的旗帜下，坚决击破亲日派的进攻，来巩固西北抗日局面。卯、暂不公开反对南京政府，以便争取可能抗日的部分。戊、已令张、杨立组西北抗日援绥联军……己、应当估计在新阶段中有新的困难，西安有可能被亲日派占去，反对空想胜利而不去实际利用时机开展胜利的倾向。”③

---

① 中共中央文献研究室编：《周恩来年谱（1898—1949）》（修订本），第 341 页。

② 《红色中华》，1936 年 12 月 13 日，第 2 版。

③ 《中央军委主席团关于西安事变后国际国内形势及我们方针给各部首长电》（1936 年 12 月 14 日），见中央档案馆编：《中国共产党关于西安事变档案史料选编》，第 193—194 页。

当日，中央书记处致电北方局负责人刘少奇，就促进南京政府停止内战、扩大抗日运动的方针办法指示如下："我即应发动民众要求南京政府接受张学良之八项抗日要求，停止内战的军事行动，把全部军队开赴晋绥前线抗战，保卫晋绥，并要求南京即刻召集全国各党各派各界各军的救国会议，解决救亡大计。在各地可组织停止内战促进会议、全国救国会议促进会之类的团体，以扩大运动。在运动中，我们还不要同南京处于对立地位，仍应采取督促与推动他们中的抗日派及中间派走向抗日的方针。但对于亲日派降日卖国、进行内战、镇压民运的罪恶行为应坚决反对之。必须多方面的活动住华北名人及各实力派，特别是阎、傅等起来响应张、杨等的抗日主张。"并要求将此电速转上海。①

12 月 15 日，毛泽东、朱德、周恩来等红军将领致电国民党、国民政府，呼吁国共合作，"共赴国难"，建议南京政府接受张、杨主张，"停止正在发动之内战，罢免蒋氏，交付国人裁判，联合各党各派各界各军，组织统一战线政府"②。

16 日，根据中央书记处的意见，毛泽东以个人名义致信阎锡山，望其主持和平，阻止内战，电文如下：

飞送山西阎百川先生勋鉴：

接彭雪峰（枫）转来电，知先生抗日救国义薄云天，敝方奉商各端，倘荷赞谅，感幸实深。西安事变后，时局急转直下，有数事就商于先生者：

（一）时局应和平解决，万不宜再起内战，自速覆亡，敝方删日通电详申斯旨，先生一言九鼎，敢乞周旋宁陕之间，先停军事行动，再议时局善后。

（二）当前急务抗日第一，抗日所急，在于援绥，谓宜举

---

① 《中央关于西安事变后促进南京政府停战扩大抗日运动的方针办法给刘少奇电》（1936 年 12 月 14 日），见中央档案馆编：《中国共产党关于西安事变档案史料选编》，第 195 页。

② 中央档案馆编：《中共中央文件选集》第 11 册，第 124 页。

宁方西进之军改道北进，张、杨二公所部尤至切同仇，红军则久矣，愿附骥尾与国仇相见于绥察之间，共组抗日联军，推先生为统帅，各军指挥调遣惟先生之命是从。给养方面以红军言所需甚少，但能发伙食费，即可不事征发，一切地方行政社会秩序不加丝毫干涉，乞速指示以便遵循。

（三）立即建立无线电联络，雪峰（枫）带去呼号密码，未知此处已否启用，敝方电台屡叫未通，幸赐注意。

毛泽东

十二月十六日①

在军事上，中共则做好了应战的准备。13 日，中央军委将蒋被扣一事通知各军团，令各军团“加紧准备，待命出动”。毛泽东、周恩来致电张学良，表示若胡宗南、曾万钟、关麟征等军向南压迫，“红军决从其侧后配合兄部坚决消灭之”。14 日，毛泽东、朱德、周恩来、张国焘及红军各方面军负责人联名致电张学良、杨虎城，根据西安事变后的形势提出行动方针如下：（一）组成西北抗日援绥联军，设立联军军事政治委员会，张学良、杨虎城、朱德为主席团，张为主席，杨、朱为副。东北军、第十七路军、红军各编一集团军。（二）与敌决战时要各个击破之，只要打下几个胜仗，即可大大开展局面。（三）目前第一要务是巩固内部，战胜敌人。②

显然，中共中央在事变之初虽未想到最后的解决方式，但力图不扩大事态以争取联合抗日的方针是明确的。17 日，周恩来一行应邀抵达西安后，与张、杨，及中共西安地下党负责人分别举行了会谈，说明了中共中央对事件的处理方针，交换了意见，并详细了解了国内各派对事变的反应，周恩来将会谈情况及了解到的信息及时电告中共中央。根据周恩来的报告，西安事变以来国

---

① 《毛泽东关于西安事变应和平解决等事致阎锡山信》（1936 年 12 月 16 日），见中央档案馆编：《中国共产党关于西安事变档案史料选编》，第 210 页。

② 中共中央文献研究室编：《周恩来年谱（1898—1949）》（修订本），第339 页。

内外局势的变化，以及共产国际的指示，中共中央逐步明确了和平解决西安事变的方针。19 日，中共中央发表《中华苏维埃中央政府及中共中央对西安事变通电》，提出如下建议："（一）双方军队暂以潼关为界，南京军队勿向潼关进攻，西安抗日军亦暂止陕甘境内，听候和平会议解决。（二）由南京立即召集和平会议，除南京西安各派代表外，并通知全国各党各派各界各军选派代表参加。本党本政府亦派代表参加。（三）在和平会议前，由各党各派各界各军先提抗日救亡草案，并讨论蒋介石先生处置问题，但基本纲领，应是团结抗日，反对一切内战，一致抗日。"① 与之前的政策相较，不仅明确了和平解决的方针，更提出了和平解决的三项具体措施：一是双方军队暂以潼关为界停止军事行动；二是建议由南京召集由各党各派各界各军参加的和平会议；三是建议由各党各派各界各军本着团结抗日的原则，讨论蒋介石之处置问题，改变了原先主张将蒋交付国人审判的想法。

同日，中共中央向党内发表《中央关于西安事变及我们的任务的指示》，在说明西安事变的意义时，首先肯定了它的抗日救国性质，同时也指出："因为这一发动采取了多少军事阴谋的方式，扣留了南京最高负责人蒋介石及其主要将领，以致把南京置于西安的敌对地位，而造成了对于中国民族极端危险的新的大规模内战的可能。因此，这一发动又妨害了全国反日力量的团结。"② 《指示》指出西安事变的发展有两个前途，或者内战爆发，或结束"剿共"内战。对照几日前《红色中华》上发表的文章，指称蒋介石为"汉奸"，"西安的抗日起义，拘留蒋介石及其亲信，这是抗日的起义"③，此时此刻中共中央在党内文件的表述上显示了对西安事变的理性认识。为争取和平前途，《指示》向党内指出："（一）坚持停止一切内战一致抗日的组织者与领导者的立场，反对新的内战，主张南京与西安间在团结抗日的基础上，和平解决。（二）用一切方法联合南京左

① 中央档案馆编：《中共中央文件选集》第 11 册，第 130—131 页。
② 中央档案馆编：《中共中央文件选集》第 11 册，第 127 页。
③ 《红色中华》，1936 年 12 月 16 日，第 1 版。

派，争取中派，反对亲日派，以达到推动南京走向进一步抗日的立场，揭破日寇及亲日派利用拥蒋的号召，发动内战的阴谋。（三）同情西安的发动，给张、杨以积极的实际的援助（军事上的政治上的），使之彻底实现西安发动的抗日主张。（四）切实准备讨伐军进攻的防御战，给讨伐军以严重的打击，促其反省，这种防御战不是为了要以扩大内战的方针代替一致抗日的方针，而依然是为了促成全国性抗日统一战线的建立与全国性抗日战争的发动。"[①] 蒋介石既为"南京最高负责人"，中共主张南京与西安间在团结抗日的基础上和平解决，并要阻止日寇及亲日派利用拥蒋的号召以发动内战，如何释蒋遂成为实现和平前途的核心。

在西安的周恩来根据中共中央指示，为迫使蒋介石放弃"剿共"、实行联共抗日而展开了多方活动：一是通过媒体及与各方人士的接触，广为宣传中共的和平解决方针。"在此期间，审定《解放日报》、广播电台的宣传纲要。指示西北民众运动指导委员会主任王炳南充分发动群众，支持张、杨八项主张，指出只有把群众发动起来，才能保证事变和平解决。并广泛接触各方人士，分别和杜斌丞（时任陕西省政府秘书长）、杨明轩（共产党员，西北教育界抗日救国大同盟主席）、卢广绩（时任抗日联军西北军事委员会第四处处长）、曾扩情（原黄埔军校学生，西北'剿匪'政训处处长）等二十三人谈话，宣传中共和平解决方针，希望他们为此作出贡献。"[②] 二是分别与张学良、杨虎城会谈，并派人做东北军、西北军工作，力争和平解决，保证蒋介石的安全。12 月 17 日，周恩来抵达西安的当天傍晚，"在金家巷一号和张学良会谈，商定：东北军、第十七路军集中于西安、潼关一线，红军南下肤施、庆阳一带接防；红军加入由东北军、第十七路军成立的抗日联军临时西北军事委员会。周恩来表明中共的态度是：保证蒋介石的安全，但要声明如果南京挑起内战，则蒋的安全无保障。并和张学

---

① 中央档案馆编：《中共中央文件选集》第 11 册，第 128 页。

② 中共中央文献研究室编：《周恩来年谱（1898—1949）》（修订本），第 343—344 页。

良商定同宋子文谈判的五项条件。”12 月 18 日，“由张文彬陪同和杨虎城会谈，说明中共中央关于和平解决西安事变的主张，杨对此没有表示异议，但怀疑蒋介石能否抗日，并怕蒋介石报复。周恩来指出抗日已是大势所趋，只要西北三方联合一致，进而团结全国人民，蒋想报复也不可能。”12 月 20 日，“分别听取朱理治、汪锋等人汇报，指示他们多做东北军、第十七路军工作，力争和平解决的途径。”① 三是从军事上做好应战的准备，并据其在西安之观察，及时向中央提出建议。12 月 18 日，周恩来“致函陕南红军负责人陈先瑞，令他率部出卢氏，威胁中央军左侧，配合东北军作战”。12 月 21 日，“致电毛泽东，希望红军主力十天内集中长武、邠县（今彬县）一线，再十天集中咸阳、兴平一线。并建议中央发政治训令，宣布东北军、第十七路军及其指挥下的民团为抗日同盟军，以友军相待；对陕甘省政府统治地区不变更原行政组织。随后，为保证红军顺利南下，保证苏区和红军的物资供应和运输的通畅，周恩来派彭加伦等到泾县云阳镇、耀县建立办事处，并建立由西安、三原、耀县、洛川、肤施通向陕北的运输线。”② 总之，周恩来在西安的工作，正如他于 22 日致毛泽东等电文中所说：“我来此四日，中心在抓紧反对和推延内战，要求改组南京政府，巩固红军与东北军、西北军三方面的联合。”③

与此同时，中共中央也在设法了解南京对于和平解决西安事变的条件。19 日，毛泽东致电潘汉年，要求他“向南京接洽和平解决西安事变之可能性，及其最低限度条件，避免亡国惨祸”④。12 月 21 日，中共中央致电周恩来，提出达成和平协定、释放蒋介石的五项条件：“（一）南京政府增加几位抗日运动的领袖人物，

---

① 中共中央文献研究室编：《周恩来年谱（1898—1949）》（修订本），第 341—342、344 页。

② 中共中央文献研究室编：《周恩来年谱（1898—1949）》（修订本），第 342、344 页。

③ 中共中央文献研究室编：《周恩来年谱（1898—1949）》（修订本），第344 页。

④ 《毛泽东关于向南京接洽和平解决西安事变问题给潘汉年电》（1936 年 12 月 19 日），见中央档案馆编：《中国共产党关于西安事变档案史料选编》，第 232 页。

排除亲日派，实行初步改组。（二）取消何应钦等的权力，停止讨伐，讨伐军退出陕甘，承认西安的抗日军。（三）保障民主权利。（四）停止‘剿共’政策并与红军联合抗日。（五）与同情中国抗日运动的国家建立合作关系。”① 据此，周恩来与张学良、杨虎城，同随后抵达西安的宋子文、宋美龄进行了谈判。

总之，中共中央在得知西安事变之消息后，对于如何解决事变、如何处置蒋介石，从认识到政策有一转变的过程。然政策宗旨是不变的，即一方面尽力不使事变酿成大规模内战，力图联合各抗日派别一致抗日；另一方面则做好应战之准备。

二、委员长所不愿见者，余皆愿代见之

宋子文第一次到西安，即在短时间内耳闻目睹了南京方面无法看到也不愿相信的事实，他明确获知了中共中央和平解决西安事变的方针，看到了西北方面的军事力量，也切实感受到了张、杨抗日救国的决心。宋子文迅速飞返南京，旋即陪同宋美龄亲赴西安救蒋。

如前所述，虽然西安与南京皆有和平解决事变的愿望，然双方在军事上仍处剑拔弩张之态势。当宋美龄乘机飞临洛阳上空时，即发现机场上轰炸机罗列待发，其“心坎突增阴影”，下机后，她与该地中央驻军及空军将领面谈，“坚嘱洛阳空军司令，未得委员长命令，切勿派飞机近西安”。飞机起飞离开洛阳后，宋美龄仍感“悬悬，不识前途如何”。

飞抵西安后，宋美龄首先与蒋介石见了面。在《西安事变回忆录》中，宋美龄对当时的情形做了如下描述：

> 车行街道间，初未见意想中之紧张。及抵张宅，彼即问余是否欲立见委员长。余请先得杯茗，盖欲示意，余信彼为君子，愿以安全寄彼掌握间。此时余忆在京时，曾有人戒余，

① 中共中央文献研究室编：《周恩来年谱（1898—1949）》（修订本），第344页。

倘赴西安，不独不能晤委员长，且将被囚作质，丧尽尊严。余固知张之为人，不致如此，今更得证明矣。时委员长尚未知余至，余不愿其延候焦急，故戒勿通报。委员长被禁处离张宅只一箭之遥，禁卫森严，且多携机关枪者，盘旋于四周。

余入吾夫室时，彼惊呼曰："余妻真来耶？君入虎穴矣！"……余强抑感情，持常态言曰："我来视君耳。"盖余知此时当努力减低情绪之紧张。

……我夫历述被劫之经过，并称在劫持中，决不做任何承诺，因要求我勿以签订某种文件相劝。余告之曰："余本视国家福利重于吾夫之安全，幸勿虑我有强劝吾夫屈服之举。"吾夫屡言，苟利国家，愿以身殉。余告以自彼被困之后，全国民众，忧疑惶急，向所未见；即平日反对其政策者，亦抱同感，祈祷其出险者，遍布全球；稚龄学童，号哭如丧考妣；兵士闻其不讳之误传，竟有自杀者。因劝之曰："此后君不应轻言殉国矣。君之责任乃在完成革命以救国，君更应宝贵君之生命。愿君自慰，上帝常伴我等。余此来，分君苦厄；上帝愿余死，死无悔；若愿余生，亦当保此生命，与吾夫共为国家努力也。"余复告以感觉劫持者已萌悔过之意，倘处理得当，或可立即解决。我等目前应自制，应忍耐。①

西安事变后宋美龄飞抵西安

① 蒋宋美龄：《西安事变回忆录》，见王亚权主编：《蒋夫人言论集》上集，第72—73页。

细读上述文字，可以发现宋美龄意欲传递的四层意思：一是西安并非南京国民党要员想象中之紧张、恐怖。二是张学良以其实际行动证明了他的为人，这令宋美龄备感欣慰。三是力劝蒋介石不要轻言牺牲。宋美龄着重从全国民众对蒋的祈祷与期盼、从她“感觉劫持者已萌悔过之意”两点，劝蒋要忍耐，要以国家社稷为重。四是宋美龄的到来，给了蒋介石极大的精神慰藉。宋美龄不仅表示愿与蒋介石同生共死，当蒋出现情绪波动时，“吾夫述十二日晨经过情形时，感情冲动，不能自持”，宋美龄立即予以温柔抚慰。

见过蒋介石后，宋美龄与张学良进行了一番谈话，她在《西安事变回忆录》中详细叙述了这一过程。宋美龄首先批评了张学良的行为，说：“彼等自谓此举得全国民众之拥护，实属错误。”“尔等欲恃武力以强迫委员长做任何事，皆无成功之希望。”“尔性太急切，且易冲动。尔当知世上有许多事，皆非躁急之举动可以成功者，惟步骤一致渐进之行动，乃可得真正之进步；换言之，即全国人民程度进至适当之水平线后，仍将感效果之迟缓。然余之经验告余，躁急百分之力量，只能得一分之收获；而徒求快意一时之行动，决不能致中国于富强，惟坚忍卓绝之苦干，始能得理想中之成功。”张学良一面做了自我批评，一面为他的行动作了解释，说：“我等劫持委员长，自知不当；唯我自信，我等所欲为者，确为造福国家之计划。”当张学良诉及“今余屡欲向委员长有所申诉，彼辄禁我启齿，厉声呵斥，奈何！”宋美龄安慰道：“汝仍未能了解委员长也，彼所斥责者，每为其寄有厚望之人；倘对汝鄙为弃材，则决不再费如许精神对汝斥责矣。汝每称事委员长如事父，彼信汝言之诚，故不假颜色。”由宋美龄的记述看，她与张学良的谈话平和而理性，她痛心张学良身为军人，竟干出如此“超越规范”“毁灭纲纪”之行动，既扰乱了社会秩序，更使蒋介石数年来辛苦经营之“统一”事业功败垂成。与此同时，她亦表示相信张学良此举不为私利，不同于旧时军阀之所为，“余表示深信其言之由衷，不然，则彼等行径又何异于旧时军阀”。文中更有一细节值得重视，即张学良对扣蒋一事的认识。按蒋介石日记中的说法，张学良在获知蒋之抗日决心后对其行动有所悔悟，甚至自责无人格。宋美龄在回忆录中则引用了张本人的话："我等劫持委员长，自知不当；唯我自信，我等所欲为者，确为造福国家之计划。""吾已觉悟此举之不当，决不愿托词掩饰。唯自信动机确系纯洁。"按此说，张学良只以为劫持长官这一行为不当，然其动机是为了造福国家，即无因不了解而鲁莽行事之悔悟，更不可能自责无人格。宋美龄对张学良的理解，不言而喻。

在这段谈话中，宋美龄亦大大吹嘘了一番自己，强调了她在蒋介石与张学良间的协调作用。据宋美龄回忆，张学良一再表示"夫人如在此，决不致发生此种不幸之事"，由于"委员长坚拒不愿与我等语，自被禁后，怒气不可遏，闭口不愿发一言。深愿夫人婉劝委员长暂息怒气；并望转告我等实一无要求，不要钱，不要地盘，即签署任何文件亦非我等所希望"。张学良并说："夫人应信我敬戴夫人之诚，即余部亦将一致敬戴夫人。委员长被禁后，彼等搜索其文件，得夫人致委员长函二通，拜诵之余，益感夫人之伟大。盖此二函中，夫人为民众求福利之至诚毕露，故深信夫人此来必可调整现局，使委员长早日离陕，余及余部将实同具此种信念。我等希望委员长安全离陕之热情初不后人，盖我等不独不愿阻碍其政治上之工作，且一致推崇为我等唯一之领袖。今但求向委员长面陈款曲，一切皆无问题，深信夫人必能助我了此危局。"尽快结束危局，既是张学良的期望，更是宋美龄亲赴西安的目的。她对张学良说："今大错已成，如何补救，实为当前唯一问题。"同时告诉张学良以武力胁迫蒋介石是不可能的，她问张学良"以为如何方可收拾此危局？"张学良表示此事关系甚众，须征求各方意见。于是，宋美龄表示"速将余意转告彼等。倘彼等欲与余面晤者，可遣之来见；凡委员长所不愿见者，余皆愿代见之"。在蒋、宋合刊出版的《西安半月记·西安事变回忆录》中，没有道明参与解决事变的有中共代表，然蒋介石在日记中明确指出"此事症结所在，仍在共党，该党代表周恩来前托张要求见余，余坚拒来见”，宋美龄在回忆录中则说，某日张学良“介绍一参加西安组织中之有力分子来见，谓此人在西安组织中甚明大体，而为委员长所不愿见者”。以此推论，宋美龄所说的“委员长所不愿见者”应指中共代表周恩来。

关于宋与张的对话，宋美龄的记述未必全然可信，不过就宋美龄与张学良的关系以及西安事变前后二人之言行看，文中所述二人之想法以及宋美龄对事变的态度，应该是可信的。在宋美龄看来，如何迅速结束危局是当前唯一的问题。而此事症结所在，诚如蒋介石所言，仍在共产党。

宋子文在西安事变日记中对于宋美龄、蒋介石与周恩来的见面有这样几段记述：12 月 22 日，“一抵达西安，我告诉他们，先让蒋夫人去抚慰委员长”。“晚上，我面见委员长，征询对周恩来想见他的意见如何，但他说，要与蒋夫人一同会见周。”12 月 23 日，“委员长要我和汉卿去见周恩来，但只是听取他的说法，再回来请示蒋夫人”。“下午，张、杨、周恩来来见，讨论新内阁人事……我访见委员长及夫人，他们的回应如次……我告诉张、杨及周等上述回应，他们感到满意，并决定明天早上召开军事委员会议。当天晚上，周晤见蒋夫人，并与委员长简短谈话。”12 月 25 日，“我和蒋夫人见周，他再次要求面见委员长……周见了委员长”①。

宋子文日记中对宋美龄在西安之活动描述寥寥数笔，却清晰地道出了宋美龄所起的旁人不可替代的作用。

其一，宋美龄的到来和劝慰，在较大程度上影响了蒋介石，推动蒋介石改变“宿命论的态度”。宋子文在 20 日的日记中载，当日蒋告诉他，“他拒绝在胁迫下答应任何条件”。而宋美龄抵达的当晚，蒋即同意与夫人一同会见周恩来。蒋介石态度的转变，自然不可能全凭宋美龄的一番话，而宋美龄在其中所发挥的作用却是毋庸置疑的。

① 邵铭煌：《宋子文西安事变日记》，第 186—189 页。

其二，宋美龄陪同蒋介石见周恩来，多少冲淡了会面的政治意涵。蒋为国民党领袖，周恩来为中共首席代表，他们二人进行会晤，其政治意义不言而喻，而有了蒋夫人的参与，甚至是由夫人来引见，无疑使蒋介石和周恩来的会晤少了一分政治性而多了一分私人化的色彩。《事略稿本》12 月 24 日的记载具体地描述了蒋与周恩来第一次会面的细节："共产党声称：'并不再言条件，只要见蒋夫人时，顺见蒋先生一面已足。'公乃允之，但令张学良必须同来见也。夜十时许，夫人导周恩来来见，此时公已睡矣，乃起而与之握手……周欲有言，公曰：'如有言，可与汉卿详谈。'周乃道别而去。"蒋介石、宋子文对于周恩来第一次见蒋的时间记录差了一天。《周恩来年谱》记述蒋介石和周恩来第一次见面的日期与蒋介石自己说的一致，见面情形则与蒋说的不同："晚，会见蒋介石。蒋表示同意停止'剿共'、联共抗日等条件，并表示在他回南京后周恩来可以去南京谈判。"① 宋子文在日记中则以二人"简短谈话"四字做了概括。

其三，根据蒋介石的指示，宋子文首次与张学良共同见周恩来时只是听取周恩来的说法，回来须请示蒋夫人，然后由宋美龄代蒋见周，再由蒋夫人导周恩来见蒋。宋美龄已然成为三方接触、沟通的一个关键的中间人。蒋介石、宋子文的日记均未记录宋美龄参加三方谈判，《周恩来年谱》中则有明确记述：12 月 24 日，"周恩来、张学良、杨虎城与宋子文、宋美龄谈判"。宋子文在 22 日的日记中所提及的一句话更彰显了宋美龄在蒋与中共接触中的不可替代性，他说："如果需要，他（指蒋介石）会要求蒋夫人签订保证书，保证在三个月内召开国民大会。"② 这句话是在蒋介石告知宋子文要求周恩来同意四项条件基础上说的。周恩来当日给中共中央的电报也报告了蒋介石所做的让步："蒋暗示宋改组政

① 中共中央文献研究室编：《周恩来年谱（1898—1949）》（修订本），第 346—347 页。

② 邵铭煌：《宋子文西安事变日记》，第 186 页。

府，三个月后开救国会议改组国民党，同意联俄联共。”①

蒋介石、宋子文在日记中均记录了宋美龄代蒋见周的事实，而经陈布雷整理、国民党中宣部审核出版的《西安半月记》对此却只字不提，蒋介石回南京后对自己见过周恩来一事始终讳莫如深，对于委托夫人代见周恩来也是绝口不提。而对宋美龄来说，“委员长所不愿见者，余皆愿代见之”，这是她推动西安事变和平解决的一项重要活动，不能不讲。既然在公开出版物上不能提中共，她遂以“一参加西安组织中之有力分子”来指代周恩来。在《西安事变回忆录》中，宋美龄较为详细地记录了她与周恩来两次会面的情形：

> 余与此人长谈二小时，且任其纵谈一切。彼详述整个中国革命问题，追溯彼等怀抱之烦闷，以及彼等并未参加西安事变，与如何酿成劫持委员长之经过。余注意静听，察其言辞中，反复申述一语并不厌赘，其言曰：“国事如今日，舍委员长外，实无第二人可为全国领袖者。”述其对于国防上所抱之杞忧，亦喟然曰：“我等并非不信委员长救国之真诚，惟恨其不能迅速耳。”余俟其言竟，然后温语慰之曰：“青年人血气方刚，每病躁急。中国为一古国，面积之大，人口之众，领袖者欲求成功，理当作合理之进步，安可求快意于一时。更有进者，领袖之实行其理想，决不能超越群众之前而置群众于不顾，尤当置意于经济问题之重要。”彼言经济实为国防最重要之部分。余复言：“汝等若真信委员长为全国之领袖，即当遵从其所主张之政策；不然，则混乱扰国，国家与民族更受巨大之损失。若欲达同一目的，固可遵由不同之路线；然既择定一途，即当坚持不舍。不负责任与不重程序漫无计划之行动，必无达目的之一日。我人对领袖既信任其有达此目的之诚意与能力，则唯一之道，即矢我等忠诚，步其后尘

① 《周恩来选集》（上卷），人民出版社 1980 年版，第 70 页。

> 而迈进。”彼又言，此次兵变实出意外。余又告之曰：“如此小规模之政变，彼等尚无力阻止其流血与暴行，又安能自信其有主持国家大政之能力耶？”彼又言，彼等崇敬委员长十年如一日，未改初衷；奈委员长始终不愿听彼等陈述之意见何！谈话结果，彼允劝告杨虎城早日恢复委员长之自由，并约次日再见。
>
> 次日，余又见彼，嘱其转告各方，反对政府实为不智，并历数最近十年来称兵作乱者皆无幸免之史实。倘彼等果有为国为民服务之诚意，必在政府领导下共同努力，方是正道。今日此等举动，徒增加人民之痛苦与彼等个人之罪戾，应及早悔悟。我等皆为黄帝裔胄，断不应自相残杀，凡内政问题，皆应在政治上求得解决，不应擅用武力，此为委员长一贯之主张。即对共产党亦抱此宽大之怀，故常派飞机向共产党散发传单，劝告彼等，如能悔过自新，做安分之良民，决不究其既往，一念从善，即可为中国造福。共产党所到之处，我人民不唯不能得到任何益处，而且只受其害。即共产党本身实亦无丝毫利益可言，盖彼等自身既奔波而成为流寇，乃复浪费国家实力，阻碍国防与建设之发展，究竟所为何事。国难如今日，民族运动者如为真正之爱国者，应即放弃不能实行之政策，各尽其在中央领导之下诚意协作之任务。①

照宋美龄上述说法，她见周恩来时大有居高临下对周恩来进行教育、批评之势，自然无损蒋介石之形象。宋与周恩来见面，应该是交谈如何解决事变，至于两人具体谈了什么，除了宋美龄自己的回忆外，目前尚未发现其他文献可资佐证。《周恩来年谱》中的寥寥数语只点明了他们交谈的内容主旨。

在西安的所见所闻，与周恩来的接触，以及对中共解决事变之态度与政策的了解，令宋美龄对当时中共的表现颇为肯定，如

---

① 蒋介石、蒋宋美龄合著：《西安半月记·西安事变回忆录》，第45—49页。

评价周恩来“在西安组织中甚明大体”，又以其亲身经历力辟曾在南京盛传之“血与火充塞西安，该处已成赤色恐怖世界”的谣言，她说：“我等此次到陕，尚未闻‘赤祸’之威胁，有如外间所传之甚。”文中，在转述她所听到的有关中共之消息时，以批评之语气说出自己的看法，可谓用心良苦。宋说：“曾有人向我等申述，共党无劫持委员长之意，且主张立即恢复其自由……今虽一时沉默，仍未减其威胁之危险。更有人告我等，彼辈早已放弃其昔日之政策与行动，然我亦不愿信此无稽之谈也。我等不唯自警，且警戒西安人士，告其勿中彼等之诡计也。”① 以他人之口道出当时中共对此事之态度与政策，同时表明自己的态度，在国民党的公开出版物中如是说，更显必要。

宋美龄在解决西安事变过程中的表现，也令杨虎城和中共对其颇为肯定和信任。蒋介石回南京后，宋美龄继续介入西安事变之善后，并一定程度上介入国共和谈，与其当时在西安的表现不无关系。

三、促张释蒋

宋美龄、宋子文一行抵达西安的第二天即23日，周恩来及张、杨与宋子文进行了谈判。讨论结果经宋美龄转告蒋介石，并将反馈意见经宋子文转告周恩来及张、杨。

蒋的回应如下：

> 一、他不会接任行政院长，会任命孔博士担任。当然新内阁将不再有亲日派。
>
> 二、在他返回南京前不会释放在上海逮捕的七人。
>
> 三、(一) 在张之下设立西北行营主任；
>
> (二) 同意陕、甘不再派驻中央政府军；
>
> (三) 共军改番号，编入正规军；

① 蒋介石、蒋宋美龄合著：《西安半月记·西安事变回忆录》，第44页。

（四）中日战争发生时全力支持陆军。

四、（一）派蒋鼎文将军前往要求中央政府军停止前进；

（二）将与张共商双方军队撤退事宜，并于委员长离开西安后发布命令。①

随后，经宋美龄引见，周与蒋进行了简短面谈。当晚，周恩来就释蒋条件电询中央："在宋子文、宋美龄担保下，蒋如下令停战撤退，允许回南京后实行我们提出的六项（见二十三日十二时电），是否可放蒋回京，我认为是可以的。张、杨都急望此事速成。"② 周恩来在等待中共中央下达释蒋的指示。此时，张学良、杨虎城都急切希望此事迅速了结，宋子文认为，他们对蒋介石的上述回应是满意的，只是还需经过事变后成立的军事委员会的讨论。

时至24日，宋氏兄妹临来西安前南京方面提出的停战三日的期限将至，而蒋介石既未在协议上签字，更不可能马上履行协议上的任何措施，对西安方面来说，如何保证蒋介石回去后不会反悔呢？对此，西安内部出现了意见分歧。

24日，在西安军事委员会会议上，与会人员对于上述条件进行了激烈争论。大多数与会人士坚持，在蒋介石离开西安前，即使不是全部也应该履行部分条件。与会的宋子文解释说："以目前南京的政治气氛，在委员长未返回以前是不会有任何作为的。他们想要支持委员长，以他为国家领袖，带领他们保卫国家，他们必须绝对信任他，不能损害他的声望。"在宋子文看来，返回南京以前，蒋介石是宁死也不会同意先执行这些措施的。宋子文的解释得不到大家的认可，与会人员中更有人认为张学良个性犹豫不决，容易受宋子文左右，为此有反张之提议。面对这种情况，张学良在会后召集了反应最激烈的人员，"大声训斥他们"。据宋子文日记记载，张告诉那些反对的人说，虽然他们动机很纯，但是

① 邵铭煌：《宋子文西安事变日记》，第188页。

② 中央档案馆编：《中国共产党关于西安事变档案史料选编》，第264页。

他们承认方式是错误的。如果他们不要蒋介石带领他们抗日，他们在 11 日就该射杀他。让蒋介石口头承诺后就离开，这确实是一种冒险，但是他早就告诉他们，一旦参与发动事变，就是拿项上人头做赌注，任何人想要退出都可以。经过这一番“训斥”，张学良感觉已说服了反对者。[①] 事实上，由于张学良与宋美龄、宋子文以及端纳有私谊上的关系，他的释蒋主张极易受人质疑。宋美龄在《西安事变回忆录》中指出，他们一行的到来，即造成了西安内部的分裂，“端纳入陕，张学良即招群疑；自子文及余与彼谈话后，张坚主立释委员长，西安将领竟目彼为‘我方之一分子’矣，于是欲将彼与我等一网打尽之危机益迫”[②]。

“让委员长口头承诺后就离开”，杨虎城也不同意，为此他和张学良发生了“激烈争辩”，杨认为“发动政变，什么也没得到就放走委员长，他一定会把我们砍头”。张学良则强硬表示，要想结束目前的情况，就必须按照他的计划行事，“如果他们服从他的领导，他会扛起政变的全部责任；如果不服，大可开枪打死他”[③]。在宋子文看来，事情演变至此，张学良主张立即送蒋回京，而发动事变的另一主角杨虎城不同意。

蒋介石在《西安事变日记》中载：12 月 24 日，“闻是夜杨虎城甚反对余回京，几乎与汉卿决裂”。张学良在《西安事变反省录》[④] 中也述及：在送蒋离陕问题上，与杨虎城发生歧见，言语急躁，几乎同杨决裂。[⑤] 杨虎城的孙子杨瀚在谈及他祖父的这一段往事时，也证实了 24 日晚张、杨的冲突：“24 日晚上，张学良和杨虎城因为张学良主张立即放蒋介石回南京而大吵了一架。祖父不同意那么简单地放，觉得放得不明不白，他主张是至少得签个文

---

① 邵铭煌：《宋子文西安事变日记》，第 188 页。

② 蒋介石、蒋宋美龄合著：《西安半月记 · 西安事变回忆录》，第 43 页。

③ 邵铭煌：《宋子文西安事变日记》，189 页。

④ 该文原本是张学良奉蒋介石之令撰写的西安事变之经过，是作为私人信函交给蒋介石的，后被蒋改为《西安事变反省录》，还要求张学良亲手再抄写一遍。该文后来流传外间，变为《西安事变忏悔录》。

⑤ 周毅、张友坤、张忠发主编：《张学良文集》下卷，第 545 页。

件，有个书面的保障；张学良认为把蒋介石赶快送走，想得比较简单。我祖父没有向外人透露这次争吵，因为他知道让蒋介石离开，一定会让他们俩人头落地；而张学良吵完架就告诉了宋子文。”①

史料显示，在送蒋回京一事上，张学良与杨虎城及其部下发生过激烈争吵。在宋子文日记、张学良对西安事变的回忆中均提到了周恩来在其间的协调作用。宋子文说：“周承诺尽最大努力，也是在最后关头他说服杨将军的。”张回忆说：“在此争论上，良言语急躁，几乎同杨决裂，乃系由周恩来在座解围，劝良小加休息，容他会议商讨商讨，被周将杨说服。”那么，中共中央对释蒋究竟持何态度呢？

24 日夜，中共中央就释蒋问题致电周恩来，明确指示：“在下列先决条件下恢复蒋自由：一、全部中央军分向河南、绥远二省撤退。二、南京宣布国内和平以民更始不咎一切，既望并召开救国会议之命令，蒋亦发表同样宣言，此条即取消讨伐令，承认张、杨与我们地位。三、部分地释放国犯与共产党。”并说：“依目前情势，没有这些条件而释放蒋是危险的，张、杨即使战败，挟蒋在手还有文章做。”② 显然，中共中央是要蒋介石及南京作出书面保证，并部分履行协议后再放蒋。

25 日，是南京定的停战期限之最后一日。蒋介石不能返京的话，很可能会引起中央军的全面进攻，用宋子文的话说，“战火一开，就很难压制”。至此，南京与西安对峙的局面非但没有减缓，似乎更紧张了。报纸上亦有双方发生军事冲突之报道。

既然“释蒋”已成各方共识，而战火有可能一触即发，为达和平解决之目标，宋美龄一面直接参与同周恩来的谈判，一面继续加强做张学良的工作。在宋氏兄妹看来，“共产党掌握整个事件之钥”。25 日上午，宋美龄、宋子文与张学良一同见了周恩来。据

---

① 周海滨：《我们的父亲——国民党将领后人在大陆》，华文出版社 2011 年版，第 135 页。

② 中央档案馆编：《中国共产党关于西安事变史料档案选编》，第 270 页。

周恩来致中央书记处电，与宋子文、宋美龄谈判结果如下：

孔、宋组行政院，宋负绝对责任保证组织满人意政府，肃清亲日派。

撤兵及调胡宗南等中央军离西北，两宋负绝对责任，蒋鼎文已携蒋手令停止撤兵（现前线已退）。

蒋允许归后释放爱国领袖，我们可先发表，宋负责释放。

目前苏维埃、红军仍旧。两宋担保蒋确停止“剿共”，并可经张手接济（宋担保我与张商定多少即给多少），三个月后抗战发动，红军再改番号，统一指挥，联合行动。

宋表示不开国民代表大会，先开国民党会，开放政权，然后再召集各党各派救国会议。蒋表示三个月后改组国民党。

宋已答应一切政治犯分批释放，与孙夫人商办法。

抗战发动，共产党公开。

外交政策：联俄，与英、美、法联络。

蒋回后发表通电自责，辞行政院长。

宋表示要我们为他抗日反亲日派后盾，并派专人驻沪与他秘密接洽。①

应周恩来要求，周恩来与蒋介石做了第二次会面。周恩来向蒋介石面述了中共中央的态度与政策，蒋介石则作出了相关承诺。据《事略稿本》载：

上午十时许，周恩来又来见。事先周谓宋子文：“共党对蒋先生并无要求，但希望蒋先生对余面说一语‘以后不剿共’足矣。”子文告公谓：“须强允之，否则甚难也。”周既来见，公谓周曰：“尔当知余平生之性情如何。”周曰：“余自然知蒋先生之革命人格，故并不有所勉强。”公曰：“尔既知余为人

① 中央档案馆编：《中国共产党关于西安事变史料档案选编》，第272页。

如此，则尔今日要求余说‘以后不剿共’一语，此时决不能说也。须知余平生所求者，为国家统一与全国军队之指挥统一，不为余革命之障碍而已。若尔等以后不再破坏统一，且听命中央，完全受余统一指挥，则余不但不‘进剿’，而且与其他部队一视同仁。”周答曰：“红军必受蒋先生之指挥，而且拥护中央之统一，决不破坏。”言至此，公乃曰：“此时不便多言，余事望与汉卿谈可也。”周乃作别而去。①

宋子文对蒋、周二人的第二次会面记录如下：

周见了委员长，并解释说，共产党过去一年来为保存国家实力，曾试图避免打仗。他们并没用利用西安事变，而且建议的措施也同数个月前提出来的一样。现在他们要求委员长的保证：(一) 停止“剿共”；(二) 容共抗日；(三) 允许派遣代表前往南京向委员长解释。

委员长回应说，共产党向北推进抵抗日本一直是他的希望，果如周所言，共产党愿意停止一切共产主义宣传活动，并服从他的领导，他将像对待自己子弟兵一样看待他们；虽然“剿共”之事常萦绕于心，但是大部分共产党领导人是他以前的部下，如果他能以宽大胸怀对待广西，当然也能以宽容态度对待他们。他已经把纳编的共产党军队委托张学良，如果他们对他是忠诚的，他将像对待胡宗南的军队一样对待他们。委员长要周，休息够了，也针对相关问题详细讨论之后，亲自去南京。②

再比照周恩来等致中央书记处电：“蒋已病，我见蒋。他表示：子、停止‘剿共’，联红抗日，受他指挥。丑、由宋、宋、张全权代表他与我解决一切（所谈如前）。寅、他回南京后，我可直

① 高素兰编：《事略稿本》(39)，第605—606页。

② 邵铭煌：《宋子文西安事变日记》，第189页。

接去谈判。”[①] 显然，宋子文较蒋介石对谈话记录得更为全面，其核心则是一致的，即蒋介石答应停止“剿共”，周恩来表示中共愿意接受蒋的领导。

由周恩来致中央书记处电可知，在面见蒋介石后，释蒋之条件又成熟了几分。在周恩来与宋氏兄妹谈判时，两宋担保的是蒋确实停止“剿共”，并对中央军撤离西北负责。两宋的担保因蒋介石的手谕而得到部分兑现。据蒋坚忍回忆，24 日“由铭三携委座撤兵手谕飞返洛，一面由洛电话报告孔代院长、何军政部长，一面复由余偕蒋铭三飞赴华县前线，以手谕传示各将领，前方均将所部撤退一千米远，以免冲突”[②]。周恩来与蒋第二次会面后，蒋表示由宋子文、宋美龄、张学良全权代表他与周恩来解决一切。

宋美龄由参加谈判，到由她和宋子文全权代表蒋与周恩来解决一切，宋美龄在和平解决西安事变的过程中所做的努力及其发挥的作用已可想见。不过，在中共中央看来，仅由两宋担保似不能保证蒋介石不反悔。事实上，以蒋介石的身份，在那样的一种处境下，亲口作出任何承诺都将有损他的尊严和权威。就蒋、宋二人的日记看，周恩来、蒋介石二人的谈话比较顺利，蒋亦未失其不在胁迫下答应任何条件之旨。周恩来与蒋介石见面后，接着又与宋子文就一些具体问题的执行进行讨论：

> 一、周提出，胡宗南军队应该离开陕西和甘肃。宋说，他已经同意。周要宋保证，宋也同意。
>
> 二、周说，蒋介石回到南京后应发通电。宋请周草拟电文，表示如果观点可以接受，将请示蒋介石。
>
> 三、周要求人民有言论自由。宋答应努力争取。
>
> 四、宋要周在上海任命一个联络人。周说可以。
>
> 五、周要宋确保逐步释放政治犯。宋说他会尽力。[③]

---

① 中央档案馆编：《中国共产党关于西安事变档案史料选编》，第 272—273 页。

② 秦孝仪主编：《革命文献》第 95 辑，第 9 页。

③ 邵铭煌：《宋子文西安事变日记》，第 189—190 页。

在见过蒋介石，就核心问题做了意见沟通，并与宋子文就一些具体问题的执行进行了讨论后，据宋子文说，周恩来承诺会尽最大努力，也是在最后关头去说服杨虎城将军。蒋介石在当天的日记中载："午。子文来言：'虎城意已稍动，但尚未决定。'下午二时。子文复来告：'预为准备，今日可以动身离开陕矣。'旋张亦来言：'虎城已完全同意，飞机已备，可即出城。'"①宋子文在日记中未对他们一行离开西安之过程做具体描述，只简要记录了临行前的一些活动："委员长召唤张、杨，告诉他们，虽然他们是叛乱行为，但他会原谅，不管他承认了什么，一定会去执行。我和杨将军长谈，再一次向他保证。他问我，是否可以停止复兴社在陕西、甘肃的运作。他说，复兴社一直是许多小冲突的原因。我们一起离开，前往机场，搭上飞往洛阳的波音飞机，四点三十分抵达洛阳。"② 周恩来在当日发给中央书记处的电报是这样说的："宋坚请我们信任他，他愿负全责去进行上述各项，要蒋、宋今日即走。张亦同意并愿亲身送蒋走。杨及我们对条件同意。我们只认为在走之前还须有一政治文件表示，并不同意蒋今天走、张去。但通知未到张已亲送蒋、宋、宋飞往洛阳。"③

放蒋之经过，当事人的回忆录及后人撰写的书籍上均有描述，然在具体细节上略有不同。综合起来看，曾亲历西安事变全过程的田益民对放蒋经过的叙述似更接近事实且简洁明了："十二月二十五日下午三点多钟，张学良事先没有和杨虎城商量，打电话请杨到蒋住所高桂滋公馆来，杨到达后，张学良已陪同蒋介石等走出门外，即将登车。张低声对杨说：'现在就送蒋走。'在蒋介石面对面即将上车的情况下，杨只能哑口无言，默不作声。车到机场后，看见有几千名学生列队等欢迎绥远抗日将军傅作义，蒋介石以为是对付自己，恐怕被留难走不了，慌慌忙忙地对杨虎城说：

① 高素兰编：《事略稿本》（39），第606页。

② 邵铭煌：《宋子文西安事变日记》，第190页。

③ 中央档案馆编：《中国共产党关于西安事变档案史料选编》，第273页。

‘我答应你们的条件，我以领袖的人格，保证实现，你们放心，假如不能实现，你们可以不承认我是你们的领袖……’并谓：‘由本日（25日）起如再有内战发生当由余（蒋自称）个人负责。’”①周恩来在当日致中央书记处电文中也提到了蒋临行时说的一番话：“蒋临行时对张、杨说：今天以前发生内战，你们负责；今天以后发生内战，我负责。今后我绝不‘剿共’，我有错，我承认；你们有错，你们亦须承认。”②

张学良欲送蒋回京，其前提是经过三方谈判，“释蒋”已成共识，宋美龄在其中发挥了作用，却不是主要的。而张最后不顾一切乃至有违“三位一体”的举动有点出乎众人的意料，此举与宋美龄施加的影响应有相当的关系。如前所述，在“释蒋”已成共识的前提下，如何释蒋在西安内部引起了争议，张学良虽不能一意孤行，而须顾及各方意见，然宋美龄只能对张学良施加压力。在《西安事变回忆录》中，宋美龄对24、25两日来她的心情、她与张的交谈做了如下回顾：

> 圣诞夜转瞬即至矣，是日一日间之前后形势，希望固迭生，而失望亦踵至。余告张学良，圣诞日为停战限期之最后一日，如今日不能释委员长回京，则中央军必开始进攻。我等固死，汝亦不能独免。此外，正如孔部长在南京所言，若于此日恢复委员长自由，不啻“赠国家以无价值圣诞礼物”也。张闻言，状甚踌躇，唯允当勉力达我期望；但彼既无多数部队驻于城中，城门又皆为杨部把守，此为难耳。彼又曰：“如杨部反抗，我等固可与之抗战；然夫人为一女子，则处境极危。或者夫人与端纳先飞洛阳，余再设法潜偕委员长出城，此计划如得售，则大佳。余可向彼等托词，请夫人再赴南京交涉罢战言和；一方面暗中将委员长化装载以汽车，混出城门，迳赴东北军所驻营内，再派车送赴洛阳与夫人会合。”彼

① 田益民：《西安事变述评》，第62页。

② 中央档案馆编：《中国共产党关于西安事变档案史料选编》，第273页。

并以此计告子文，谓最后办法，只可如此，子文亦以为一切计划失败后，不妨留此做最后之尝试。然余坚持反对，不独委员长背伤不能受汽车长途之颠簸，且如此鬼祟行藏，亦决非委员长所愿为。余曰："委员长决不肯化装，倘彼不能公开乘飞机离陕，余必同留此殉难，决不愿离此一步也。倘彼因中央军开始攻击而殉国，余决不愿独生也。"余知张及子文咸憾余不屈不挠固执之态度，不能稍为彼等移易委员长之决心；然余已具决心，不能妥协。张将出，余又语之曰："汝当劝告彼等，应立即释放委员长，全中国甚至全世界皆向汝等做此要求。全球各处之中国人皆纷纷通电要求恢复委员长之自由，斥汝等为卖国贼，汝等知之否？"张曰："余知之，彼等亦有电致余，然彼等实未知余无加害委员长之意也。"

……余频频警告彼等，停战之限期已届，余深知南京掌军权者之感情与心理，过此限期后，大规模之进攻即行开始，无人能挽此浩劫，尔等亦不能幸免此巨祸之临身……时张已躁急不能自持，向彼等声称，倘彼等不即"改变态度"，彼将自取适当断然之行动……

圣诞之前夜，失望之成分仍较希望为多，直至深夜，谈判尚无结果，于是圣诞日至矣……

圣诞阳光挟希望与快乐而俱来，然在上午，疑云仍未去。叛变者仍要求于释放委员长前必得其亲笔签字之令，而委员长坚持不愿落一字，且亦不愿发一言……十二时过半矣，张来言："飞机已准备，然一切仍未决定。"……三时晌未既，见张越庭院来，身后随一工役，荷一提箱，守兵皆露惊异状。时子文等方在各处向诸将领反复说明，即委员长在此决不能有亲笔命令，但返京之后余信其决不咎既往，以释其疑。然迄无消息传来，电话仍继续不断，交涉迄未完结。正焦急间，子文忽入门，携来喜讯，城防司令杨虎城已同意我等成行矣。张曰："日云暮矣，曷勿明晨迳飞南京？"余呼曰："尚欲等候耶？离此愈快愈佳！岂将等候彼等之改变态度耶？犹欲等候彼等之恐惧与妄念，而发生变故耶？当知今日为圣诞日不！决不能做片刻留！应速行，毋再滞疑。”张忽又言：“杨虽允我等行，然其部下多未知者，苟风声传播，或有不稳；故我等虽行仍应小心，请勿带侍媪。”①

通过此段文字，宋美龄想让世人了解的有这么几点：其一，张学良、宋子文都有意让宋美龄先行离陕，而宋美龄坚决不愿先行离开，她决定与蒋同生共死。其二，张学良带领蒋介石一行直奔机场，未遭阻拦，说明“释蒋”已然成为共识。其三，当时杨虎城亦已同意在蒋未签一字的情况下即放行，而立时乘机离陕是宋美龄的主张。

让宋美龄先行离陕回京，宋子文在日记中也提到此事，略有不同的是，宋美龄说这是张向他人做的托词，而宋子文是真有让宋美龄回京争取再度延长停战期限的打算，宋美龄或许比其兄更清楚，要让南京方面再做让步非常困难，而且耽误时间，即便有专机接送。不管是托词还是真有此意，都反映了一点，即张最后的举动不是早就计划好的，而有可能是临时起意。就 24 日夜中央书记处致周恩来电看，在蒋介石未签署相关文件，并部分释放政治犯的情况下，中共是不主张释蒋的；而对蒋介石来说，不要说签署文件，就是公开亲口作出承诺也有失尊严和权威。此僵局似乎无法破解，宋美龄唯有一面直接参与谈判，一面从民族大义、道义及情感等方面加强对张学良的“攻势”。宋美龄的攻势究竟对张学良发挥了怎样的效力？张本人未谈及此内情，后人亦只能根据宋美龄与张学良的关系、宋美龄在西安的言行等作出个人之分析与推测。25 日，圣诞日到来，张学良在未征得杨虎城、周恩来同意的情况下，亲自送蒋介石一行离开西安。就当时的情势看，张学良的一意孤行似是破解僵局的不是好棋的好棋。毛泽东事后对张学良此举给予了高度评价，他说：“如果没有十二月二十五日

① 蒋宋美龄：《西安事变回忆录》，见王亚权主编：《蒋夫人言论集》上集，第 82—87 页。

张汉卿送蒋介石回京一举……则和平解决就不可能，兵连祸结，不知要弄到何种地步。”①

另，照宋美龄的说法，是她坚主即行离开，才有当日的飞往洛阳之行。比照诸多亲历者的回忆及后人对西安事变、对张学良的研究，宋美龄此说似是独家之言。是真是假，答案已随着这些当事人的离世而长眠于地下。

时任驻德大使的程天放在日后回忆西安事变时指出：“讨伐和商谈表面上看来是相反的，可是后来的事实证明，它们收了相辅相成的效果。假如当时中央不采取严正立场，而表示可以磋商张所提条件，那么张学良气焰必然高涨，绝不是短期之内可能解决，而且即使解决了，中央的威信也必然受损失。相反地，假如当时只有军事行动，而没有从中调解的人，张学良可能不顾一切，铤而走险，那么对委员长显然不利，也绝不是中国之福。”② 南京不“采取严正立场”，是否会令张学良“气焰高涨”，前文已有论及。程文并强调了从中调解之人的重要性，宋美龄即为这从中调解者之一。邓文仪认为：“蒋夫人赴西安对救援领袖有最大的决定性效力，她对委员长的安慰及对张学良的说服，有同样的比重。”③ 时任“讨逆军”西路集团军总司令的顾祝同，对宋美龄在处理西安事变中的表现有这样一句评价：“我个人对于蒋夫人在此次营救蒋公过程中，所表现镇静、坚毅、勇敢的精神，深感敬佩无已！”④ 黄仁霖在回忆录中对宋美龄亦有这样的评价：“蒋夫人冒着生命的危险，勇敢地前往西安。这是她的人格和毅力，才能解开这个死结。”⑤ 黄仁霖所说的这个“死结”，应该是指张、杨希望蒋介石

① 《毛泽东与史沫特莱的谈话（节选）——关于西安事变问题》（1937 年 3 月 1 日），见中央档案馆编：《中国共产党关于西安事变档案史料选编》，第 385 页。

② 程天放：《西安事变回忆》，见秦孝仪主编：《革命文献》第 95 辑，第 407 页。

③ 邓文仪：《西安事变与中国命运》，见秦孝仪主编：《革命文献》第 95 辑，第 381 页。

④ 顾祝同：《西安事变忆往》，见秦孝仪主编：《革命文献》第 94 辑，第 192—193 页。

⑤ 黄仁霖：《西安事变及其余波》，见秦孝仪主编：《革命文献》第 94 辑，第 296 页。

能同意接受他们提出的八项条件中的若干项，然后即送蒋回京，而蒋介石不愿签署任何文件。在黄仁霖看来，最后是张、杨妥协了，正如其在文中所说："但是委员长仍然维持他原来坚持的，不愿签署任何文件的主张，因此后来张、杨只能屈服了。"如前文所述，黄仁霖所说的并非事实的真相，不过，"死结"是解开了，是在宋美龄到来之后解开的。

第六章　介入西安事变之善后

第一节　蒋、张离开后的西北局势

张学良送蒋返京后，即被押于京软禁，远在西安的东北军失去了领导和主心骨。东北军、第十七路军、红军“三位一体”的局面面临危机。

1937 年 1 月 1 日，蒋介石召见军事委员会办公厅主任朱培德、重庆行营主任顾祝同、江西省政府主席熊式辉、甘肃绥靖公署主任朱绍良、参谋本部厅长林蔚等会谈，确定陕甘军政善后方针——“以政治为主、军事为从方略，以解决西北问题”①。南京政府从行政和军事两方面对西安施加了压力。1 月 5 日，南京方面以行政院会议决议，对杨虎城予以撤职留任。与此同时，军事委员会发出通电，规定“陕甘军事善后办法”如下：“一、人事方面：（一）以顾祝同为西安行营主任，承军事委员会委员长之命，综理陕甘青宁军事。（二）以王树常为甘肃绥靖主任。（三）以杨虎城为西安绥靖主任，冯钦哉为第二十七路总指挥，杨虎城、于学忠自请处分，从宽撤职留任，戴罪图功。”二、军队驻地方面，基本上是中央军分驻山西关中和陇南各要害地区，“万耀煌、樊崧甫、毛秉文、曾万钟各部，及李纵队，分驻潼关、朝邑、渭南、西安、咸阳、宝鸡，以达天水一带；又胡孔关各部，仍驻原地”。

---

① 朱文原编：《西安事变史料》第二册，第 99 页。

十七路军移驻陕北和与陕北接界的几个县，“第十七路直属各警备旅团移驻正宁、栒邑、淳化、耀县、乾县、麟游、永寿、灵台、宁县、长武、邠县等县，孙蔚如第十七师移驻甘泉、鄜县、中部、宜君等县”。东北军“一律恢复十二月一日以前之原位置”①。

随后，蒋介石修订解决陕事之方案，提出甲、乙两案，并限16日前给予答复：

甲案

一、东北军全部调驻甘肃。

二、第十七路军各部仍驻陕西原防，归绥靖主任杨虎城指挥，该路得酌留若干部队在西安，以便利行使绥靖主任之职权。

三、自潼关至宝鸡沿铁路各县，归中央军驻扎（铁路线各县以外，得由十七路部队驻扎）。

乙案

一、东北军全部调驻豫皖两省，可先令由西荆公路集中南阳、襄樊、信阳一带。

二、以王树常（或由汉卿另保一人）任安徽省政府主席。

三、调于学忠任绥靖主任，统率驻在豫鄂皖之东北军。

四、调杨虎城为甘肃省政府主席，仍兼十七路总指挥，第十七路军全部调驻甘肃。②

宋子文、宋美龄代蒋签订协定，蒋介石安全返京后，对南京方面来说，西安事变已和平收场。对西安方面来说，事变的和平解决尚需看南京政府之作为，一是协定能否得到落实，二是如何“处置”东北军和西北军，首当其冲的就是能否放张学良回西安。

张学良离陕前曾手谕各军师长，在其离陕之际，万一发生事

① 朱文原编：《西安事变史料》第二册，第105页。

② 中国第二历史档案馆编：《中华民国史档案资料汇编》第五辑第一编，政治（五），第839—840页。

故，一切听从杨虎城、于学忠指挥，并请杨虎城代理其职。1936年12月25日，张学良陪同蒋介石一行抵达洛阳后，给西安发回一封电报，要求释放扣留在西安的军政要员和数十架飞机及空军人员。26日下午，杨虎城分别拜访了陈诚、卫立煌等人，并举行欢送晚宴。27日，南京军政要员和空军飞离西安。此举在东北军和十七路军引起了不小的争议，反对者认为，放走这些军政要员和五十余架飞机，西安就失去了可迫使南京政府放张学良回陕的两张王牌。

蒋介石西安蒙难出险后与随节人员合影（1936年12月27日于南京中央军校）

1937年1月4日，南京政府将张学良交军事委员会严加管束之决定公布于众，东北军将士一时群情激奋。蒋介石随后提出的甲、乙两案，更有分化瓦解东北军、十七路军之意。与此同时，南京派大军西进以压迫西安，据周恩来1月4日致毛泽东等电称："南京亲日派正调集二十五个师以上兵力（东西南北均计入），组成十四个纵队（据冯钦哉对南汉宸说），以'剿共'名义发动内战，向西北抗日联军进攻。"①

---

① 《周恩来、博古关于反对南京亲日派进攻之作战方针给毛泽东、张闻天等电》（1937年1月4日），见中央档案馆编：《中国共产党关于西安事变档案史料选编》，第307页。

对于南京政府的举动，时在西安的周恩来保持着高度的警惕并做好应对之举。1 月 2 日，周恩来致电毛泽东等，报告对形势的估计及工作布置：

甲、估计南京亲（日）派在制造政治阴谋、军事威胁，以造成西北内战，便于武力解决，使张无法回陕。

乙、我们应保持以和平反内战、以统一反分化、以团结反分化的基本政策来加紧军事准备。

丙、工作布置：

子、由杨领导分电蒋、宋，提张速回，并派人向蒋系活动反亲（日）派。

丑、政治以统一抗日为中心，加紧部队中地方上动员，避开过分刺激部队和民众的过火行为，以便于成三方面巩固的合作。

寅、巩固左派，推动上级将领密切三方关系，以增强团结领导合作我（之）力量。

卯、严密西安卫戍，并派人去各师活动。

辰、派人去各省，特别是阎。

丁、军事：

子、东北军有七个步兵师（一〇五在内）、两个骑兵师在东线已做好防备，其中师团长多数是同志会人，中心拟推刘多荃。

丑、固原、平凉、西峰为王指挥之四个步兵师及一骑兵师，王谋与胡宗南见面，已电告勿去。杨部除冯钦哉外，杨认为在战事初期只无大变动。警备旅、独立旅及陈先瑞在宁县收护关蓝田之线，杨已拨一部子弹给陈。

寅、已与杨商定，野战军立即经马莲河秘密向梅邑、淳化集中，自北去邠县，后方留庆阳，请注意纪律。[1]

---

① 中央档案馆编：《中国共产党关于西安事变档案史料选编》，第 301—302 页。

显然，中共非常重视西安的内部团结，尤其是“三位一体”局面的巩固。张学良离陕前虽把一切托付给杨虎城，请杨虎城代理其职，然东北军、十七路军的联盟毕竟是松散的联盟，不要说杨虎城难以指挥东北军，即便是东北军内部也存在意见分歧，杨虎城唯有希望张学良尽快归来。

在张学良归来无望，南京又对西安政治、军事双管齐下的情势下，杨虎城曾主张不惜一战，以战求和。中共在表示坚决支持友军的同时，也表明了希望和平解决之态度。为此，杨虎城曾对中共有所不满。《西安事变述评》引述了杨虎城与南汉宸的一段对话：“一月廿八日凌晨三时，尚未能入寝的杨虎城，叫醒住在他公馆‘止园’的同一座楼的亲密战友南汉宸，同南谈心：‘汉宸，你这次来西安，我当然不能反对你站在你们党的立场上，但你也要替我想想。我对你说过，和平解决西安事变，其结果必然是要牺牲我。张汉卿主张和平解决，甚至亲自送蒋回京，其结果又如何呢？现在可以看得出来，张回来的希望不大，张的牺牲差不多是可以肯定的了。事变要和平解决，不论解决得怎样，国共两党是平等的两个党，总可以分庭抗礼。我呢？我总归是蒋介石的部下，蒋的为人处事咱们都是知道，睚眦必报。西安事变和平解决，就该轮上牺牲我了。我总不能坐以待毙嘛。你们应该替我想一想，我该怎么办？’汉宸立即领悟到杨讲的话，不仅是对他这位老朋友讲的，而是对共产党有意见提问题。他连夜赶到周恩来住处向周汇报杨的情绪和意见。”①

周恩来、张闻天等与中共中央的往来电报谈及了杨的态度，及中共的对策。1 月 28 日，两天前从保安出发至西安的张闻天致电毛泽东等，报告了张、杨部队的情况：“此间左派主战……东北军高级将领军长一级均主和，杨虎城愿和，但对和平前途缺乏信心。”②

---

① 田益民：《西安事变述评》，第 74—75 页。

② 《张闻天关于在西安事变中我党仍应坚持和平方针给毛泽东电》（1937 年 1 月 28 日），见中央档案馆编：《中国共产党关于西安事变档案史料选编》，第 355 页。

1 月 29 日，张闻天致电毛泽东等，提出中共应为和平尽最大努力：“（甲）杨的动摇……使西北造成了更多的困难。（乙）我们应为和平尽最大努力，尽调解的责任，特别争取杨及东北军稳健派，坚决站在和平方面，力争左派的一部或大部。（丙）在和平尚未绝望时期，红军仍不采取单独行动，同东北军、十七路军完全处于对立地位，但应明白表示自己的和平立场。（丁）如和平绝望，战争或部分接触发生，红军应公开表示为求得全国和平统一团结御侮主张的实现，不愿参加内战，宣布我们在西安事变中为和平而努力的经过，并且愿为和平继续努力奋斗。”①

1 月 30 日下午，毛泽东致电周恩来、博古，就做杨虎城及东北军工作指示如下：“（甲）杨说愿意做我们政策牺牲品，应向他说明此政策非我们的，乃张、杨与我们共同的。提醒他对整个政治前途之自信心，对其他高级干部亦然，经过他们去提醒中级干部，认识自己的前途，并说明我们与他们始终愿在一起，为和平统一御侮救亡之总方针而奋斗。撤兵后蒋如食言进攻，彼时曲在蒋，我们则为最后自卫而战，国人当同情，我们现在作战则失去国人同情。（乙）对东北军宜以张汉卿主张和平解决电为根据说话，说明张之意见是正确的。（丙）杨之绥署应设三原，王树常宜来。（丁）杨如不愿放弃廊、甘两城，可仍交还他，我们驻乡下可也。”②

当日晚二十二时，周恩来、博古等致电中央，报告他们的主张及杨虎城、东北军的态度，请求指示：“（甲）我们主张接受甲案实现和平，在接受甲案后，南京如继续进攻，则我方实现自卫战。（乙）但本党主张未能说服西安左派，也未能说服杨虎城及稳健派同意，他们不论红军参加与否均主抗战。（丙）我们现在只有两个方案：或者友军打我们不参加，因此同友军完全处于对立地

---

① 《张闻天关于我们应为和平尽最大努力尽调解责任给毛泽东、周恩来、博古电》（1937 年 1 月 29 日），见中央档案馆编：《中国共产党关于西安事变档案史料选编》，第 360 页。

② 中央档案馆编：《中国共产党关于西安事变档案史料选编》，第 361 页。

位；或者我们同他们一同打。但不论打与不打，我们为和平奋斗的基本方针仍不变。（丁）我们在力求和平中仍不愿与友军处于对立地位，使友军变为敌军。因此，我们今天只有同他们一同打，在打的过程中仍同南京谈判和平，如打得好和平仍然有望，如打败则使友军（从）实际经验中相信我们和平主张，在更不利条件下接受和平。（戊）红军仍同南京进行和平谈判，要求南京放张学良回西安，则我们可保证甲案的实现，使西安问题和平解决。（己）打有两个可能前途，即迅速结束内战与延长内战的前途，我们应力争第一前途的实现。（庚）你们意见如何，望立复。”两个小时后，即二十四时，毛泽东、朱德、张国焘复电周恩来等：“我们意见如下：（甲）和平是我们基本方针，也是张、杨的基本方针。（乙）但我们与张是三位一体，进则同进，退则同退。我们不能独异失去张、杨。（丙）向张、杨两部表示我们始终同他们一道。在他们不同意撤兵以前，我们不单独行动，协助他们争取更有利条件。（丁）用以上态度争取最后的和平。”①

南京政府扣张不放，终于引发西安内部的动荡和分裂。在营救张学良回陕一事上，东北军中少壮派军官与高级将领之间出现了严重的意见分歧，以致酿成“二二事件”悲剧。2月2日清晨，卧病在家的第六十七军军长王以哲被少壮派军官孙铭久派人枪杀，促使东北军的内部分歧表面化。2月3日，驻守渭南前线的五十七军军长缪澄流（由王以哲保荐）和一〇五师师长刘多荃（王以哲保定军校的同学）“打着要为王以哲报仇的旗号从渭南前线撤退，主动让开了中央军西进的大路，还派一团部队进驻临潼，摆出威胁西安的架势，更多的部队渡过渭河，进驻高陵县，并向西北方向的三原县挖掘战壕，以示与十七路军驻三原部队对垒之意”②。

东北军的内讧，不仅严重影响了“三位一体”的团结局面，更使西安面临战争。

① 中央档案馆编：《中国共产党关于西安事变档案史料选编》，第363—364页。
② 田益民：《西安事变评述》，第84页。

第二节　杨虎城致电宋美龄

陪同蒋介石“不失尊严”地安全返抵南京，宋美龄已然完成了和平解决西安事变之使命。1936 年 12 月 29 日，国民党中央召开常务委员会议，蒋介石请辞军事委员会委员长及行政院长，并自请处分。会议决议，对于请辞职务一事，“恳切慰留”；“其自请处分一节，应毋庸议”。同日，中央政治委员会决议，撤销讨逆军总司令部，停止军事行动。国民政府下达 2770 号指令，慰留蒋委员长：“该委员长勤劬国事，仁勇兼赅，懋绩殊勋，万流景仰。此次西安之变，起于仓猝，能以严肃之精神，昭示伟大之人格，至诚所感，使肇乱者悔悟前非，束身待罪，更使全国军民爱护国家之心，益为激发，纲纪以昭，群情欢慰。所请严加处分，开去本兼各职之处，应毋庸议。”[①] 30 日，蒋介石再度请辞本兼各职，国民党中央决议再予恳切慰留，并给假一个月，藉资调养。1937 年 1 月 2 日，蒋介石召见军委会办公厅主任朱培德等会谈，指示“以政治为主，军事为从方略，以解决西北问题”。当日，蒋介石返奉化溪口休假。

西安事变的善后，是南京政府与中共，以及东北军、十七路军间的事，宋美龄非政府决策中人，与此应无关系，虽然在西安时她曾代蒋做过承诺，然兑现承诺是蒋介石和国民政府之事。如前所述，张学良陪蒋介石返京后，三方在西安达成的协定并未付诸实施，相反，南京还从政治、军事两方面对西安施加了压力。在此情形下，西安方面希望宋子文、宋美龄兄妹能予以协调。以往“大多数的研究系将宋子文与宋美龄放在一起讨论，以‘宋氏兄妹’称之”[②]，事实上他们各自的作用与角色都很凸显。刘维开著《宋子文与西安事变之善后》一文，“运用近年来所公布之新资料，特别是蒋中正在西安事变期间的日记与宋子文之西安事变日

---

① 秦孝仪主编：《革命文献》第 95 辑，第 458 页。

② 刘维开：《宋子文与西安事变之善后》，载《“国史馆”学术集刊》第 13 期。

记”，对于宋子文在西安事变和平解决过程中所起的作用做了深入的分析和研究。虽然在西安事变的善后过程中，宋子文的作用与角色更加突出，然宋美龄也因她的身份而具有特殊的作用，唯缺乏充分的档案资料以资深入研究。不过，据杨虎城致宋美龄的电函，蒋介石《爱记》中的片语，结合当时之情形，仍可对宋美龄的作用作出一些分析。

在处置张学良一事上，据蒋介石日记载，宋氏兄妹均曾为张力争过，其中，对宋子文的表现记录较详，对于宋美龄虽只有寥寥数语，然其表现已一览无遗。《爱记》中写道：“二十八日，宋子文欲任张学良回西安，公以好言慰之已，曰：‘吾妻为此事忧虑几病矣！’三十日，送夫人往上海养病，曰：‘恐吾妻在京，刺激太深也。’”[①]由此还可读出宋美龄的特殊影响力，她虽不能令蒋介石改变决定，却可以对蒋施加一定的压力。

在得知张学良被扣，南京又向西北增兵的情势下，杨虎城曾于1月4日一日内两次致电宋美龄，告知西北情形，请其转陈蒋介石。支辰电曰：

> 即到。奉化蒋夫人懿鉴。顷接确报自卅一日以来中央军中止复员并有回来模样，第六师自三河口渡渭河北岸并架军桥，第二十三师在华阴华县之间展开于渭河南岸，第二十八师集结华县对面准备行动，教导总队在华阴登车升火待发，第七十九师集结潼关附近，第十师集结雒南附近，第九十五师集结商南附近，其他后续部队尚有增加模样等语，查阅于中央军向东撤退一节，前承委座规定办法，业经转饬所属军民一体知照。近日以来，此间悉照委座意旨办理，尤无调动军队之事，乃中央军不惟未遵规定办法全数撤竣，反继续增加俨成准备作战形势，未知用意何在。此间民中颇滋疑惧，虎城亦觉无词可解。夫人爱护和平，夙所钦仰，此次事件尤

① 黄自进、潘光哲编：《蒋中正“总统”五记——爱记》，第150页。

赖大力斡旋，苦心孤诣，万乘同钦，敢祈仍本此衷就近商请委座迅令赶速撤退一切，遵照前电所示办法办理以免误会为祷。杨虎城叩

支戌电曰：

限即到溪口。蒋夫人赐鉴，支辰电计达。密顷据确报，何部长于东日致胡宗南一电略谓，中央已判处张学良徒刑十年暂留在京，我东路军仍集中潼关，断使向西安压迫促张杨部队屈服等语。证以日来华阴一带中央军向西压迫并渡河推进，及本日切断长途电话阻截东行客车各情形，知何电确属非虚。查委座前令中央军退出潼关而何部长竟令西进，似此办法，实有违反委座意旨，毁损委座威信之嫌，弟及此间将领均不知其持何理由，用意何在，此事为全国观听所系，安危所关，万一发生枝节，有负委座爱护国家杜绝内战之至意，敬乞始终维持，将此中详情转陈委座，力予制止，事关国家前途，固非仅城及各将领之私衷企望已也，谨陈盼复。杨虎城叩。①

周恩来在蒋介石一行离陕当日致中央书记处电中曾明确告知："撤兵及调胡宗南等中央军离西北，两宋负绝对责任。蒋鼎文已携蒋手令停止撤兵"，而如今中央军有违前令，杨虎城致电宋美龄，无疑希望宋美龄能继续施展她的作用和影响，以阻止内战的发生。与此同时，杨还致电时在上海的陕西名流严庄，望其向中央要人转陈维护和平之意："弟以责任所在，并信委座既已应诺，必不能尽食前言。以故尽最大力量，积极设法调整，以期避免内战，实现真正和平。惟对方如仍不顾事实，过事压迫，吾人为自卫计，为贯彻主张计，誓必与之周旋到底，胜败利钝，全非所计。惟负

① 台北“国史馆”藏：《蒋中正“总统”文物：革命文献——煽动西安事变》（一），卷宗号：002000002258A。

内战责任，自有公论，而最后胜利终将属于力求和平者。此闻同人对庸、右两公希望颇切，盼转陈，俾大力维护也。”①

由上述三封电文可见，杨虎城致电宋美龄的语气与致电他人的语气颇有不同，致宋美龄电中强调的是西安方面“悉照委座意旨办理，尤无调动军队之事”，而中央军非但不“遵规定办法全数撤竣，反继续增加俨成准备作战形势”，中央军此举“实有违反委座意旨，毁损委座威信之嫌”，为维护和平计，亦为维护蒋介石之威信，杨虎城恳请宋美龄将西安之情形转陈蒋介石。致他人的电文则不仅说明正尽最大努力以实现真正和平，并表示“为自卫计，为贯彻主张计”，势必与中央军“周旋到底”，显示了强硬的态度。

在南京国民政府公布陕甘军事善后办法后，在家乡休假养伤的蒋介石于1月7日致书张学良，令其劝告杨虎城接受陕甘军事善后办法：“（一）东北军应集中陕甘，其统率人选可由兄推荐一人前往率领，免使分散以备为国效军。（二）虎城可酌留若干部队在西安，使其能行使绥靖职权。可嘱其与墨三切商办法，系应照已发电令办理。请由兄手谕告虎城及各将领，勉以切实服从中央命令，不可再错到底。如是，不但部队与地方得以保全，亦即所以救国自救也。尤须使虎城知全国公论，此次中央只令虎城撤职留任，而对部队又妥为处置，实已备极宽大。若再不遵中央处置，则即为抗命。国家对于抗命者之制裁，决不能比附于内战。而且，中央此次处置全在于政治而不用军事，亦已表示于国人，故彼等必须立即决心接受，不可有丝毫犹豫，方为自救救国之道。”蒋的语气颇为严厉。②

1月8日，杨虎城致电蒋介石，请其饬令撤退西进大军，电文如次：“近以大军西进，逐步迫胁，群情更激愤异常。在虎城自当约束部队，力避冲突。但两军相距非遥，易于接触，万一发生衅

---

① 中国第二历史档案馆编：《中华民国史档案资料汇编》第五辑第一编，政治（五），第837页。

② 中国第二历史档案馆编：《中华民国史档案资料汇编》第五辑第一编，政治（五），第840页。

端，殊失钧座保全地方元气、袍泽力量之至意。仍恳钧座俯察此间实况，设法令张副司令早日返陕；并饬西进之军队先行撤退，以免冲突。"①

无疑，杨虎城、中共及蒋介石南京政府各有自己的立场。杨虎城本不同意蒋介石未签一字即离开西安，为"督促"蒋介石履行承诺，在12月25日蒋介石离开西安的当天，他即联合十七路军、东北军高级将领发表通电，称："自委座留住西安，对于副司令及虎城等救国主张，已表完全容纳，即定返京施行。其人格伟大，为国家为民族之精神，为空前所未有，群伦所景服，爰于本日下午四时，由副座恭谨陪送洛阳。特电奉闻。杨虎城、马占山、何柱国、孙蔚如、冯钦哉、王以哲、董英斌、缪澄流。"② 27日，西安《解放日报》刊登了三方达成的六条协议："（一）明令中央入关之部队于二十五日起调出潼关。（二）停止内战，集中国力。（三）改组政府，集中各方人才，一致对外。（四）改变外交政策，实行联合一切同情中国民族解放之国家。（五）释放上海各被捕领袖，即下令办理。（六）西北各省军政，统由张、杨两将军负其全责。"③ 在张学良留京不归的情况下，杨虎城更担心他们之前采取的令世人震惊的"犯上"之举将招致蒋介石的报复，他曾对张学良说过"你发动政变，什么也没得到就放走委员长，他一定会把我们砍头"④，此时的杨坚持要求释张返陕、要求中央军撤兵。对于安然回到京城的蒋介石来说，一方面他不可能容忍西北出现"三位一体"的局面，另一方面他始终以为"以人格事大，生死事小也"，他必须打消人们对其可能在西安作出妥协的任何怀疑，为此蒋让陈布雷搞了一个《蒋委员长离陕前对张杨之训话》，开篇即

---

① 中国第二历史档案馆编：《中华民国史档案资料汇编》第五辑第一编，政治（五），第841页。

② 《杨虎城等关于蒋介石容纳救国主张并由张学良陪送洛阳的通电》，见中国第二历史档案馆编：《中华民国史档案资料汇编》第五辑第一编，政治（五），第830—831页。

③ 杨奎松：《西安事变新探——张学良与中共关系之谜》，第397—398页。

④ 邵铭煌：《宋子文西安事变日记》，第189页。

指出："今日尔等既以国家大局为重，决心送余回京，亦不再勉强我有任何签字与下令之非分举动，且并无任何特殊之要求，此不仅我中华民国转危为安之良机，实为中华民族人格与文化高尚之表现……以尔等之人格与精神，能受余此次精神之感召，尚不愧为我之部下。"27日，《申报》在第四版全文刊登该篇训话，文前配以两句说明"诚挚感人极为详尽""由蒋夫人亲做笔录"。28日，毛泽东发表关于蒋介石声明的声明，指出："蒋介石氏十二月二十六日在洛阳发表了一个声明，即所谓《对张杨的训词》，内容含含糊糊，曲曲折折，实为中国政治文献一篇有趣的文章。""蒋氏声明中有一段是值得赞扬的，即他所说：'言必信，行必果'的那一段。意思是说他在西安对于张杨所提出的条件没有签字，但是愿意采纳那些有利于国家民族的要求，不会因为未签字而不守信用。我们将在蒋氏撤兵后看他是否确守信义，是否实行他所允诺的条件。这些条件是：(一) 改组国民党与国民政府，驱逐亲日派，容纳抗日分子；(二) 释放上海爱国领袖，释放一切政治犯，保证人民的自由权利；(三) 停止'剿共'政策，联合红军抗日；(四) 召集各党各派各界各军的救国会议，决定抗日救亡方针；(五) 与同情中国抗日的国家建立合作关系；(六) 其他具体的救国办法。这些条件的实行，首先需要确守信义，并且需要一些勇气。我们将于蒋氏今后的行动表现中考察之。"①

对照西安《解放日报》公布的协定内容与毛泽东声明中的六项条件，显然有明显的差别，正如杨奎松所归纳的：前者"尽量回避可能引起麻烦的政治敏感问题，着重于停战、改府，特别是张学良和杨虎城对西北军政的实际控制"，后者"则尽可能突出谈判结果的政治变革特点，强调改组政府、释放政治犯，特别是联合红军与召开可以决定大政方针的救国会议"②。双方站在不同的角度，对谈判结果予以有所侧重的归纳和公布，恰恰反映了当时

① 《毛泽东关于蒋介石声明的声明》（1936年12月28日），见中央档案馆编：《中国共产党关于西安事变档案史料选编》，第283—284页。

② 杨奎松：《西安事变新探——张学良与中共关系之谜》，第398页。

三方的谈判没有形成结论性的文件与记录，由两宋担保、蒋介石允诺的内容也只是在一种讨论的形式中大致确定下来，并未形诸文字，也正反映了这场谈判的特殊性。宋子文、宋美龄作为蒋介石的代表参加谈判，主要任务是听取对方的意见，至于彼方提出的解决方案，必须请示过蒋介石才能给予答复，于是讨论就会反复多次地进行，各方意见以备忘录的方式记录下来。宋子文日记中就注记有 A、B、C 三份备忘录，只是在公布档案中没有发现这三份附件。在事关停止“剿共”、联合抗日等问题上，更需要蒋介石的亲自保证。参加三方谈判又分别与各方进行过私下沟通的周恩来将蒋接受的内容归纳为五条：“（子）停战撤兵，西北军事归张、杨主持。（丑）改组南京政府。（寅）联合各党各派抗日，停止‘剿共’。（卯）释放爱国领袖，保障民主权利。（辰）改变外交方针，联合同情中国民族解放的国家。”① 周的整理与上述归纳也有明显的差别，更说明了这一问题，即三方谈判并未形成结论性的文件。比照前文所引宋子文日记，其中的差别更大了。

站在蒋介石的立场，蒋介石、宋子文、宋美龄自然不想让外界知道他们究竟承诺了什么。当杨虎城通电称蒋介石已“完全容纳”他们的救国主张并决定“返京施行”，西安方面又将协定内容公布于报端，蒋介石会有怎样的反应可想而知。② 蒋介石在对张、杨的训话中即明确表明：“如余在西安允许尔等，签署只字于尔等之要求，则国家等于灭亡；盖余为代表中华民国四万万人之人格，如余为部下威力所屈，临难求免，则余之人格扫地，即等于中华

---

① 《周恩来、博古关于蒋接受张学良、杨虎城救国主张给毛泽东电》（1936 年 12 月 26 日），见中央档案馆编：《中国共产党关于西安事变档案史料选编》，第 276 页。

② 杨奎松对此做如下评述：“在事变刚刚结束就把得到蒋介石私下承诺，由两宋秘密担保的让步条件捅出来，策略上是否妥当，却是值得考虑的。事情明摆着，蒋介石之所以不曾做文字上的和公开的政治承诺，一个极其重要的原因就是这样做的结果将不可避免地从根本上严重损害其政治的形象和统治的权威性。”“如果西安方面保持一种比较策略的灵活态度，使蒋得以保持其尊严，那么蒋若有心实践其承诺，将比较容易借用各种借口来实行之。反之，如果西安方面不给蒋留面子，公开张扬其在西安所做的承诺，这只能使蒋在言论上和行动上都不得不极力否认，以致转而坚持强硬态度，以便证实自己从未屈服。”见杨奎松：《西安事变新探——张学良与中共关系之谜》，第 398—399 页。

民族之人格扫地。盖无论个人与国家民族，如人格丧失，则虽生犹死，虽存必亡。”① 宋子文和宋美龄对西安方面的行动也十分不满，他们要“宋庆龄转告中共代表：第一，西安不顾信义，宣布秘密承诺，已使他（她）们难以出面说项；第二，无论如何不得再宣布他们的谈话内容，否则他（她）将退出调停工作”②。的确，释放蒋介石有无条件，在西安和南京各执一词。曾在军事委员会侍从室任职的何廉③回忆说：“我虽没有文件可以证明，但我却直觉地感到，自西安事变后，中国对日的态度立即发生急剧的变化。西安事变后我们都感到一种对日战争即将爆发的气氛……我们知道改组政府以应紧急情况的方案已经在研讨。”④

在三方秘密达成之协定几乎公开化，杨虎城、蒋介石又皆坚持己见的情况下，宋美龄已无居间转陈意见之必要，更无立场介入中央政府与西北地区之间的斗争。其后，就陕甘军事善后问题，杨虎城与蒋介石进行了可谓“针锋相对”的密电往来。

1 月 10 日，蒋介石致书杨虎城，首先说明了中央处置陕甘之方针，希望杨虎城等接受中央命令：“中央处置陕甘，亦必以政治建设为主，绝不致引起战争。目前所以在陇海路上酌置军队者，则以一般国人对陕甘情形具非常之惶惑，因人事明令，兄等既未接受，而所有组织如临时军事委员会等至今仍未变更，省府亦未照中央法令恢复原有关系，所有宣传，其谬误幼稚，与事变当时

① 《蒋委员长离陕前对张杨之训话》，见蒋介石、蒋宋美龄合著：《西安半月记·西安事变回忆录》附录，第 5—6 页。

② 杨奎松：《西安事变新探——张学良与中共关系之谜》，第 399 页。

③ 何廉，湖南邵阳人（1895—1975 年），著名经济学家。1919 年赴美留学，耶鲁大学博士。1926 年回国任南开大学商科财政系和统计学教授。1927 年，以“研究社会经济以促进本国学术的进步”为宗旨，成立南开大学社会经济研究委员会，后改名为南开大学经济研究所。西安事变发生前夕，奉蒋介石之召，自 10 月底至 12 月 2 日在军事委员会侍从室办公，随行蒋介石于洛阳。蒋介石赴西安前，何廉被允准回南京，蒋要求他料理完事情后再去西安。迨他事毕准备赴西安时，就在要动身的当天，西安事变发生了。1936 年以后十年，何廉出任了各种政府职务，包括经济部常务次长、经济部农本局总经理、资源委员会代理主任、国民党中央设计局副秘书长等。1948 年出任南开大学代理校长。

④ 何廉：《西安事变前后——节译自哥伦比亚大学何廉口述历史稿第九章》，见秦孝仪主编：《革命文献》第 95 辑，第 239 页。

一般无二，不但形式上有不奉政令割据独立之嫌，且亦可见分子异常复杂。固一般国民对陕甘事态今后之动向，咸抱绝大之犹疑。中央为安慰人心，维持全局，自不能不加以防范。然所望于兄等者，只在接受中央之命令，而军事善后等具体细目，非无商量余地。来电谓各将领愤激异常，实则兄等亦须为中央易地以思，尤不可以全国民意为行动之借镜也。现在最急要者，在兄等务应廓清外间之疑虑，表示绝不割据独立，亦不破坏统一。”进而以中央与山西之关系，望杨虎城“就国家大局与陕甘情形做一实际之考虑”，“须知陕西，无论军民，不能离整个国家而存在，中央更不能无陕西以做国防之基础；中央离陕西无以建国，陕西离中央无以遂其生存与发展。故必须立下决心，向和平统一之方向做去，迅复事变以前之常态，确立此后努力之始基”。最后，在肯定杨虎城对西北、对国家之贡献的基础上，对他可谓“动之以情，晓之以理”，希望他“勿为成见或环境所拘牵”。蒋说：“兄在西北，无论在党的历史与自身政治地位及对国家对桑梓之关系上，均负有特殊之地位与责任。自十八年以迄于今，□之所以爱护与厚望于兄者何如中央之所以爱护西北，竭全力以促成陕西一切之建设而达充实国防之目的者何？如此皆□与兄所亲自参与之事，非他人所深知，亦非其他人所爱惜也。为公为私，尤不能不望兄信任□□之所言，首有明确之表示，一扫外间猜疑，而使变态得以结束，则兄光明磊落之胸怀与报国救国之诚意，立即为国人所谅解，而兄之政治地位亦即自此站稳，不独同志所钦慰，西北人民亦将歌颂感激而不置。否则，长此迁延，时日愈久，变化愈多，不但国家统一对外受其影响，和平救国之初志难于贯彻，即兄多年惨淡经营之基础亦将毁于一旦，宁不可危可痛。”①

1月14日，杨虎城致电蒋介石，就西北问题提出四点请求：“(一) 自张副司令部队奉令移驻陕甘以来，东北人士来者甚众，

---

① 《蒋介石关于张学良行止及派兵西进暨解决陕事条件等问题致杨虎城书》，见中国第二历史档案馆编：《中华民国史档案资料汇编》第五辑第一编，政治（五），第844—846页。

陕甘军民亲聆其亡省破家之惨，敌忾之气，实已深入人心。而红军又于陕甘两省，几乎无地不到，其抗日之热烈宣传，亦复无微不至，因之奉陇之抗日狂潮，遂至一发而不可遏止，前送钧座返京，即将红军驻地指定范围，缩小地区，并尽力宣布德威，俾共同静待后命。不图复员之处置未竣，东撤之师又还，且将张副司令扣留在京，致东北军民西北人士群相责问，以职为自欺欺人，而红军亦执前言相诘。职结舌咎心，处境之难，实难笔喻。职虽愚钝，而爱国绝不后人，际此危局，决不愿再有内战发生。惟实逼处此，殊乏善策转圜之际，多请就全局考虑，勿仅以职个人为念，似于东北军民西北人士之意向及红军之安置问题，均应先有妥善办法，俾得各安其心，各慰其望，则枝节问题自易解决。（二）此间人士，均渴盼张副司令返陕主持一切，而事实上张副司令不归，亦确难谋进行之顺利。钧座欲谋释群疑，脱责难，示宽大之怀，策西北之安，似应速令张副司令返陕。张副司令之苦心，为钧座所深知深谅，当不至复抱疑虑也。（三）大军西进，与钧座前令未符，此间军民，咸认为有损威信，且阻碍和平，实亦为解决当前问题之障碍，务请即令撤出潼关以东，则大军转撤，夕即可恢复十二日以前之原状。（四）目今中枢无主，人心惶惑，钧座举国仰戴，此间企仰尤殷，务请即日入京，主持大计。以上（一）为职个人所感痛苦，（二）、（三）、（四）为此间全体将领之共同愿望。职久蒙扶持，倍常爱护。肺腑之言，不敢避嫌而稍加隐饰。此固西北全局所关，抑亦于国家前途关系甚巨，幸钧座俯鉴愚诚，赐予采纳，职实不胜惶悚待命之至！”①

当日，蒋介石复函杨虎城，告诫其勿再提张学良回陕之事，并表示：“兄等之要求，仍提交三中全会决定，对兄等之意见决不抹煞。望兄以国事为重，应知革命创业之艰难，历史养成之

---

① 《杨虎城关于解决西北问题致蒋介石密电》（1937年1月14日），见中国第二历史档案馆编：《中华民国史档案资料汇编》第五辑第一编，政治（五），第849—850页。

不易。”①

1 月 16 日，杨虎城派员向蒋呈送解决陕事方案。方案如下：

一

（甲）维持中央威信问题：

（一）杨虎城、于学忠、孙蔚如接受中央命令。

（二）取消十二月十二日以后临时组织，恢复一切常态。

（乙）张副司令出处问题：

A.

（1）设陕甘绥靖主任，以张副司令为主任，杨虎城为副主任。

（2）行营主任顾祝同驻洛阳。

以上两条同时并行。

B.

（1）行营以张副司令为主任，杨虎城为副主任。

（2）行营以张副司令为主任，顾祝同、杨虎城为副主任。

（丙）军事善后问题：

（一）A. 为免除国际间误会起见，潼关、华阴一带酌留中央军驻扎；陕、甘、其他各地由东北军、第十七路军、红军分驻，其防地划分经三方商定后，呈请委员长批准。

B.（1）东北军驻武威、兰州、咸阳、宝鸡、固原、天水一带。

（2）十七路军驻西安、泾阳、洛川、韩城、朝邑、华县、商县一带地区。

（3）红军驻延长、延川、肤施、鄜县、庆阳、淳化一带地区，一部驻洛南，并一部驻凉州以西。

① 中国第二历史档案馆编：《中华民国史档案资料汇编》第五辑第一编，政治（五），第 851 页。

(4) 中央军护路部队最大限三至四团。

(二) 东北军、十七路军在委员长指挥之下，其用人行政及训练事宜由本部全权负责办理。

(三) 为免除国人疑惧起见，在承商起见，请委员长令何部长停止中央各军前进及其他一切军事行动。

附记：

委员长在西安所采纳之各项具体救国方案，请负责实现。此外，关于一切善后所需军费及军队编制饷糈，另定方案办理。

二

(一) 给杨虎城以援绥名义，率领十七路及东北军或骑兵一部，组织援绥军（但此条仍恐有不完满处）。

(二) 东北军开甘肃，十七路军仍驻陕西，中央军驻潼关、汉中。

(三) 为建设西北计，陕省主席仍由中央派人。至行营主任，拟请以何雪竹带萧之楚部驻西安。[①]

同日，杨虎城、于学忠通电表示为抗日救国目的愿领受革职留任处分，并再次吁请蒋“顾念事实，迅饬张副司令返陕，处理一切善后”[②]。

1月19日，蒋介石致函杨虎城，严斥他们所提的解决陕事方案为“割裂军政破坏统一”。

在蒋介石与杨虎城的往来电函中，杨虎城再三恳请释张回陕，并请令将中央军撤出潼关以东，而蒋介石的态度则渐趋强硬，及至不容杨再提张学良回陕一事。蒋介石将杨虎城的解决陕事方案

---

① 中国第二历史档案馆编：《中华民国史档案资料汇编》第五辑第一编，政治（五），第853—855页。

② 中国第二历史档案馆编：《中华民国史档案资料汇编》第五辑第一编，政治（五），第855页。

归纳为三点，即："一则为西北之军事善后与人事分配，须以兄等之意为可否；二则限制中央军队之驻地，使不得越潼、华以西；三则部队之人事行政与训练，均须一任各部之自由。"据此谈了三点意见，以示中央之态度："其一，兄等应知中央无论如何决不能放弃西北。""其二，关于汉卿回陕问题，兄等以友谊袍泽关系，一再请求汉卿回陕，在私人感情上，容或不能不有此表示。但如为国家整个打算，稍明爱人以德之义，则应知汉卿在陕甘变局未定以前，即令国府许可而速回西北，其自身在责任观念上亦无以对陕人与国人，无以对军中袍泽。""其三，兄等当知集中国力应无害于国家之统一，而不能假此以遂其把持割裂之私图。此次西安事变，中央不惜枉法以求全，固为国难当前，凡属国家力量，均应逾格爱惜。然国家之统一，则不能任其有丝毫之毁伤。"① 宋子文在 12 月 23 日的日记中明确记载有蒋介石"同意陕、甘不再派驻中央政府军"之句，蒋介石的出尔反尔已然成为事实。

1 月 22 日，蒋介石致电杨虎城，告知将陕事交顾祝同全权处理："因贱恙未痊，静养山中，不便问事，对于陕事已交墨三兄在前方全权处理。"② 随后，蒋介石密电顾祝同，对与杨虎城谈判做六项指示。

1 月 26 日，蒋介石电令刘峙等对东北军如不依限撤退宣布"和平破裂"并轰炸其阵地。

张学良的被扣不归，中央军的步步压迫，进一步激化了东北军内部的矛盾，及至酿成"二二惨案"。2 月 3 日，杨虎城、于学忠密电宋美龄，电文如下：

限即刻到南京。蒋夫人赐鉴。密。城等努力和平经过谅蒙详察，近日各部队因久盼张副司令之归，情绪极度高涨，

---

① 中国第二历史档案馆编：《中华民国史档案资料汇编》第五辑第一编，政治（五），第 859—861 页。

② 中国第二历史档案馆编：《中华民国史档案资料汇编》第五辑第一编，政治（五），第 864 页。

表示必须张副司令返陕后方能实行一切商定办法，虽经城等再三慰解迄不稍变。本日王以哲军长因劝止过力致激起一时气愤，业被狙击身死。似此情形万一前方冲突，此间官佐士兵确皆人怀死志宁愿牺牲。举国家之武力尽消耗于对内，可惜城等尽极大努力卒归无效，即牺牲个人亦属无补。夫人福庇西北，前功具在，刻当垂危之际，别处实无可告吁，万恳将此间详情陈商委座，即日饬令汉公飞航返陕，届时众心一平，一切处理办法自易解决。西北治安舍此实无他策，唯夫人鼎力足以斡旋，无论如何总恳恤念一方生灵立赐援拯，不胜迫恳之至。城等此请实因挽回危局，只此径途，决无一点封建割据意识及其他作用存于其间，尤祈鉴察并于委座前详为解释，并所恳盼如何之处，立候示音。杨虎城，于学忠叩。①

在西北局势危急，而蒋介石态度强硬的情况下，杨虎城、于学忠再次冀望宋美龄能从旁“吹风”，助张返陕。由杨虎城与蒋介石的往来密电可知，蒋介石在放张回陕一事上的态度是一以贯之而又非常坚决的，他曾告诫杨虎城勿再提张学良回陕问题。而杨虎城一再坚持，并望蒋夫人能够转陈解释，实为无奈之举。2月4日，杨虎城与东北军部分高级将领联名发表通电，提出陕甘善后四事：“关于陕甘善后重要各事，尚有向委员长请准及顾主任祝同商定者四端：甲、在三中全会前，由委员长呈请国府，恢复张副司令公权，并发表职务，俾得自效。乙、陕甘军队部署原案，酌为变更，容纳此间切合实际之意见。丙、军队移防，除一部略变现时位置外，均俟张副司令返陕训话后再行开始。丁、陕甘民众爱国团体，均仍旧维持，并对流亡人员，尽力妥为安置，以定

① 《杨虎城于学忠致宋美龄电》，见台北“国史馆”藏：《蒋中正“总统”文物：革命文献——煽动西安事变》（一），卷宗号：002000002258A。

人心，以备国用。”① 该通电的核心仍在于要求南京放张回陕。

2月6日，蒋介石手令何应钦、刘峙、顾祝同，饬令注意杨虎城支日通电意图及对策：“以其第三项之军队移防除一部略变更现时部署外，均俟张返陕训话后再行开始一节，最可注意。其用意一在对各方面不承认其完全撤兵，总待各方响应；一在预为张不回陕，第二步不再后撤之余地。应深切注意，不可忽视。”最后强调“须言明西北问题如不完全解决，□与汉卿本人皆不愿预问其事之意，特别言明为要。”②

显然，蒋介石坚持杨部及东北军必须接受中央对陕甘之处置，态度强硬，不容他们在撤兵及张学良回陕问题上“讨价还价”。惟对中央军与杨部在西安之换防，蒋之态度略显和缓，蒋于2月6日手令指示刘峙、顾祝同说：“我军入西安之时，至少要先驻守东西两门及钟楼，或先进驻两门后，再看钟楼有否杨部驻守。如无杨部，则我军可自动进驻钟楼，否则与之妥商，令其让防。又我军进驻两门后，应即先发表卫戍司令名义，以卫戍职权可指挥与处理城内军警及维持治安，但态度须和平示之，而防备应时刻勿怠勿懈。”对于西北问题之处理，特指示顾祝同需同杨虎城协商解决，并指出应注意事项：“（一）与杨详商处理西北整个办法，详询其意见，且略示推重之意，要其先述办法，并探测其赤匪与张部之方针态度与其轻重之程度……（三）初入城与其三方面各人会面时，不可向之用离间之言及使其疑惧团结；而对虎城认其为三位一体之中心，自当稍加另眼相待，如使其能自动与我方就商其彻底办法则更妥也。”③

鉴于杨虎城在西北之势力与影响，国民党中央欲尽快顺利地控制西北，尚需暂时借重杨虎城。而中央军西进，打破张、杨、

① 中国第二历史档案馆编：《中华民国史档案资料汇编》第五辑第一编，政治（五），第878—879页。

② 中国第二历史档案馆编：《中华民国史档案资料汇编》第五辑第一编，政治（五），第879—880页。

③ 中国第二历史档案馆编：《中华民国史档案资料汇编》第五辑第一编，政治（五），第889—890页。

红军“三位一体”之局面，则是国民党中央控制西北的必然之举。因此，在中央军西进、放张回陕问题上，即便宋美龄有同情西安方面之心，她也不可能对蒋有所影响。杨虎城等致函宋美龄，反映了他们对宋美龄的信任和期望。而能否不负期望，则非宋美龄能力所及。在国民党中央与西北军政将领及共产党的交涉与谈判中，宋美龄所能担负的仅是居间沟通、传递信息之角色。即便如此，在西安事变的善后过程中，宋美龄与其兄宋子文仍积极扮演着中间人的角色。如 1937 年 6 月 1 日，时在上海治病的宋美龄致书蒋介石，说：“妹已与文兄面谈一切，彼星期五拟与杨虎城乘翁克机同来晋谒，届时如妹病稍愈，妹亦同来，但今日贱躯不适，神经衰弱，据医者云，由西安事变后未曾得到相当休养，故时时生病。关于周恩来，妹约其星期四来见，如兄拟约其六来浔，妹拟派祥庆陪来，彼可乘普通机来浔，文兄已与航空公司接洽，任其在九江军用机场下机可也，如何盼复。”①

2 月 8 日，中央军宋希濂部进驻西安。次日，西安行营主任顾祝同率行营人员进驻西安。随后，红军与东北军、十七路军三方分别与顾祝同谈判。西安事变和平解决的大局终于稳定，国共第二次合作的接触和谈判继续进行。

如果说此前宋美龄积极介入西安事变的解决事宜，主要因为救夫心切，当蒋介石安全返回之后，她仍置身善后事宜并间接参与国共两党的谈判，则反映了三点：一是宋美龄本人的政治思想使然。坊间盛传“美龄爱权”，不正说明她有强烈的政治参与意识？在国势危殆之际，宋美龄对于国家、公民、战争等问题有着自己的思考和见解。在她看来，战争是残酷的，政府既已下定决心抵抗侵略，全国民众自应服从政府的统一领导，以求得抗战的最后胜利。西安事变的善后正是朝着这个目标迈进。“战争是十分凶险可怕的……这次战争，我们必要牺牲很多将士，无数无辜的平民，和损失国家无穷的财产与富源……我们政府的态度，现在

---

① 台北“国史馆”藏：《蒋中正“总统”文物：蒋中正与宋美龄等来往函》，卷宗号：002000000467A。

已经明白表示，凡是自爱的民族所能忍耐的，我们已经忍受了，我们不能再迟疑，要勇往向前，用尽我们全副力量，来救国家的危急。我们与全国同胞，只有绝对地服从政府命令，共同一致，来求民族的最后胜利。"① 有着强烈爱国思想和政治意识的宋美龄，在国家危难之际怎肯置身事外？二是宋美龄在和平解决西安事变中的积极行动给共产党、杨虎城留下了良好的印象，也令他们看到了宋在解决事变中的能力和影响力，进而寄希望于她在西安事变的善后及国共合作事宜上继续发挥积极作用。周恩来于1936年12月30日致中央书记处电报告蒋介石回南京后的情况时即说道："蒋回京后，黄埔、CC均听命无动静，亲日派颇活跃，并引日寇自重，宋氏兄妹在奋斗中，张须待特赦令下始回，蒋、宋今回奉化，似有促进政变可能。"② 三是蒋介石对她的信任和授权。西安事变后，蒋介石一度对国民党要人有所失望，他一再向中央请辞本兼各职，可以说既是一种姿态，也有对中央要员不满和试探之意，宋氏兄妹在处理事变过程中的表现，宋美龄对蒋介石安全与尊严的兼顾，令蒋深有危难之中见真情之感，"妻之于夫，不惜牺牲其本身之一切，以保全余之身心为惟一目的，殊为可感"。时宋美龄虽已是国民党中央委员，并在国家体制中担任一定的领导职务，却非置身决策层，无论是对西部的善后处理，还是国民党与共产党的谈判，宋美龄皆无身份介入，而事实上她已置身事中，或传递意见和信息，或直接参加对话。此后，宋美龄又参与了与日本的"和议"，对美外交更是她一生的闪光点，而从事这些活动的身份是"蒋夫人"。显然，自西安事变后，蒋介石授予了宋美龄参与政治事务的更多机会与权力。

---

① 《告中国妇女》（1937年8月），见王亚权主编：《蒋夫人言论集》下集，第690页。

② 《周恩来、博古关于蒋介石回南京后的情况及我们政策给中央书记处电》（1936年12月30日），见中央档案馆编：《中国共产党关于西安事变档案史料选编》，第290页。

第三节 张学良受军法审判

1936年12月25日下午，张学良护送蒋介石一行飞抵洛阳。26日中午12点15分，蒋介石夫妇一行自洛阳飞抵南京光华门外大校场机场，南京政府自林森主席以下文武百官均到机场迎接，欢迎场面盛况空前。张学良则由宋子文陪同，乘第二架飞机随后抵达南京城外的一个军用机场。下机后，张学良即随宋子文、戴笠直驶北极阁宋子文公馆。张学良随即致电杨虎城报告平安："杨主任虎城兄勋鉴：午后二时抵京，寓宋子文兄处，一切安善，请转告诸同志释念。学良。宥戌。"① 面对中央通讯社的访问，张学良说："今日仅欲与诸君见面，无可奉告。此来待罪，一切唯中央及委座之命是从。"②

西安事变和平解决后，蒋介石和宋美龄返回南京，国民政府主席林森接机

当天，蒋介石要宋子文转告张学良，应有个书面请罪的表示。既敢护送蒋介石到京以示坦诚，写个书面请罪书又有何不可？张学良毫不迟疑地一挥而就，写下了如下一封请罪书：

介公委座钧鉴：

学良生性鲁莽粗野，而造成此次违反纪律不敬事件之大罪。兹腼颜随节来京，是以至诚愿领受钧座之责罚，处以应得之罪，振纲纪，警将来。凡有利于吾国者，学良万死不辞，乞钧座不必念及私情，有所顾虑。学良不文，不能尽意，区

① 周毅、张友坤、张忠发主编：《张学良文集》下卷，第472页。

② 《申报》，1936年12月27日，第3版。

区愚忱，伏乞鉴察。专肃。

敬叩

钧安

学良谨肃

二十六日[1]

从此函看，当时的张学良还是挺为蒋介石考虑的。令他没有想到的是，这封纯属私人的请罪书第二天即见诸报端了，为蒋介石，也为南京政府处置张学良提供了刀柄。

12 月 27 日夜，张学良给杨虎城写了一封信，信中写道：

虎城仁兄大鉴：

京中空气甚不良，但一切进行尚称顺利，子文兄及蒋夫人十分努力。委座为环境关系，总有许（多）官样文章，以转还（圜）京中无味之风，但所允吾等者，委座再三郑重告弟，必使实现，以重信义。委座在京之困难，恐有过于陕地者，吾等在陕心中仍认蒋先生是领袖，此地恐多些口头恭维，而心存自利也。此函切请秘密，勿公开宣布，恐妨害实际政策之实行，少数人密知可也。此请

大安

弟良顿首

廿七日夜中

此函传递了三层意思：其一，张学良已深切感受到京中气氛之不利，诚如中共中央所了解和估计的，“南京内部斗争甚烈，亲日派不甘下台，有最后挣扎扣留李毅（中共中央与张学良联络时张的代号），进攻西安之危险”[2]。其二，张学良对蒋介石仍抱有信

① 周毅、张友坤、张忠发主编：《张学良文集》下卷，第 473 页。

② 《毛泽东关于亲日派有进攻西安可能及我们工作布置给周恩来、博古电》（1937 年 1 月 1 日），见中央档案馆编：《中国共产党关于西安事变档案史料选编》，第 294 页。

心，相信他会实现在西安所做的承诺，以为蒋介石回京后之公开言行为环境所迫多为官样文章。张并同情蒋在京之困难，此地恐多“口头恭维，而心存自利”者。对于蒋介石回京后的态度，中共中央的估计和对策是：“估计到日本与亲日派的压力，估计到英国的立场，蒋介石仍有动摇可能，极力向张、杨及其干部说明，只有张、杨、红三集团坚固团结，政治上、战略上善于策动与部署，才能最后击（倒）蒋介石的动摇地位，断绝第三条路。”① 其三，张学良十分肯定宋子文、宋美龄的积极作为。简短的一句“子文兄及蒋夫人十分努力”，既表示了他对宋子文、宋美龄兄妹的感激之情，亦暗含了很多内容，比如两宋对蒋介石的影响、与军政要人的对话、对张学良的照顾等。

对于张学良受审判一事，宋美龄本人未有文字记录下她的意见，蒋介石的《爱记》则有述及宋美龄的反应：为扣张在京一事，宋美龄已“忧虑几病”，为不令宋美龄“刺激太深”，蒋在张学良受审的前一日送妻往上海养病。从这片言只语中实可读出或想象出很多剧情，暗示了蒋、宋夫妻二人在“处置”张学良一事上的冲突与妥协。就日后宋美龄与张学良的关系看，宋美龄对张学良的关心和保护是毋庸置疑的；而作为蒋介石的妻子，维护蒋介石的权威和地位，是宋美龄首要考虑的，她以为“我只要就丈夫的需要，尽力帮助他，就是为国家尽了最大的责任”②。抗战爆发后，张学良曾致信宋美龄，表达请缨愿望，由该信可以一窥宋美龄在处理蒋、张关系时的用心及其能力，信中说：“夫人前在妙高台之训，惟委员长之命是从，所以居山以来，每日以阅书看报检束身心为事，外间事一概不闻不问。惟自中日战争爆发以来，家仇国恨，时萦于心，恨不能舍命捐躯，以抗强敌。是以前此有请缨雪耻之举。近两月中，每日注意锻炼身心，以备领袖之驱使，期为

---

① 《中央书记处关于向张、杨说明蒋介石的动摇性及红军主力驻地给周恩来、博古电》（1936年12月），中央档案馆编：《中国共产党关于西安事变档案史料选编》，第291页。

② 王亚权主编：《蒋夫人言论集》上集，第5页。

民族而牺牲，不敢自图安逸，苟全性命于世间。受委员长之优容厚待，有如家人，委员长运筹决策，夙夜焦劳，凡属同志同袍，皆各效其能，以为抗战之助力。……夫人聪慧过人，谅能洞鉴之心绪也。夫人平素待我良厚，故敢略陈下情。”① 于是，在维护蒋介石与保护张学良之间，宋美龄与宋子文有了一些不同的表现，在他人的回忆或撰写的有关书籍中更多地描写了宋子文与蒋介石的争吵。李烈钧在后来的回忆中亦有提到宋子文当时的表现：“我被特任为高等军法会审判长审判张学良的消息，京沪各大报纸均予披露。中央很多要人都来找我，询问处理此案的意见。其中以宋子文和傅汝霖两人最为关心。他们先后来找我详细询问处理此案的意见。”②

12 月 31 日，军事委员会军事法庭对张学良进行公开审判。张学良当时的想法和对审判一事的态度如何？且看法庭上张学良的答辩，摘录如下：

一、审判长问：姓名、年、籍

答：张学良、36（岁）、辽宁海城县人

二、问：这次西安事变到底什么情形，现在我有几点问题，请你答复一下。

答：请审判长把要问我的话，给我先看一下。

三、问：现在我将要问的事，开列于下：

（一）本月 12 日君等呈中央电，不虞危害民国乎？何因如此？

（二）君等呈中央电，为君之主动乎，有无受他人之指使？当时聚会密谋实情可直陈之。

（三）党员官吏向中央建议，向有一定程序，君宁不知之，君既有所主张，自应婉词向中央及蒋委员长陈请采纳，乃平日未曾向中央有所建议，突然出此，有何办（辩）解？

① 林荫庭：《寻找世纪宋美龄——一个纪录片工作者的旅程》，台北：天下远见出版股份有限公司 2004 年版，第 77 页。

② 王书君：《张学良世纪传奇》，第 708 页。

（四）君等呈中央电尚未到达，而临潼、西安之叛变已先起，即以建议而论，无诚意可知，是何阴谋演此巨变？

（五）临潼叛变，竟派重兵将委员长行辕重重围困，用机关枪步枪齐发如雨，得无有戕害统帅之心乎？

（六）临潼、西安叛变先后劫持统帅，禁闭中央大员，戕贤害善，而邵委员元冲乃至殒命，并惨杀忠实党员将士多人，甚至侮辱女眷，残伤幼童，纵兵殃民，惨无人道，此等行为，均为首谋，尚有说乎？

（七）演此巨大叛变，非委员长临之以伟大人格与精神有以使君等反省，宁不为民族之羞乎？旋君向委员长涕泣陈词，自请随同委员长旋京请罪，又是如何感想？可详言之。

（八）君呈蒋委员长请罪书，委员长已转呈中央，本审判长等奉交依法办理，君果有悔意之萌乎，能从兹即为善乎？

以上是要问的事，请你答复。

答：请让我做一总答复如何？

答：请说。

答：这回的事，由我一人负责。我对蒋委员长是极信服的，我曾将我们意见，前后数次口头及书面上报告过委员长。我们一切的人都是爱国的人。我们痛切地难过国土年年失却，汉奸日日增加，而爱国之士所受之压迫反过于汉奸，事实如殷汝耕同沈钧儒相比如何乎。我们也无法表现意见于我们的国人，也无法贡献于委员长，所以用此手段以要求领袖容纳我的主张。我可以说，我们此次并无别的要求及地盘金钱等，完全为要求委员长准我们做抗日一切准备及行动，开放一切抗日言论，团结抗日一切力量起见。我们认为目下中国不打倒日本，一切事全难解决。中国抗日非委员长不可，不过认为委员长还未能将抗日力量十分发扬，而亲日者之障碍高过于抗日者之进行。如果我们有别的方法达到我们希望，也就不做此事了。我此次来京，也有三点意见：（一）维持纪律，不隳我中国在国际地位；（二）恢复及崇高领袖之尊严；（三）

此事余一人负责，应当得应得之罪，我并无一点个人要求的希求，一切的惩罚我甘愿领受。我写给委员长的信，不知道他要发表的，否则我不写。原先我们也想不是这样做，因为事情急迫，无法做出来的。前次我们本想以全体人员去向委员长要求，不料“一二·九”学生运动由警察开枪，以致如此。我始终是钦佩委员长的，而看见他的日记和文电更加钦佩。但对亲日者更加认识。现在的要求是极端的抗日，贯彻始终。至于我个人的生死毁誉，早已置之度外。我们的行动，本不是要开枪的，也无要损害任何人的。不幸行动中统制不良，尤其是邵先生翼如，我们心中真是十分不安。如不是信崇蒋先生之伟大精诚，而其他如中枢怎样处置，那我是不在乎，也可以说不接受的。我对于我们违反纪律之行动，损害领袖之尊严，我是承认的，也愿领罪的。我们的主张，我不觉得是错误的。[1]

由上述答辩可以了解，张学良只承认“违反纪律之行动”是错误的，损害了领袖的尊严，对此愿意领罪，此外无他。至于为何有此行动，张学良在答辩中做了简要、剀切之陈述。至于审判长所责“君等呈中央电尚未到达，而临潼、西安之叛变已先起，即以建议而论，无诚意可知”，此项指责由当时国民政府之实际运作机制即可推翻，无需张学良辩驳。曾任职侍从室，随蒋介石在实地工作过一段时间的何廉，以其所见所闻谈了其对国民政府权力运作的见识。他在回忆文中详细描述了他的工作情形：“我在洛阳从十月底停留至十二月二日或许是三日。在这期间我了解了委员长许多生活的情形以及处事的方法。渐渐地，我知道了中国的实际政府，开始体验出政府真正权力的所在。我的日常工作是在陈布雷的办公室中办理，每天早晨我从洛阳西城招待所去上班，一直工作到晚上。陈布雷收阅所有有关政府内政方面的电信和文

① 中国第二历史档案馆编：《中华民国史档案资料汇编》第五辑第一编，政治（五），第831—833页。

件，军事方面的则归钱大钧处理。与陈先生在一起工作，我也有机会看见送到他办公室的各种有关内政的文件。不久，中国实际的权力何在我也就了然了。我发现，实际上每件重要报告，本来应该直接送到南京行政院的，却须先送到委员长的洛阳办公室。由于委员长的行止及其临时办公室经常是保密的，故而许多文件均由南京的侍从室代收后立即转呈。至于哪种文件须经侍从室转呈委员长，哪种文件应该呈行政院，则无具体的规定。但如果某一部长认为某件事情非常重要，须要迅即处理的，他就会略掉行政院，直接将报告呈给委员长。一旦对报告事项有所决定，或者所做决定须要公布或付诸行动的，则该案就要将委员长的决定附上，由委员长办公室送往行政院，由行政院立刻办理，省掉一些例行的手续。事实上，如果政、党、军中的某一单位，某一个人有重要事要报告，一定是将报告送到侍从室。如果委员长的决定是有关人事任免等案的，则该案就送到行政院正式公布施行。事实已令我相信，所有重要的任命都先要提交行政院的非正式会议中予以讨论，然后才在行政院的正式会议中做决定。事实上，重要人事任命案都是先由委员长本人决定，然后才在行政院院会中正式通过公布。在我赴洛阳之前，约在十月底，当时的湖北省主席杨永泰遇刺，我在南京行政院时尚不知情，但我一到洛阳即刻就知道了。杨遇刺的消息行政院还未公布，委员长已经在洛阳任命了他的继任人选。同时，委员长也命令戴笠调查刺杀案，调查结果送到侍从室，行政院则根本不知情。不仅重要的文件和电信要送到洛阳，重要的人物，文的或武的，也不断地抵达委员长洛阳的临时办公处，有的是奉召的，有的是自动前往的。我记得当我在洛阳时重要军事将领有陈诚、卫立煌、张学良，还有好些部长前往洛阳。大都停留一天左右然后返任。只有陈诚一人于我在洛阳时始终未离开过。”

何廉的描述已清晰地勾画出国民政府实际权力之所在，何也在回忆中明确指出：“委员长到哪里，政府的实际权力就跟到哪里。他不仅是行政院长、军事委员会的委员长、党魁，从权力方面说，他是真正的领袖。因为他本人的总司令部或幕僚——侍从室——在各方面都具有重要性，所以有关他的，或者说得更恰当一点，有关中国的事均由侍从室来处理。”① 对于蒋介石的独裁，张学良晚年也做了公开批评，他说：“我搁这么一句话批评他（即蒋介石），假设能做皇帝，他就做皇帝了。”②

对张学良的判决是：“张学良首谋伙党，对于上官暴行胁迫，判处有期徒刑十年，褫夺公权五年。”当日下午，蒋介石向国民政府递送了请示特赦张学良的呈文，原文如下：“呈为呈请事，窃以西安事变，西北剿匪副司令张学良，惑于人言，轻于国纪，躬蹈妄行，事后感凛德威，顿萌悔悟，亲诣国门，上书待罪，业蒙钧府饬交军事委员会依照陆海空刑法酌情审断，处以十年有期徒刑，大法所绳，情罪自当，从轻减处，已见宽法。敬恳钧府念该员勇于悔改，并恪遵国法，自投请罪各情形，依据约法，更沛仁施，将该员应得罪刑，予以特赦，并责令戴罪图功，努力自赎，藉瞻后效，而要示逾格之宽仁。是否可行，理合备文呈请，仰祈鉴核施行。”③

1937 年 1 月 4 日上午，林森召开国民政府委员会议，他将蒋介石的呈文连同司法院的核议做了说明，而后进行表决，会议一致通过准予特赦，并于当日下午由国民政府发布如下命令：“张学良处十年有期徒刑，本刑特予赦免，仍交军事委员会严加管束。此令。”至此，一切程序已走完。负责审判张学良的审判长、审判官事后皆表示那不过是演一场戏，审判长李烈钧说：“那简直是演戏，我只不过是奉命扮演这幕戏的主角而已！张汉卿态度光明磊落，对话直率，无所畏惧，真不愧是张作霖之子。”审判官鹿钟麟说：“所谓高等军法会审，只不过是蒋介石所玩弄的一套把戏，立法毁法，在其一人。”④ 由蒋介石呈请特赦张学良，无疑彰显了蒋

① 何廉：《西安事变前后》，见秦孝仪主编：《革命文献》第 95 辑，第 229—230 页。
② 张学良口述、唐德刚撰写：《张学良口述历史》，第 123 页。
③ 王书君：《张学良世纪传奇》，第 715 页。
④ 王书君：《张学良世纪传奇》，第 715 页。

介石的大度和领袖的“伟大人格”，在外人包括张学良看来，蒋介石的面子和权威应已得到了充分维护。在判决书的理由一栏中还有这么一句话：“惟被告经奉蒋委员长训责后，尚知悔悟，随同旋京请罪，核其情状不无可恕。”① 张学良没有辩驳，抑或也不容他辩驳。

张学良晚年回忆说，护送蒋介石到南京是为了两件事，一件是“请罪”，另一件是“让他（蒋介石）维护权威”。既然蒋介石想要的程序已走完，“严加管束”可紧可松，一切全凭蒋介石，那么宋美龄施加了什么样的影响呢？众所周知，张学良被禁锢了半个多世纪，宋美龄可有为解除对张的禁锢而向蒋力争过？蒋、宋二人均未留下有关的文字记录，旁人也就不得而知。蒋介石在日记中记有宋子文参与商谈处置张学良之细节，如1月3日记：“宋子文、王宠惠、魏道明来会，商谈处置张学良事。宋氏对此有不反对其留京意，但仍有请准回其家居住，略予自由之表示。”1月5日记：“正午，闻宋子文与李石曾及阎某同来。公以恶阎某，故告以明日方见。宋氏不知公意，以为拒其来见，迳乘机返沪。”② 显然，宋子文与蒋介石为此发生过争吵。日记中未明确记录宋美龄参与其事，但从日后宋美龄对张学良的种种关照看，可以想见她一定做过努力。《张学良世纪传奇》系以张学良与其亲自选定作传的唐德刚教授十多次现身说法的谈话录音为基础而作，书中有这样一段描写：

> 一九三七年一月一日下午，另一场激辩发生在蒋介石官邸。
>
> “大令，”不知什么时候，宋美龄已坐到了他的身边。蒋介石一怔，回过头，见宋美龄一脸阴郁，眼圈微红，似才哭过。

---

① 中国第二历史档案馆编：《中华民国史档案资料汇编》第五辑第一编，政治（五），第835页。

② 王正华编：《事略稿本》（40），第9—10页。

“你这是——”蒋介石嘴上在问，其实心中早已明白了。

“大令，这几天，子文同你吵了好几回了。他觉得自己没有办法实现在西安许下的诺言，没脸再见汉卿和其他人了。先前端纳先生告诉我，他对这个结局也很失望，打算辞去顾问，离开中国。”宋美龄伤感地说：“大令，我觉得你也应该好好想想，他们毕竟为你出过力、冒过险啊！”

“冒险，冒险，在西安，有谁比我冒的险更大！华清池那天早上，弹雨横飞，乱枪四射，邵元冲、蒋孝先不就被张汉卿的部下打死了嘛！要是哪颗子弹偏一点点，打到了我蒋某人的身上，你们现在还会为张汉卿求情吗？政治是要流血的，不是靠感情来支配的！”蒋介石已是青筋鼓胀，呼呼地直喘粗气。

“好歹汉卿也是个重信义的人嘛，不然他会亲自送你回到南京？”宋美龄腾地站起身，涨红着脸说。

“我早就叫他不要来，不要来！他自己非要到南京来负荆请罪，我有什么话说？再说，南京的事也不是我一个人说了算！”蒋介石忍不住大吼起来。

“可是你是军事委员会的委员长啊！”宋美龄仍不退缩。

“这件事你不要管了。我已经对侍从室说了，明天我就离开南京，回家乡溪口休息养伤。”蒋介石阴沉着脸说道。[①]

这样的争执是可以想见的，前述《爱记》中所引文字已暗示了蒋介石与宋美龄之间的冲突。如前文所述，没有端纳打好基、宋子文筑好墙，也就没有宋美龄的西安之行，宋子文、端纳的态度是十分明确的，即放张回陕。张学良为维护蒋介石的尊严，抵京后基本照蒋介石的吩咐行事，但从来没有后悔他的犯上之举。信任张学良的宋美龄又怎么可能不为其力争呢？只是没有结果。曾是蒋介石亲信，又与宋美龄、宋子文等交往密切的吴国祯晚年

---

① 王书君：《张学良世纪传奇》，第722页。

回忆说："我的印象是孔夫人对他（指蒋介石）施加的影响比其他任何人都多，相反，蒋夫人从未对他有多大影响。"① 此话要看如何理解"影响"二字。在幽禁张学良一事上，别说宋美龄，任何其他人都不可能改变蒋介石的心意。除此之外，宋美龄还是尽其所能地保护、关照张学良的。

同情抑或谴责张学良，在某种意义上体现了不同立场或不同观点的人对西安事变的不同认识。张学良被宣判后，端纳在报端发表文章以示抗议，国民党中宣部令《中央日报》发文予以反驳，结果在宋美龄的干预下，蒋介石下令严斥了中宣部有关人等，王子壮深为宋美龄的介入而感不满与忧愤，他在 1937 年 2 月 1 日的日记中详细记录了此事。他首先回顾了国民党中央在如何救蒋问题上的两种态度："上月报端猝生风潮，是西安事变之余波，以其性质颇见重要，不可不择要记。西安事变之发生也，意见上有显然之不同的两种态度，但其目的均在救蒋先生，不过一种比较偏重理，一种偏重感情。关于此事，十二日夜之大会中叶先生报告甚详，略谓现在蒋先生在彼手中，如何去营救这是大家都很关心的问题，但是蒋先生之所以被扣是为他所决定坚持的政策，我们推测张杨的意思，无非以为如果将蒋先生一扣，南京政府必定解体向彼讲和，我们要真这样做，不但政府本身失去了立场，就是幸而把蒋先生救出，对于此种政府将亦无法主持，所以现在要营救蒋先生，一定先要坚持中央的立场，换言之，就是先应正是非变顺逆，在保持中央立场之态度下去救蒋先生，是予以声讨在所必要，彼受到切身的威胁才能使彼释蒋先生。此其大略。会场中因此有褫夺张学良本兼各职交军委会严办之决定。第二日即闻孔祥熙、宋子文及蒋夫人来京不赞成，以中央态度太严厉有不顾蒋先生死活之概，故彼等即派顾问端纳赴西安，归来除报告蒋先生平安外，并言西安事变不过与南京在意见上有若干不同，一加调和即可了结。中央以其所言完全系替叛逆宣传也，曾禁登其言论。

① ［美］裴斐、韦慕庭访问整理：《从上海市长到"台湾省主席"（1946—1953年）——吴国祯口述回忆》，吴修恒译，上海人民出版社 1999 年版，第 19 页。

在端纳既先为张学良之顾问，又为蒋先生之顾问，所言当然偏重于私而不顾及国家之立场。蒋先生出险，外传宋美龄曾代蒋先生签订若干条件，是否不得而知。然宋子文亲伴张学良归来，并使安居己寓，亦足见彼等之亲昵。”王子壮的立场是非常明确的，他认为要“坚持中央的立场”，“声讨在所必要”，端纳所言是“偏重于私而不顾及国家之立场”。接着，他对端纳因不满政府对张学良的处置而发表的言论做了严厉谴责，以为这是“干犯法纪”的挑拨离间言论：“在国民政府讨论特赦张案时，会场中多主张赦其本刑，故得通过，而宋子文以系国府委员坚持并其褫夺公权五年之徒刑一并赦免，会中不允，怏怏而退。端纳乃于《字林西报》连篇发表论文，不满此事，甚至以为西安事变之中心，不在西安而在南京者。其命意所在，显然以为对张太苛，而以主张讨伐者为有害于蒋先生，甚且以为南京不以蒋之安全为念，或竟有欲取而代之者——此种挑拨离间之言论，实已干犯法纪。叶先生系负指导言论之责者，曾使《中央日报》为文以驳之。《中央日报》乃有论西安事变之社论，内容除斥张、杨外，对于客卿之不当，亦加以指摘，并未指明端纳。事为宋美龄所知，乃哭诉于蒋先生。蒋先生不察是非，亦竟来电痛责不对。叶先生及宣传部之方希孔乃为之坐卧不安。对《中央日报》加以警告，且令其注销。呜呼！事之黑暗有若此者？迷信外人是误国之端，况以女子当政又何能有顾及全局之力耶？蒋先生此而不猛省，前途危矣。”[①] 王子壮不满端纳的言论，更令其“痛心疾首”的是因宋美龄的介入而令蒋介石“不察是非”。在其笔下，宋美龄对蒋介石有着相当大的影响力。

这场风波虽因端纳而起，而追本溯源在于国民党内的主和派不满国民党中央对张学良的处置。

审判结束后，张学良被正式“逮捕”，送往和平门外孔祥熙的别墅，由宪兵和特务看管。从此，张学良失去了自由。1990 年，

① 王子壮：《王子壮日记》第四册，第 32—34 页。

解禁后的张学良与唐德刚（哥伦比亚大学哲学教授、史学家，张学良曾想请他为其写回忆录）谈话时表示，蒋介石是原谅他了，“不原谅我，他不把我枪毙呀？”① 张并说，是蒋夫人救了他，“蒋夫人待他太好了，甚至救了他的命”②。1993 年，张学良接受《世纪行过》纪录片访谈，再度亲口证实了宋美龄对他的维护：“我的没死，完全是蒋夫人帮我，蒋先生是要把我枪毙的。”

张学良在溪口的幽禁地

① 张学良口述、唐德刚撰写：《张学良口述历史》，第 121 页。
② 张学良口述、唐德刚撰写：《张学良口述历史》，第 16 页。

第七章　蒋、宋笔下的西安事变

第一节　《西安事变回忆录》与《西安半月记》的出版与反响

西安事变结束后，宋美龄写了一本《西安事变回忆录》的小册子。回忆录以记叙形式，夹叙夹议，较为全面地叙述了解决事变的过程，以及宋美龄对西安事变及事变解决各个关节的看法。蒋介石则令陈布雷捉刀，写了一本《西安半月记》的小册子，从1936年12月11日起记，直至记到12月26日。陈布雷在日记中说：1937年“2月2日，蒋公赴杭州，余与郑医师等同行，在杭州度阴历年，辟室新新旅馆，撰西安半月记”①。从表面上看，《西安半月记》记下了蒋介石每一天的活动，也记下了他的一些思想活动。2月22日，《申报》登载21日中央社电称：“据中央党部秘书处负责人谈话云，日前蒋副主席检送三中全会之《西安半月记》，已分送于到会各委员，此项小册现正由中央委托人译成英文，俟中西文一并核对后，再行正式发表。在中央未正式发表以前，任何报纸及刊物，一概不得刊发其全文或一部分。至英译之本，亦须以中央所译者，为正式之定本。希望已收到此册之各委员及出版界注意及之云云。”② 5月26日，宋美龄电函蒋介石说：“《西安半月记》及回忆录之英文本前日已出版，中外人氏争购一

① 陈布雷：《陈布雷回忆录》（二），第67页。

② 《申报》，1937年2月22日，第4版。

空，有添印不及之势，外国各报评论一致赞美，印象不能再好，英美各国舆论对此亦时有良好评论寄来阅之，殊为愉快，想吾兄亦必乐闻也。”① 6月，南京正中书局将两本小册合刊出版，吴稚晖在扉页题写书名《蒋委员长西安半月记　蒋夫人西安事变回忆录》。

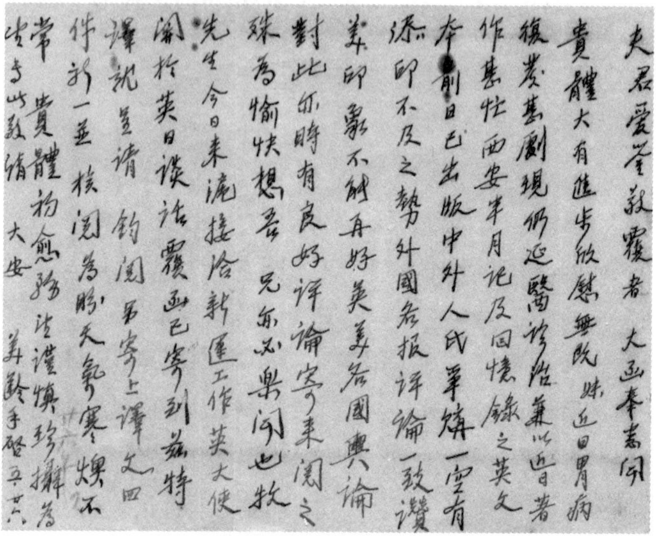
夫君爱鉴：敬覆者，大函奉悉，贵体大有进步，欣慰无既。妹近日胃病复发甚剧，现仍延医诊治，兼以近著作甚忙。西安半月记及回忆录之英文本前日已出版，中外人民争购一空，有添印不及之势，外国各报评论一致赞美，印象不能再好，美英各国舆论对此亦时有良好评论寄来阅之，殊为愉快，想吾兄亦必乐闻也。[illegible]先生今日来沪，接洽新运工作，英大使[illegible]於英日谈话，霞函已寄到，兹特译就呈请钧阅，另寄上译文四件，希一并核阅为盼。天气寒燠不常，贵体初愈，务望谨慎珍摄为尚。专此敬请大安 美龄手启 五、廿六

宋美龄致函蒋介石，简叙《西安半月记》与《西安事变回忆录》英文本出版情形

有关外媒对蒋、宋二文的评论，在此摘录《统一评论》上转录的几则报道，以窥见一斑：“这个真实斗争与特著胜利的故事，是一种极大的历史记录……是动人而又宝贵的记述。”（《纽约时报》）“你的大作，以及蒋委员长日记中所摘出的关于西安事变记载的精华，使千万美国读者感到无穷的愉快。我想自罗马的康士坦丁皇帝以后，没有一个大国的统治者有将伟大思想给予世界，给予他的人民的机会，如你们现在有的机会。”（华盛顿“国家公共事件协会”的一位代表给蒋夫人的信）“非常的时期，发生非常的人物，这是一句中国的古谚。这篇历史记载，能够充分表示‘非常’这字。关于蒋委员长——他有非常的人格，在极度危险

---

① 《蒋夫人函》（1937年5月26日），台北“国史馆”藏：《蒋中正“总统”文物：蒋中正与宋美龄等来往函》，卷宗号：002000000467A。

中，他有非常的忍耐与勇敢；他对于他地位有极度的自信力；对于国家有极端的爱国心；以及对于他从前的敌人有非常的宽大。关于蒋夫人——她有非常的品格，有非常妻子的衷心，对于个人的危险置之度外，她有非常‘女子对于基本问题之直觉的认识’。”（《大陆报星期特刊》，英文）[①] 国民党编辑的《西安事变史料》中收录有时任燕京大学校长司徒雷登的读后感，该文对蒋、宋二文盛赞有加，对蒋、宋二人在事变中的表现更予褒扬。全文如下：

余读蒋委员长《西安半月记》及蒋夫人《西安事变回忆录》二文后，深感其奇情异遇既足骇目惊心，而处危若定持大义以感化顽愚尤足动人肺腑，不啻一伟大之历史小说也。继念二文所纪，皆为数个月前执笔者躬亲之事实，当是时也，国家命脉，危如累卵，举世惶惑，期待其结果之展现，则此两文之价值，又岂足以寻常小说视之哉。蒋夫人于记忆未褪之前，述事变中躬亲之经历，字里行间随在流露其贞娴之妇德，表现其以女性独具之异禀，透切（彻）把握问题之真谛，而实行之以勇武与英断，凡其遡述，皆以客观冷静之笔触描绘当时简单之事实，故其感人尤深。蒋委员长继续作日记者已历年数，详记身亲事件及个人之感想，以军人率直之怀作坦白无私之笔，初只为个人浏览用耳，不料此项日记之前节，在西安事变时为挟持者所窃窥，竟生感化之神效，今蒋氏又将此事变时所纪部分公之于世，是迨中国史料中最忠实之文献矣，此二文者皆以坦白之态度，表露其思想与情感，纯洁真挚之情盎然纸面，苟非对服务具深切信仰者，又安能着一字哉。

综上所涉，实未触及此二文真价值之所在；此二文之真价值，实在表现中国政治变易之动向也。闺阏私情，因为民服务之萦怀，反形黯淡，而公忠为国之同感，竟加强其室家之维系。劫持之主动者，入险之营救者，及镇定之被劫者，

① 《统一评论》第 17 期，第 11—12 页。

皆自知旦夕濒于殉难之危机，然以领袖之视险如夷，竟得激发公忠，就问题做现实之探讨，盖良智所示，国家之托付较重于生命，故宁殉国而死，不甘误国而生，如此忠诚，如此勇毅，中国史中固不乏先例可寻，然欲求孜孜以生民福利为怀，为民众故，断然做避免战争之奋斗如此次西安事变所表现者，实为历来所罕见，更可喜者，民众之反应，如应斯响，中国民众秉承其列圣之遗教，浸染其文化之熏陶，故其对领袖道德上之感应，有非其他民族之所可冀及者，而蒋委员长大公无私为民服务之精诚因此而益坚其拥戴矣。以蒋氏地位言，欲发展其个人之野心，自居抗战英雄，藉结民众爱戴，固甚易焉；然其政策，乃超越常人之意料，屡次引起真实之误解。今西安事变卒能打破各方面之疑云，呈现领袖之真相，使全国民众感叹悦服，卒认彼为国民自动选择之领袖，而非恃权势以跻高位之匹夫。中国虽尚未完成其政治上民主之机构，实已备具民主政治应用之精髓矣！蒋氏之伟大，在其道德信条之简单而真实，而蒋氏之威力，则在民众感知其真人格之悦服，岂是一般独裁者所能比拟哉。此二文者，一为其自己内心经验之实录，一为其夫人抑即其终身事业同志者之纪载，则二文之公布，益足使民众确证其了解领袖之深切矣。

二文之作用，固足为今日中国官民爱国热情腾沸之铁证，然其价值尚有甚于此者。西方人士每称中国人之性情为微妙不可测度，然此次西安事变之解决，非即表示此微妙不可测者实有其最健全之效果耶？非即表示其弃置武力运用理智而获得最圆满结果之明证耶？所足称异者，事变中心各人物，能以坦白镇定之态度，自我牺牲之精神，坚持人类崇奉之最高理想而予以具体之证实，是又非对宗教道德有绝对信仰者不能办矣。

一九三七年三月十七日司徒雷登识于北平燕京大学①

司徒雷登之读后感，可谓给出了颇合蒋、宋心意的点评。

此外，中国的媒体也对此书给予了好评。譬如：

上海《立报》："在这里面，可以显出蒋委员长的信念坚定以个人的生命为轻，而以人格为重的精神。我希望全国上下——尤其是辅佐蒋委员长的人们，都能有'不屈服敌人威胁'的精神，发扬中华民国的'国格'，庶几无愧于蒋委员长的领导……西安事变的所以能够没有蹈上分裂与灭亡的道理，蒋委员长的人格感化和蒋夫人的见解和毅力的卓越，实在是同等重要的因素。"

上海《大公报》教育界："这本书的价值绝不仅是现代中国最重要最宝贵的史料，而且是全中国同胞'精神训练''人格教育'的最珍贵的范本。"

上海《新闻报》："两书之可贵者，不仅在征信也。对于培养民族精神，实有重大关系，坚毅不挠之精神，非独为临难所需要，平时为效尤广，今蒋委员长以身作则，自述其坚忍不回之迹，以告国人，国人崇拜领袖当必奉为圭臬。至蒋夫人之著述，读之尤令人敬仰。若遭逢非常事变，而能镇定筹思，且烛照机先，早定步骤，排万难以趋赴，入至危之境如坦途，卒使大难消弭，领袖既脱险，国家亦转危为安，即数十百万无辜之，亦得免于兵火……阅各历史，盖亦鲜见。"②

与上述报道不同的是，国民党内不少人对蒋、宋二人著述的合刊出版微词颇多，并曾试图阻止宋美龄回忆录的出版。在一些国民党人看来，宋美龄对西安事变的认识及对事变整个过程的叙述，与蒋介石的说法有矛盾。陈公博在《苦笑录》中对此有如下一段记述："西安事变闭了幕，蒋先生和蒋夫人还出了一本《西安半月记》和《西安事变回忆录》的合刊。一天中央政治会议正开

① 《司徒雷登读蒋中正"西安半月记"宋美龄"西安事变回忆录"感想》，台北"国史馆"藏：《蒋中正"总统"文物：革命文献——西安事变》，卷宗号：002000000351A。

② 《统一评论》第17期，第12—13页。

会，宣传部长邵力子正坐在我身边，他真心诚意地拿了一本草稿在看。我问他看什么？他随手把那本草稿递给我，说：'你看看罢，看有没有毛病，这本书还没有出版呢。'我一看原来就是那本合刊，我花了半个钟头一气读完，会议还没有散。'这本书很有毛病，应该斟酌过才可出版。'我对于力子先生贡献，'我也这么想，你试说那毛病在哪里？'力子也虚怀若谷地问我意见。'我草草一看，便发现《西安半月记》和《西安事变回忆录》很矛盾。你看蒋先生在《西安半月记》处处骂张汉卿，而蒋夫人在《西安事变回忆录》倒处处替张汉卿辩护，而且蒋先生在《西安半月记》里从不说他见过共产党，见过周恩来，蒋夫人在《西安事变回忆录》则叙述张汉卿介绍一个参加西安组织中之有力分子来见，既说他是'参加西安组织中之有力分子'，又说'彼等并未参加西安事变'，这都是罅漏，容易露出不实不尽的马脚。我以为既有《西安半月记》，就不出《西安事变回忆录》也罢。如果《西安事变回忆录》一定要发刊，非大加改削不可。我对力子贡献着，因他是一个宣传部长，宣传不妥，他也有责任的。'你说得对。'力子很坦怀。这样，这本《西安半月记》合刊，印刷好又停止发行，忽发忽停，反复了三次，结果还是面世了。我责任不在宣传，自然不管这些闲事，许久我又碰见力子，我问他为什么还是让它这样矛盾，他说：'蒋夫人一定要这样，不肯改，我有什么办法呢！'"①

文中，陈公博不仅指出了《西安半月记》和《西安事变回忆录》的矛盾，并简述了这本合刊的出版过程，相关人等均发现二本小册子有矛盾，然因蒋夫人的坚持，虽经三次反复，仍以合刊的方式出版了。

更有一些国民党人极度不满宋美龄高调和平解决，及对讨伐派的指责。王子壮在日记中以批判的态度对宋美龄坚持出版回忆录之动机进行了剖析，甚至严厉抨击了宋美龄的言行。听闻蒋、宋两文即将合刊出版的消息后，王子壮在4月21日的日记中评说：

---

① 陈公博：《苦笑录》，第254—255页。

关于西安事变之经过，蒋先生既将日记发表为《西安半月记》。前曾印送五中全会之各中委，并声明暂保秘密，发表时机未到也。近日闻宋美龄亦有所记述，与《西安半月记》共订一册，交正中书局出版，索稿费万元。据宋美龄表示，欲以做慈善事业。宋之所述，据云光兄云，仍持其一贯之见解，以为对西安事变不宜用兵，解说可了，最后果如其说，以证彼说之高明等语。正中书局系党有关之书局，今乃奉命刊布宋氏之此类与国策不相容之著作，实不能不叹蒋先生溺爱不明，将为盛德之累。独不思中央如不讨伐，而与张谈判，则政府之立场尽失，国家危难将有旦夕倾覆之祸，尚能容汝辈与张折冲乎？再苟无军事上之威力，以迫使就范，张学良未必即能放弃其谬误之主张，而俯首南来也。事实昭彰，既已明甚。妇女之见，莫不以眩才饰短为其聪明。蒋先生信之，且为出版，非溺爱而何！①

5月12日，王子壮再次在日记中对即将出版的合刊加以评论，对宋美龄在回忆录中“非难”讨伐者甚是气愤。为证明处置张学良、讨伐西安之决策系出于“国家之立场”，宋美龄的批评乃对讨伐派的无端指责，王子壮在日记中详细叙述了事情的经过。在王子壮看来，蒋介石既允其出版，显是受了宋氏兄妹及端纳的影响。

蒋先生之《西安半月记》既欲出版，并附以宋美龄所著之《西安事变回忆录》，其英文稿已交纽约某报刊布，而中文本虽已印出迄未发行，据闻其事有严重化之可能，姑志之。

此等回忆之作，本不宜即时发表，因人事之综错，每将转增纠纷。蒋夫人此作，其目的在表示自己一贯的主张和缓之有识，而非难中央政府之主张讨伐者。此种非难政府之态度殊非中央要人所宜有。余于四月廿一日记已略及之，然其

① 王子壮：《王子壮日记》第四册，第111页。

所以必须发表之动机则令人不能无疑。盖事情既已遏止，蒋先生亦安然出险，本无责难，自可默尔而息，何竟欲无端再启风波。蒋夫人非愚，蒋先生亦竟任其行事，则不能不令人疑有不得不如此者在。

前余见毛泽东一文，系对于蒋先生之张、杨训话而复，由东北军印行者，其中堪注意者有几点：彼以为蒋先生系允采纳彼等之主张而始获释放者，故谓只要能赞同统一战线共同抗日实行此项约言，不签字亦无伤，是其一。再则复用故伎分析国民党有左派即赞同共同一致抗日者，有讨伐派即媚日而主张讨伐西安事变者，前者谓张学良、杨虎城、宋子文，后者谓何应钦、陈绍宽、张嘉璈、吴鼎昌等，是其二。余读此文，因共党之惯于搬弄是非，亦甚不以为然，尤以后者与事实全违。盖蒋先生之被困西安后，群俱惶骇，而以老同志对此事更属愤懑，如居先生于纪念周慷慨陈词，主张立即讨伐，戴先生之痛哭激昂（因此与宋美龄起冲突，会议中拂袖而去，后经群劝及宋美龄亦有歉意表示始已）是其著者。据余所知，丁先生、张先生、孙先生、于先生诸元老莫不主张立即讨伐，以威力迫使小张屈服而释蒋，若何应钦是当时之最受压迫者，会上既推彼为总司令，主张严厉讨伐。而家属方面之宋美龄、宋子文、孔祥熙等均主张缓和，以救蒋先生为上，于是不使何应钦用兵，故当时最前线部队之桂永清所指挥的教导总队系自动的前驱（事变后南京教导总队以救蒋心急，立即出动，事后请何追认，何只既为事实亦只得应允），而非何之命令也。当时主张虽有缓急之不同，而救蒋先生之意则完全一致，并无丝毫之作用存在其间，如十二日夜既经决定免小张职务。孔祥熙时在沪，次日到京，于下午开会时出席发表意见，颇以昨日之决议为较严，会场中群起非之而主张有此必要。孔退而与丁先生谈，乃告之曰：此会场之空气系在国家之立场，不得不如此，若私人有何方法可尽量营救，但不必向会中报告，如果接洽能以济本使蒋先生恢复自由，中央方欢迎……但目前不宜于会上声张等语。孔自是不以与张接洽之事向会场陈述。宋子文赴西安均谓系私人行动。又何应钦偶提前方暂停轰炸以待宋子文之折冲，立即遭戴先生面斥，何只唯唯而已，盖何亦有不得不如此者在。盖蜚语流长，谓何将取蒋先生而代之，其志不在救蒋也。总之，在蒋先生未离西安之前几日，京中意见极纷，而目的则一致在救蒋。毛泽东之欲借端打击一派，所谓与日本有关之人，不惜颠倒是非以出之，殊不知毛泽东所举者在当时会场均为不发言之人，更遑论主张讨伐欤。

唯是毛泽东既有此不合事实之分析，然上海则有孙夫人宋庆龄素以联共为主张，宋子文、宋美龄均为其兄妹也。包围蒋先生左右者，尚有端纳屡作论，谓西安事变证明真反蒋先生者在南京，其意在为小张洗刷，以为小张与蒋只政见有出入也，不惜厚诬南京之长者，谓其主张讨伐系别有作用。蒋先生地位诚高矣，但与党内诸人之关系反日疏远，几无人能与之做亲切之恳谈者。此一辈人乃有运用之余地。宋美龄之回忆录而必于此时出版，蒋先生亦优容之，乃环境之产物也。①

为洗刷讨伐派之“冤屈”，王子壮在日记中不仅大骂共产党，甚有将蒋介石比作只听身旁“奸佞之臣”的帝王之意。王子壮为宋美龄回忆录的出版气急至捶胸顿足，跃然纸上。合刊正式问世后，人微言轻的王子壮只有在日记中发泄对此事的愤懑。他在6月11日的日记中说：

蒋夫人之《西安事变回忆录》英文者既早已出版，中文者归正中书局，排版叠更，修正者屡。卒于近日与蒋先生之《西安半月记》同时出版，行销极速，数日间出售逾十万，开

① 王子壮：《王子壮日记》第四册，第132—135页。

出版界之新纪元。余检阅回忆录之内容，对于政府处置之不满，跃然纸上。虽经布雷先生之斧正，绝难泯其形迹。盖蒋夫人以此鸣高，自诩其所见之远大，而为一般政府诸公所不及。实则政府当时正为应付内外，不得不采用此态度。究其本心，亦在营救蒋先生，任何手段在所不计。为营救者容易实现其目的，不得不出之以畏吓态度，即蒋夫人之所记，亦以政府所订停战期间届满，叛将恐再受涂炭乃不得不为之屈服。苟政府之态度不严厉坚决，以蒋夫人之贤能，亦将无所措手足，是为极显明之事实，由彼书中一目了然者。但彼于书中必曰蒋先生之出险独得力于端纳、宋子文及彼三人，是虽有欲为其辩护非夸大狂者而不可得也。①

对宋美龄的不满已至极。宋美龄高调主张和平解决，不赞同武力讨伐，以致或明或暗地指责坚主武力讨伐者别有用心，这是王子壮抨击宋美龄之核心所在。中央军的步步进逼，迫使西安方面急于结束事变，这在宋美龄的回忆录中确有所记，此乃军事压力的效果亦属不假，然西安方面为何在中央军的军事威胁下急于结束事变，是一个值得深究的问题。宋美龄以为“西安将领所惴惴者，实只其本人之安全”②，此话若反映了真实的话，也是部分的、片面的，张学良坚持送蒋介石回京的行动本身已表明了他的心志——“证明此次事变，无危害委员长之恶意及争夺个人权位之野心”，这应是西安方面急于结束事变的关键，因为一旦双方大规模交火，蒋介石的安全无可保证。不管南京方面是否有取蒋而代之的企图，南京的武力讨伐将置蒋介石于危险境地，却是十分可能的结果。宋美龄在回忆录中明确表明：“动员军队讨伐西安”，“余不能不臆断为非健全之行动”，“军事上或有取此布置之必要，委员长或亦悬盼此步骤之实施，然余个人实未敢苟同。因此立下决

① 王子壮：《王子壮日记》第四册，第162页。

② 蒋宋美龄：《西安事变回忆录》，见王亚权主编：《蒋夫人言论集》上集，第83页。

心，愿竭我全力，以求不流血的和平与迅速之解决”①。

第二节 传播学视域下的《西安半月记·西安事变回忆录》

国内外媒体对蒋、宋二人著述之好评，虽不能说代表了舆论的全部声音，至少也是部分甚或是大部分的声音。这或许正是宋美龄坚持两篇著述同时出版所要的效果。在两篇著述合刊出版的过程中，有一细节值得重视，即合刊的英文版早于中文版出版，这应是宋美龄所为之结果，她未曾明说此举之用意，但不难推测，她想借此书的出版，宣传蒋介石包括她自己，以引起英、美对中国的重视。前文所引宋美龄致函蒋介石，欣喜报告该书英文版在英美获得之好评，以宋美龄的学识、地位，以她一贯的骄傲，她不至于仅为博洋人一赞而费力撰稿出版。行为博得喝彩，表明行为的主体受到重视。九一八事变以来，中国的国际形象不佳。在日本侵华咄咄逼人，中国国势危殆之际，争取国际同情和援助，是政府必要之举。西安事变既已引起欧美国家的关注，事变的和平解决亦为英、美等国所乐见和赞扬，藉此大力宣传蒋介石在事变中的表现，及以宋美龄为代表的亲英美派坚持和平解决的主张和行动，何尝不是一个宣传中国、吹捧蒋介石的好机会？

董显光②认为：“外国人不了解中国，是中国人自己的错误。因为，我们中国人传统习惯鄙视自我宣传。因此，在今日全世界充满了有组织、有力量宣传活动的时代中，中国人还保持着不赞扬自己的谦逊观念。”③ 20世纪30年代的中国政府，非常需要向世界尤其是英、美等国家宣传自己的抗日决心和准备。自中国与日本签订了丧权辱国的《塘沽协定》后，国际社会普遍认为中国政

① 蒋宋美龄：《西安事变回忆录》，见王亚权主编：《蒋夫人言论集》上集，第55页。

② 董显光，早年肄业于美国密苏里新闻学院，归国后专心从事新闻工作，1937年10月受命为国民党中央主管宣传的副部长。

③ 董显光：《董显光自传——一个中国农夫的自述》，曾虚白译，台北：台湾新生报社1984年版，第197页。

府愿意对日让步、默认日本侵略的现状。重塑中国政府——在时人眼里即蒋介石政府的形象，实属必要。在董显光眼里，宋美龄是那时政府中寥寥明白宣传中国之重要性的人之一，他回忆说："我后来知道，我这次新任命除蒋委员长知遇特拔外，蒋夫人推荐尤殷。蒋夫人是那时政府中最能了解中国在这危急存亡的关口上争取美国新闻的好反映是怎样重要。夫人从小就受美国教育，又得到美国政要名流的敬佩，因此观察美国人心理了如指掌。她每天批阅大量美国书刊，密切注意美国朝野对中国各种问题的反映。同时，他知道我这个中国人受过美国高级报人的训练，可以担负起把中国介绍给西方世界的责任。"① 的确，宋美龄的成长经历练就了她在这一方面的敏锐力。出身传教士家庭的宋美龄，从小即和哥哥、姐姐一起接受了父亲在演讲、办报方面的训练。W. N. 安斯沃斯夫人（宋美龄就读威斯里安女子学院时的院长夫人）回忆说，十一岁的宋美龄曾和两个小朋友出版过一份小报，刊登关于学院年长女生们的零零碎碎的闲话，每份报纸卖一美分。② 十年的留美生涯，更增强了她这方面的意识和训练。

印刷品属大众媒介，它可以发挥一定的社会影响，其效果则须视传播者与接收者双方而定。从传播学角度解读宋美龄对合刊出版的坚持以及国民党内有关人士对她的不满与指责，或许能让我们更全面、理性地认识此书的价值及因此书出版而引起的一些风波。

西安事变的发生令世人震惊，它的解决富有戏剧性，也有些出人意料。探究事变之究竟，实属人之常情。蒋介石在西安何以获释前文已做分析阐述，而蒋介石回到南京后抛出了一篇"对张、杨的训话"，以示其获释返京是张、杨在他"伟大人格"的感召下"勇于改过"的结果，该文立即遭到西安方面的批驳，如前文所引

---

① 董显光：《董显光自传——一个中国农夫的自述》，第124—125页。

② ［美］W. N. 安斯沃斯夫人：《学生时代的宋美龄》，见上海市孙中山宋庆龄文物管理委员会编：《孙中山宋庆龄文献与研究》第三辑，上海书店出版社2011年版，第280—281页。

述中共中央以毛泽东名义发表的声明，及杨虎城声明。上述声明中所披露的蒋介石在西安的承诺，蒋介石自然不愿承认，毛泽东与杨虎城声明既公开发表，对受众会产生什么影响无法预料，即便没有看到声明的人对西安事变如此结局亦会有种种猜测。欲制止“流言”传播，满足人们的“好奇心”，最直接的办法就是当事人自己对事件之来龙去脉作出详细解释。宋美龄坚持《西安半月记》与《西安事变回忆录》合刊出版，正是以当事人的身份向外界公布西安事变之全过程。传播行为中所说的信息并非只是“事实”或“真相”，也“不仅仅是新闻或指导或我们在百科全书中找到的那种资料”。此处的含义：“凡是在一种情况下能减少不确定性的任何事物都叫作信息。”[①] 虽然“传播行为的全部意义是难以从表面上看出来的。每一个传播行为，每一个传播者和接受者，都各自有一套目的和原因”[②]，但据传播者传播的信息及其对接受者反馈意见的态度，大致可以对这种传播行为的目的做一些推测。

合刊出版可以提高蒋介石的政治声望。西安事变发生后的半个月中，媒体对蒋介石的曝光率是蒋执政以来最高的。既如前文所分析，影响力最大的两家中国非官方报纸倾向支持政府批评张、杨，希望西安方面尽快释放蒋介石，使事变不致酿成大规模内战，于是，报上所登文章多对蒋执政以来的作为予以肯定甚至褒扬。戏剧化的现象出现了。九一八事变以来，国民党内外对蒋介石的“攘外必先安内”多有批评，西安事变正是在这样的大背景下发生的，而蒋介石的“被劫持”却使他的政治声望前所未有地迅速提高，他成了各方公认的唯一领袖。当时的社会无论对张学良、杨虎城还是蒋介石，都持有一种看似矛盾的态度：一方面，张、杨的行为受到各方批评甚至谩骂；另一方面他们的合作抗日主张为多数人认可和接受，也是众人希望西安事变和平解决所要达到的目标。对于蒋介石，一方面他在西安表现出的“伟大人格”令注

① ［美］威尔伯·施拉姆、威廉·波特：《传播学概论》，陈亮、周立行、李启译，新华出版社1984年版，第41页。

② ［美］威尔伯·施拉姆、威廉·波特：《传播学概论》，第25页。

重气节、讲求“宁为玉碎不为瓦全”的中国人佩服、敬仰；另一方面他改弦更张，决定停止内战、一致抗日的转变令国人感到欣慰，也是英、美等国愿意看到的结果。这种“气节”的坚持与政策的转变，本身是一此长彼消的关系，欲令其平衡，实非蒋介石一人所能为。如今由蒋、宋二人以各自的角色分别就一个方面予以重点阐述，就媒体的反应看似乎两者都得到了彰显，蒋介石的政治声望达到了一个新的高度。《西安半月记》以日记的形式，记下了蒋介石每一天的活动，包括日常生活、与他人的接触及思想活动等，令人感觉真实、坦率。字里行间显露出的“坚韧、勇敢”，对“人格”之重视，即如司徒雷登所言“国家之托付较重于生命，故宁殉国而死，不甘误国而生”，不由得令读者肃然起敬。宋美龄在《西安事变回忆录》中则以其躬亲之经历，以女性的视角，叙述了和平解决事变的艰难过程。英、美国家，作为事件的局外人，当看到事变有可能引发日本对中国的侵略而危及他们在中国之特权时，他们迫切希望事变尽快得以和平解决，宋美龄的努力是他们愿意看到的。最终，事变得到了和平解决，蒋介石安全了，中国出现了团结统一的局面，这是英、美希望看到的结局，他们亦非常欣赏蒋介石在解决问题过程中表现出的将国家安危置于个人安危之上的精神，以及宋美龄的坚强、勇敢。“宋美龄在营救蒋介石过程中所展现出的勇敢、独立，为美国的女性主义者提供了一个无限的想象空间，为她能负责别的女性所不可能有机会负责的政治斡旋活动喝彩。”① 在他国的眼里，中国“第一夫人”的精神不仅是她个人的，在某种程度上也代表她的国家。

如前所述，国民党党政机关的一些官员曾竭力阻挠蒋、宋二人著述的合刊出版，从传播学角度看，亦为情理中事。据前文所引国民党中央党部秘书处负责人谈该书之审查、出版过程可知，该书属政府出版品，在其交付印刷出版前，政府有关部门和人员

① 石之瑜：《宋美龄与中国》，第256页。

对其进行了严格的把关、审查。基于政府的立场，他们对二人著述中的文字表述及某些细节的不同描述提出了质疑，诚如前文陈公博、王子壮所言，究其核心，在于两点：一是蒋、宋二人对西安事变的性质表述不同，与此相应，一个大骂张学良，一个却替张学良辩护；一个痛恨“剿共”事业毁于一旦，指责张学良受了共产党的“蛊惑”，一个却同情张学良的主张。二是蒋、宋二人对如何解决事变的主张不同。相应地，他们对于事变解决过程的记录亦不同，尤其是中共代表介入问题，一个只字不提，一个却近乎明确地道明与共产党代表做过谈话。当政府作为传播信息之主角时，统一口径以维护政府的权威，实属必要之举。王子壮认为宋美龄回忆录为“与国策不相容之著作”，故反对甚力。在此，他们考虑的是传播者如何作用于接收者。而传播效果是双向的，因为接收者是能动的，当考虑到接收者会怎样对待传播时，就会发现上述所谓的矛盾是可以理解的，毕竟这是两个不同的人各自经历、思想的阐述。从蒋介石、宋美龄两个个体看，记录不同实属必然，因为二人所处的地位、身份不同，所能示于外人的自然不同；二人在事件中扮演的角色不同，感受亦必然有所不同。再具体地说，蒋介石为国民党领袖，宋美龄为领袖的妻子，二人所处的位置不同，考虑问题的角度自然不同。蒋介石认为：“吾人之生命可以牺牲，而国家之法律纲纪不能迁就……余对中央与国家之责任，余一息尚存，绝不敢丝毫推诿或放弃。”“余为代表中华民国四万万人之人格，如余为部下威力所屈，临难求免，则余之人格扫地，即等于中华民族之人格扫地以尽。无论个人与国家民族，如人格丧失，则虽生犹死，虽存必亡。”① 宋美龄作为妻子，正如其在回忆录中所说，外人以为其首要考虑是丈夫之安危，不同的是她将丈夫蒋介石之安危与国家民族之前途命运系在一起。蒋、宋二人在事件中的角色不同，蒋为事件发生时被动的一方，宋为解决事变的主动方，二人的心情自然不同。蒋介石因被部下所扣

① 《蒋委员长离陕前对张杨之训话》，见朱文原编：《西安事变史料》第一册，第459—460页。

而产生的气恼、羞辱在其日记中表露无遗，宋美龄则在焦虑与紧张中积极介入事变的解决。蒋介石记录的主要是个人的感受，以及他与事变发动者间互动的关系；宋美龄记录的主要是事变解决的过程，涉及事变发动者、参与事变解决之各方。这种记述的不同，从接收方来讲，或许更有真实的感觉。

《西安事变回忆录》的确彰显了宋美龄在处理事变中的作用，维护进而宣扬蒋介石之“人格与尊严”，亦本是宋美龄写作此文之宗旨。况且，《西安事变回忆录》与《西安半月记》合刊出版，事先已经蒋介石过目修改。蒋介石于1937年3月24日的日记中即记有此事，“本日为农历二月十二日，为夫人三十八岁生日。公为夫人修正《西安事变回忆录》”[①]。其后又经国民党中宣部审核，书中绝不可能出现丝毫有损蒋介石形象的内容与文字。不过，宋美龄在批评共产党、大加称颂蒋介石与国民党之余，其所记述的某些谈话内容，比照中共中央文件及宋子文日记，亦有相同之处，只是在文字叙述上有所不同，如《周恩来年谱》中记述：12月23日，周恩来“和宋美龄谈话，阐述中共关于解决西安事变的主张及抗日的各项政策，希望蒋介石从速抗日”。

就宋美龄致蒋介石信的内容看，她非常在意英、美等国对此书的反应，她欣喜地看到了接收者积极肯定的反馈意见。欲令接收者愿意倾听进而接受传播者的观点，可以采用很多方法或手段，而前提是传播者需得到接收者的信任，宋美龄做到了。首先，宋美龄的基督教家庭背景及其留学美国的教育背景，令美国人对其颇有好感，恰如一位学者所说：“因为她是受美国的教育，又笃信基督教，所以在与美国各界沟通时，比较容易被当成自己人。”[②]“美国社会对中国的幻想，最明确地是反映在教会活动上”，“美国是在透过对蒋夫人言行的诠释，满足美国人自己的文明想象”[③]。在这本合刊中，宋美龄和蒋介

---

① 王正华编：《事略稿本》（40），第296页。
② 石之瑜：《宋美龄与中国》，第235页。
③ 石之瑜：《宋美龄与中国》，第236—237页。

石都一再提到了基督给予他们的力量，这无疑是美国人十分愿意听到的。其次，宋美龄在回忆录中坦露的心情，由对事变茫然不知时的惊恐、惴惴不安到看到一线希望时的惊喜，由见到丈夫的激动、等待结果的紧张到蒋介石获释时的释然，令人感觉她是那样的真实、坦诚。她对事变的认识、对事变发动者张学良的态度，展示了她的政治识见、她的理性与宽容，她的和平解决事变的主张及对其主张的坚持，又充分展现了她的睿智与坚强，所有这一切无不令本已对她颇为赏识的人动容、动情，亦更加地信任她。再次，宋美龄以其个人经历为线索，对事变的解决过程，及其间涉及的方方面面情况和参与的方方面面人物都做了交代。宋美龄在回忆录中述及的各个细节是否真实，她对蒋介石获释的分析是否正确，此非传播学中对信息之要求，传播行为中的信息本就是需要加工和处理的，宋美龄的叙述简明清晰，逻辑严密，她的论点及为此提供的证据令接收者信服或者说是接收者愿意听到的，这是传播行为所要的效果。书籍的旋即售空和获致好评，令宋美龄欣慰，她的作为已见成效。

西方舆论的好评亦反映了宋美龄的一个“特长”，她能抓住西方人的心理，“迎合”他们的“口味”，以达到提高中国声望的需要，这在她日后的访美演讲中更是体现得淋漓尽致。受过传统文化熏陶的宋美龄，同样能抓住中国人的心理，藉合刊的出版传递出必要的讯息。反对合刊出版的政府中人在意的是政府的权威，宋美龄则更在意蒋介石个人的形象。虽然从文字叙述看，两篇著述有所不同，然对蒋介石“人格与尊严”的维护处处可见。如对于西安事变，蒋介石最感痛者是“剿共”事业毁于一旦。他说：“八年剿匪之功，预计将于两星期（至多一月内）可竟全功者，竟坐此变几全毁于一旦。”宋美龄虽未附应蒋介石之痛心疾首，在回忆录中却也有一段附和“反共”之文字，藉此吹嘘蒋介石：“委员长心底之唯一信心，则永远为求人民之幸福，以完成真正足以代表民意之三民主义，为其努力之标的，不惜竭全力以赴之。当其推进‘剿共’军事之时，仍注重于招抚投诚，开其自新之路。共党或被感动而来归，或被俘而劝服，即分送各处反省院，衣之、食之、教育之，使了解行政上种种革新，实皆为大众求生活之改善。”① 在反对者看来有明显矛盾的地方，在宋美龄看来是在帮蒋说出了他不便说的话。如陈公博以为“蒋先生在《西安半月记》里从不说他见过共产党，见过周恩来，蒋夫人在《西安事变回忆录》则叙述张汉卿介绍一个参加西安组织中之有力分子来见……这都是罅漏”。事实上，蒋介石与中共代表有过接触，这在当时已是公开的秘密。宋美龄不仅道出了秘密，甚至对中共代表周恩来的表现颇为肯定，“此人在西安组织中甚明大体”，惟掩耳盗铃地抹去了中共、周恩来几个字眼。宋美龄还写道：“察其言辞中，反复申述一语并不厌赘，其言曰：‘国事如今日，舍委员长外，实无第二人可为全国领袖者。’述其对于国防上所抱之杞忧，亦喟然曰：‘我等并非不信委员长救国之真诚，惟恨其不能迅速耳。’”② 由此段话可以读出宋美龄意欲表达的两层意思：其一，宋美龄借共产党之言再度强调蒋介石对于当时中国之重要——舍其无第二人可领导中国；其二，宋美龄相信张学良发动事变、共产党介入调解，都是为了抗日救国，唯对蒋介石不了解。宋美龄接着对蒋介石进行了一番辩护，说：“青年人血气方刚，每病躁急。中国为一古国，面积之大，人口之众，领袖者欲求成功，理当做合理之进步，安可求快意于一时。更有进者，领袖之实行其理想，决不能超越群众之前而置群众于不顾，尤当置意于经济问题之重要。”③ 既然都为了救国，有何不能坐下来谈的呢？在此，宋美龄一方面维护甚至抬高了蒋介石；另一方面亦为他们在西安与中共的接触，乃至蒋介石回京后国民党与共产党的继续谈判做了合理的脚注。

---

① 蒋宋美龄：《西安事变回忆录》，见王亚权主编：《蒋夫人言论集》上集，第84—85页。

② 蒋宋美龄：《西安事变回忆录》，见王亚权主编：《蒋夫人言论集》上集，第80页。

③ 蒋宋美龄：《西安事变回忆录》，见王亚权主编：《蒋夫人言论集》上集，第80—81页。

宋美龄坚持两篇著述以合刊形式出版，从媒体反映的舆论看，似已达到了维护和提高蒋介石政治声望的目的。与此同时，她亦大大“吹嘘”了一下自己。被人称为“传播学之父”的施拉姆根据心理学家的分析提出，“我们发现数量相当惊人的传播行为主要是为了满足自己”①。西安事变最终以和平的方式得到解决，从当时国内外的舆论看，这是顺从民意、顺应历史潮流的结果。毋庸置疑，促成西安事变的和平解决，在宋美龄的政治生涯中具有重要的里程碑意义。作为主和派的代表，宋美龄藉此大书特书她的坚持及其经历的艰辛与不易，一吐曾经遭遇的不快与不满。

以宋美龄的立场，不难理解她在这个传播行为中的目的和原因。蒋介石作为国民党领袖，何以不顾政府中人的强烈反对，同意出版此书？此非本章考察之主旨，不做深入探究，然有一点是明确的，即蒋充分信任自己的妻子。在返京后的日记中，蒋介石不止一次地表达了对宋美龄冒险救夫的感激与心疼：“妻之于夫，不惜牺牲其本身之一切，以保全余之身心为惟一目的，殊为可感。”② “此次操急实非常人所能担负也。”③ 而在宋美龄笔下，坚主讨伐者似是既不顾蒋介石之安危，亦不信蒋之人格。无怪乎，《西安事变回忆录》与《西安半月记》合刊出版后，讨伐派的一些代表人物欲告假离职。王子壮在日记中所批评的蒋介石对宋美龄的“溺爱”，换个角度看，恰恰体现了蒋介石对宋美龄的充分信任。由此推论，蒋介石是否欲藉此敲打曾想不顾其安全而轰炸西安之人有否不轨企图？蒋介石返回南京后，曾强烈主张讨伐西安者先后告假不理政事，不能说仅是巧合，诚如王子壮在日记中所说：“戴先生请假赴汤山不问事者月余矣，闻近日并无甚重病，说者谓与此事有关。丁先生赴日照已去数日，虽主要系为中央政校事，但对于蒋之溺爱不明，亦颇不慊。居先生亦云，如此胡来，

---

① ［美］威尔伯·施拉姆、威廉·波特：《传播学概论》，第26页。
② 黄自进、潘光哲编：《蒋中正“总统”五记——爱记》，第152页。
③ 黄自进、潘光哲编：《蒋中正“总统”五记——爱记》，第150页。

只有不干而已。何应钦求出洋而未得许可。”[①] 王子壮认为，假如蒋介石不允蒋、宋二人之作合刊出版，以上种种不会发生。王又怎知这或许正是蒋要的效果呢？

总的来说，《西安事变回忆录》完整地体现了宋美龄对于西安事变的认识，虽然因立场关系及欲达之传播效果，或有文过饰非之处，综观全文，亦以安全救蒋、维护蒋之“尊严与人格”为主线。不可否认的是，宋美龄对西安事变的认识包含相当的理性成分，国民党方面对其文的批评，甚至指责为“与国策不兼容之著作”，恰恰从反面印证了此点。

① 王子壮：《王子壮日记》第四册，第135页。

余音　宋美龄与幽禁中的张学良

在国民政府下令将张学良“交军事委员会严加管束”后的半年，抗日战争全面爆发，怀有一腔热血的张学良将军却无缘再上战场杀敌报国。随着抗战局势的演变，他被“押送”着不停地迁徙。自 1937 年 1 月至 1946 年 11 月，先后在浙江奉化，安徽黄山，江西萍乡，湖南郴州、沅陵，贵州修文县、阳明洞、开阳县、桐梓县，以及重庆等地颠沛流离。1946 年，抗战胜利了，十年的“徒刑”亦到期，张学良却未得到自由。10 月 15 日，张学良、赵一荻由贵州桐梓县被秘密押解到重庆，“住渝郊外之松林坡”①。11 月 2 日，张学良、赵一荻在不被告知飞行目的地的情况下，自重庆白市驿机场由专机送往台湾。“今日迁移，但余始终不知去相（向）何处。早六点一刻，由重庆白市驿机场起飞，有李云波、徐远举、郭处长等来送行。八点四十分抵武昌徐家棚机场加油，十二点一刻抵台北松山机场，余（始）知是到台湾。陈长官派周处长一鹗、刘县长启光、连谋、陈达元调查科长等在机场迎接，到陈达元寓所午餐，下午二点一刻由台北乘汽车动身，约五点半抵新竹，宿于招待所。”② 从此，开始了他们在新竹井上温泉的幽禁生涯。后于 1957 年 10 月迁至高雄西子湾，1960 年迁至台北。迁

---

① 松林坡公馆为歌乐山半山林间的一排平房，抗战期间中美合作所为蒋介石修建，但蒋介石从未住过。因戴笠常去小住，被人称为“戴公馆”。1949 年 9 月，杨虎城将军被秘密杀害于此。

② 张闾蘅、张闾芝、陈海滨编著：《张学良、赵一荻私人相册：温泉幽禁岁月（一九四六——一九六〇）》，生活·读书·新知三联书店 2006 年版，第 45 页。

居台北后，在宋美龄的关照下，张学良几近“与世隔绝”的幽禁生活才有所改观。

2006 年，适逢西安事变七十周年，张学良的侄女张闾蘅、张闾芝等根据张学良的记事簿、日记、信函及张学良、赵一荻的口述编撰而成的《张学良、赵一荻私人相册：温泉幽禁岁月（一九四六——一九六〇）》由生活·读书·新知三联书店出版。她们以自己与大伯张学良交往之所见所闻及感受，辅之以文献资料，详细、生动地记述了张学良、赵一荻的幽禁岁月，对此间宋美龄与张学良的交往亦做了详细记录。根据该书的描述，宋美龄对张学良的关照和影响大致表现在如下几个方面：

其一，与张保持通信，并互赠礼物。

1946 年 12 月 4 日，张学良收到台湾行政长官陈仪派人送来的宋美龄的一封信函及两盒糖果，这是张学良到台湾后收到的来自宋美龄的第一封信和礼品，此后二人即一直保持着信函往来，彼此问候。在信的开头，宋美龄基本以“Dear 汉卿”来称呼，有时也以“Marshal Chang Hsueh-Liang”（张学良元帅）相称，对张既亲切又尊重。张学良在信中以报告个人生活为主，对宋美龄的感激之情表露无遗、溢于言表，且用词谦卑。以下摘引数封张学良致宋美龄之信函，既可一窥张学良之软禁生活，也可从一侧面了解宋美龄对张学良之关心。

12 月 5 日，接到陈仪转来宋美龄信函的第二天，张学良即回复了一封长信：

> 夫人赐鉴：昨夜接到陈长官公侠转来十一月十五日钧函及关于端纳先生去世中英文情报一本和糖果两盒。展读之下，悲痛交集。这个老人可爱之处，是他真诚爱中国。我们俩在一起的时候，时常讨论中国的问题，中国为什么不能强盛？中国为什么这样的穷苦？中国官场为什么这样腐败？他的意见改善是对的，但是他的心总是向着中国和中国人民的，如不是日本人这样地虐待他，还（或）许他不会去得这样早。

可恨的日本小鬼。DON死在中国胜利之后，他可以瞑目了。可惜他还不能看到中国真正的强大……假如他死在日本军阀手里，那是叫我们多么难过的事。这一点我们也安慰安慰我们自己吧。现在我谢谢夫人您。关于DON的那本情报，夫人您真是有心人。若是死者有知，他也会对您敬礼的。现在我再谢谢您那两盒糖，这真是“千里鹅毛”，尤其是“纪士林”那盒，可称万里了。再准我报告报告关于我的近况：自移转台湾以来，陈公侠招待十分周到，住所出乎我意想之外的安适，并且有一个温泉，不是硫磺泉，是个碳酸泉（cleareous spring），这是名贵难得得很。我日常生活还是读我的《明史》，也没有什么特别心得，只是记些姓名掌故耳。不知介公和夫人您们身体怎么样。近日在主席六十生日纪念册上，看见您们近照，看见介公好像胖了些，夫人您有点变了样子了。祝您们为了国家多多地保重。专肃敬复，并叩

钧安，并请代上介公前叱名叩安。

张学良谨肃　十二月五日①

端纳，是宋美龄、张学良共同的朋友，也是他们可以共同讨论并能引起共鸣的一个人物。为和平解决西安事变立下汗马功劳的端纳，在蒋介石囚禁张学良后曾公开发表不满言论。1940年，因与蒋介石夫妇发生矛盾而离开。1941年，日本占领菲律宾，端纳在马尼拉被困，被日军关进集中营。他隐姓埋名，历时三年未被日军认出。日本投降后，端纳离开集中营，时已身染重病。后应蒋介石夫妇邀请，端纳回到中国治疗。在端纳弥留之际，宋美龄在床侧为其诵读《圣经》。1946年11月9日，端纳在上海宏恩医院溘然长逝，终年71岁。信中，张学良对宋美龄告知的端纳去世一事做了回应。在“报告”了个人的生活状况后，对蒋介石、宋美龄表达了问候和关心。

---

① 陈红民：《解读张学良与宋美龄的几封信》，见胡春惠、陈红民主编：《宋美龄及其时代国际学术研讨会论文集》，香港珠海书院亚洲研究中心2009年版，第344页。

1948年5月9日，看守张学良的“刘乙光由台北返，交来蒋夫人函一件、毛人凤函一件并附书籍物品等，派来一位周念行先生为研究《明史》者”①。12日，张学良复信宋美龄：

夫人钧鉴：手示和赐件，都已拜领。请先准许良给夫人您和介公道贺，荣膺中华民国首任宪政的元首。然后谢谢夫人您给我那些东西，吃的穿的看的全都有了。夫人您对良这样的状况关怀，真不知应该对夫人您说些什么，只有心铭而已。周先生已见过，初到尚未开课聆教，看来为人敦笃，想定不辱命。良需要些参考书，因研史多需旁证。已有一书单，在给毛人凤信中，请夫人便中向他提一句，更加方便些。夫人您晓得，良的英文不好，对于正档和论文是读不了，仅能看看广告和些零碎文字，有些亦得字典帮助，所以好些英文东西，没有他人帮助，我是看不了的。PUP我是很喜欢的，可是这里喂养不大方便，谢谢夫人，还是叫它们在夫人那里享点福吧。良近况甚安，知注谨奉闻。肃此敬复，谨祝

康泰，并请叱名代上介公钧前问安。

□□谨肃上　五月十二日②

几乎与世隔绝的幽禁生活，对曾经叱咤风云又生性活泼、喜欢热闹的张学良来说无疑是非常痛苦的。研读《明史》聊可打发寂寞生活，然独自学习，又是奉蒋之命而非本人兴趣使然，故“也没有什么特别心得，只是记些姓名掌故耳”，为此，宋美龄特地为张请了一位伴读《明史》的学者。为解其寂寞，又问张是否需要宠物做伴。据《张学良、赵一荻私人相册：温泉幽禁岁月（一九四六——一九六〇）》中说，宋美龄给张学良“寄来了小狗

① 张闾蘅、张闾芝、陈海滨编著：《张学良、赵一荻私人相册：温泉幽禁岁月（一九四六——一九六〇）》，第103页。

② 陈红民：《解读张学良与宋美龄的几封信》，见胡春惠、陈红民主编：《宋美龄及其时代国际学术研讨会论文集》，第345—346页。

的照片，告诉张学良，她养的狗生了一窝可爱的小狗，是否需要送来一只做伴……”由此推断信中所说的PUP应是一只宠物狗。宋对张的关心可谓十分周到，张学良自然是感激又感动，“夫人您对良这样的状况关怀，真不知应该对夫人您说些什么，只有心铭而已”。最后，张不忘问候蒋介石。

宋与张的通信，不仅成为张学良了解外部世界的主要渠道，也给张带去了无限的慰藉。若有较长时间没有复信张学良，在下一封信中宋美龄一定会加以说明，列举一二如下：1950年4月11日，宋美龄致信张说：“自我返国，我就一直安排和你见面，所以未给你写信，但每次要去看你时，总临时有事”，“我向你保证我没有忘记你”①。1952年4月21日，张在日记中记载道：“蒋夫人来信，言前函因欠安，所以现在才复。”②

通过书信，宋美龄及时了解了张学良的生活状况，她每每随信寄去些礼物，吃的、用的一应俱全，还不时询问张需要些什么。宋美龄送的礼物，“吃的穿的看的全都有了”，从物质到精神，都想到了。其中有属“千里鹅毛”之礼物，如前信中提到的那两盒糖，有随节令变化的礼物，如圣诞节送圣诞树等，中国的农历新春送自制的年糕、自养的猪腌制的咸肉等，也有为张学良“量身定制”的礼物，如收音机、衬衫、台灯。收音机是张学良在井上温泉唯一能够使用的“家用电器”。“当时台湾竹东山区，除了山地居民原始耕作外，与外界多无联系，交通尚不通畅，更谈不上电灯及电话，晚上多靠油灯照明，国外友人或朋友送来的小电器，张戏称‘多为废物’。宋美龄送来收音机时交代‘我已装了电池，你打开就能收听……我希望它带给你乐趣’。”通过收音机，张学良得以及时了解外界的变化，“但刘乙光时时会‘警告’张学良，

① 张闾蘅、张闾芝、陈海滨编著：《张学良、赵一荻私人相册：温泉幽禁岁月（一九四六——一九六〇）》，第127页。

② 张闾蘅、张闾芝、陈海滨编著：《张学良、赵一荻私人相册：温泉幽禁岁月（一九四六——一九六〇）》，第145页。

不能收听‘共匪之广播’。”[1] 给张学良送去夏威夷衬衫时曾特别交代：“这些衬衫是着于长裤外的，而不是穿在长裤腰带内，我希望你穿时感到凉爽。”[2] 听说张学良视力不好，宋美龄专门从国外带回了一种可调各种角度的台灯，信中说：“这种台灯，我在美国也有一个，非常好用……”[3] 有意思的是，宋美龄还曾送给张学良拼图玩具，并说“希望你会喜欢这些拼图，那会令人着迷的”，一件简单的儿童玩具，包含的却是无比的用心和心意。

宋美龄的心意及其女性特有的周到细致的考虑，不能不令张学良备感温暖，诚如他在收到台灯后的回信中所说：“夫人您体贴人，无微不至，万里途程，念到良的眼疾，给良带来那么好的一座台灯。良因眼疾，夜间不能读书，正是有点烦闷，这只灯一定给良好大的帮助。夫人对良的关怀，真令人感激不已。”[4] 在感动、感激之余，张学良亦往往回赠礼物。回赠的礼物既有山乡特产，如自养的鸡、当地（高山族）生产的布料等，礼轻情意重，宋美龄非常喜欢土布“亲和的颜色”，亦有张珍藏多年的古画，十分稀有。“张学良身边没有什么好的礼物回赠，唯保存了一些过去收藏的古画及画册”，听说宋美龄喜欢画画，便不时回赠一些画册。宋美龄晚年研习国画。“张学良虽行伍出身，却喜爱收藏。年轻时常为买画一掷千金，有些古代名字画，是一直携带身边，不时翻出品赏。品画、论画成为他与宋美龄这一时期必不可少的话题。后来，每逢宋美龄的生日时，张学良总会将自己珍藏多年的古画或精心挑选的画册作为礼品答谢宋美龄。如 1954 年 3 月 14 日‘上蒋夫人贺寿笺，附王石谷画轴’。1957 年 3 月 10 日‘上蒋夫人贺寿函，附钱东牡丹花立轴一幅’。1958 年 3 月 30 日‘上蒋夫人贺寿

---

① 张闾蘅、张闾芝、陈海滨编著：《张学良、赵一荻私人相册：温泉幽禁岁月（一九四六——一九六〇）》，154—155 页。

② 张闾蘅、张闾芝、陈海滨编著：《张学良、赵一荻私人相册：温泉幽禁岁月（一九四六——一九六〇）》，第 153 页。

③ 张闾蘅、张闾芝、陈海滨编著：《张学良、赵一荻私人相册：温泉幽禁岁月（一九四六——一九六〇）》，第 211 页。

④ 林荫庭：《寻找世纪宋美龄——一个纪录片工作者的旅程》，第 78 页。

函，附程孟阳小轴松石’。”① 张学良的这番心意，同样令宋美龄很是感动，有时竟怕自己可能忘了及时复函感谢，事后一定要重申谢意。如1954年10月25日致信张学良说：“我忘了是否已谢谢你送给我精美的画轴，作为生日礼物，我当时身体不适，可能忘了及时感谢你，不过你要知道，我非常感谢你想到我，在我身体不适时，这幅画带给我欣慰。”②

信函与礼物，从一侧面折射出这一时期宋美龄与张学良的关系，彼此尊重、礼节周到，又透露出私谊之深厚，宋美龄更以其女性的细腻在日常生活上给予张学良周到、细致的关怀和帮助。

其二，亲自探望张学良。

在张学良被禁足的情况下，宋美龄设法创造或利用机会，与张学良见面。《张学良、赵一荻私人相册：温泉幽禁岁月（一九四六——一九六〇）》以平实、细腻的语言描述了他们的几次会面，宋美龄对张学良的良苦用心跃然纸上。

1950年4月，是张学良到台湾后第一次见到宋美龄。“4月30日，头一天接到通知，让张学良今天去蒋介石大溪官邸，说蒋夫人约见。”“早上五点半出发，沿着崎岖的山路北行，11点到大溪蒋家别墅。小休约一小时，蒋夫人到，谈了一些家常，然后在寓午餐。饭后，‘夫人问我对她有什么话说吗？’我答：‘国家已到了这样天地，还有什么可说呢？我是无有可以帮助的了。只有两件事，想求一求夫人：1. 在私情上想望一望蒋先生；2. 请代家中索几个钱用。’宋美龄答应了，说‘写给家中的信由她转’。”③

宋美龄与张学良在台湾的第一次见面是提前有约，1958年的见面对张学良来说则有些突然。“1958年5月17日，宋美龄突然来到西子湾张学良住所，张学良毫无思想准备，显得有些措手不

① 张闾蘅、张闾芝、陈海滨编著：《张学良、赵一荻私人相册：温泉幽禁岁月（一九四六——一九六〇）》，第153页。

② 张闾蘅、张闾芝、陈海滨编著：《张学良、赵一荻私人相册：温泉幽禁岁月（一九四六——一九六〇）》，第153页。

③ 张闾蘅、张闾芝、陈海滨编著：《张学良、赵一荻私人相册：温泉幽禁岁月（一九四六——一九六〇）》，第128—130页。

及，急忙召赵一荻与之相见，这是宋美龄第一次见到赵一荻。大家寒暄之后，宋美龄巡视了各房间，送了糖果及鲜花，并告诉张她将去美国，赶紧写家信。两人谈了约半小时。张学良讲述了自己的想法：'对于名禄无所希求，但仍愿为人类和国家，在有限的余生，再有所贡献……'并提出想见见'总统'。'今天看见夫人，我十分快活，但又悲伤。'宋美龄说：'你从来是一爽直之人，你的话，我一定转达。'"①宋美龄的突然造访，似是为了张的家事，张学良则抓住难得见面的机会，请宋代为转达想做事的愿望。

几次见面，张学良都提出求见蒋介石，宋美龄能做的只是代为转达，见与不见实非宋美龄所能为。帮助张学良"安排"家事，却是宋美龄力所能及的。自美国返回中国台湾后，1959 年"7 月 25 日上午九点，宋美龄派车将张学良接到阳明山官邸，两人做了一次长谈。'谈到金子事，闾瑛回国事，吴妈老杜事。'还问张'在美有多少存款'。宋美龄询问的都是张学良的家事及钱款的安排。临行前，宋美龄看着张学良，好一阵才说：'你的问题，时间还要久哪！要有忍耐，这一切，都是上帝的安排……"② 宋美龄了解张学良的想法，理解他的心情，但只能含蓄地告诉他要"忍耐"，"一切都是上帝的安排"。为安抚张学良，宋美龄尽力从生活上给予其可能的帮助和照顾。"1960 年 1 月 17 日，宋美龄陪越南'总统'吴庭艳来高雄参观之际，到西子湾张学良家中，一同商量一件件'家事'，在美的存款如何管理，请谁来陪读，有关赵一荻与凤至的事……"③

1960 年 5 月 30 日，在张学良奉命从高雄搬迁到台北不久，"宋美龄再次突然光临，张学良'仓皇出迎'。'夫人再三询问寓所

---

① 张闾蘅、张闾芝、陈海滨编著：《张学良、赵一荻私人相册：温泉幽禁岁月（一九四六——一九六〇）》，第 198 页。

② 张闾蘅、张闾芝、陈海滨编著：《张学良、赵一荻私人相册：温泉幽禁岁月（一九四六——一九六〇）》，第 216 页。

③ 张闾蘅、张闾芝、陈海滨编著：《张学良、赵一荻私人相册：温泉幽禁岁月（一九四六——一九六〇）》，第 223 页。

如何，并至卧室小坐。’宋美龄要张到‘其私人礼拜堂去做礼拜’。”[①] 翌日又收到宋美龄送去的生日蛋糕。宋美龄此次到访，一来是关心张学良的新居情况，二来也是更重要的是想借机改变张学良的幽禁状况，直至做完礼拜，张学良才明白宋美龄的用意。

其三，努力慰藉张学良的思亲之情。

幽禁中的张学良不仅被禁足，也被隔断了与外界哪怕是家人的通讯，他唯有求助于宋美龄。1948 年 11 月，为挽救处于危局中的国民党政权，宋美龄决定只身赴美游说，争取美国总统杜鲁门的支持。张学良听说宋美龄即将赴美，便托毛人凤将其致于凤至的信转交宋美龄带去。不久，张学良即收到了由宋美龄转来又经看守老刘交手的妻儿之信件，附照片和照相机等物品。从此，宋美龄成为张学良与大洋彼岸家人联系的“信使”。张学良毕竟是幽禁中人，来往信件需要检查，由宋美龄代转，监视者放心，张学良及其家人更加放心。有一件事颇能体现宋美龄对这一角色之尽心。1958 年，“12 月 24 日下午七点，收到由情报局转来‘蒋夫人由美来的家信、照片等’。为了能让张学良在节日里看到家信，情报局的人说：蒋夫人曾有电报限该件必须在圣诞节时送到”[②]。

宋美龄不仅用心充当“信使”，还主动联络张的挚友，以帮助张更好地料理家事。在美国时，宋美龄设法与张学良在美国的一位挚友伊雅格取得联系并安排他前往中国台湾见张，令张备感惊喜。《张学良、赵一荻私人相册：温泉幽禁岁月（一九四六——一九六〇）》中有这样一段描写：“1951 年 4 月 21 日，刘乙光从台北返回，直奔张学良屋内，说：‘蒋夫人安排有一人要见你，明天一早去大溪’。”“伊雅格的到来，真是出乎张学良的意外，他知道这是宋美龄专门为他安排的会见。故人相见，久别重逢，是很难用言语来表达的。伊雅格与张家三代人熟稔，是张学良年轻时的挚

---

① 张闾蘅、张闾芝、陈海滨编著：《张学良、赵一荻私人相册：温泉幽禁岁月（一九四六——一九六〇）》，第 228 页。

② 张闾蘅、张闾芝、陈海滨编著：《张学良、赵一荻私人相册：温泉幽禁岁月（一九四六——一九六〇）》，第 205 页。

友，按张学良的话说是‘可以引为终生的朋友’。张学良与赵一荻的孩子闾琳，就是托伊雅格在美国安排一白人家庭科恩夫妇家中寄养的，当时科恩夫妇的儿子与闾琳同岁，这样有一小伙伴相陪。友情、亲情、往事如烟……两人谈到四点多才分手，伊雅格带来了几份银行文件让张学良签字，这些钱对张学良来说，真是千里送‘重金’，患难之时，更显朋友之‘赤子之心’。”显然，安排伊雅格见张，是希望“通过伊雅格的渠道，让张学良更多地了解在美国的家人情况”，在之后的一封信中宋美龄写道：“从伊雅格告诉我消息，我很高兴一切都很顺利。”①

宋美龄与于凤至本是好姐妹，她在致张学良的信中会不时介绍“凤姐姐”及其子女的情况，以令张放心。如1954年赴美就医回中国台湾后，宋美龄立即给张写了封信：“我前两天刚回台北……在旧金山见到凤姐姐，她到医院来看我，次日我们一起吃晚饭……她能说英语，而且她看来比我十年前见她还要年轻十岁，我既惊讶又高兴，见她如此自立……她看起来很快乐，而且心神非常宁静，但她非常想念你。”宋美龄也会在信中谈及赵一荻的孩子闾琳：“我不认为你需要担心他，我们应该知道少年男孩需要有一个时间的成长，来认识自己，何况他是聪慧的男孩。”②

在宋美龄的帮助下，张学良终于能够与大洋彼岸的亲人互通信息、互道珍重，多少排解了多年来对家人的思念与担忧，曾经不安的心可以稍得平和与宁静。

其四，受蒋夫人影响，张学良夫妇成为虔诚的基督教信徒。

张学良曾告诉唐德刚一桩关于他信教的故事：“被关久了，很自然地他就对宗教发生了兴趣，他最早的兴趣是佛教，并看了些佛经，自觉颇有心得。早年在台湾山区，某次蒋夫人来看他，发现他对佛教有了兴趣，就说：‘汉卿哪，你又错了哎。’‘为什么我

---

① 张闾蘅、张闾芝、陈海滨编著：《张学良、赵一荻私人相册：温泉幽禁岁月（一九四六——一九六〇）》，第138、139、142、143页。

② 张闾蘅、张闾芝、陈海滨编著：《张学良、赵一荻私人相册：温泉幽禁岁月（一九四六——一九六〇）》，第153、143页。

又错了哎?'张公笑着说,'她的意思是说我,已经上过别人的当,这一次又要上佛教的当!她说她要领导我走向真理,去相信基督教。她这项导引是做对了。'首先是赵四小姐被感化成为虔诚的基督徒,渐渐地他自己也就相信了。"[①]

在被囚禁的境况下,信教对张学良来说实为解除烦恼之一剂药方。"管束"限制了张学良的行动和人身自由,却锁不住他的拳拳报国之心。张学良有记日记的习惯,远离战场、远离政治的他将自己的满腔热血倾诉于日记之中。以 1946 年 12 月 15 日的日记为例,当时的张学良对陈仪所谈之中日关系深为感慨,他说:"彼对中日问题,有深刻认识,特殊见解。言到吉田松阴对日本尊王、吞华思想之提倡,伊藤博文、后藤新平吞华之阴谋,被认为日本侵华思想一时难为消除,美国亦将上日本人的当。并言到三十年后中日恐成联邦,但如中国人不自强,恐大部分政权反落到日人之手。""此段甚有记载留给后来之必要。"[②] 已被囚禁十年的张学良仍时刻心系国家之前途命运。

当偶有军政要员前来探望时,张学良亦会表明心志,请求上传"恢复自由"之诉求。1947 年 10 月,张治中突然到访。"两人聊天,话题自然离不开'恢复自由'之事。张治中在回忆中谈道,张学良表示'他恢复自由以后,哪里也不去,蒋住哪里,他就住哪里,也不一定做事情,可以先观察他一个时期以后再说'。'自由'对于张学良来说,实在是太渴望了,他已经没有别的任何要求了……他希望张治中能向蒋、宋转达他的请求。"张治中回到南京后,"直接见了蒋介石,转达了张希望恢复自由的请求,蒋听后显示出不高兴的神态,谈话无法进行"。结果,张学良遭到更加严厉的"管束",蒋下令"以后非经我批准,任何人不许去见张学良!"[③] 于是,张学良惟有通过宋美龄转达诉求。宋美龄在深知蒋

---

① 张学良口述,唐德刚撰写:《张学良口述历史》,第 14 页。

② 张闾蘅、张闾芝、陈海滨编著:《张学良、赵一荻私人相册:温泉幽禁岁月(一九四六——一九六〇)》,第 69 页。

③ 张闾蘅、张闾芝、陈海滨编著:《张学良、赵一荻私人相册:温泉幽禁岁月(一九四六——一九六〇)》,第 99、101 页。

介石不可能改变囚禁张学良之心意的情况下，惟有尽力从生活上帮助张。张治中回忆到，他在面见宋美龄时，宋美龄曾表示让张学良“恢复自由”“恐怕现在不可能得到许可”，但改善张的生活条件“我一定想办法做到”。在可能的情况下，宋也力图从精神上安抚张，让张改信基督教，即此用意。从张学良日后发表的言论看，此举似颇有效。

因果业报，为佛教教义系统中用来说明世界一切关系的基本理论。佛教教人努力修行，以期达到解脱痛苦的目的。基督教的主要教义集中在人人有罪、耶稣教人离罪的道理上。基督教认为上帝是天地万物的创造者和主宰，人类有原罪，需要耶稣基督的救赎，相信世人凭借对基督救赎的信仰就可以在上帝面前被称为“义人”。同时，基督教认为自省是灵修的重要方式之一，信徒应随时自省，检查自己的所言、所行、所想是否符合上帝的旨意，如有不当，应立即忏悔，请求上帝宽恕。对一个自认为“有罪”又渴望自由的人来说，相信因果业报无法排解心中的苦恼，甚至会增加心理负担，相信上帝主宰一切则可得到精神的解脱。当宋美龄无法帮张学良脱困时，唯有以“一切都是上帝的安排”来宽慰他。晚年解禁后，张学良仍不愿深谈西安事变，他说是“不愿伤害蒋夫人”，除此之外，基督教的影响应该是较大的。张学良曾说：“一个人接到福音的话，可以改变他整个的人生观，对社会，对家庭，对本人都有好处。”晚年的他还说：“我现在无论大事小事，随时祷告，应该做的，求主领我。不该做的，求主阻拦。我曾是一个放荡的人，现在我把自己投入基督里面，一切事情交给主。”程嘉禾牧师认为张学良对基督的信仰是“非常虔诚的”，他转引张学良的话说：“他常说，有人说他好，他说那不是好；有人说他坏，他说不是那么坏；好坏上帝知道，上帝那里有本账。你对我评价也好，他对我评价也好，我都不介意，只要上帝知道。”①

其五，在“释张”无望的情况下，设法“软化”对张学良的

① 王培华：《他们不一样——宋美龄、张学良基督教信仰的比较》，胡春惠、陈红民主编：《宋美龄及其时代国际学术研讨会论文集》，第18页。

囚禁。

1947 年张治中探望张学良后，张学良的幽禁生活有了两个变化。一方面，因蒋介石的命令，对张学良的“管束”更加严密。在后来很长一段时间,外界再无任何张学良与赵一荻的音讯，也无人再敢未经批准前去探望。另一方面，宋美龄要求刘乙光对张、赵的生活给予更多的关照。张学良因此而写下的一副对联——“爱护相殷，关切之深；主见之分，国事之争”，真切地反映了蒋、宋二人的不同态度及对他幽禁生活的影响。“也许是蒋夫人的关照，对张学良的‘管束’采取了‘外紧内松’。”“有宋美龄的时时关照，刘乙光有时在‘张副司令’面前像是少将‘勤务兵’，充当信使或安排出游，解决出现的问题，闲来无事也陪‘副司令’聊天解闷。但刘乙光执行蒋介石的‘管束’命令时，又会以职业看守的面孔出现，要求‘副司令’必须这么做，去完成‘上峰’的指令。”①

除了日常的通信、逢年过节的问候、“牵线”张学良的家人、协助安排张学良的“家事”等诸多生活上的关照外，推荐董显光“伴读”，是宋美龄有心改变张学良幽禁生涯而布的关键的一步棋。董显光，1887 年出生于浙江宁波的一个小镇，早年在浙江奉化龙津中学教书时与班里的学生蒋介石相识，这为后来两人的交往奠定了基础。1909 年，董显光赴美留学，在密苏里大学攻读新闻专业，他是中国第一位赴美国学习新闻专业并获得学位的留学生。回国后，对中国近现代新闻报刊事业的发展贡献良多。抗日战争时期，董历任国民政府军事委员会第五部副部长、国民党中宣部副部长，专门负责国际宣传。1947 年，董出任国民政府行政院政务委员兼新闻局长。1949 年，董随国民政府迁往台湾，担任中国广播公司总经理兼《中央日报》社董事长。1952 年 8 月，董出任国民党驻日本“大使”。1956 年，又出任国民党驻美“大使”。1958 年，董卸职返台，任“总统府”资政。“董显光是位虔诚的

① 张闾蘅、张闾芝、陈海滨编著：《张学良、赵一荻私人相册：温泉幽禁岁月（一九四六——一九六〇）》，第 106、176 页。

基督徒，其学识、英文水平、外交才干深得宋美龄赏识”①。1960年2月2日，董显光带着夫人、女儿一同来到高雄。宋美龄推荐董显光给张学良“伴读”，既为了引导张学良信奉基督教，更为了直接、便捷地关照张学良的生活。董显光曾为政府要员，又深得蒋介石信任，由他转达宋美龄的“旨意”，看守刘乙光只能遵行。董显光到来不久，张学良的幽禁生活便有了显著改变。首先，张、赵从高雄搬迁到了台北。“4月3日，董显光从台北回到高雄，夜里到张学良寓所，送来宋美龄的信与书，转达宋美龄的意思，有意让张学良搬到台北，说‘她对我（张学良）甚为关心’。很快，刘乙光通知张学良，‘奉蒋（经国）副秘书长命余迁居台北，说明系蒋夫人的意思。言多带东西，不能再返高雄’。刘乙光仍是以命令的口吻：‘即刻开始整理行装，定8日启程。’1960年的4月8日，带上所有的行李，大包小包，一行人早六点动身，下午五点到达台北，‘仍寓于幽雅招待所’。在张学良即将六十岁之际，终于搬迁到台北了。”② 接着，宋美龄安排张学良出现在众人视线之中，十余年来几乎“与世隔绝”的生活因此有了改变。“1960年6月5日，通知张学良、赵一荻做礼拜，按照宋美龄的吩咐，张学良与董显光到士林礼拜堂。这栋礼拜堂是蒋宋夫妇时常光临的，被外界称为‘私人礼拜堂’。每逢做礼拜，这里总是聚集了众多国民党上层人物及元老。每次做礼拜，都是所有的人先到齐坐下，等着蒋、宋到来后，讲台上的牧师即开始布道。张学良与董显光是等前排的人都坐齐了，约十点五十分才进入，悄悄坐在最后一排。十一点三十分礼拜毕，蒋、宋起身一同先缓步退出，宋美龄边走边与众人打招呼，走到最后一排时，忽然向张学良伸出手，这一举动，让所有在场的人将惊讶的目光投向——张学良将军，与夫人握手的是张学良！‘失踪’多年的张学良第一次出现在众多老朋

① 张闾蘅、张闾芝、陈海滨编著：《张学良、赵一荻私人相册：温泉幽禁岁月（一九四六——一九六〇）》，第226页。

② 张闾蘅、张闾芝、陈海滨编著：《张学良、赵一荻私人相册：温泉幽禁岁月（一九四六——一九六〇）》，第227页。

友的面前，让所有的人‘惊呼热中肠’。蒋、宋离去后，张群、何应钦等纷纷上前祝贺，有的老朋友报上名字，张学良左右端详竟不认识，再一细看，‘惊已容改，非言不识矣’。后来，张学良体悟到宋美龄的用意，信奉基督，以做礼拜的方式，顺理成章地让张学良‘露面’，在公开的场合，以握手的方式将张学良推到众人的面前。”①

在宋美龄有心又精心的安排下，曾经连警卫人员都不许接近的张学良顺理成章地公开露面，他的软禁生活从此有了转折。“每次做完礼拜，都会碰到许多老朋友，畅叙旧谊，从大家的关心问候中，张学良感到严密的樊篱在一点点松动。诸多的老朋友，似乎也体悟到了这一点点的变化。伊雅格可以时常到家中商谈，王新衡夫妇常来拜访及一同进餐。有时在王新衡家中请客，蒋经国亦携孝文夫妇参加。”② “夫人深情……使我没齿难忘。”这是张学良发自肺腑的感慨。

上述种种，唯有宋美龄能做、敢做，因为她是蒋夫人，虽不见蒋介石、宋美龄本人的有关文字记录，他们间为张学良而进行的沟通甚或争执却可想见。张学良渴望自由，而蒋介石至死不能原谅张学良，不予解禁。1956 年，西安事变二十周年，蒋介石令张学良“写一篇西安事变同共产党勾结经过的事实”。身居牢笼二十年的张学良已不愿再去回想此事，然“上峰”有令，不得不写。“余真不知如何下笔，不能不写真实，又不能不为长者讳。夜中未得好睡，再四思量，已得写法，真而可讳也。”这是当时张学良的心声。在后来被冠名为《西安事变反省录》或《西安事变忏悔录》的文中，张学良着重写了发动西安事变的过程，回忆了他和李克农、周恩来等人的联系，但声明“谋事变前，并未同共党讨商”。在蒋介石离陕一事上，只写了他与杨虎城间的歧见。为迎合蒋介

① 张闾蘅、张闾芝、陈海滨编著：《张学良、赵一荻私人相册：温泉幽禁岁月（一九四六——一九六〇）》，第 230、237 页。

② 张闾蘅、张闾芝、陈海滨编著：《张学良、赵一荻私人相册：温泉幽禁岁月（一九四六——一九六〇）》，第 237 页。

石反共之需要，张学良对共产党做了如是批评："今日反共之斗争，必须使大家确实认清'共匪'之真面目……'共匪'彼时乃是乘虚而入，善用攻心之策，彼等早在我方渗透，将内部真实的情绪，了如指掌，尔后，所用之口号和其行动，皆迎合我方上下心理，使认为同道好友，自毁其彀中，毫不自觉"①。1958 年 11 月，分别二十余年后的蒋、张二人再次相见。"谈话中，蒋介石仍不时提到'西安之事，对于国家损失太大了'。张学良'闻之甚为难过，低头不能仰视'。"② 无疑，"主见之分，国事之争"始终横亘在他们中间。张学良的一言一行一直受到看守者的监视，哪怕是与侄辈聊天。张闾蘅的深情回忆《记忆中的大伯大妈》中有几段有趣、生动又略带伤感的描写：

> 1967 年，我回到台湾，回家的感觉真好！我们在台湾的亲人，大大小小好几十口，如果聚在一起，真是不一般的热闹。最常来的总是大伯、大妈……每星期起码来我们家三到五次，每次来，总要弄出很大的"动静"。一群时刻跟随的"服侍"先进家转一圈，看是否有陌生人后，便在门外警戒，有时甚至坐在屋里，面无表情地听我们家人聊天。
>
> 大伯似乎已经习惯了这种被人监视的生活，非常坦然，依旧与我们家人大摆"龙门阵"，聊到高兴时，笑声朗朗……
>
> 现在想起那段与大伯、大妈在一起的时光，令人难忘。大伯家在北投，那块地皮是他买的，那栋房的格局是他设计的，他自己花钱盖的自然倾注他的情感。在他们家里，除了跟随他们同生死共患难、不是亲人却胜似亲人的吴妈之外，其余"服侍"的人，都是保密局派来的看守特务。在大伯家的外围，也布满保密局的警卫点，不让外人靠近。我们平时不能常去大伯家，偶尔去了，家人总要再三交代，说话要小

---

① 周毅、张友坤、张忠发主编：《张学良文集》下卷，第 546—547 页。

② 张闾蘅、张闾芝、陈海滨编著：《张学良、赵一荻私人相册：温泉幽禁岁月（一九四六——一九六〇）》，第 202 页。

心，隔墙有耳，不能口无遮拦，免得给他们添麻烦。当时我真是无法理解，看着他们宛如生活在“鸟笼”中，心里很压抑，也很气愤。大伯的“自由”是很有限的，来往的朋友也少得可怜，除了家人，只有张群、张大千、王新衡、大卫黄（黄仁霖的儿子）等几家可以走动。大伯每次外出都要提前报告，出门时，总是两辆车，前一辆是大伯、大妈，跟随的一辆就是便衣特务或警卫。

日子久了，我与妹妹闾芝成为大伯最好的倾诉对象……我理解大伯，他在漫长的囚禁生活中，除了大妈，无人可聊，他是靠回忆和读书度过那段难熬的日子的，他的周围全是看守监视的人，那些人还时时提醒他“不能跟陌生人交谈！”大伯的心里积存了太多太多想说的话。

记得有一次，大伯笑着对我妹妹说：“你大姐一回来，那批跟班可忙坏了！”因为我好交际，朋友多，只要我回台湾，家中便“高朋满座”，热闹无边。大伯来了，很开心地看着我们，并不时与我的朋友聊上几句，这让那批“跟班”非常紧张。当时，凡是与大伯说过话或见过面的人，都是“跟班”调查的对象，都必须一一询问，记录在案。“跟班”都知道是我的朋友，他们不好意思直截了当向我盘问，常常问家里的佣人、司机或楼下看更打听，但他们哪能百分百掌握实情？有很多时候，我有意弄虚作假，这些大伯看在眼里，心里跟我一样得意高兴！①

如此地不放心张学良，如此的麻烦，禁止张学良与外界的一切接触，岂不简单、省事？宋美龄不能帮张学良得到他想要的自由，唯有尽力设法改善他的幽禁生活。自张学良被“管束”后，宋美龄一直在蒋介石与张学良之间“斡旋”。一方面，宋美龄觉得有愧于张学良，她曾明白告诉为张求情的张治中：“文白兄，我们

---

① 张闾蘅、张闾芝、陈海滨编著：《张学良、赵一荻私人相册：温泉幽禁岁月（一九四六——一九六〇）》，第14—16页。

对不起张汉卿！”[1] 基于宋、张两家的密切关系，也鉴于蒋夫人的身份，宋美龄给予张学良尽可能的帮助和照顾，“在蒋夫人的关照下，张学良的山居生活多了几缕色彩”[2]。有理想、有抱负，敢作敢当的张学良将军岂能安于无所作为的幽禁生涯？他争取过、抗争过。“所有的抗争，似乎都找不到对手，他只能用忍耐豁达、苦中作乐的心态来应对。宋美龄的关心让他得到安慰，宋美龄的坦言，使他更加迷茫。宋美龄指点他走出人生的‘苦海’，是到基督上帝那里寻找心灵的归宿。过了很长时间，张学良已成为虔诚的基督徒，才明白这也是‘蒋夫人’的精心‘安排’。”[3] 另一方面，“相夫教子”乃中华妇女之传统美德，“我只要就丈夫的需要，尽力帮助他，就是为国家尽了最大的责任”，此乃宋美龄嫁给蒋介石之后一以贯之的信条。蒋介石在日记中亦常常提到宋美龄对其事业的帮助，“夫妻和爱，助我不少”[4]。以开罗会议为例，在为会谈结果欣慰之际，蒋曾感叹“此固由余平时之人格所感召，而吾妻为余协助之功实更大，否则，当不能得此大成也”[5]，对宋美龄的敬爱表露无遗。以张学良受到之管束可见蒋介石对张学良之态度，由此可以推测，宋美龄为帮助张学良，与蒋介石一定有过讨论，或许争吵，抑或软语劝解。反之，她对张学良的良苦用心在感动张学良之余，又何尝没有缓解（或消解）张学良对蒋介石的怨恨？九十岁的张学良不无遗憾地对人说：“最近我自己发现一个事，我的事情是到三十六岁，以后就没有了，真是三十六岁，从二十一岁到三十六岁，这就是我的生命。”[6] 张学良说他一辈子没个“上司”，不会屈服于权威，但在失去自由50年，到了20世纪90年代

---

① 张闾蘅、张闾芝、陈海滨编著：《张学良、赵一荻私人相册：温泉幽禁岁月（一九四六——一九六〇）》，第101页。

② 张闾蘅、张闾芝、陈海滨编著：《张学良、赵一荻私人相册：温泉幽禁岁月（一九四六——一九六〇）》，第132页。

③ 张闾蘅、张闾芝、陈海滨编著：《张学良、赵一荻私人相册：温泉幽禁岁月（一九四六——一九六〇）》，第217页。

④ 黄自进、潘光哲编：《蒋中正“总统”五记——爱记》，第158页。

⑤ 黄自进、潘光哲编：《蒋中正“总统”五记——爱记》，第303页。

⑥ 张学良口述，唐德刚撰写：《张学良口述历史》，第123页。

还在“为长者讳”，不能说没有宋美龄的影响。张学良曾要求为其做口述历史的唐德刚以第一人称来叙事，张本人只做提供口述史料的“第三者”，原因是他不愿意伤害蒋夫人，蒋夫人待他太好了，甚至救了他的命，因此有许多话，在蒋夫人还活着的时候，他不愿“直说”。[①] 对于西安事变的内情，张学良从不透露半个字。资深新闻记者陆铿在接受《世纪宋美龄》摄制组采访时说，他曾在张学良生前问他，为何始终不愿揭露西安事变的内情，张学良默不作声。陆铿回忆了当时的情形说，他曾非常直接地问张学良：“根据我的观察，是不是因为考虑蒋夫人的关系？蒋夫人曾经公开说‘我们对不起汉卿’，当然你有所感动，所以在她有生之年你就不愿意把这个真相说出来，以免造成蒋夫人的不愉快。我这个看法对不对？”张学良依然不作声，只用手拍拍陆铿的大腿，默认了。[②]

晚年的张学良与儿孙在台湾

① 张学良口述，唐德刚撰写：《张学良口述历史》，第 16 页。

② 林荫庭：《寻找世纪宋美龄——一个纪录片工作者的旅程》，第 76 页。

参考资料

一、档案、史料汇编

1. 台北“国史馆”藏:《蒋中正“总统”档案》。

2. 秦孝仪主编:《先“总统”蒋公思想言论总集》,台北中国国民党中央委员会党史委员会,1984 年。

3. 王亚权主编:《蒋夫人言论集》,台北“中华妇女反共联合会”,1977 年。

4. 中央档案馆编:《中国共产党关于西安事变档案史料选编》,中国档案出版社,1997 年。

5. 秦孝仪主编:《革命文献》第 94 辑、第 95 辑,台北中国国民党中央委员会党史委员会,1983 年。

6. 秦孝仪主编:《中华民国重要史料初编——对日抗战时期》绪编(一)(三),台北中国国民党中央委员会党史委员会,1981 年。

7. 周美华编:《事略稿本》(28),台北“国史馆”,2007 年。

8. 高素兰编:《事略稿本》(38),台北“国史馆”,2010 年。

9. 高素兰编:《事略稿本》(39),台北“国史馆”,2009 年。

10. 高素兰编:《事略稿本》(42),台北“国史馆”,2010 年。

11. 朱文原编:《西安事变史料》第一、二册,台北“国史馆”,1993 年。

12. 中国第二历史档案馆编:《中华民国史档案资料汇编》第

五辑第一编，政治（五），江苏古籍出版社，1994 年。

13. 中国社会科学院现代史研究室编：《西安事变资料》第一辑，人民出版社，1980 年。

14. 中国社会科学院近代史研究所编：《西安事变资料》第二辑，人民出版社，1981 年。

15. 荣孟源主编：《中国国民党历次代表大会及中央全会资料》下册，光明日报出版社，1985 年。

16. 毕万闻主编：《张学良文集》，新华出版社，1992 年。

17. 周毅、张友坤、张忠发主编：《张学良文集》下卷，香港同泽出版社，1996 年。

18. 中央档案馆编：《中共中央文件选集》第 11 册，中共中央党校出版社，1991 年。

19. 中国人民政治协商会议浙江省缙云县委员会文史资料工作委员会编印：《缙云文史资料》第五辑，1993 年。

二、年谱、日记、回忆录

1. 蒋介石、蒋宋美龄合著：《西安半月记·西安事变回忆录》，正中书局，1937 年。

2. 邵铭煌：《宋子文西安事变日记》，载《近代中国》，第 157 期。

3. 刘维开整理：《蒋中正先生西安事变日记》，载《近代中国》，第 153 期。

4. 黄自进、潘光哲编：《蒋中正“总统”五记——爱记》，台北“国史馆”，2011 年。

5. 中共中央文献研究室编：《周恩来年谱（1898—1949）》（修订本），中央文献出版社，1998 年。

6. 尚明轩主编：《宋庆龄年谱长编》，社会科学文献出版社，2009 年。

7. 王子壮：《王子壮日记》，台北“中央研究院”近代史研究所，2001 年。

8. 中国第二历史档案馆编：《冯玉祥日记》，江苏古籍出版社，1992 年。

9. 陈布雷：《陈布雷回忆录》，二十世纪出版社，1949 年。

10. 陈公博：《苦笑录》，现代史料编刊出版社，1981 年。

11. 张国焘：《我的回忆》第三册（内部发行），东方出版社，1998 年。

12. 张学良口述，唐德刚撰写：《张学良口述历史》，中国档案出版社，2007 年。

13. 李宗仁口述，唐德刚撰写：《李宗仁回忆录》（下），广西师范大学出版社，2005 年。

三、报刊

1. 《盛京时报》

2. 《申报》

3. 《大公报》

4. 《中央日报》

5. 《红色中华》

6. 《解放日报》

7. 《中央时报》

四、专书

1. 西安事变史领导小组编：《西安事变简史》，中国文史出版社，1986 年。

2. 李云汉：《西安事变始末之研究》，台北：近代中国出版社，1982 年。

3. 李云汉：《西安事变始末之研究》，台北：近代中国出版社，1985 年再版。

4. 杨奎松：《西安事变新探——张学良与中共关系之谜》，江苏人民出版社，2006 年。

5. ［美］埃米莉·哈恩：《宋氏家族》，李豫生、靳建国、王秋海译，新华出版社，1985 年。

6. ［美］罗比・尤恩森：《宋氏三姐妹》，赵云侠译，世界知识出版社，1984 年。

7. ［美］斯特林・西格雷夫：《宋家王朝》，丁中青、于永安、张益庭、戴树乔译，中国文联出版社，1986 年。

8. 张闾蘅、张闾芝、陈海滨编著：《张学良、赵一荻私人相册：温泉幽禁岁月（一九四六——一九六〇）》，生活・读书・新知三联书店，2006 年。

9. 王书君：《张学良世纪传奇》，香港：明镜出版社，2001 年。

10. 李恒编译：《宋美龄传》，香港：海峡文化出版社，1985 年。

11. ［美］汉娜・帕库拉：《宋美龄新传——风华绝代一夫人》，林添贵译，台北：远流出版事业股份有限公司，2011 年。

12. ［英］J. M. 贝特兰：《一个西方记者眼中的西安事变》，林淡秋译，东方出版中心，2000 年。

13. ［美］泽勒：《神秘顾问——端纳在中国》，林本椿、陈普译，译林出版社，2001 年。

14. 符致兴编译：《端纳与民国政坛秘闻》，湖南出版社，1991 年。

15. 董显光：《中国最高领袖蒋介石》下卷，蒋鼎黼、姜君衡校译，香港：文史研究会，1939 年。

16. 张宪文等著：《中华民国史》第二卷，南京大学出版社，2005 年。

17. 杨树标、杨菁：《蒋介石传》，浙江大学出版社，2008 年。

18. 杨树标：《宋美龄传》，江西人民出版社，2010 年。

19. 田益民：《西安事变述评》，香港：文化教育出版社有限公司，2000 年。

20. 孙铭九：《西安事变的真相——张学良将军卫队营长孙铭九自述》，江苏文艺出版社，1993 年。

21. ［日］古屋奎二：《蒋“总统”秘录》，陈在俊译，台北：《中央日报》社，1975 年。

22. ［美］陈纳德：《陈纳德将军与中国》，陈香梅译，台湾：传记文学出版社，1978 年。

23. 石之瑜：《宋美龄与中国》，台北：商至文化事业股份有限公司，1998 年。

24. 张秀章编著：《蒋介石日记揭秘》，团结出版社，2007 年。

25. 石源华：《中华民国外交史》，上海人民出版社，1994 年。

26. 郭廷以：《近代中国史纲》，香港：中文大学出版社，1979 年。

27. 周海滨：《我们的父亲——国民党将领后人在大陆》，华文出版社，2011 年。